T0166185

CLASSIQUES JAUNES

Littératures francophones

Scènes de la vie orientale

Tome 1

Ce volume paraît sous la responsabilité éditoriale de Didier Alexandre.

Gérard de Nerval

Scènes de la vie orientale

Tome 1

Les Femmes du Caire

Édition critique par Philippe Destruel

PARIS
CLASSIQUES GARNIER
2016

Philippe Destruel est docteur ès lettres HDR. Sa thèse a été publiée sous le titre *L'Écriture nervalienne du temps. L'expérience de la temporalité dans l'œuvre de Gérard de Nerval* (Saint-Genouph, 2004).

ISBN 978-2-406-06200-4
ISSN 2417-6400

ABRÉVIATIONS UTILISÉES

A	*Artiste.*
C GN	*Cahiers Gérard de Nerval.* Société Gérard de Nerval.
éd.	édition.
Folio	*Voyage en Orient*, éd. Jean Guillaume et Claude Pichois. Gallimard. Collection « Folio », 1997.
G. de N.	Gérard de Nerval.
GDU	*Grand Dictionnaire Universel* du xixe siècle de Pierre Larousse.
Huré	*Voyage en Orient*, éd. Jacques Huré. Imprimerie Nationale, 1997, 2 vol.
Jeanneret	*Le Voyage en Orient*, éd. Michel Jeanneret. Garnier-Flammarion, 1980, 2 vol.
Lemaitre	*Œuvres.* Tome II (*Voyage en Orient*), éd. Henri Lemaitre. Garnier frères, 1958. « Classiques Garnier ».
LOV	Bibliothèque Spoelberch de Lovenjoul. Fonds appartenant à la Bibliothèque de l'Institut.
ms	manuscrit.
N	*Le National.*
n.	note.
[N. D. A.]	Note de l'auteur : Nerval.
NPl (ou *NPl* II)	Nouvelle éd. *Œuvres complètes* de Nerval. Gallimard, collection « Bibliothèque de laPléiade », t. II.
p.	page.
Pichois	*Œuvres complètes*, éd. Jean Guillaume et Claude Pichois. Gallimard. t. II, « Bibliothèque de la Pléiade », 1984. *Voyage en Orient* : p. 171-881. (Nouvelle éd.)
Pl	Ancienne éd. *Œuvres* de Nerval. Gallimard, « Bibliothèque de la Pléiade » (t. II).
RDM	*Revue des Deux Mondes.*

Richer   *Œuvres*, éd. Albert Béguin et Jean Richer. Gallimard,
                    1956. « Bibliothèque de la Pléiade ». T. II (*Voyage en Orient*),
                    p. 5-694. (3ᵉ tirage, 1978). (Ancienne éd.)

Rouger   *Voyage en Orient*, éd. Gilbert Rouger. Imprimerie Nationale,
                    1950, 4 volumes.

SVO   *Scènes de la vie orientale.*

var.   variante.

VO   *Voyage en Orient*, éd. définitive (1851).

NOTE SUR L'ÉTABLISSEMENT DU TEXTE

L'édition que nous proposons reproduit l'exemplaire de la Bibliothèque Nationale de France ; cote 8. 02. 174 (1), 8. 02. 174 (2)[1]. Le tome I présente, en tête, la page de titre de l'édition Souverain (1850), avec un tampon indiquant « Bibliothèque Nationale R. F.[2] », et celle de Sartorius (1848), sur laquelle est tamponné « Bibliothèque Royale[3] » (avec une couronne et la précision « I »).

Outre des détails typographiques, qu'il nous arrivera parfois de noter, on remarque que le titre du premier chapitre de l'« Introduction » (en caractères minorés, plus petits, et romains) : « L'Archipel », est en grandes majuscules, et que ce sera le titre courant (en pages paires) de cette « Introduction », en alternance avec le titre de chaque chapitre, en pages impaires[4]. Le corps de ce premier tome aura ensuite pour titre courant « Les Femmes du Caire ».

L'Appendice (du t. I) qui commence à la page 347 est en caractères minorés.

La page de titre du t. II est celle de Souverain (1850) et le sous-titre est « Les Femmes du Liban ».

La première section, « Un Prince du Liban », porte pour titre courant (en pages paires) « LES MARONITES », la deuxième « Le Prisonnier » « LES DRUSES », le titre de la troisième section : « Les Akkals. – L'Anti-Liban » est distribué en deux titres courants : « LES AKKALS » (pour les pages impaires), « L'ANTI-LIBAN » (pour les paires).

L'Appendice est en caractères réduits comme dans le t. I. L'« Épilogue », à la suite, est en caractères normaux.

---

1 Le texte est visible et lisible sur le site Gallica. *Les Femmes du Caire* ; identifiant : ark :/12148/bpt 6k 1092280 – *Les Femmes du Liban* ; identifiant : ark :/12148/bpt 6k109229c – Relation (pour les 2 vol.) http://catalogue.bnf.fr/ark:/12148/cb36040305k

2 Ce tampon se trouve au bas de la p. 97 du t. II, et à la dernière page (334) de ce dernier.

3 La dernière page (352) présente le même sceau.

4 La page iij a pour titre courant « LA TRAVERSÉE ».

La confection et la distribution du second tome appellent des remarques. Des pages 1 à 268, est donné le récit du séjour libanais, puis en caractères minorés[1] un *Appendice* de 42 pages (269 à 300) qui ne termine pas le volume, car un « Épilogue » de 34 pages suit, qui se rapporte au récit de voyage, et pour lequel réapparaissent les caractères normaux[2]. Le t. II a pu être imprimé peu après le t. I, et s'achever avec l'*Appendice*, mais les difficultés de l'édition après la Révolution de Février 1848 s'ajoutant à celles de Sartorius l'auraient empêché de paraître tout de suite après sa fabrication ; il aurait été conservé en feuilles, ou broché, mais non relié... Ce qui expliquerait que l'« Épilogue » a pu être ajouté plus tard, au moment de la publication effective, en 1850[3].

> Pour ce qui est des propres notes de Nerval, l'appel dans le corps du texte original se présentait sous la forme d'un chiffre en parenthèses, que l'on retrouvait ainsi en bas de page. Elles apparaissent bien sûr dans cette édition que nous proposons, et signalées comme étant de Nerval, mais alignées avec nos propres notes critiques.

Le foliotage originel sera signalé dans le texte saisi entre crochets (dans l'Introduction, il ne s'agit pas de chiffres arabes : [i], [ii], [iii], etc.).

Le texte des *Scènes de la vie orientale* dont nous avons retracé l'histoire est ici republié, pour la première fois depuis la mort de Nerval[4] mais avec, pour répondre à des exigences éditoriales, certaines corrections.

---

1   Comme l'appendice du t. I.
2   Les cahiers du tome II comptent tous huit pages, sauf le trente-huitième, qui n'en compte que six. Dans ce cahier, se trouvent les premières pages de l'« Épilogue ». Le t. II renferme quarante et un cahiers de huit pages et ce cahier de six pages, soit 334 pages. Le cahier litigieux commence à la p. 297, dans l'« Appendice ». Page 300, c'est la fin de l'« Appendice », et p. 301, le début de l'« Épilogue » : « *À Timothée O'Neddy.* ». Les pages 301 et 302 de l'« Épilogue » appartiennent au trente-huitième cahier, le trente-neuvième cahier commençant à la page 303. Dans le tome I, les cahiers sont numérotés toutes les seize pages, il y a vingt-deux cahiers, soit 352 p.
3   Contrairement à ce que laisserait entendre un prospectus de la *Revue pittoresque*... Voir H. Mizuno, « Quand a paru le deuxième tome des *Scènes de la vie orientale* de G. de N. ? », *Bulletin du bibliophile*, 2007, n° 1, p. 151-158.
4   Une traduction a paru en 1929, intitulée *The Women of Cairo* [*sic* !]. *Scènes of Life in the Orient* with an introduction by Conrad Elphinstone, London, George Routlege & Sons, 2 vol. in-8°, xiii-283-402 p. Cette éd. reproduit en fait le texte du *Voyage en Orient* de 1851, mais amputé de toute son « Introduction ». Ce qui fait que le texte s'ouvre sur « Les Mariages cophtes ». Il n'y a pas d'appendice.

GRAPHIES ET ACCENTUATION

L'orthographe a été modernisée.

Les mots à finale au pluriel, ou suffixe, en « ans » ou « ens » ont été pourvus du *t* : amans, croyans, errans, géans, nécroman, ornemens...

L'usage de *h* a été corrigé : « hermite>ermite, Mahgreb>Magrheb, myrthe>myrte, ophthalmie>ophtalmie, rhythme>rythme »...

Certains mots ont une orthographe différente aujourd'hui : « Boudda>Bouddha, chakal>chacal, Druse>Druze, visir>vizir, Fatimites>Fatimides, fesait>faisait-fesant>faisant, hachisch, haschisch, haschich>hachich, Koran>Coran, mamelouck>mamelouk, sheick ou cheick>cheik, schériff>chérif, tems>temps »...

Remarque : Il est des mots que nous n'avons pas modernisés, car Nerval les considère comme des orientalismes ; ils sont généralement en italique, tel *bakchiz*.

Pour ce qui est des fautes d'impression, on notera le traitement particulièrement labile ou bancal, voire aléatoire, des lettres *n* et *u* : eu>en, ou>on, rouge>ronge, quincouces>quinconces... Le *m* peut devenir *n* : prenières>premières... Le *n* peut apparaître aussi indûment : ne>de, faussent>fausset...

Il y a çà et là des doublons.

LA PONCTUATION

L'usage du tiret a été revu.
  - Supprimé en préfixation adverbiale, le plus souvent avec *très* devant les adjectifs : « (Très)>avancé, dégoûtant, difficile, disposées, édifié, élevée, ému, énergiques, exact, expansive, favorable, fréquent, général, grand, grosses, inconvenant, laid, mutilée, nombreux, parées, pressante, réservé, révéré, tolérante »… Devant les adverbes : >« bien, tard »… Ou dans les locutions adverbiales : >« après demain, non seulement, dès lors, long-temps>longtemps, plat ventre, sur le champ, tout à coup, tout à fait »… Et les noms composés : >« clin d'œil, consul général, corps de garde, coup d'œil, nouveau venu, ponts et chaussées, quart d'heure »…
  - Rétabli avec la postposition du pronom personnel en construction interrogative directe : « dirais-je, peuvent-ils, aurait-elle, s'est-il ? »…
  - Ajouté, dans le démonstratif composé : « ce point là>ce point-là », ou dans > « au-delà, contre-pied, peut-être »… ou encore dans « ferblanc>fer-blanc »…

L'apostrophe a été supprimée dans : « entr'elles>entre elles, entr'ouvert>entrouvert, grand'chose, grand'peine »…

LES ACCENTS

L'accent circonflexe a été rajouté sur de nombreux mots : « ame, aromes, dégats, gite, grace, maitresse, pamoison, parait, théatre, voute »…, ou enlevé dans « dénoûment>dénouement »…

L'accent aigu a laissé la place à l'accent grave. En particulier dans les mots à finale orthographiée en « ége » à l'époque : « cortège, privilège, protège, siège, solfège »… Mais aussi dans « réglement>règlement, régne>règne, orfévrerie>orfèvrerie »…

LES MAJUSCULES

Les majuscules ont été accentuées selon l'usage actuel, quand cela était nécessaire.

À propos de majuscules... Nous les avons supprimées sur les mots adjectivés : Perse ou Isiaques... Nous les avons rétablies dans : Moyen Âge.

Les imprimeurs des pré-originales avaient souvent chacun sa manière de graphier les mots d'origine arabe. Ce qui a laissé des traces dans le texte des *Scènes*. Il y a une divergence de graphies pour un même vocable, surtout d'origine orientale : « Mahgrheb pour Maghreb, Rodda pour Roddah, Iémen pour Yémen ; cheick, cheikh, scheikh, scheik (pour cheik actuellement), Mokatam et Mokattam, Mustafa et Mustapha, Schoubrah et Choubrah, sidy et sidi, mamelouck et mamelouk ». Cela se complique quand Nerval, empruntant à Lane, lui reprend sa manière de transcrire l'arabe ; un *bédouin* devient alors un *bedaoui*, ou un *bedawee*.

Nerval écrit à son père, le 1er janvier 1843, avant de s'embarquer pour l'Égypte : « Nous allons travailler l'arabe sur le bateau ». Du Caire, le 18 mars, il l'informe : « Je sais déjà quelques mots d'arabe, et je me fais entendre assez bien en langue franque qui est un mélange d'italien, d'arabe et de grec moderne. » Le 2 mai, il ajoute :

> Je possède assez d'italien, d'arabe et de grec déjà pour parler ce qu'on appelle la langue franque qui se compose arbitrairement de ces trois langues. On finit par se faire comprendre à force d'accumuler des mots et d'essayer des intonations de la gorge : j'ai deux dictionnaires et une grammaire, mais j'apprends bien plus par la nécessité de demander les choses ; seulement, je vérifie après avoir entendu les mots, ou je les prononce de plusieurs manières jusqu'à ce qu'on m'ait compris.

En août 1843, au même, encore : « À propos, je sais presque l'arabe. Il est vrai que je n'ai pas encore réussi à l'écrire. Quant au turc, je n'y comprends rien [...]. »

L'édition de « la Pléiade » a eu recours au *Glossaire des mots français tirés de l'arabe, du persan et du turc*, [...][1], par Antoine Paulin Pihan, compositeur pour les langues orientales à l'imprimerie royale, chez Benjamin Duprat, 1847. Dans les notes à son édition, Huré a tenté une transcription restituée de la morphologie du lexique arabe et turc. Nous en avons également tenu compte[2].

---

1 *Glossaire Des Mots Français Tirés De L'arabe, Du Persan Et Du Turc ... : Précédé D'une Méthode Simple Et Facile Pour Apprendre À Tracer Et Lire Promptement Les Caractères Arabes, Persans Et Turcs.*

2 Nous fournirons un lexique de vocables d'origine orientale employés par Nerval dans notre éd. prochaine de *VO*.

PRÉSENTATION

NERVAL LE ROMANTIQUE
Genèse

Il existe une ample bibliothèque critique sur la mode orientaliste – qui a débuté à la fin du XVIIᵉ siècle – dans l'histoire littéraire et artistique du Romantisme, sur l'importance de l'*Itinéraire de Paris à Jérusalem* de Chateaubriand, du *Voyage en Orient*[1] de Lamartine, des *Orientales* de Hugo[2], etc. ; sur la contribution des peintres : Delacroix, Alexandre Bida (son disciple), Prosper Marilhat, Camille Rogier, Alexandre Decamps… Le Romantisme est sensible tout à la fois au pittoresque oriental, et au lyrisme mystique de la nostalgie originelle. Et de fait, pour Nerval, l'Orient sera tout à la fois pittoresque et symbolique[3].

Gérard songe à l'Orient dès l'époque de la bohème galante (1835), il semble même obsédé par la Reine de Saba dont il souhaita qu'elle fût incarnée par sa chère Jenny Colon. Impasse du Doyenné, les amis peintres – dont Marilhat « l'Égyptien », Célestin Nanteuil[4] et Rogier[5] – rêvaient bien sûr aux charmes orientaux[6].

---

1 Le titre des premières éditions du voyage de Lamartine est *Souvenirs, impressions, pensées et paysages, pendant un voyage en Orient (1832-1833), ou Notes d'un voyageur*, Gosselin, 2 vol. En 1851-1853, il publiera un *Nouveau voyage en Orient* qui relate son voyage de 1850.

2 Sans oublier Gautier, auteur de *La Péri*, par exemple.

3 L'Orient n'est-il pas « toujours, d'ailleurs, la terre antique et maternelle où notre Europe, à travers le monde grec et romain, sent remonter ses origines ? » (*Cf.* ici le chapitre « Le Passé et l'Avenir ».) Au Liban, le doute ne serait plus permis : « J'avais bien senti déjà qu'en mettant le pied sur cette terre maternelle, en me replongeant aux sources vénérées de notre histoire et de nos croyances, j'allais arrêter le cours de mes ans, que je me refaisais enfant au berceau du monde, jeune encore au sein de cette jeunesse éternelle. » (*Cf.* chap. « L'Akkalé ».)

4 Il imaginera d'ailleurs une affiche publicitaire illustrant l'œuvre que nous présentons ici.

5 Nous le retrouverons dans ces *Scènes de la vie orientale*.

6 Pour information, rappelons que, à peine un an plus tard, après le voyage de Nerval, le Salon du Louvre de 1844 présentera « 78 sujets orientaux traités par 51 artistes » dont Adrien Dauzats,

Mais ce qui fait la singularité première des *Scènes de la vie orientale*, ce sont les *choses du moment*. Le moment des années 1841 et 1842 d'abord. Elles ont été douloureuses. Après sa crise de folie de février 1841, Nerval doit retrouver le réel ; une réalité dont il pourrait s'accommoder…, si c'était affaire de choix. Il écrit à Mme Dumas, la femme d'Alexandre Dumas, le 9 novembre 1841 :

> « Au fond, j'ai fait un rêve très amusant, et je le regrette ; j'en suis à me demander s'il n'était pas plus *vrai* que ce qui me semble explicable et naturel aujourd'hui. » Il voudrait fuir les « médecins et [les] commissaires qui veillent à ce qu'on n'étende pas le champ de la poésie aux dépens de la voie publique ».

Il se préoccupe plus que tout de son renom d'écrivain ; sa carrière a été compromise par ces deux années d'inaction forcée. Voici ce qu'il écrit au docteur Étienne Labrunie, son père, de Lyon, le 25 décembre 1842 :

> L'hiver dernier a été pour moi déplorable, l'abattement m'ôtait les forces, l'ennui du peu que je faisais me gagnait de plus en plus et le sentiment de ne pouvoir exciter que la pitié à la suite de ma terrible maladie m'ôtait même le plaisir de la société. Il fallait sortir de là par une grande entreprise qui effaçât le souvenir de tout cela et me donnât aux yeux des gens une physionomie nouvelle. Tâche donc de considérer la réalisation de ce projet comme un grand bonheur qui m'arrive et le gage d'une position à venir.

Au même, au départ de Marseille, le 1er [janvier 1843], il affirme *entreprendre*

> un voyage en Orient avec la pensée qu'il sera favorable à [s]on avenir. […] ; sois donc un peu content de me voir tiré de ma végétation de Paris pour des travaux utiles et instructifs. […]. Adieu donc, je t'écris et je t'embrasse, le cœur serré ; mais enfin, cela vaut mieux que la maladie, et nous l'avons supportée.

Au même encore, du Caire, le 18 mars 1843 :

> Je crois que je prendrai une connaissance complète de ce pays, qui me sera ensuite fort utile.
> […] Malheureusement je sens de plus en plus que je vis loin de toi et je regrette qu'il faille aller si loin pour trouver des *impressions* [nous soulignons] un peu nouvelles et des sujets d'étude de quelque attrait pour le public.

Marilhat, Horace Vernet, Fouquet, etc. Marilhat exposait six tableaux : *Arabes syriens en voyage, Un village près de Rosette, Souvenirs des bords du Nil, Une ville d'Égypte au crépuscule, Café sur une route de Syrie, Vue prise à Tripoli*. On remarquait le *Mariage arabe au Caire* de Fouquet.

Le voyage de Nerval est une *entreprise* sérieuse née d'une crise douloureuse qui met en péril son avenir personnel et littéraire (c'est tout un, puisqu'il ne vit que de sa plume). En cela d'abord, il se distingue des autres voyages romantiques en Orient. Par leur clarté narrative et architecturale, les *Scènes de la vie orientale* manifesteront finalement la victoire sur la folie dont l'expérience reste encore tacite.

Il faut dépenser de l'argent, du temps, de la fatigue et avoir des livres pour un tel voyage, afin de réaliser son rêve. Lamartine, arrêté à mi-parcours par la mort de sa fille, qui l'accompagnait avec sa femme, a publié des souvenirs orientaux dont l'Égypte est absente ; quant à Chateaubriand, pressé de retrouver, en Andalousie, Nathalie de Noailles, il l'a parcourue fort rapidement, et sa chronique égyptienne est sommaire. Nerval va donc « occuper » l'Égypte plutôt qu'évoquer Athènes ou Jérusalem qui ont accaparé ses deux célèbres devanciers. Ces derniers se sont lancés dans une expédition fastueuse ; il fallait dépenser... Nerval n'a pas leurs moyens financiers, et c'est un euphémisme ! C'est dire qu'ils n'ont pas voyagé de la même manière, n'ont pas vu les mêmes choses finalement. Bien avant Nicolas Bouvier, Nerval se propose un *usage du monde* qui ne peut passer par l'aisance financière, même si l'attirail emporté est volumineux : lits de voyage, draps, serviettes, argenterie même, sans oublier la caisse du daguerréotype[1], avec son outillage considérable et fragile (dont les composants chimiques se gâteront). Chateaubriand et Lamartine se déplacent avant tout dans un passé autrefois prestigieux, Nerval est d'abord attentif à la réalité présente, pour une raison simple : il doit faire face aux aléas bassement matériels de la vie quotidienne, tenir ses comptes au jour le jour[2], vivre au plus près du peuple dont il est d'ailleurs le seul à évoquer et transcrire le lexique.

Au moins, au départ, il s'agissait d'une « affaire commune » à notre auteur et à son compagnon de route, un certain Joseph de Fonfride[3], de dix années son cadet. Mais il convient de revenir précisément sur les étapes de ce voyage.

---

1   Le premier ouvrage illustré de reproductions photographiques fut l'album de Maxime Du Camp : *Égypte, Nubie, Palestine et Syrie* (1852).
2   Cet homme, considéré comme une tête « folle », notera ses dépenses quotidiennes du 7 février au 1ᵉʳ avril 1843.
3   Il était actionnaire, et l'un des rédacteurs en chef du *Corsaire*, du 10 novembre 1838 au 26 septembre 1840. Il devint dès son retour, en 1844, membre de la *Société orientale*. Fondée le 13 mai 1844, celle-ci avait pour but de faire pour l'Orient ce qu'en Égypte l'Institut fondé par Bonaparte avait voulu « faire pour ce pays en particulier : 1° en donnant une connaissance exacte de l'Orient ; 2° en aidant et secondant les voyageurs ; 3° en créant des relations utiles à l'Europe et à l'Orient » ; elle se proposait aussi de donner aux voyageurs en Orient, à leur départ, « notes, renseignements, communications et lettres de recommandation ».

LE VOYAGEUR AU PROCHE-ORIENT
Les Données de l'expérience

Parti de Paris, Gérard de Nerval s'est embarqué à Marseille, le 1er janvier 1843, à bord du paquebot-poste le *Mentor* – qui, par mauvais temps (le passage par le détroit de Messine sera difficile), le conduit à Malte où il arrive le 8. Cette traversée est marquée par la mort d'un voyageur anglais...

Le 9 janvier, le *Minos* part à destination de l'Archipel. Après une escale d'une journée à Syra, le 12 janvier, Nerval repart le lendemain sur le *Léonidas* ; et arriverait à Alexandrie après une traversée de quatre jours ; il s'y trouve en tout cas le 16 ou le 17. Il visite la ville et les environs, puis, par bateau, arrive au Caire après cinq jours de navigation. Le 7 février, il est dans cette ville, qu'il quittera le 2 mai pour la Syrie[1].

Au Caire, il loge à l'hôtel français, puis, avec son compagnon de voyage, il loue une maison dans le quartier copte au sud de la ville, et prend un domestique, ancien mamelouk de l'armée française. Il visite la ville, assiste aux fêtes de Pâques des Coptes et des Grecs, à la fête turque de la naissance du Prophète, au retour des pèlerins de La Mecque ; il reconnaît les environs : Lafté, Schoubra, Fostat, Héliopolis, Gizeh, les Pyramides (visitées en compagnie d'Ibrahim-Pacha). La peste s'étant déclarée à Beyrouth, il prolonge son séjour au Caire.

Il n'est nullement isolé dans la ville ; il fréquente le diplomate Gauttier d'Arc (consul général), le docteur Perron, saint-simonien, directeur de l'École de médecine (succédant à Clot-Bey) et savant orientaliste, l'ingénieur en chef Linant de Bellefonds, le saint-simonien Charles Lambert, directeur de l'École militaire polytechnique ; il sera présenté au fameux Antoine Clot-Bey, dîne aux côtés d'Émile-Timothée Lubbert-Bey, ancien directeur de l'Opéra, devenu administrateur de la ferme du pacha.

Il est resté à peu près trois mois en Égypte[2].

On est mal renseigné sur le séjour en Syrie. Du 2 mai au 25 juillet, sa correspondance est lacunaire.

---

1   Avant 1914, la Syrie incluait le Liban et la Palestine.
2   Le narrateur y aura passé « huit mois »... (*Cf.* « Départ. »)

En compagnie de Fonfride (et de la jeune Indienne qu'a achetée ce dernier[1]), il est parti, par bateau, pour Damiette. Là, ils se sont embarqués sur un navire grec, la *Santa-Barbara*, à destination de Jaffa et Beyrouth. La traversée, qui durera une semaine, aura été pénible. À Beyrouth, les passagers en provenance d'Égypte sont placés en quarantaine pendant douze jours. Le séjour au Liban commence donc véritablement à la fin du mois de mai. Il vit au milieu des Maronites, se déplace à cheval, dort sous la tente, dans un pays en proie à la guerre civile entre Druzes et Maronites. Il se plaint de maux de dents, « de névralgie », de « fièvre »... Après avoir quitté Beyrouth sur un paquebot autrichien venu de Trieste, ils font trois escales à Chypre, Rhodes et Smyrne.

Le 25 juillet 1843, il écrira, de Constantinople, à son père : « Pas de poste régulière et un service de bateaux à voile tous les mois ! » Il lui résume son voyage, de Damiette aux côtes de Syrie, « sur la Santa-Barbara, bateau grec fort incommode, où j'ai été fort ballotté pendant sept jours » ; il évoque Beyrouth d'où il a fait des excursions dans le Liban, (c'est-à-dire la partie montagneuse de la Syrie).

Il aura frôlé les côtes de la Palestine, se sera trouvé à huit lieues de Nazareth, mais, selon le Marseillais des *Scènes*, puisque « les anges [...]ont transporté [...] la maison de la Vierge à Lorette, près de Venise [*sic* !] [...] pas la peine d'y aller pour voir qu'il n'y a plus rien ! » (« Un Déjeuner à Saint-Jean-d'Acre. »)

En août, il habitera Péra, dans un hôtel tenu par des Grecs.

Fin septembre, rappelé pour un procès, Fonfride a regagné la France. Nerval avait pensé le suivre. Il restera à Constantinople, mais dès le début du Ramadan, à savoir le lundi 25 septembre, logera dans un khan (où résident des Iraniens et des Arméniens) jusqu'à la fin du Ramadan. Il a retrouvé son compatriote Rogier, qui a été accueilli par une famille arménienne ; il travaille dans la bibliothèque du palais de cette dernière, au bord du Bosphore.

C'est grâce à Rogier qu'il rencontre Bousquet-Deschamps, le directeur du *Journal de Constantinople*... où sera publiée une lettre à Gautier, dans le numéro du 6 septembre.

---

1   « Le Fonfride est assez convenable. Il a acheté un esclave indienne et, comme il voulait me la faire baiser, je n'ai pas voulu, alors il ne l'a pas baisée non plus ; nous en sommes là. » (À Gautier, 2 mai 1843.)

Le 26 ou le 28 octobre, à bord de l'*Eurotas*[1], sur lequel il dispose d'une recommandation auprès du capitaine, un certain Rostaing, Nerval voit disparaître Stamboul. Rogier regagne lui aussi la France, ils navigueront de compagnie jusqu'au port de Syra. De Syra à Malte, la traversée sera mouvementée.

Le 5 novembre, on impose aux passagers une quarantaine de dix jours au lazaret de Malte, à La Valette ; il dit avoir souffert de « courbature avec fièvre[2] »...

Le 16 novembre, à peine sorti de quarantaine, il quitte Malte. Il revoit Naples (où il séjourne du 18 novembre au 1er décembre), y retrouve des souvenirs de son voyage précédent, dix ans plus tôt, en 1834. Il visite Herculanum et Pompéi.

Le 1er décembre, le *Francesco Primo* appareille.

Nerval arrive à Marseille, par Livourne et Gênes. Tous ses amis l'attendent pour le fêter[3] : Méry[4], Rogier arrivé par un autre bateau, le capitaine de l'*Eurotas*[5], dont il sera l'hôte à Toulon.

De Toulon, il revient à Marseille. En compagnie de Rogier, il visite Arles, Beaucaire, Nîmes. De là, ils remontent sur Lyon, s'y arrêtent une journée, et empruntent, pour leur dernière étape, « la nouvelle ligne du Bourbonnais ».

Le 1er ou le 2 janvier 1844, il est de retour à Paris.

Il avait déclaré à son père :

> Ni la mer, ni la chaleur, ni le désert n'ont pu interrompre cette belle santé dont mes amis se défiaient tant avant mon départ. Ce voyage me servira toujours à démontrer que j'ai été victime il y a deux ans d'un accident isolé. [...] j'ai

---

1   Lancé à Brest le 30 avril 1838, ce paquebot-poste finira sa carrière le 2 février 1854 en s'échouant à Alexandrie par temps de brume. Il pouvait loger vingt-six passagers dans le faux pont arrière.

2   Lettre écrite en mer, près de Gênes, vers le 3 décembre.

3   Un entrefilet du *Sémaphore* annonce, le 14 décembre, son retour et celui de Rogier : « Un de nos littérateurs les plus distingués, M. Gérard de Nerval, rédacteur de *la Presse*, auteur du drame Léo [*Léo Burckart, sic*!] et de plusieurs productions pleines d'intérêt, se trouve, depuis quelques jours dans notre ville. M. Gérard de Nerval est de retour d'un voyage en Égypte et en Turquie, il est arrivé à Marseille, avec un peintre de mérite, M. Camille Rogier, qui, dans un séjour de plusieurs années en Orient, a enrichi ses albums d'une foule de dessins extrêmement agréables. »

4   Ce dernier ne le reçut pas chez lui ; son salon était celui de Lady Greig... qui était venue à Marseille vers 1840 et s'y était fixée rue Saint-Ferréol, 40...

5   L'*Eurotas* est arrivé le 4.

fait oublier ma maladie par un voyage, je me suis instruit, je me suis même amusé. J'ai donc bien fait au point de vue de mon état[1].

La réalité bien sûr ne lui apparut pas à la mesure de son rêve[2]. Dès le début de son récit, le narrateur observera :

> Voilà mon rêve... et voici mon réveil ! Le ciel et la mer sont toujours là ; le ciel d'Orient, la mer d'Ionie se donnent chaque matin le saint baiser d'amour ; mais la terre est morte, morte sous la main de l'homme, et les dieux se sont envolés ! (« L'Archipel ».)

Le topos du *soleil noir* est l'occasion d'une leçon de morale et philosophie mêlées :

> Tout cela me surprend, me ravit... ou m'attriste, selon les jours ; car je ne veux pas dire qu'un éternel été fasse une vie toujours joyeuse. Le soleil de la mélancolie, qui verse des rayons obscurs sur le front de l'ange rêveur d'Albert Dürer, se lève aussi parfois aux plaines lumineuses du Nil, comme sur les bords du Rhin, dans un froid paysage d'Allemagne. J'avouerai même qu'à défaut de brouillard, la poussière est un triste voile aux clartés d'un jour d'Orient. (« Un lever de soleil. »)

Au Caire, les charmes de l'imaginaire se sont peu à peu dissipés ; au Liban, les investissements subjectifs n'auront pas résisté à l'épreuve des faits. Certes, non sans provocation ni surenchère, la lettre à Gautier, du *Journal de Constantinople*, place le voyage sous le signe du désenchantement : « Moi, j'ai déjà perdu, royaume à royaume, et province à province, la plus belle moitié de l'univers, et bientôt je ne vais plus savoir où réfugier mes rêves. » Le risque obligé du voyage est la dégradation des aspirations qui l'ont commandé, tout comme la nostalgie, une fois les déceptions estompées, en réveillera le souvenir[3]. Le voyageur avance, mais le narrateur reviendra en Égypte à rebours de la réalité désenchantée et fera sourdre le merveilleux par le travail de l'imaginaire. Au Caire, il a eu le sentiment de retrouver un lieu connu dans un passé indéfinissable :

---

1 De Constantinople, le 19 août 1843.
2 « En Afrique, on rêve l'Inde comme en Europe on rêve l'Afrique ; l'idéal rayonne toujours au-delà de notre horizon actuel. » (Voir « L'Île de Roddah ».)
3 En 1848, Nerval pensa que le succès de la pièce *De Paris à Pékin* lui permettrait de s'embarquer à nouveau pour le Levant.

Je l'avais vue tant de fois dans les rêves de la jeunesse, qu'il me semblait y avoir séjourné dans je ne sais quel temps ; je reconstruisais mon Caire d'autrefois au milieu des quartiers déserts ou des mosquées croulantes ! Il me semblait que j'imprimais les pieds dans la trace de mes pas anciens ; j'allais, je me disais : – En détournant ce mur, en passant cette porte, je verrai telle chose, et la chose était là, ruinée, mais réelle. (« Départ. »)

et à Beyrouth, celui de rajeunir : « Il me semble, depuis peu de mois, que j'ai remonté le cercle de mes jours […] » (« Un déjeuner à Saint-Jean-d'Acre. »)…

LA PUBLICATION

Ainsi, il s'est mis à l'élaboration d'un livre que Rétif eût appelé une « revie », comme le remarque Gilbert Rouger[1]. Dans la lettre des premiers jours d'octobre 1843, qu'il écrit à son père, de Constantinople, il pense déjà à l'exploitation littéraire de son voyage : « Je n'ai pas encore la réponse du libraire Hauman touchant le travail que je lui propose, […]. » De Nîmes, au même, le 24 décembre, il affirme : « J'ai placé avantageusement mon voyage d'Égypte, qui fera un volume avec gravures et j'ai acquis des matériaux, pour au moins deux ans […]. » Dans cette lettre, est déjà annoncé un diptyque :

[…] j'ai d'un côté Le Caire, de l'autre Constantinople, bien étudiés tous les deux, l'un durant cinq mois, l'autre durant quatre, et peut-être pourrai-je me passer des journaux et faire paraître directement dans la librairie, ce qui donnerait plus d'importance et d'avenir à mon travail.

C'est en effet un diptyque qu'offrent les *Scènes de la vie orientale* : « *Les Femmes du Caire* » d'un côté, « *Les Femmes du Liban* » de l'autre. Constantinople apparaîtra, plus tard, dans *Voyage en Orient*[2]. Il ne sera plus reparlé d'Hauman, et avant de voir paraître ce qui sera son premier grand livre, il ne pourra se passer des journaux et des revues. Nécessités

---

1   Dans son édition de *Voyage en Orient*, 1950, 4 vol. (390+367+368+391 p.). Collection nationale des classiques français tirée sur les presses de l'Imprimerie nationale de France. Dessins de Yves Trevedy. Bibliothèque des Éditions Richelieu, tirage limité à 4 500 exemplaires.
2   Halte sur laquelle nous reviendrons dans l'édition, à suivre, de cet autre texte.

économiques, éditoriales, faisant loi, il lui faudra trouver son rythme, son tempo ; et puis la maturation de son œuvre a besoin de temps pour trouver son unité. Les multiples chroniques feront croître le texte à venir par poussées successives et fructification progressive[1]. Dès le 11 février 1844 paraîtra, dans *L'Artiste*, le premier des articles consacrés aux îles grecques, en particulier à Syra et à l'imaginaire escale à Cérigo, ancienne Cythère[2]. Après y avoir apporté tous ses soins, il fera paraître, dans la *Revue des Deux Mondes*[3], ses souvenirs de l'Égypte, du 1er mai au 15 décembre 1846 : à savoir « *Les Femmes du Caire* » ; puis ses souvenirs de Syrie : soit « *Les Maronites* », « *Les Druses* » (avec l'« *Histoire du calife Hakem* ») les 15 février, 1er mars, 15 mai, 15 août et 15 octobre 1847. *L'Artiste-Revue de Paris* du 21 novembre 1847 nous ramènera à Syra.

À cette date, Nerval s'est déjà mis d'accord avec l'éditeur Ferdinand Sartorius pour publier ces *Scènes de la vie orientale*. Un entrefilet de *L'Artiste*, du dimanche 5 décembre 1847 annonce : « L'éditeur Sartorius publiera cette semaine sous ce titre, *Scènes de la vie orientale*, "Les Femmes du Caire", le beau livre de M. Gérard de Nerval sur l'Orient. » Le livre ne paraîtra pas à cette date, mais a été enregistré à la *Bibliographie de la France* du 5 février 1848 (n° 693). Au dos du volume est annoncé : « *Voyage en Orient* par Gérard de Nerval. 2 vol. in-8° (sous presse). 10 fr. » Or la *Bibliographie de la France* ne mentionne un second volume qu'à l'été 1850, et chez un autre éditeur : « *Scènes de la vie orientale* par Gérard de Nerval. *II. Les Femmes du Liban.* [...]. À Paris, chez Souverain, rue des Beaux-Arts, 5 ». Il existe des exemplaires du tome II à la date de 1848, et au nom de Sartorius[4]. La publication de ce second tome a donc été retardée[5].

---

1   Nerval s'est rôdé à l'art de la chronique et du feuilleton, d'abord pour un public du moment qui en était friand ; le public qui est par définition un des acteurs du réel : « C'est en écrivain de feuilleton que Nerval parcourt l'Orient, l'Europe méridionale et l'Allemagne. Ses croquis de voyages présentaient si bien l'expérience de l'étranger et de son étrangeté qu'ils peuvent constituer pour le lecteur parisien du feuilleton un élargissement de son monde. Ce que le feuilleton aborde, fût-ce le plus lointain, se transforme en théâtre parisien. » Karleinz Stierle, *La Capitale des signes. Paris et son discours.* Traduit de l'allemand par Marianne Rocher-Jacquin. Préface de Jean Starobinski. Éditions de la Maison des sciences de l'homme, 2001, p. 387.

2   Alors que dans les *Scènes*, le voyageur abordera l'île de Cythère avant Syros-Syra.

3   Revue qui accueille en même temps les « *Voyages et recherches en Égypte et en Nubie* » de Jean-Jacques Ampère.

4   Comme l'atteste par exemple l'exemplaire figurant dans le fonds Spoelberch de Lovenjoul de l'Institut, qui porte la cote M 6661.

5   Pourquoi ? Nous invitons le lecteur à se reporter à notre « Note sur l'établissement du texte ».

Le centre de gravité de l'œuvre se situe d'abord au Caire – puisque l'« *Histoire du calife Hakem* » nous y ramène – avant de se déplacer au Liban, tant « Le Prisonnier » renvoie à l'actualité libanaise d'alors, à la Question d'Orient[1], donnant toute la place aux échos d'une époque politiquement troublée, celle qui suit la crise internationale des années 1840-1841. – Et puis, c'est au Liban que le narrateur fait le choix, romanesque, de se *fixer* dans les montagnes.

LE LECTEUR
Les données de la culture

Mais ce voyage projeté, pensé, réfléchi fut fait de lectures autant que de pérégrinations.

On ne doit pas méconnaître l'importance de la documentation livresque dans l'élaboration de ce récit : livres d'histoire, contes, chroniques arabes, dissertations latines, mémoires érudits, grimoires, relations de pèlerins… Le dépaysement par le voyage et le dépaysement par les livres sont solidaires. Ils répondent à un besoin profond du tempérament nervalien. Ils commandent l'alternance d'itinéraires et d'histoires, de pittoresque et de rêve, d'humour et de mystique qui rythme le récit, d'une manière d'autant plus adroite et heureuse que l'auteur demande

---

1   La crise générale de l'Orient naît de l'aspiration des élites orientales à la modernité occidentale qui a vocation à faire disparaître des cultures qui lui sont étrangères. Sous le Tanzimat, la Porte est de plus en plus européanisée, cela surtout sous l'influence de Londres. La France a soutenu l'Égypte et les Chrétiens de Syrie. La Syrie, occupée par l'Égypte (depuis 1832, c'est Ibrahim-Pacha, fils de Méhémet-Ali qui la gouverne) est convoitée en particulier par la France et par l'Angleterre, deux pays qui soutiennent les camps rivaux. La revendication nationale libanaise est réprimée autant par l'intervention (soutenue par la France) d'un corps expéditionnaire égyptien, qui débarque à Beyrouth en juin 1840, que par celle de la flotte britannique qui bombarde Beyrouth en juillet afin de sauver la souveraineté ottomane sur le Liban. Celle-ci réaffirmée, le Liban est divisé, selon un plan proposé par Metternich, en deux préfectures, chargées d'administrer, l'une, les chrétiens, l'autre, les musulmans, et placées directement sous l'autorité de la Porte, ce qui ne met pas fin aux troubles interconfessionnels. Huré remarque que « Nerval réussit à introduire l'infinie complexité politique de l'Orient dans la littérature, lui conférant ainsi le statut d'une image fixe, devenue permanente en quelque sorte. » (Voir son édition *de Voyage en Orient*, Imprimerie nationale, « La Salamandre », 1997, 2 vol. 493 et 477 p.)

souvent à ses personnages de transmettre eux-mêmes le matériel docu-
mentaire en le leur faisant raconter ou en le mettant en scène à travers
eux. Nerval a dépouillé le *Bulletin de la Société de Géographie*, la collection
de la *Revue Britannique*, les *Mémoires* de l'Académie des Inscriptions et
Belles-Lettres… Perron l'a fait admettre à la Société Égyptienne, plus
exactement Association littéraire d'Égypte, fondée en 1842, dont il est
le secrétaire. Son auteur aura pu y trouver une abondante documentation, comme il l'attestera à son père, dans sa lettre du 18 mars 1843 :

> « À la Société Égyptienne, j'ai trouvé réunis presque tous les livres anciens et
> modernes qui ont été publiés sur le pays, et je n'en ai lu encore qu'une bien
> faible partie. » Il promet de ne pas « remonter vers la Haute-Égypte » avant
> d'avoir « épuisé la bibliothèque égyptienne », qui lui permettra « de voir les
> antiquités avec fruit ».

Le carnet qu'il a tenu en Égypte nous renseigne sur les ouvrages
qu'il a consultés au Caire : l'*Histoire mahométane* de Pierre Vattier, la
Relation d'Abyssinie du père Jérôme Lob, les *Contes inédits des Mille et
Une Nuits* traduits par Von Hammer, et des extraits des chroniqueurs
arabes dont Langlès a grossi son édition de Norden, les dissertations
latines de Schultens, les mémoires érudits de Quatremère, sans oublier
le *Monde enchanté* de Bekker. Il lut encore au palais de Kouron-Thesmé
où Rogier l'accueillit.

À son retour en France, il a fait renouveler (le 7 février 1844) son
inscription à la Bibliothèque Royale, sur « la liste des emprunteurs autorisés ». Sont mentionnés : l'*Œdipus Ægyptiacus* de Kircher, la grammaire
de Champollion, les observations de Warburton et du baron de Pauw,
Lactance, Meursius, le père Laffiteau, l'abbé Terrasson, l'*Histoire des religions*
de l'abbé Banier, les *Dieux de Moïse* de Lacour, la *Symbolique* de Creuzer.
Seront empruntés : les Fables de Bidpaï ou Bidpay, les *Poèmes islandais* traduits par Bergmann, les *Fables* de Lessing, les *Mille et Un Jours* de François
Pétis de la Croix, les *Jugements des savants* de Baillet, le *De Interpretatione*
de Huet, la dissertation latine du savant piémontais Carlo Boucheron sur
l'orientaliste Tommaso Caluso, spécialiste de la langue copte…
Il avait bien sûr lu la Bible, Joseph, Pausanias, Apulée, le Coran, la
Description de l'Égypte[1]…

---

1   Publiée de 1809 à la fin de la Restauration.

Si deux ouvrages sont pour lui comme des manuels de base – le vrai dictionnaire qu'est la *Bibliothèque orientale* de d'Herbelot[1], les deux volumes des *Modern Egyptians* de William Lane[2], éminent orientaliste qui fut le meilleur connaisseur de l'Égypte à cette époque –, il connaissait aussi les relations de nombreux voyageurs en Orient : Tournefort[3], Maillet[4], le comte de Choiseul-Gouffier[5], Volney[6], Ohsson[7], Belzoni[8], Fulgence Fresnel[9], Eusèbe de Salle et ses *Pérégrinations en Orient*[10], l'orientaliste Silvestre de Sacy[11], Ubicini[12], etc. Voilà un véritable intertexte plus ou moins contemporain auquel se référer comme à des témoins reconnus,

---

1 *Bibliothèque orientale, ou Dictionnaire universel contenant généralement tout ce qui regarde la connaissance des peuples de l'Orient* par Barthélemy d'Herbelot de Molainville (1697).

2 Edward William Lane (1801-1876) a passé douze ans en Égypte, de 1825 à 1828, de 1833 à 1835, de 1842 à 1849. Durant son deuxième séjour, celui dont est nourri l'ouvrage cité (*An Account of the manners and Customs of the Modern Egyptians*, « written in the Egypt during the years 1833, 34, 35, partly from notes made during a former visit to that country in the years 1825, 26, 27, 28 », three volumes, London, Ch. Knight and Co., 1836, 1837), il se fit passer pour un étudiant égyptien, du nom de *Mansour effendi*, résidant dans les quartiers arabes du Caire. Il est aussi l'auteur d'une traduction anglaise des *Mille et Une Nuits* (1838-1840) et d'un dictionnaire, *Arabic-English Lexicon* (1863-1874)...

3 *Relation de Tournefort d'un voyage au Levant fait par ordre du Roy, contenant l'histoire ancienne et moderne de plusieurs isles de l'Archipel, de Constantinople, des côtes de la mer Noire, [...]* (1717).

4 *Description de l'Égypte et Idée du gouvernement ancien et moderne de l'Égypte*, L. Genneau et J. Rollin, 1735.

5 *Voyage pittoresque de la Grèce*, dont la publication fut commencée en 1782, et achevée en 1822, après la mort de l'auteur.

6 *Voyage en Égypte et en Syrie pendant les années 1783, 1784 et 1785* (1787).

7 *Tableau général de l'Empire ottoman*, publié à partir de 1787.

8 *Narrative of the Operations and Recent Discoveries with the Pyramids, Temples, Tombs and Excavations in Egypt and Nubia*, Londres, Murray, 2 vol., 1819. Traduction française, 1821. – *Voyages en Égypte et en Nubie* [...], traduction française de G. B. Depping, Librairie française et étrangère, 1822, 2 vol.

9 *Lettres* (1836-1838), sur les Arabes de l'époque préislamique.

10 *Ou Voyage pittoresque* [sic !]*, historique et politique en Égypte, Nubie, Syrie, Turquie, Grèce pendant les années 1837-38-39*, Pagnerre et Curmer, 1840, 2 vol. Salle qui déclarait : « Ma tâche sera courte : Je ne prendrai le sujet qu'au point où Lane le laissa. » (T. I, p. 34.) Il explique ainsi l'originalité de ce dernier : « Lane a vécu cinq ou six ans au Quaire, enturbanné, buvant de l'eau, fréquentant les mosquées, faisant ses quatre prières à l'appel des mueddins, luttant contre le *baouab* (portier commissaire de police) de son quartier, qui voulait le marier à toutes les jeunes veuves, contre les *gellahin* (marchands d'esclaves) qui voulaient absolument peupler son harem d'une Circassienne, d'une Abyssinienne et d'une Négresse ; trio sans lequel un riche et bon musulman ne saurait vivre. C'est dans les intervalles d'une vie si occupée que M. Lane composa un livre inimitable sur les mœurs égyptiennes. » (*Ibid.*, p. 35.)

11 *L'Exposé de la religion des Druzes* (1838).

12 « Lettres sur la Turquie », *Le Moniteur universel*, à partir du 4 mars 1850. – *Lettres sur la Turquie. Première partie : Les Ottomans*, 2e éd., Dumaine, 1853. – *Lettres sur la Turquie*.

parmi lesquels encore : Savary[1], Blondel[2], Scipion Marin[3], Léon de Laborde[4]...

Au-delà des emprunts avérés à Vattier[5], Savary[6], Sacy[7] ou Terrasson[8], et surtout Lane[9], les lectures de Nerval lui permettent aussi d'inventer à partir de choses *non vues*.

L'escale à Cythère est totalement fictive[10]. Une compilation[11], que ne mentionne pas Nerval, cite et conseille la lecture de *Voyage de Dimo et Nicolo Stephanopoli en Grèce*[12] et des *Lettres sur la Morée*[13]. Nerval n'hésitera pas à « puiser » dans ces deux ouvrages la matière de ses chapitres sur l'île de l'Amour[14].

Deuxième partie : Les Rayas, Dumaine, 1854. – *La Turquie actuelle*, Hachette, (Bibliothèque des chemins de fer), 1855.

1   *Lettres d'Égypte* de Claude Savary (1786-1787). 2ᵉ éd. 1786, 3 vol. ; éd. an VII-1798, 3 vol.

2   *Deux ans en Syrie et en Palestine 1838-1839*, Dufart, 1840.

3   *Événements et Aventures en Égypte en 1839*, Grimbert et Dorez, 1840.

4   *Voyage en Orient, contenant près de 400 vues de l'Asie Mineure et de la Syrie* (1837-1864, in-fol., 38 livraisons).

5   Il est à l'origine de la « Lettre d'Amrou », en appendice, au tome II des *SVO*.

6   Ses *Lettres* lui inspireront les pages sur sa descente du Nil du Caire à Damiette, la distinction des deux Damiettes, la destruction de l'ancienne à l'époque de Saint-Louis, le retrait de la mer...

7   Sacy est à la source du pastiche qu'est le chap. intitulé « Le Cathéchisme [*sic* !] des Druses ».

8   Il emprunte aussi au *Séthos* de l'abbé Terrasson pour la croyance qui voit dans les Pyramides des lieux d'initiation.

9   Outre l'essentiel des appendices, une part importante de certains chapitres de Nerval est empruntée au livre de Lane ; en particulier, « Une Noce aux flambeaux », « La Caravane de La Mecque », « Le Harem d'Ibrahim-pacha », « Les mystères du Harem », « Le Sirafeh », « Le tombeau du santon »...

10 En ce qui concerne les allées et venues au Liban, les étapes de Saint-Jean-d'Acre, Beyrouth, Beit-Eddin, Balbeck, Beyrouth sont en partie fictives.

11 G.-B. Depping, *la Grèce ou Description topographique de la Livadie, de la Morée et de l'Archipel* (1823), 4 vol. in-18.

12 *Le Voyage de Dimo et Nicolo Stephanopoli en Grèce pendant les années V et VI, avec figures, plans et vues levés sur les lieux* (an VIII) est une relation fantaisiste d'un certain Antoine Serieys. L'auteur était professeur au Prytanée, poète du dimanche et compilateur acharné. Le livre met en scène les souvenirs d'un descendant des Maïnotes, fixés en Corse, le vieux Dimo Stephanopoli qui fait profession de guérir par les simples. Il va gagner les côtes de la mer Ionienne pour faire provision d'une plante marine. Il ira ensuite en Italie, y rencontrera Bonaparte qui le charge de rallier les Maïnotes. Dimo et son neveu Nicolo s'embarquent. Céphalonie, Zante et enfin Cérigo sont les étapes de leur voyage vers le Magne.

13 *Lettres sur la Morée et les îles de Cérigo, Hydra et Zante avec vingt-trois dessins de l'auteur gravés par lui-même, et trois plans*, 1808 (réimprimé en 1820) par A.-L. Castellan. Ce critique d'art, membre de l'Institut, mourut en 1838.

14 Globalement l'itinéraire à Cérigo est bipolaire, on distingue le côté Aplunori et le côté Palœocastro. Le premier est décrit d'après le livre de Serieys, et consacré à la Vénus

À partir de là, peut-être serait-il bienvenu de résumer rapidement ces *Scènes de la vie orientale*.

SYNOPSIS
Diégèse

Le narrateur est arrivé à Alexandrie, puis a remonté le Nil jusqu'au Caire. Là, il s'installe d'abord à l'hôtel Domergue, puis dans une maison précédemment habitée par un Anglais. Il achète une esclave javanaise, Zeynab ; comment faire d'elle sa femme ?... Il « étudie » la ville, assiste à des cérémonies (retour de la caravane de La Mecque, séances de derviches), se lie avec le consul de France.

Le narrateur et son esclave quittent Le Caire. Ils prennent la branche orientale du Nil pour descendre jusqu'à Damiette. De Boulac, port du Caire, situé à côté de Choubrah, ils embarquent sur un vieux vaisseau pour longer la côte de Syrie. D'abord le capitaine de la cange emploie une manœuvre pour ne pas quitter tout de suite les environs du Caire ; il veut être présent à la circoncision de son fils.

Le lendemain de la fête, le narrateur en profite pour visiter la Vallée des Califes, Héliopolis, Matarée, la vallée pétrifiée, s'étant rappelé tout d'un coup une promesse d'aller ramasser quelques débris de la forêt de pierre ; promesse qu'il avait faite à un compagnon de bord sur le bateau qui l'avait conduit en Égypte[1].

Avant de monter sur le bateau de Beyrouth, le voyageur se promène sur les bords du lac Menzaleh.

Sur la *Santa-Barbara* longeant les côtes de la Palestine, il se heurte à l'équipage musulman (qui compte un jeune lettré arménien), à propos de sa belle esclave.

Le navire fait escale à Saint-Jean-d'Acre, en face de Kaïffa, puis, après être passé au large de l'ancienne Tyr, et Saïda, l'ancienne Sidon, parvient à Beyrouth, où le narrateur s'est senti un « pèlerin », car c'est

---

populaire ; l'autre suit le texte de Castellan, et a rapport à la Vénus céleste et à la Vénus souterraine. Soit les chapitres IV à VII.

1   Alors que pendant son séjour au Caire, il n'avait manifesté aucune envie de visiter ces sites...

la ville d'où nombre de touristes partent pour Jérusalem. Au sortir de
la quarantaine, nos protagonistes s'installent chez des Maronites, dans
la banlieue de la ville. Invité par « l'émir du Liban », Abou-Miran,
à venir passer quelques jours dans sa maison du Kesrouan, dans les
montagnes, le voyageur part à cheval, accompagné d'un jeune Libanais,
nommé Moussa, parlant italien, et parcourt les environs de Beyrouth,
Beït-Mery, la vallée du Nahr el-Kelb, afin de parvenir à la maison du
« prince » qui a l'apparence d'un « château gothique ». Il y réside quelque
temps, sensible à l'hospitalité des « princesses », observe le travail de la
récolte des cocons de soie, participe à une chasse au faucon… Il rentre à
Beyrouth où il a placé Zeynab dans la pension de Mme Carlès. C'est là
qu'il rencontre Saléma, jeune fille druze, image de « la femme idéale »,
mais dont le père, le cheik Seïd-Eschérazy, accusé de « prédications
séditieuses », est détenu à la prison de Beyrouth, sur ordre du pacha
d'Acre. Il va lui rendre visite. Le cheik druze lui raconte l'*histoire du
calife Hakem*. Aussitôt après, le narrateur reprend le bateau pour Saint-
Jean-d'Acre afin d'intercéder auprès du pacha en faveur du prisonnier.
Le pacha l'invite à « dîner à l'européenne ». Le voyageur lui apprend
tout d'abord qu'il veut épouser Saléma, à laquelle il donnera l'esclave
comme « présent de noces ». Il plaide la cause du cheik et obtient du
pacha une lettre destinée au gouvernement de Beyrouth qui remettra le
cheik aux autorités administratives druzes. C'est au palais de Beït-Eddine
que le narrateur vient le voir une dernière fois, et lui demander sa fille
en mariage, déclarant qu'il « partage » les « idées » de la religion druze.
Puis le cheik, le voyageur et sa « fiancée », Saléma, ainsi que Zeynab,
partent, à dos de mulets, et, à travers la plaine de la Bekaa, parviennent
à Baalbeck, et de là, à la maison du cheik. Mais, peu de temps après, le
voyageur est atteint d'une « fièvre de Syrie » ! Il doit rejoindre Beyrouth,
et renoncer à son projet d'union. Il s'embarque pour Constantinople,
après avoir écrit au père de Saléma pour l'informer de sa décision…

Dans l'« Épilogue », rendant compte de cette rupture au destinataire,
Timothée O'Neddy, il repense à son ami le consul Gauttier d'Arc ; c'est
l'occasion de raconter la visite aux Pyramides qu'il aurait dû faire en sa
compagnie, si ce dernier ne s'était pas subitement senti malade, avant
de mourir.

Il s'était rendu à *Gizeh*, avait escaladé la pyramide de Khéops, pénétré
à l'intérieur de l'édifice, recevant les explications d'un officier prussien

relatives aux « épreuves de l'initiation » isiaque censées se dérouler en ce lieu.

Ces *Scènes* s'achèvent par une courte « note » laconique qui nous apprend ce qu'est devenue l'esclave.

LE TITRE

« Scènes de la vie… » Voilà une formulation qui signale un genre au XIXᵉ siècle. Le *Grand Dictionnaire Universel du XIXᵉ siècle* de Pierre Larousse offre un long article à l'entrée du mot « scène ». Ce terme est bien sûr emprunté au langage du théâtre. La scène moderne, commente P. Larousse, *appelle la curiosité, l'observation de détails qu'elle n'assouvit jamais. On veut tout voir, tout deviner et plus encore, dans la vie de cette époque chercheuse, critique, douteuse et active. Nous voulons toujours autre chose que ce que nous avons et nous lorgnons partout.*

Innombrables sont les scènes contemporaines et historiques qui se présentent comme de véritables petites comédies aristophanesques prises sur le vif, sceptiques, ironiques, mordantes. Mais le titre de Nerval renvoie évidemment à Balzac et à ses multiples *Scènes de la vie…* On notera que le genre de la scène peut faire appel à la forme épistolaire et qu'il se nourrit de l'intrigue sentimentale ou galante. Il y a une esthétique de la scène à faire qui s'appuie volontiers sur des mœurs tranchées et contrastées. Le romancier monographe peut alors se faire physiologiste et user du comique comme du pathétique.

On observe qu'il n'y a aucune allusion au titre de Nerval, à cette entrée ; seules sont mentionnées des *Scènes de la vie turque* par Mᵐᵉ de Belgiojoso (1858) à propos desquelles on relève cette remarque : « La question des rapports sociaux de l'homme et de la femme sera toujours le plus difficile problème que le moraliste et le législateur auront à résoudre. C'est assurément la plus curieuse de toutes celles que l'Orient peut nous proposer. »

FEMMES D'ORIENT
Scénographies du féminin

La femme[1] est le personnage principal des *Scènes de la vie orientale*, dont le premier tome a pour titre : « *Les Femmes du Caire* », et le second, « *Les Femmes du Liban* ».

En Égypte, le narrateur rencontre par exemple trois couples féminins : deux femmes voilées, deux filles brune et blonde, une mère et sa fille. Pour Nerval, l'étrangère a la puissance de séduction de l'actrice, on croit la connaître sans l'avoir approchée ; le voile qui couvre la femme musulmane est un masque transparent – ce que ne perçoit pas « l'européen frivole » – masque de rigueur dans ce « bal masqué » qu'offrent les rues du Caire ; d'autant plus que le narrateur a bien soin de préciser que « cet incognito de visages féminins [...] ne s'étend pas à tous leurs charmes. » (« Les Mariages cophtes. ») L'imaginaire, et le reste, y trouveraient donc leur compte... Mais ce voile rappelle évidemment celui d'Isis, la déesse égyptienne, ce qui ne doit pas faire oublier la dimension symbolique de ces tableaux, de ces scènes de vie. Néanmoins la thématique du harem (« sorte de couvent où domine une règle austère », *cf.* « Les Mystères du harem »), par son importance, fait apparaître la poursuite de la femme – qu'on ne doit, ne peut voir – comme la quête d'une morte divinisée (à écouter Seyd-Aga, on verrait dans l'institution du harem une réalisation de l'amour platonicien ; *cf.* « Inconvénients du célibat »).

On note que, convié à la cérémonie d'un mariage, le voyageur refuse de voir l'épousée car il ne se débrouille pas bien dans la langue, mais c'est que surtout l'illusion de sa beauté est sauve[2] ! À la différence de ce qui se passe dans l'anecdote racontée par un Marseillais[3] : un de ses amis

---

1 On n'oubliera pas que la quête de la Femme – avenir de l'homme – en Orient a été un des grands tropismes saint-simoniens.

2 Dans l'exposé de Lane, se trouve un moment capital du mariage : le dévoilement de la figure de l'épousée. Le narrateur nervalien veut préserver le mystère de cette scène de la vie privée, le mystère de la femme voilée, avatar de la déesse de Saïs. Le déplacement de la cérémonie du jour à la nuit à partir d'éléments empruntés à Lane permet de composer une peinture plus impressionnante et plus mystérieuse illustrée d'images illuminées et sonorisées qui évoquent l'initiation antique.

3 Les Marseillais incarnent le type du raisonneur bon enfant à qui on n'en fait pas accroire. Foin des mystères de l'imagination...

ayant réussi à assister à une cérémonie druze y séduisit sous le couvert de l'anonymat une femme dont il se rend compte ensuite qu'elle était vieille (*cf.* « Le Dîner du pacha »).

LE MARIAGE IMPOSSIBLE

Le séjour au Caire s'ouvre sur la cérémonie du mariage et se ferme sur celle d'une circoncision. Mais le narrateur n'en sera que l'observateur. Avec l'esclave Zeynab, il se retrouvera dans la position d'un père de famille (sans enfant), qui voulait être un mari. Au Liban, ces réjouissances seront carrément suspendues.

« La pauvre Zeynab » est La Femme des impressions d'Égypte du narrateur. Ce dernier se montre en protagoniste gouverné par les circonstances qui lui ont imposé l'achat d'une esclave ; celle-ci incarne le rôle opaque et difficile de l'étrangère, de l'altérité faite femme.

Loin du culte d'une prétendue transcendance féminine, la rencontre avec Zeynab, comme toute rencontre, va revêtir un élément incalculable, une insécurité irréductible, c'est-à-dire l'acceptation que quelqu'un au complet entre dans votre vie ; cette rencontre aura évidemment des conséquences partagées. Entre l'extérieur pur de cette personne et ce qu'il entraînera, le narrateur devra choisir en solitaire d'accepter que quelque chose de dissemblable, d'imprévu, arrive, loin des identités disponibles, convenues et agressives : familiales, provinciales, nationales, linguistiques ou religieuses. Mais on rencontre inévitablement avec ce qu'on est, non en faisant le vide en soi ou autour de soi ; et Nerval a la passion de la connaissance.

Le nerf de l'intrigue est donc la quête d'une femme à travers la grande description des quartiers que le voyageur arpente. En tant que célibataire, il ne pouvait louer une maison. La quête d'une compagne obligée entraîne le lecteur en compagnie du narrateur. S'il traverse et décrit tel endroit, s'il s'attarde sur les bords de tel canal, c'est qu'il a tenu à consulter sur son cas problématique le peintre sourd de l'hôtel Domergue. S'il se lie avec le consul Gauttier d'Arc, c'est aussi qu'il a besoin de ses conseils. Une femme lui serait précieuse pour remédier à ses déboires domestiques. Mais il lui faut un truchement pour s'entretenir avec l'esclave ; la Marseillaise

Mme Bonhomme sera cette « aimable interprète », tandis qu'il deviendra un familier de son magasin. Pour veiller sur Zeynab, pour la surveiller aussi bien, quand elle sera seule au logis, il fait entrer à son service Mansour le vieux Copte. L'esclave veut-elle voir l'éléphant des jardins de Choubrah, on les visitera... Sur la bombarde *La Santa-Barbara*, où il n'y a que des hommes, que d'incidents peut provoquer l'apparition d'une femme, belle, musulmane au teint jaune liée à un Occidental !

Au Liban, le séjour de cette dernière dans une maison d'éducation, l'école de Mme Carlès, autre Marseillaise, permet au narrateur d'introduire le personnage de Saléma la Druze, une blonde qui lui rappelle sa patrie et dont il s'éprend dans l'instant. Il est donc naturel, avant de l'épouser, qu'il cherche à obtenir la grâce de son père emprisonné, le cheik Eschérazy, et pour cela qu'il aille à Saint-Jean-d'Acre. Il se rendra dans leur maison pour y célébrer des fiançailles... bientôt rompues ! Zeynab a existé – son souvenir réapparaît dans la « Note de l'Épilogue », à la dernière page : son sort « semble fixé heureusement », car selon Rogier « La femme jaune est à Damas, mariée à un Turc ; elle a deux enfants ». Le narrateur observera d'ailleurs, quand il s'agira pour lui de se débarrasser de l'esclave : « [...] ; il y a dans cette affaire un enchaînement de fatalités. [...] on ne touche guère impunément aux mœurs d'un monde dont on n'est pas ; [...] ; c'est la fatalité qui me retient ici, [...] ! » (« Conclusion. ») Saléma est totalement imaginée. Pour le lecteur, c'est le hasard qui a conduit le voyageur jusqu'à elle... Mais pour le narrateur, ses fiançailles sont donc commandées par une expérience, un besoin bien réel. D'ailleurs, il essaie d'établir la filiation historique entre les Druzes et les Francs-maçons, auxquels il appartient. Remontant aux Croisades, il prétend que les Druzes sont *« pour ainsi dire* chrétiens » (*Ibid.*, il souligne.) La jeune fille druze devient alors une femme prédestinée ; le hasard se transforme encore en destin. C'était une fatalité d'acheter Zeynab au Caire, c'est encore le destin qui lui a fait rencontrer Saléma à Beyrouth : « Il faut que je m'unisse à quelque fille originaire de ce sol sacré ». Avec Saléma, « la femme idéale, que chacun poursuit dans ses songes s'était réalisée pour [lui], tout le reste était oublié. » (« L'Akkalé. ») Après les grottes de Cérigo, les montagnes druzes et avant les Pyramides, il s'agit de s'installer sur cette terre, loin du tourisme à la manière britannique honnie ; l'Anglais étant celui dont l'identité est figée dans un mode de vie fait de certitudes et d'ostracisme.

D'okels en écoles, l'esclave aura conduit le narrateur à Saléma. Le voyage druze mène à l'initiation : la prison du cheik est le lieu d'origine de l'épreuve à laquelle sera soumis le narrateur, comme un asile d'aliénés sera pour Hakem le lieu où lui sera révélée sa divinité.

Au total, on voit paraître dans cette histoire la Femme-Sœur, dame du royaume – qui semble insensible à l'amour, que seul ressent Hakem pour elle –, le double-*ferouer*, dans un climat de nostalgie royale, impériale et divine, de syncrétisme religieux et d'extase onirique[1]. Quelle est l'essence de la divinité, comment peut-elle être représentée ? Voilà des questions que semble poser ce conte.

« *Aurélia* » nous montrera le narrateur, appréhendé un soir d'égarement par le guet ; il verra apparaître son frère mystique, son « ferouer », il séjournera au milieu des aliénés du Docteur Blanche. Les idées de grandeur, le messianisme, la théomanie sont autant de désordres mentaux qui caractérisaient la crise de 1841 :

> Avoue ! avoue ! me criait-on, comme on faisait jadis aux sorciers et aux hérétiques, et pour finir, je suis convenu de me laisser classer dans une affection définie par les docteurs et appelée Théomanie ou Démonomanie dans le Dictionnaire médical[2]. À l'aide des définitions incluses dans ces deux articles, la science a le droit d'escamoter ou réduire au silence tous les prophètes et voyants prédits par l'Apocalypse, dont je me flattais d'être l'un ! Mais je me résigne à mon sort, et si je manque à ma prédestination, j'accuserai le docteur Blanche d'avoir subtilisé l'esprit Divin.

Sourire douloureux assurément, mais lucidité oblige. Néanmoins, à nous d'entendre le cri bouleversant de Hakem qui doute, comme Nerval, de son identité :

> Si les mortels ne peuvent concevoir par eux-mêmes ce qui se passe dans la tête d'un homme qui tout à coup se sent prophète, ou d'un mortel qui se sent dieu, la Fable et l'histoire du moins leur ont permis de supposer quels doutes, quelles angoisses doivent se produire dans ces divines natures à l'époque où leur intelligence se dégage des liens passagers de l'incarnation. (« Le Moristan. »)

---

1   Pour cette « Histoire du calife Hakem », Nerval emprunte à *l'Exposé de la religion des Druses* de Sacy. Mais le Hakem de ce dernier ignore les voluptés des paradis artificiels, ne fut jamais enfermé au Moristan, ni hanté par son double, ne brûle point pour une femme prédestinée d'un amour « ressenti de toute éternité »...

2   À Mme Dumas, lettre citée.

De l'histoire mystique de Polyphile et Polia aux épreuves de l'amant mystique d'Isis dans les Pyramides à la fin de l'œuvre, en passant par ce conte de mort qui voit le mariage religieux échouer, un fil résolument spirituel double les mésaventures séculières et terrestres. Triple aventure amoureuse en tout cas : une femme abandonnée (Zeynab), une autre vainement courtisée (Saléma[1]), la dernière rêvée ; triple échec. C'est Hakem qui donne sa conclusion à la conquête de la femme ; il a décidé de laisser les amants – qui se sont choisis (sa sœur Sétalmulc et Yousouf), non *de toute éternité*, mais ici et maintenant – s'aimer. L'amour n'est pas pour lui… Il sera donné à l'amant d'Isis, dans le récit du Prussien, de réussir son approche rituelle et graduelle de la déesse, peu à peu distinguée, dévoilée, idéal de « la beauté la plus parfaite » (« Les Épreuves »), incarnant la « vierge innocente et jeune » (*Ibid.*) de ses rêves, mais bien réelle…, possédée, peut-être, en rêve… On en restera dans ces *Scènes de la vie orientale* à mi-chemin entre le réel (la quête de la femme) et le mythe (la quête de l'éternel féminin), le style reflétant la continuité du réalisme au rêve déçu. Si les Pyramides ne sont pas des tombeaux, mais des lieux d'initiation, comme voudrait bien le croire le narrateur, à défaut de l'auteur, achever les *Scènes de la vie orientale* sur ce pèlerinage, c'est éluder l'idée de la mort… qui imprègne l'épilogue.

PAYSAGES D'ORIENT
La *revie*

Tout le talent avec lequel le narrateur conduit les intrigues féminines se retrouve dans son écriture attentive au monde qui l'entoure, aux êtres comme aux choses, aux décors comme aux paysages. On a pu parler avec raison de *surimpression de pittoresque*, de *saturation de réel*. *Ce qui se dit, se fait et se mange* dans les pays qu'il traverse ne laisse jamais le voyageur indifférent. Le pittoresque nervalien naît d'une distraction attentive et

---

1   Problème de race ? À propos de la Javanaise Zeynab, il avoue : « J'ai peur qu'il ne soit impossible qu'une sympathie très grande s'établisse entre deux êtres de races si différentes que les nôtres. » (« L'Akkalé. ») Saléma, possédant pourtant des « mains blanches aux doigts avec ces ongles longs qui indiquent la race », ne pourra pas retenir le voyageur…

d'une nonchalance absorbante du regard captateur et transitif[1]. Ce regard peut tout à coup devenir intense, jusqu'à saisir un au-delà imaginaire de l'expérience dans des scènes de genre fameuses : scènes d'hospitalité, de fêtes ou de rituels (mariages, fêtes religieuses), visite aux derviches, (tourneurs ou hurleurs), etc. La réalité, confondue avec le présent, est un spectacle dont il faut refléter les miroitements.

Les promenades fictives sur les îles grecques revêtent déjà un aspect réaliste. Bien plus tard, le narrateur parviendra à représenter l'itinéraire de Beyrouth à Acre d'une manière si réaliste que le lecteur pourrait croire aux informations énoncées. Le voyage proposera un véritable dialogue avec l'étranger. Il s'agira de décrire les mœurs des Égyptiens, et surtout des Égyptiennes (rites matrimoniaux, question du douaire), dans leur vie quotidienne. La recherche d'un logement permettra de prendre connaissance des quartiers, au départ de la place de l'Esbekieh, en différents tableaux. D'abord le Mousky : beau quartier franc commerçant, et les quartiers populaires et populeux. Voisine du quartier franc, la partie arabe de la ville présente des aspects disparates entre désolation et richesse. Un tableau représentera un quartier désert. Un autre, un faubourg enchanteur du Calish (nom du canal qui traverse la ville du nord au sud, parallèlement au Nil). Un autre encore nous promènera dans un marché de riches bazars, comparé au Besestain des Circassiens dans *Les Mille et Une Nuits*. Accompagnant le narrateur, le lecteur aura l'impression d'être un familier de ces quartiers. Il pourra même adopter son point de vue, par exemple quand le voyageur découvre le panorama qui s'offre à lui de la terrasse de sa maison : « la plaine d'Héliopolis et les versants du Mokattam, où s'étend la Ville des Morts entre le Caire et Matarée » (Un Lever de soleil), ou de la Porte de la Victoire, au nord-est de la ville, de l'autre côté du canal, pour l'arrivée de la caravane de La Mecque.

Simplicité, sympathie immédiate pour les humbles, élégance du cœur, refus de tout jugement exclusif ou définitif, voilà les traits de caractère du narrateur. Sa prédilection pour les spectacles de rue fait de ses souvenirs une relation unique dans le genre du voyage oriental. La force de cette attention au réel est en vérité de valoriser les hommes dans leur singularité d'êtres distincts, saisis dans leur individualité propre. En détournant les clichés, Nerval rend compte d'« une nouvelle

---

1   C'est le regard de l'archéologue. Nerval est un des rares écrivains de l'époque à faire référence aux pionniers que furent Winckelmann et Lepsius.

réalité ». On remarque que le narrateur ne prétend jamais rencontrer L'Arabe, mais des Arabes ; quand il use du collectif, ce n'est pas pour désigner, avec condescendance, une entité (évidemment inférieure), mais pour prendre en considération la diversité des peuples. C'est qu'il lui faut partir en guerre contre les préjugés ; d'abord, *il croit à la bonté des Égyptiens*... (*cf.* « Monsieur Jean »).

Sur la condition de la femme, il est catégorique : « Pénétrons-nous bien de cette idée que la femme mariée, dans tout l'empire turc, a les mêmes privilèges que chez nous, [...]. » (« Les Mystères du harem ») Il insiste :

> Il faut qu'on sache aussi que chaque maison étant divisée en deux parties tout à fait séparées, l'une consacrée aux hommes et l'autre aux femmes, il y a bien un maître d'un côté, mais de l'autre une maîtresse[1] [...]. (*Ibid.*)

Ayant décidé d'acheter une esclave, le voyageur a parcouru les marchés : l'okel des jellab, où il a vu des Nubiennes, un comptoir où il a observé des Éthiopiennes. L'esclavage – qui provoque l'apitoiement d'un Européen – devrait être considéré du point de vue de la réalité orientale : une esclave pleure parce qu'elle... regrette son maître[2] ! qui en lui rendant sa liberté la vouerait à une vie de perdition... Nerval est homme de son siècle ; il est intéressant que son effort de jugement le conduise à l'expression d'un relativisme, en l'occurrence : la liberté à laquelle tiennent tant de Français ne serait pas forcément une source de bonheur pour les esclaves, ou les enfants... Bien entendu, ce relativisme peut avaliser les inégalités comme autant de différences. Ce sont en tout cas les évidences occidentales qui sont alors bousculées[3]. Un santon peut être considéré comme un fou par les Occidentaux, comme un saint par les Musulmans... (*Cf.* « Le Tombeau du santon ».)

Au Liban, les antagonismes, religieux ou politiques, foisonnants reflètent moins une réelle discorde qu'une unité refusée (le village de Bethmérie est divisé en deux camps, entre Druzes et Maronites), car le

---

1 Cette mise au point n'est d'ailleurs pas exempte d'une misogynie qui n'est pas étrangère au XIXᵉ siècle : la femme est trop puissante en Occident. En Europe, l'homme manque de la force matérielle qui lui permettrait de contrer les menées sourdes, rusées de la femme séductrice... (*Cf.* « Le Matin et le Soir ».)
2 La méprise est évidemment un motif attractif de toute narration.
3 C'est à la personnalité profondément oppositionnelle de Nerval que renvoie cette attitude, sur laquelle nous reviendrons dans notre éd. de *Voyage en Orient*.

narrateur avisé, accueilli tant par les Maronites que par les Druzes[1], ne s'en laisse pas accroire :

> Chacun comprend déjà ce que veulent quelques provinces de l'Europe, divisées, de fait et d'intérêt, et secondées par l'imprévoyance des Turcs. En suscitant des querelles dans les villages mixtes, on croit prouver la nécessité d'une entière séparation entre les deux races, autrefois unies et solidaires. (« Un Combat. »)

Ce libertin, adepte d'une « religion unitaire », se déclare « disposé à tout croire plutôt qu'à tout nier » (« Le Tombeau du santon »). Le Liban est pour lui le berceau de toutes les religions du monde, des cultes antiques au christianisme.

Voilà qui permet au narrateur de s'accepter dans sa différence d'*étranger* ici ou là, une identité étant toujours altérable. D'autant qu'il a mis en jeu cette identité. Les expériences de dessaisissement suscitées par la curiosité empathique et le souci du dialogue auront permis de reconnaître *ailleurs* l'altérité. Dans « la boutique du barbier[2] », il se sera fait raser la tête, aura adopté le costume du pays, perdant ainsi « l'apparence chrétienne afin de pouvoir assister à des fêtes mahométanes » comme l'arrivée des pèlerins, donc pour être en totale communion spirituelle avec les Orientaux.

Au début, les charmes du passé s'imposent comme le refuge qu'il est toujours : « *Il semble que* [nous soulignons] l'on voyage en rêve dans une cité du passé habitée seulement par des fantômes. » (« Le Masque et le Voile. ») Cependant ce rêveur n'oublie pas de noter qu'il est l'« unique spectateur » de cet illusoire renaissance fantomatique. Lire Nerval, c'est être attentif aux modalisations de son discours. Car ce qui importe dans ces *Scènes de la vie orientale*, c'est bien la résistance du réel[3]. Le voyage nervalien n'en est que plus humain, plus émouvant.

---

1   Hisashi Mizuno a insisté sur le fait que l'opinion favorable que Nerval donne des Druzes, par le prisme de l'histoire du calife Hakem, était marginale dans la France des années 1840 qui soutient les chrétiens contre les Druzes. Pour les Français, Hakem reste le persécuteur acharné des chrétiens. *Cf.* Nerval. *L'Écriture du voyage. L'expression de la réalité dans les premières publications du* Voyage en Orient *et de* Lorely. Souvenirs d'Allemagne, Champion, Romantisme et Modernités 75, 2003, 481 p.

2   « L'un des derniers monuments du style arabe ancien »…

3   Michel Jeanneret fait une juste remarque : « En Égypte, le récit essaie d'échapper à l'inflation des catégories absolues et figées – la vie, la mort, l'autre, la vérité…, qu'il mitige par l'histoire d'aventures communes, dans un pays ordinaire, moyen et ambivalent. » (Éd. de *Voyage en Orient*, Garnier-Flammarion, 2 vol., n° 332-333, 1980, 414 et 383 p.)

Le voyage comme quête et fuite, avec les sociabilités différentes qu'il favorise et les images qu'il génère, est un dispositif d'appréhension graduée, codée et non traumatisante de l'extérieur et de l'altérité. Chaque pays, chaque peuple, offre la cohérence de ses caractéristiques discernables. Le monde se dépliant traduit la réalité d'une forme et d'une individuation qu'on dénie au différent, fait apparaître ainsi le pli qui fait souffrir ou exclut l'autre. Il restera toujours un extérieur, ici ou là, pour exclure... D'autant que le voyageur nous aura fait traverser un univers tout de dichotomies et d'oppositions : l'Égypte et la Syrie, les Arabes et les Turcs, les Maronites et les Druzes, les musulmans et les Francs, le monde mythologique et le monde monothéiste, les Français et les Turcs, les Anglais et les Français...

Le projet réaliste, dans cette relation orientale, relève de tout un art de la représentation qui permet d'échapper au discours solipsiste. Nerval ne peut entretenir qu'une complicité tacite avec sa folie. Se voir comme un autre, c'est tenter de s'apprécier en tant qu'homme plutôt qu'en tant que soi. C'est donc tenter de passer d'un moi très privatif, qui n'a que trop défrayé la chronique parisienne, à une aventure malgré tout commune. La représentation ne peut faire abstraction de la réalité. Le concept de représentation sert en vérité à désigner des formes claires grâce auxquelles on propose *des* images de soi, on pense les relations du même et de l'autre, de soi à soi-même. La représentation du moi ouvre alors sur l'horizon du partage de l'existence humaine avec les autres. Tant il s'avère que l'autre, recherché en Orient, ne représente pas une altérité suffisamment différente pour l'opposer à ceux qui l'ont forcé à l'exil. Les identités sont des angles de vision, dans un rapport au monde qui exige finalement de s'élever au-delà des particularismes. Simenon voyageur dira : « Je ne cherchais pas la différence, mais au contraire la similitude. » Notre narrateur constatera :

La plupart des voyageurs ne saisissent que les détails bizarres de la vie et des coutumes de certains peuples. Le sens général leur échappe et ne peut s'acquérir que par des études profondes[1]. (Aventures d'un Marseillais.)

---

1   « En général, nous ne nous intéressons en Syrie qu'aux Maronites, catholiques comme nous, [...] ; nous ne songeons pas qu'il existe une série de croyances intermédiaires capables de se rattacher aux principes de civilisation du Nord*, et d'y amener peu à peu les Arabes. » (*Ibid.*) – * Nerval avait d'abord ajouté « que l'islamisme repoussera toujours. »

Désireux de se fixer dans le Liban, sa « connaissance exacte » lui a été précieuse pour « résister à la plupart des préjugés européens. » (*Ibid.*)

Ainsi, le narrateur, conteur, est évidemment sensible à la déploration du cheik Abou-Khaled sur le statut de la poésie dans l'Orient moderne ; le voyageur observera qu'il en est de même dans son pays où règne le roman-feuilleton.

Le vieil Orient, qui rappelle aux yeux du voyageur le Moyen Âge, est en train de disparaître, si bien que le narrateur semble en inscrire ici les vestiges (« dernières traces du génie arabe », *cf.* « Départ »), à travers ses dialogues avec le cheik. Son séjour au Caire, « seule ville orientale où l'on puisse retrouver les couches bien distinctes de plusieurs âges historiques » (« Le Passé et l'Avenir ») lui a fourni l'occasion de reparcourir la succession de plusieurs règnes à partir des temps les plus reculés : l'antiquité égyptienne, le monde grec et romain, la conquête arabe, la domination des mamelouks, et enfin le règne de Méhémet-Ali[1]. Aujourd'hui, l'Orient n'est plus une terre vierge. L'Europe y est présente, d'abord parce que les Anglais, au grand dam du narrateur, sont partout… À tout prendre, il préfère encore ses compatriotes ; en particulier les Marseillais qui ajoutent une note comique et bon enfant au récit. Au Caire, le narrateur peut aller au théâtre, retrouver, au cabinet de lecture de Mme Bonhomme, « tous les plaisirs de la civilisation » occidentale (« Le Mousky »), la pharmacie Castagnol est un des lieux de « refuge contre la vie orientale » (*Ibid.*) Alors qu'il s'est laissé entraîner à la poursuite de femmes voilées, il se retrouve dans une cour où il doit faire face à un Turc majestueux, maître de l'endroit, qui est en réalité… un Français !

En matière de croyances religieuses, écoutant des derviches, et pensant aux formes anciennes des cultes, par exemple aux mystères d'Osiris, le syncrétiste qu'il est entrevoit un rapport occulté entre le christianisme et le mahométisme (« Les Derviches »).

Mais, dans ce mouvement ambivalent qui informe tout le récit, le voyageur n'est pas aveugle face aux mœurs orientales ; il n'oublie pas

---

1 « Méhémet-Ali, Macédonien d'origine, […] en mainte occasion a montré l'âme d'Alexandre ; mais je regrette que son fils [Ibrahim-Pacha] et lui n'aient pu rétablir en Orient la prééminence de la race arabe, si intelligente, si chevaleresque autrefois. L'esprit turc les gagne d'un côté, l'esprit européen de l'autre ; c'est le médiocre résultat de tant d'efforts ! » (*Cf.* « Le Harem d'Ibrahim-pacha », p. [210] 217.)

alors son identité d'Européen : «Quoi qu'on fasse pour accepter la vie orientale, on se sent Français... [...].» («Abdel-Kérim.»)

Voulant se démarquer de ses prédécesseurs, c'est avec des accents rousseauistes que le narrateur a envisagé son séjour oriental : «Moi, je veux tenter un projet que je crois meilleur.» («Contrariétés domestiques.») S'attarder sur place, prendre femme, et d'abord une esclave, ne serait-ce que pour les commodités domestiques et l'économie du ménage. On voit là une certaine logique européenne qui ne laissera pas de lui jouer des tours. On a remarqué le rôle dévolu au hasard. Il a déclaré : «J'aime à conduire ma vie comme un roman [...]» («Le Matin et le Soir»). Entendons : place à l'aventure. Manière de se faire un allié du Temps, mais pour enregistrer le vécu au rythme de la narration, en renonçant aux «ressources convenues des combinaisons dramatiques ou romanesques» («Journal de bord»). Car il a voulu proposer le «relevé, jour par jour, heure par heure, d'impressions locales, qui n'ont de mérite qu'une minutieuse réalité». («Conclusion.») Il a «recueill[i] un à un des événements qui n'ont de mérite que par leur simplicité même, [...].» L'exactitude du rendu, la précision ou la suggestion caractéristique sont des qualités pour fixer les souvenirs du voyage afin d'en faire renaître les impressions.

LE TON

Le texte nervalien n'a rien d'une ethnographie. Comme cela fut amplement remarqué, l'auteur conjoint les formes de l'impression de voyage et du roman, les deux se confondant.

La première forme doit beaucoup à Sterne et à son *Voyage sentimental*, à Hoffmann, aux *Reisebilder* de Heine (traduits en 1834 agrémentés du sous-titre *Tableaux de voyage*), mais a été rénovée et mise à la mode par Dumas dans ses *Impressions de voyage* en Suisse (1834) et par Eusèbe de Salle[1] dans ses *Pérégrinations en Orient ou Voyage pittoresque [sic!], historique et politique [...]*. Salle dont Claude Pichois a rappelé tout ce que

---

1   «Ancien premier interprète de l'armée d'Afrique, professeur à l'école royale et spéciale des langues orientales vivantes, membre de la Société asiatique, etc., etc.»

Nerval lui doit… Voilà un genre qui fait la part belle à l'expression des sentiments, à l'insolite, au particulier, au singulier, au hasard de la vie quotidienne et à sa poétisation. D'ailleurs, dans *Le Messager* du 18 septembre 1838, Gérard déclare

> refuser « l'ordre des itinéraires », se prétend « rarement préoccupé des monu-
> ments et des objets d'art », récompensé par « beaucoup de rencontres et
> d'admirations imprévues que le guide officiel ne [lui] eût pas fait connaître
> ou qu'il [lui] eût gâtées ».

Ébranlé alors dans ses certitudes, le narrateur nervalien doit se défier de la couleur locale chère au romantisme, du « local », les détermi-nismes et les tropismes ne cessant pas d'être vivaces, se défaire de tout nombrilisme européocentriste, comme l'a fort heureusement noté Cl. Pichois encore ; ce dernier ne surprend Nerval en délit de supériorité et de condescendance qu'une seule fois ; le plus grave il est vrai, à propos des Éthiopiennes comparées à des singes… En fait, il y a au moins une autre remarque à relever[1]… : « L'Arabe, c'est le chien qui mord si l'on recule, et qui vient lécher la main levée sur lui. » (« La Menace. ») Voilà qui décourage tout commentaire !

Le recours au roman permet d'épouser naturellement l'itinéraire, ses étapes, ses épisodes qui peuvent nourrir sa matière. Avec Zeynab au Caire, avec Saléma au Liban, avec son destinataire-narrataire que le narrateur tente d'oublier, et de nous faire oublier, nous sommes tour à tour dans le roman d'aventures, le roman sentimental, le roman épistolaire (le récit se définit d'abord comme une correspondance qui se transforme en une vaste composition, en un large espace narratif alternatif), le roman personnel toujours, sans oublier le roman social (achevé par des appendices au ton neutre).

Le récit de voyage, parce qu'il se dissimule dans les replis d'autres genres (autobiographie, feuilleton) abonde en modèles à remodeler, en paradigmes à trier. Le recours à la lettre, comme garante du non-fictif, est de ce point de vue ce qui permet de mieux justifier la mise en avant d'éléments incompressibles, signes d'une altérité ostensible et diffuse qui affecte en retour le « nous » du narrateur et du destinataire.

---

1   Parlant de ce qu'on reproche à la « race grecque », le narrateur remarque que « cela doit
     être attribué à ce ramas d'étrangers sans nom, sans culte et sans patrie, qui grouillent
     encore sur le port de Syra »…

L'esprit, l'humour et l'ironie ont évidemment leur part dans cette résonance du réel tant ils portent les accents apaisés de la désillusion ou de la déception. Le mariage, la croyance religieuse, le récit d'initiation peuvent prêter à sourire. Nerval désamorce l'Orient fantasmatique des romantiques en opposant, dans leur rapport ambivalent, deux catégories, deux valeurs auxquelles ils l'associent : le foyer des croyances et de la civilisation, le théâtre des aventures merveilleuses et galantes[1]. Il a été particulièrement attentif à la séduction des femmes, aux coquetteries du voile ; on est évidemment là bien loin de l'idéal désincarné platonique ou mystique ! Les étiquettes galvaudées du conquérant ou du cocu de théâtre, si commodes pour l'interprétation, la compréhension d'une tragicomédie, d'un drame bourgeois, d'une comédie ou d'un vaudeville, sont singulièrement grossières pour appréhender les relations hommes-femmes ; de ce point de vue, toute l'ambiguïté du réel et de ses rebondissements, de soupçons en malentendus, sera exprimée exemplairement dans l'épisode de « La Santa-Barbara ».

À la fuite en avant du voyageur répond, comme un facteur de cohésion qu'est le rappel du réel qui réclame partout des truchements pour l'appréhender, le contrepoint des thèmes antithétiques : vie/mort, unité/ division (contrepoint nourri par les difficultés de la communication et l'obstacle des langues, sans compter les dissidences ethniques), initiation/errance, *tayeb* [oui] / *mafisch* [non]… Avec toutes ces embûches, le voyageur aura composé, le narrateur nous aura tout au long diverti.

Le pérégrin aura fait référence aux errances d'Ulysse ou d'Énée, mais agrémenté ses remarques d'un renvoi aux *boussoles détraquées* ! Manière aussi de se débarrasser d'un bagage savant, encombrant et trompeur. Le narrateur aura insisté sur son statut de voyageur désargenté : « un si petit seigneur que moi[2] ». L'état de ses finances, tout ce que lui a coûté l'esclave Zeynab aussi, ne lui auront pas permis de pousser jusqu'en Palestine… Il aura été *un rêveur et un poète*. Le personnage de l'Arménien a pu ainsi apparaître comme son double : « un pauvre diable sans asile »,

---

1   Ceci a été fort bien vu par M. Jeanneret (éd. de *Voyage en Orient*, p. 33-34).
2   Au chap. « Le pope et sa femme », s'adressant au vice-consul, un Marseillais rappelle « qu'en France, on n'accorde un passeport pour l'Orient qu'aux gens qui prouvent qu'ils ont de quoi faire le voyage. » Ce à quoi, le narrateur d'ajouter que cela corrobore « les maximes d'égalité applicables à tous les Français… quand ils ont de l'argent dans leur poche ».

ne possédant que des « plumes et de l'encre », « vagabond qui écrit
des vers », mais qui chante, lui, des paroles… de sang ! Ce dernier sera
chargé « de traduire *L'Esprit des lois* et un manuel de la garde nationale
parisienne »… On apprendra que lui et les chiens « seront réintégrés
dans tous leurs droits civils » ! Simple boutade ? Un rêve pour Nerval
à son retour d'Orient ? Lui qui pense avoir été pour les Orientaux « un
Parisien nourri d'idées philosophiques, un fils de Voltaire, un inspiré,
selon l'opinion de ces braves gens ? » (« Andare sul mare. ») Au vrai « un
Nazaréen[1] d'Europe » qui a *voulu* « faire le Turc ». (« Le Matin et le Soir. »)

C'est dire finalement que ce texte est sombre ; d'ailleurs, il se conclut
brusquement, pour un narrateur renvoyé dans son pays et à sa solitude,
sur la rupture, la perte et la mort[2].

LA RÉCEPTION CRITIQUE

La critique n'a pas été mauvaise, quoique tardive, et fort peu spontanée
puisque ce sont des connaissances ou amis de Nerval qui ont signé les
comptes rendus. Hippolyte Lucas[3], Champfleury[4], Arsène Houssaye[5]
pour « *Les Femmes du Caire* » ; Lucas[6] et Champfleury[7] encore, Cormenin[8],
Pitre-Chevalier[9] pour « *Les Femmes du Liban* ».

---

1   Hakem se désignera ainsi…
2   Les houleuses conditions éditoriales de ce second volume ont concouru, pour ainsi dire,
    à cette *catastrophe*…
3   *Scènes de la vie orientale*, compte rendu in *Le Siècle*, 10 mars 1849.
4   « Variétés. G de N et les *Scènes de la vie orientale* ». L'homme et le livre, in *Messager des
    théâtres et des arts*, édition quotidienne du 4 mai 1849. (Repris dans l'éd. bihebdomadaire
    du 11 mai suivant ?)
5   *Scènes de la vie orientale*, compte rendu in *Le Constitutionnel*, 24 avril 1849. Compte rendu
    reproduit avec quelques variantes dans *Le Moniteur universel* du 18 mai 1850, et dans
    L'Artiste.-Revue de Paris du 1er juin 1851.
6   *Scènes de la vie orientale* [t. II des *SVO*], compte rendu in *Le Siècle*, 17 juillet 1850.
7   *Scènes de la vie orientale*, compte rendu in *Le National*, 1er octobre 1850.
8   *Souvenirs et paysages d'Orient* par Maxime Du Camp, compte rendu in *L'Événement*, 14 août
    1850. Ce CR cite incidemment le T. II des *SVO*.
9   Édition Souverain des *Scènes de la vie orientale*, compte rendu du t. II in *Musée des familles*,
    mars 1851, t. VIII, p. 161-163. L'article est favorable, mais l'« indifférence religieuse » de
    l'auteur est blâmée.

En tout cas ce que Gérard de Nerval a toujours souhaité, c'est qu'on le considère comme un écrivain et, en tant que tel, qu'on le lise. Les *Scènes de la vie orientale* réserveront à jamais un au-delà, un entre-deux irréductible – avant *Voyage en Orient* ; don d'un véritable créateur au lecteur sagace ou cultivé. C'est à ce souhait que nous répondons, c'est à ce don que nous avons voulu nous associer avec cette édition inédite depuis sa mort.

Nous sommes évidemment reconnaissant à Hélène Pirot et Sarah Chesnel de leurs lectures et relectures attentives. Sans oublier Sylvie Biet, Éric de Lussy et Mireille Pastoureau de la Bibliothèque de l'Institut, et Corine Di Majo.

SCÈNES

DE LA

VIE ORIENTALE

I

LES FEMMES DU CAIRE

SCÈNES

DE LA VIE

ORIENTALE

PAR

Gérard de Nerval

———

I

LES FEMMES DU CAIRE

PARIS

HIPPOLYTE SOUVERAIN, ÉDITEUR

RUE DES BEAUX-ARTS, 3

—

1850

SCÈNES

DE LA VIE

ORIENTALE

GÉRARD DE NERVAL

SCÈNES

DE LA VIE

ORIENTALE

LES FEMMES DU CAIRE

PARIS

FERDINAND SARTORIUS, ÉDITEUR

17, QUAI MALAQUAIS

M DCCC XLVIII

INTRODUCTION

À Timothée O'Neddy[1].

I. – L'ARCHIPEL

Nous avions quitté Malte depuis deux jours, et aucune terre nouvelle ne paraissait à l'horizon. Des colombes[2], – venues peut-être du mont Éryx[3], – avaient pris passage avec nous pour Cythère ou pour Chypre, et reposaient la nuit sur les vergues et dans les hunes.

Le temps était beau, la mer calme et l'on nous avait promis qu'au matin du troisième jour, nous pourrions apercevoir les côtes de Morée. J'étais sur le pont dès trois heures[a], cherchant la terre [ii] absente, épiant[b] à quelque bord de cette roue d'un bleu sombre, que tracent les eaux sous la coupole azurée du ciel, – attendant la vue du Taygète[4] lointain comme[c] l'apparition d'un dieu. – L'horizon était obscur encore, mais[d]

---

1   « Timothée [= qui honore Dieu] O'Neddy » fait penser à Théophile Dondey (1811-1875), qui avait pris le pseudonyme de Philothée [= qui aime Dieu] O'Neddy ; il était apparenté à Prosper Dondey-Dupré, le premier éditeur du *Faust* de Nerval. L'auteur s'était fait connaître au temps des Jeunes-France. On peut évoquer l'amitié de saint Paul et de Timothée, son « compagnon d'œuvre » dans l'Épître aux Romains (XVI, 21), et destinataire de deux Épîtres de Paul. Outre la connotation sacrée, il faut prendre la mesure de cette relation épistolaire qui, en filigrane, associera le narrateur et son narrataire au cours de ce voyage oriental.

2   « Les colombes » ne peuvent être que du voyage pour introduire le thème de l'amour...

3   « Éryx » : Ville et mont de la Sicile. Énée y consacra un temple à Vénus (*Énéide*, V, 24), dont un fils, tué par Hercule, avait été enseveli sous ce mont. D'après les *Œuvres complètes*, Gallimard, « Bibliothèque de la Pléiade » (abréviation : *NPl*. Soit : Nouvelle édition de la *Pléiade*), tome II, n° 117, 1984 ; éd. de *Voyage en Orient* (texte établi et annoté par Jean Guillaume et Claude Pichois, présenté par ce dernier). *Cf.* également l'éd. resserrée qui en est extraite, avec une préface de Pierre Miquel, chez Gallimard, « Folio classique », n° 3060, 1998, 948 p.

4   « Taygète » : Massif montagneux, haut de 2400 mètres, qui domine la vallée de l'Eurotas.

l'étoile du matin rayonnait d'un feu clair dont la mer était sillonnée. Les roues du navire chassaient au loin l'écume lumineuse, qui laissait bien loin derrière nous sa longue traînée de phosphore… « Au-delà de cette mer, disait Corinne[1] en se tournant vers l'Adriatique, il y a la Grèce… Cette idée ne suffit-elle pas pour émouvoir ! » Et moi, plus heureux qu'elle, plus heureux que Winckelmann[2], qui la rêva toute sa vie, et que le moderne Anacréon[3], qui voudrait y mourir j'allais la voir enfin, lumineuse, sortir des eaux avec le soleil !

Je l'ai vue ainsi – je l'ai vue ; ma journée a commencé comme un chant d'Homère : c'était vraiment l'Aurore aux doigts de rose[4] qui m'ouvrait les portes de l'Orient ! Et ne parlons plus des aurores de nos pays[e], la déesse ne va pas si loin. Ce que nous autres barbares appelons l'aube ou le point du jour, n'est qu'un pâle reflet, terni par l'atmosphère impure de nos climats déshérités. Voyez déjà de cette ligne ardente qui s'élargit sur le cercle des eaux, partir[f] des rayons roses épanouis en gerbe, et ravivant l'azur de l'air qui plus haut reste sombre encore. Ne dirait-on pas que le front d'une déesse et ses bras étendus soulèvent peu à peu le voile des nuits étincelant d'étoiles ? – Elle vient, elle approche, elle glisse amoureusement sur les flots divins qui ont donné le jour à Cythérée[5]… Mais que dis-je ? devant

---

1   « *Corinne* » (XV, 9) : « Du côté de ces nuages, dit Corinne, il y a la Grèce ; cette idée ne suffit-elle pas pour émouvoir ? » L'héroïne est avec Lord Nevil au sommet du campanile de Saint-Marc. Le texte avait été réédité en 1841.

2   « Winkelmann », Johann Joachim, le fondateur de l'archéologie gréco-romaine moderne et le théoricien de l'esthétique néo-classique, le « beau idéal », est né à Stendal en 1717, et a été assassiné à Trieste le 8 juin 1768 dans son hôtel alors qu'il retournait de Vienne à Rome. Il fut l'inspirateur de David.

3   « Le moderne Anacréon » désigne Béranger (1780-1857), comme l'a montré Gilbert Rouger. *Cf. La Couronne poétique de Béranger* de Gérard de Nerval. Le poète chansonnier déclarait dans son *Voyage imaginaire* : « Tout jeune aussi je rêvais à la Grèce, / C'est là, c'est là que je voudrais mourir. » – *Cf.* L'édition du *Voyage en Orient* de G. Rouger aux Éditions Richelieu, 1950, 4 vol. (390+367+368+391 p.). Collection nationale des classiques français tirée sur les presses de l'Imprimerie nationale de France. Dessins de Yves Trevedy. Bibliothèque des Éditions Richelieu, tirage limité à 4500 exemplaires.

4   « Aux doigts de rose », l'homérique expression déterminative pour désigner *l'Aurore* se trouve dans l'*Iliade* et dans l'*Odyssée*. G. Rouger a insisté sur le topos obligé de la description de l'aurore par les auteurs des récits de voyage.

5   « Cythérée », la déesse « née dans l'île de Cythère » (Κύθηρα, appelée « Cérigo » depuis la domination de Venise), c'est-à-dire Aphrodite. Κύθηρα πορφυρᾶ, *Kuthera porphura*, qu'il faut traduire par l'île de couleur pourpre, et non par « l'île aux rochers de porphyre » ; célèbre dans l'Antiquité à cause de ses coquillages dont était tirée la pourpre. Nerval ne s'est jamais arrêté à Cérigo. Rouger a montré que ses connaissances sont livresques : elles reposent sur le *Voyage de Dimo et Nicolo Stephanopoli en Grèce [...]*, attribué à Antoine Serieys

nous, là-bas, à l'horizon, cette côte vermeille, ces collines empourprées qui[g] semblent des nuages, c'est l'île même de Vénus, c'est l'antique Cythère aux[h] rochers de porphyre : Κυτηρη πορφιρυσσα. – Aujourd'hui cette île s'appelle Cérigo, et appartient aux Anglais.

Voilà mon rêve et voici mon réveil ! Le ciel et la mer sont toujours là, le ciel d'Orient, la mer d'Ionie se donnent chaque matin [iii] le saint baiser d'amour, mais la terre est morte, – morte sous la main de l'homme, et les dieux se sont envolés !

Pour rentrer[i] dans la prose, il faut avouer que Cythère n'a conservé de toutes ses beautés que ses rocs de porphyre, aussi tristes à voir[j] que de simples rochers de grès. Pas un arbre sur la côte que nous avons suivie, pas une rose, hélas ! pas un coquillage le long de ce bord où les Néréides[k1] avaient choisi la conque[2] de Cypris[3]. – Je cherchais les bergers et les bergères de Watteau[4], leurs navires ornés de guirlandes abordant des rives fleuries, je rêvais ces folles bandes de pèlerins d'amour aux manteaux de satin changeant... je n'ai aperçu qu'un gentleman[l] qui tirait aux bécasses et aux pigeons, et des soldats écossais blonds et rêveurs, cherchant peut-être à l'horizon[m] les brouillards de leur patrie.

Un accident de la machine avait contraint le *Léonidas*[n5] à s'arrêter au port St-Nicolo[o6] à la pointe orientale de l'île, vis-à-vis du cap Saint-

---

(an VIII) – *cf.* ici, note 2, p. 64 – et sur les *Lettres sur la Morée et les îles de Cérigo, Hydra, et Zante, avec vingt-trois dessins de l'auteur gravés par lui-même et trois plans*, 1808, par A.-L. Castellan ; planches, auxquelles renvoie le texte de 1808, réédité en 1820.

1   « Les Néréides » sont les filles du dieu de la mer, Nérée ; il eut cinquante filles qui accompagnaient Téthys et entouraient Poséidon. *Cf.* ici, note 1, p. 293.

2   « La conque » (du latin *concha*, coquillage) : petit vase en forme de coquillage associé aux représentations de Vénus au bain.

3   « Cypris » : nom sous lequel on honorait Vénus dans l'île de Chypre.

4   « Watteau ». Cythère appelle évidemment ce nom, qui plus est chez Nerval, futur auteur de « *Sylvie* », dont le chapitre « IV » évoque le fameux tableau du peintre : *Le Pèlerinage à l'île de Cythère* (1717).

5   « Le Léonidas ». [*sic* !] Le *Léonidas* était un des dix paquebots à vapeur de 160 CV nominaux (soit 425 CV réels) de l'Administration des postes de France dans la Méditerranée. La traversée de Syra à Alexandrie durait effectivement trois jours. Le passage coûtait cent francs en première classe, soixante-dix en deuxième, trente en troisième. (Jean-Baptiste Marchebeus, *Voyage de Paris à Constantinople par bateau à vapeur. Nouvel itinéraire.* [...], Paris, Artus Bertrand, Amiot, 1839, p. 273 (*NPl*). *Cf.* ci-après, n. 4, p. 89.

6   « Port St-Nicolo ». Est mentionné « un mouillage Saint Nicolas, autrefois le port Phénicien dans [l']île de Cythère » dans le *Recueil de cartes géographiques. Plans. Vues et Médailles de l'Ancienne Grèce relatifs au* Voyage du jeune Anacharsis (*cf.* n. 1, p. 78) *précédé d'une analyse critique des cartes* (Aux Deux Ponts. Chez Sanson et Compagnie, 1791), à la p. 8 de cette

Ange[1] qu'on apercevait à quatre lieues en mer. Le peu de durée de notre séjour n'a permis à personne de visiter Capsali[2], la capitale de l'île, mais on apercevait au midi le rocher qui domine la ville, et d'où l'on peut découvrir toute la surface de Cérigo[3], ainsi qu'une partie de la Morée[4], et les côtes même de Candie[5] quand le temps est pur. C'est sur cette hauteur, couronnée aujourd'hui d'un château militaire, que s'élevait le temple de Vénus Céleste[6]. La déesse était vêtue en guerrière, armée d'un javelot, et semblait dominer la mer et garder les destins de l'archipel grec comme ces figures cabalistiques des contes arabes, qu'il faut abattre pour détruire le charme attaché à leur présence. Les Romains, issus de Vénus par leur aïeul Énée, purent seuls enlever de ce rocher superbe sa

---

Analyse critique des cartes de l'ancienne Grèce dressées pour le Voyage du jeune Anacharsis par M. Jean-Denis Barbié du Bocage. Aujourd'hui, Agios Nikolaos est une plage de rochers de Cythère. C'est une grande baie au nord-est de l'île, près du village d'Avlémonas et du phare de Karava, à Moudari. « Le 23, nous sommes enfin entrés dans l'Archipel, laissant Cérigo à notre gauche. Nous nous réjouissons, avec l'équipage, d'être entourés de ports où nous pouvions nous réfugier en cas de mauvais temps, et surtout de toucher à ces illustres plages où chaque objet réveille un souvenir. Bientôt après, le vent ayant changé, nous avons jeté l'ancre à la pointe du promontoire *Malio* ou *Saint Ange* (1). (1) C'est le fameux cap Malea des Grecs. » (*Lettres sur la Morée*, lettre II, p. 17.) – Voir la carte de Cythère, dessinée par Gilles Polizzi, que Jacques Huré reproduit dans son éd. de *Voyage en Orient* (t. 1, p. 483). Éd. de *VO*, Imprimerie nationale, « La Salamandre », 1997, 2 vol. (493 et 477 p).

1   « Cap Saint-Ange ». « Le cap Malée même, aujourd'hui cap Saint Ange » dit le Recueil de Barbié du Bocage. Akra Maleas ou promontoire de Malea (cap Malée) est le cap le plus à l'est du Péloponnèse, faisant face à l'île de Cythère.

2   « Capsali » : Kapsali, au sud de l'île.

3   « Les ruines qui sont sur le bord de la mer, près des catacombes, sont celles de l'ancienne ville de Cythère qui était éloignée d'environ dix stades de son port, appelé Scandée. Ce port paraît être le même que celui de San-Nicolo, et par conséquent la petite ville de Scandée peut être représentée par le fort et le petit village qui entourent le port. *(Note communiquée par M. Barbié du Bocage membre de l'Institut de France.)*-*Nous n'avons pas de plan détaillé de l'île de Cérigo. M. Barbié du Bocage a bien voulu, d'après les renseignements que je lui ai fournis, en dresser un de cette portion de l'île *(Planche 5 bis)*; quoiqu'il ne soit pas d'une exactitude mathématique, il indique cependant la position respective des monuments que nous avons visités, et vient à l'appui de l'opinion exprimée par ce savant géographe. » (*Lettres sur la Morée*, lettre IV, note 1, pages 36-37.)

4   « La Morée » est le nom moderne du Péloponnèse.

5   « Candie » désigne la Crète, mais visible à quelque cent kilomètres ! ironise J. Huré. (*Cf.* n. 4, ci-après, p. 138.) – Huré était un grand voyageur ; sa connaissance personnelle des lieux décrits par Nerval, sa maîtrise de l'arabe, du turc, en faisaient un arabisant ; c'est ce qui rend son édition précieuse.

6   « Le temple de Vénus Céleste » n'a pas été identifié par les archéologues, même si l'*Enquête* d'Hérodote (I, 105) situe bien la présence à Cythère d'un temple d'Aphrodite céleste fondé par les Phéniciens, note Huré.

statue de bois de myrte, dont les contours puissants, drapés de voiles symboliques, rappelaient l'art primitif des Pélasges[1]. C'était bien la grande déesse génératrice, Aphrodite Mélœnia[2] ou la noire, portant sur la tête le *polos*[3] hiératique, ayant les fers [iv] aux pieds comme enchaînée par force aux destins de la Grèce, qui avait vaincu sa chère Troie. Les Romains la transportèrent au Capitole, et bientôt la Grèce – étrange retour des destinées – appartint aux descendants régénérés des vaincus d'Ilion.

II. – LA MESSE DE VÉNUS[4]

L'Hypnerotomachie[a] nous donne quelques détails curieux sur le culte de la Vénus céleste dans l'île de Cythère[b], et sans admettre comme une

1 « Pélasges » : peuplades préhistoriques du nord de la Grèce qui ont précédé les Grecs.
2 « Aphrodite Melœnia », Aphrodite Melainis, Melaïna en fait (c'est-à-dire honorée dans la nuit noire). Dans les *Religions de l'antiquité, considérées principalement dans leurs formes symboliques et mythologiques* (10 vol., 1825-1851) de J. D. Guigniaut (qui adapte la *Symbolik* de Friedrich Creuzer, *cf.* ici t. II, n. 5, p. 159), « Aphrodite *Melœnis* ou Noire » figure p. 655 ; p. 663, il est dit que la « grande déesse génératrice de la nature » est représentée à Sicyone « dans cette statue d'or et d'ivoire dont parle Pausanias, assise sur un trône, le *polos* sur la tête, et tenant dans ses mains le pavot et la pomme » (*NPI*). *Cf.* variante, p. 308, n. 2 et 4.
3 « Le polos » (en grec le pôle) désigne une coiffure, de forme hémisphérique à l'image de la voûte céleste, portée par des divinités.
4 « II. – LA MESSE DE VÉNUS. » Ce chap. et le suivant sont inspirés des chap. « XVII. Le temple de Vénus » et « XVIII. Les sacrifices » du livre premier de l'*Hypnerotomachia Poliphili* du dominicain vénitien Francesco Colonna (1433-1527), – figure à laquelle Nodier a consacré sa dernière nouvelle : *Franciscus Columna* (1844) –, œuvre imprimée en 1499 à Venise chez Alde Manuce et illustrée de gravures sur bois. Œuvre singulière écrite dans un italien mêlé de latin, et accompagnée d'inscriptions grecques. La première version française, en 1546, pour Jacques Kerver aux deux Cochers, Rue Saint Jacques, est intitulée : *Discours du songe de Poliphile, déduisant comme Amour le combat à l'occasion de Polia*. En sous-titre : *Sous la fiction de quoi l'auteur montrant que toutes choses terrestres ne sont que vanité, traite de plusieurs matières profitables, et dignes de mémoire*. Le nom du héros, *Poliphile*, est ainsi glosé par un personnage : « Je pensais que ton nom signifiait : qui aime beaucoup ; je m'aperçois à présent qu'il veut dire : l'ami de Polia. » Nerval préfère la graphie *polyphile*. *Polia* signifie en grec : Blanche. Il connaissait l'édition princeps avec les gravures d'après Bellin (voir « *Les Faux Saulniers* »), qui a été suivie par la première version française de 1546 par Lenoncourt sur laquelle il a travaillé. Bien évidemment, il a opéré l'assimilation du patronyme de Jenny Colon à Colonna. Le *Songe de Poliphile* semble avoir inspiré un scénario de drame que, en 1853, il voulut utiliser (en collaboration avec Hippolyte Lucas) ; *cf.* lettres au même de cette année-là, où il est question de ce projet de

autorité ce livre où l'imagination a coloré bien des pages, on peut y rencontrer souvent le résultat d'études ou d'impressions fidèles[1].

Deux amants, Polyphile et Polia, se préparent au pèlerinage de Cythère.

Ils se rendent sur la rive de la mer, au temple somptueux de Vénus-Physizoé[2] ? Là, des prêtresses dirigées par une *Prieuse* mitrée, adressaient d'abord pour eux des oraisons aux dieux Foricule[3], Limentin[4], et à la déesse Cardina[5]. Les religieuses étaient vêtues d'écarlate, et portaient en outre des surplis de coton clair un peu plus courts, leurs cheveux pendaient sur leurs épaules. La première tenait le livre des cérémonies, la seconde une aumusse de fine soie : les autres une châsse d'or, le *césespité*[6] ou couteau du sacrifice, et le préféricule[7], ou vase de libation, la septième portait une mitre d'or avec ses pendants ; une plus petite tenait un cierge de cire vierge ; toutes étaient couronnées de fleurs. L'aumusse que portait la prieuse s'attachait devant le front à un fermoir d'or incrusté d'une ananchite[8], pierre talismanique par laquelle on évoquait les figures des dieux[9].

La prieuse fit approcher les amants d'une citerne située au milieu de temple, et en ouvrit le couvercle avec une clé d'or, puis, [v] en lisant dans le saint livre à la clarté du cierge, elle bénit l'huile sacrée,

---

Francesco Colonna. Pour Jean Richer, les deux écrivains pensaient s'inspirer d'une pièce allemande de von Sœden, *Aurore ou la Fille de l'Enfer*, dont il a retrouvé et publié un scénario sous le titre *la Fille de l'enfer*. Voir Gérard de Nerval, *Œuvres*, éd. d'Albert Béguin et Jean Richer, Gallimard, « Bibliothèque de la Pléiade », 1952-1956, 2 tomes. Éd. de *Voyage en Orient*, au t. 2. J. Richer avait résidé en Turquie, à Istambul, en 1954, avec sa femme, l'helléniste Renée Richer.

1 « Fidèles. » Sûrement pas, selon Gilles Polizzi, dans son éd., Imprimerie nationale, 1994, *cf.* p. 456.

2 « Vénus-Physizoé ». Les Grecs caractérisaient la Terre par l'épithète « physizoos », qui veut dire « qui produit la vie, nourricier, fécond. »

3 « Foricule », issu en français de *Forculus* (de même racine que *fores*, les battants de porte).

4 « Limentin » est de même racine que *limes*, la limite.

5 « Cardina » vient de *cardines*, les gonds. Ces dieux protègent l'entrée de la maison et la vie familiale.

6 « Cécespité » est fautif ; Colonna écrit correctement secespita (même racine que *secare* : couper).

7 « Prefericule » : le *præfericulum* était une sorte de vase de métal, très large, en forme de plat, sans anse, utilisé dans les sacrifices à la déesse de la fécondité (*NPl*).

8 « Ananchite ». Le fermoir de l'aumusse est incrusté d'un *ananchitides* (à rapprocher du verbe grec ananchein : « serrer, presser ») ; Pline l'Ancien (*Histoire naturelle*, livre XXXVII, n° 61 et 192) dit que ce mot est un surnom du diamant, employé pour dissiper la tristesse (la mélancolie ?) et les troubles mentaux ou pour susciter les apparitions divines. (*Ibid.*)

9 « Les figures des dieux. » Nerval emprunte ce passage à Colonna (*cf.* éd. citée de Polizzi, p. 202-212, et note, p. 446).

et la répandit dans la citerne ; ensuite elle prit le cierge, et en fit tourner le flambeau près de l'ouverture, disant à Polia : « Ma fille, que demandez-vous ? – Madame, dit-elle, je demande grâce pour celui qui est avec moi, et désire que nous puissions aller ensemble au royaume de la grande Mère divine[1] pour boire en sa sainte fontaine. » Sur quoi, la prieure, se tournant vers Polyphile, lui fit une demande pareille, et l'engagea à plonger tout à fait le flambeau dans la citerne. Ensuite elle attacha avec une cordelle[2] le vase nommé *lépaste*[3], qu'elle fit descendre jusqu'à l'eau sainte, et en puisa pour la faire boire à Polia. Enfin, elle referma la citerne, et adjura la déesse d'être favorable aux deux amants.

Après ces cérémonies, les prêtresses se rendirent dans une sorte de sacristie ronde, où l'on apporta deux cygnes[4] blancs et un vase plein d'eau marine, ensuite deux tourterelles[5] attachées sur une corbeille garnie de coquilles et de roses, qu'on posa sur la table des sacrifices ; les jeunes filles s'agenouillèrent autour de l'autel, et invoquèrent les très saintes grâces, Aglaia, Thalia et Euphrosine[6], ministres de Cythérée, les priant de quitter la fontaine Acidale, qui est à Orchomène, en Béotie, et où elles font résidence, et, comme grâces divines, de venir accepter la profession religieuse faite à leur maîtresse en leur nom.

Après cette invocation, Polia s'approcha de l'autel couvert d'aromates et de parfums, y mit le feu elle-même, et alimenta la flamme de branches de myrte séché. Ensuite elle dut poser dessus les deux tourterelles, frappées déjà du couteau cecespité, et plumées sur la table

---

1   « Mère divine », c'est-à-dire Vénus.
2   « Cordelle » est synonyme de cordelette.
3   « Lepaste » désigne l'aiguière cultuelle ; en grec, *lépastè* nomme un vase en forme de coquillage.
4   Les « cygnes » – *cf.* le chap. « IV » de « *Sylvie* » – sont associés aux représentations d'Aphrodite, née de l'écume de la mer.
5   Les « tourterelles » de même.
6   « Aglaia, Thalia et Euphrosiné ». Dans la mythologie grecque, les trois Grâces naissent de Zeus et d'Eurynomè, fille de l'Océan « à la séduisante beauté ». Dans l'*Iliade* (V, 38), les Grâces concourent au tissage du voile d'Aphrodite et forment son cortège. Polia, chez Colonna, prie les Grâces par leur vocatif étymologique : « Ô joyeuse Aglaia, florissante Thalia et délectable Euphrosiné, très saintes Grâces, filles du grand Jupiter et de la nymphe Eurydomène, ministres perpétuelles de la déesse d'amour, partez de 'la fontaine Acidale', qui est en la ville d''Orchomène' au pays de 'Béotie', où vous faites résidence ; et ainsi que grâces divines venez à moi […]. »

d'anclabre[1], le sang étant mis à part dans un vaisseau sacré. Alors commença le divin service, entonné par une chantresse[2], à laquelle les autres répondaient ; deux jeunes religieuses placées devant la prieuse accompagnaient l'office avec des flûtes lydiennes en ton lydien[3] naturel.
[vi]

Chacune des prêtresses portait un rameau de myrte, et chantant d'accord avec les flûtes, elles dansaient à l'entour de l'autel pendant que le sacrifice se consumait[d].

III. – LE SONGE DE POLYPHILE

Je suis loin de vouloir citer Polyphile comme une autorité scientifique ; Polyphile, c'est-à-dire Francesco Colonna, a beaucoup cédé sans doute aux idées et aux visions de son temps, mais cela n'empêche pas[a] qu'il n'ait puisé certaines parties de son livre aux bonnes sources grecques et latines, et je pouvais faire de même, mais j'ai mieux aimé le citer.

Que Polyphile et Polia[4], ces saints martyrs d'amour, me pardonnent de toucher à leur mémoire ! Le hasard – s'il est un hasard ? – a remis en mes mains leur histoire mystique, et j'ignorais à cette heure-là même qu'un savant plus poète, un poète plus savant que moi avait fait reluire sur ces pages le dernier éclat du génie que recélait son front mourant. Il fut comme eux un des plus fidèles apôtres de l'amour pur, – et parmi nous l'un des derniers.

---

1   « Table d'anclabre », qui sert aux sacrifices et au service des dieux. Selon le *Dictionnaire des antiquités* de Daremberg et Saglio, le mot latin *anclabria* désigne des vases rituels (Henri Lemaitre), d'après *anclabris* : destiné au service du culte. *Cf.* VO, tome second des *Œuvres* de G de N, Éd. Garnier Frères, éd. illustrée, par H. Lemaitre, « Classiques Garnier », 1958, XXIII-904 p.

2   « *Chantresse* » est un mot signalé dans le *Dictionnaire de la langue des troubadours* (1836) de François-Just-Marie Raynouard. Il s'agit d'une personne qui glorifie un dieu, quelqu'un ou quelque chose.

3   « Ton lydien », genre de musique gracieux chez les Grecs. Il est abusif de parler de *flûte*, car les Grecs de l'antiquité ne connaissaient pas l'instrument que nous appelons ainsi.

4   « Polyphile et Polia » sont des personnages de fiction.

Reçois aussi ce souvenir d'un de tes amis inconnus, bon Nodier[1], belle âme divine, qui les immortalisais en mourant[2]-[3] ! Comme toi je croyais en eux, et comme eux à l'amour céleste, dont Polia ranimait la flamme, et dont Polyphile reconstruisait en idée le palais splendide sur les rochers cythéréens. Vous savez aujourd'hui quels sont les vrais dieux, esprits doublement couronnés, – païens par le génie, chrétiens par le cœur !

Et moi qui vais descendre dans cette île sacrée que Francesco a décrite sans l'avoir vue[4], ne suis-je pas toujours, hélas ! le fils [vii] d'un siècle déshérité d'illusions, qui a besoin de toucher pour croire, et de rêver le passé – sur ses débris ? Il ne m'a pas suffi de mettre au tombeau mes amours de chair et de cendre, pour bien m'assurer que c'est nous, vivants, qui marchons dans un monde de fantômes.

Polyphile, plus sage, a connu la vraie Cythère pour ne l'avoir point visitée, et le véritable amour pour en avoir repoussé l'image mortelle. C'est une histoire touchante qu'il faut lire dans ce dernier livre de Nodier, quand on n'a pas été à même de la deviner sous les poétiques allégories du *Songe de Polyphile*.

Francesco Colonna, l'auteur de cet ouvrage, fut un pauvre peintre du quinzième siècle, qui s'éprit d'un vif amour pour la princesse Lucrétia[5] Polia de Trévise ; orphelin recueilli par Giacopo Bellini, père du peintre plus illustre que nous connaissons, il n'osait lever les yeux sur l'héritière d'une des plus grandes maisons de l'Italie. Ce fut-elle même qui, profitant des libertés d'une nuit de carnaval[6], l'encouragea à tout lui dire et se mon-

---

1   « Bon Nodier ». Nerval offrira à Janin un exemplaire des *Illuminés* portant cet envoi : « À Jules Janin (que j'ai rencontré chez Nodier), hommage reconnaissant. » Dans « *Les Faux Saulniers* » – et dans « *Angélique* » –, il fait de l'auteur de *La Fée aux miettes* l' « un de ses tuteurs littéraires ». Rendant compte des *Femmes du Caire*, Arsène Houssaye déclare : « Nodier n'est pas tout à fait mort, puisque M. Gérard de Nerval est parmi nous. » (*Le Moniteur universel*, 18 mai 1850.) *NPl.*
2   « *Franciscus Columna* » parut dans le *Bulletin de l'Ami des arts*, 20 août et 5 septembre 1843.
3   [N.D.A.]*Franciscus Columna*, dernière nouvelle de Charles Nodier. – Paris, Techener.
4   « Sans l'avoir vue »… C'est aussi le cas de Nerval.
5   « Lucrétia ». Polia n'a pas de prénom dans le texte de Colonna.
6   « Francesco Colonna […] carnaval, […]. » On trouve chez Nodier : « Francesco, adopté par la piété de Jacques Bellini, célèbre peintre d'histoire, et tendrement élevé parmi ses enfants, se montra digne des soins généreux qu'il avait reçus de son père et de ses illustres frères d'adoption, Jean et Gentile Bellini. […] On l'apercevait […] quelquefois dans le palais de l'illustre Leonora Pisani, héritière à vingt-huit ans de la plus immense fortune qui fût connue dans tous les États vénitiens, après celle de sa cousine Polia, fille unique

tra touchée de sa peine. C'est une noble figure que Lucrétia Polia, sœur poétique de Juliette, de Léonore[1] et de Bianca Capello[2]. La distance des conditions rendait le mariage impossible ; l'autel du Christ – du Dieu de l'égalité ! – leur était interdit ; ils révèrent celui de dieux plus indulgents, ils invoquèrent l'antique Éros et sa mère Aphrodite, et leurs hommages allèrent frapper des cieux lointains désaccoutumés de nos prières.

Dès lors, imitant les chastes amours des croyants de Vénus-Uranie[3], ils se promirent de vivre séparés pendant la vie pour être unis après la mort, et chose bizarre, ce fut sous les formes de la foi chrétienne qu'ils accomplirent ce vœu païen. Crurent-ils voir dans la Vierge et son fils l'antique symbole de la grande Mère divine et de l'enfant céleste qui embrase les cœurs ? osèrent-ils pénétrer à travers les ténèbres mystiques jusqu'à la primitive Isis, au [viii] voile éternel, au masque changeant, tenant d'une main la croix ansée[4], et sur ses genoux l'enfant Horus sauveur du monde[5] ? …

Aussi bien ces assimilations étranges étaient alors de grande mode en Italie. L'école néoplatonicienne[6] de Florence triomphait du vieil Aristote, et la théologie féodale s'ouvrait[b] comme une noire écorce aux frais bourgeons de la renaissance philosophique qui florissait de toutes parts. Francesco devint un moine, Lucrèce une religieuse[7], et chacun garda en son cœur

---

du dernier des Poli de Trévise ; […]. Polia des Poli, […], était alors au palais Pisani, où Léonora l'avait décidée à venir passer les folles semaines du carnaval. » (Nodier, *Contes*, éd. Pierre-Georges Castex, Classiques Garnier, p. 890-891).

1   « Léonore », l'héroïne de la longanimité conjugale du *Fidélio* de Beethoven, après avoir été celle d'un drame de Jean-Nicolas Bouilly (1763-1842), écrivain et dramaturge français.

2   « Bianca Capello » fut une intrigante qui reçut le nom de « pessima Bianca ». La jeune Bianca, qui appartenait à la noblesse vénitienne du XVIe siècle, quitta tout pour un roturier d'amant. François de Médicis, grand-duc de Toscane, l'avait épousée plus tard. Elle est l'héroïne d'un opéra de Buzzi (1842), rappelle Rouger. Elle est évoquée dans *La Recherche de l'absolu* de Balzac.

3   « Vénus Uranie » est née des testicules d'Ouranos que Chronos avait coupés et jetés à la mer.

4   « La croix ansée » symbolise la force génératrice et créatrice. L'anse est le symbole de la vie. *Cf.* n. 2, p. 119.

5   « Crurent-ils voir […] sauveur du monde ?… » *Cf.* « *Isis* » de Nerval, IV.

6   « L'école néoplatonicienne de Florence », la célèbre *Académie*, appelle en priorité deux noms : le toscan Marsile Ficin (1433-1499), qui en fut le maître, et Pic de La Mirandole, un de ses disciples ; ils ont diffusé en Occident la « science cabalistique ».

7   « Lucrèce une religieuse »… Nerval invente. Au chap. « XIII » de « *Sylvie* », le narrateur, pensant à Adrienne, dit qu'il avait « entrepris de fixer dans une action poétique les amours du peintre Colonna pour la belle Laura que ses parents firent religieuse, et qu'il aima jusqu'à la mort ». Le *Projet d'œuvres complètes* laissé par Nerval mentionne, sous la rubrique « Sujets », « *Francesco Colonna*, avec Lucas ».

la belle et pure image de l'autre, passant les jours dans l'étude des phi-
losophies et des religions antiques, et les nuits à rêver son bonheur futur
et à le parer des détails splendides que lui révélaient^c les vieux écrivains
de la Grèce. Ô double existence heureuse et bénie, si l'on en croit le livre
de leurs amours! quelquefois les fêtes pompeuses du clergé italien les
rapprochaient dans une même église, le long des rues, sur les places où
se déroulaient des processions solennelles, et seuls, à l'insu de la foule, ils
se saluaient d'un doux et mélancolique regard : – Frère, il faut mourir^1 !
– Sœur, il faut mourir! – c'est-à-dire il faut encore traîner quelque temps
notre chaîne... Ce sourire échangé ne disait que cela.

Cependant Polyphile écrivait et léguait à l'admiration des amants
futurs la noble histoire de ces combats, de ces peines, de ces délices. Il
peignait des nuits enchantées où s'échappant de notre monde plein de
la loi d'un Dieu sévère, il rejoignait en esprit la douce Polia aux saintes
demeures de Cythérée. L'âme fidèle ne se faisait pas attendre, et tout
l'empire mythologique s'ouvrait à eux de ce moment. Comme le héros d'un
poème plus moderne et non moins sublime^2-^d3 ils franchissaient dans leur
double rêve l'immensité de l'espace et des temps ; la mer Adriatique et la
sombre Thessalie, où l'esprit du monde ancien s'éteignit aux champs de
[ix] Pharsale ! les fontaines commençaient à sourdre dans leurs grottes, les
rivières redevenaient fleuves, les sommets arides des monts se couronnaient
de bois sacrés ; le Pénée inondait de nouveau ses grèves altérées, et partout
s'entendait le travail sourd des Cabires et des Dactyles^4 reconstruisant

---

1   «– Frère, il faut mourir!» Voilà qui rappelle la formule *memento mori* (il faut mourir).
    «On prétend que [les trappistes] se donnent successivement la corde d'une cloche qu'ils
    sonnent, en disant, Frère il faut mourir» (Baculard d'Arnaud, *Les Amants malheureux ou
    le Comte de Comminge*, La Haye et Paris, chez l'Esclapart, p. 65). *NPl.*

2   «*Faust.*» Dans le *Second Faust*, le héros va chercher Hélène au royaume des Mères. Erichto
    «décrit les terreurs de cette nuit orageuse, qui se passe aux champs de Pharsale», où César
    vainquit Pompée, en 48 avant J.-C. Puis «Faust se transporte aux rives du Pénéios ['le
    Pénée', fleuve qui traverse la plaine de Thessalie et se jette dans la mer Égée] et se plonge
    dans ses flots en interrogeant les nymphes qui l'habitent. Il rencontre Chiron, qui l'invite
    à sauter sur son dos et lui fait traverser le fleuve; ce centaure l'emporte aux champs de
    Cynocéphale [champ de bataille proche de 'Pharsale'; Flaminius y vainquit Philippe V, roi
    de Macédoine], où Rome vainquit la Grèce». (Traduction de Nerval, en 1840, p. 190.)

3   [N.D.A.] *Faust*, seconde partie.

4   «Les Cabires [prêtres de la déesse Cybèle] et les Dactyles [autres prêtres de Cybèle et
    inventeurs des rythmes musicaux scandant le travail de la forge] » appartiennent aussi
    au *Second Faust.* «Les Dactyles (vers 7627 *sq.*) sont des démons de Phrygie ou bien encore
    d'habiles forgerons et mineurs qui résident en Crète et sont au service de Cybèle » (note

pour eux le fantôme d'un univers. L'étoile de Vénus grandissait comme un soleil magique et versait des rayons dorés sur ces plages désertes, que leurs morts allaient repeupler ; le faune s'éveillait dans son antre, la naïade dans sa fontaine, et des bocages reverdis s'échappaient les hamadryades[1]. Ainsi la sainte aspiration de deux âmes pures rendait pour un instant au monde ses forces déchues et les esprits gardiens de son antique fécondité.

C'est alors qu'avait lieu et se continuait nuit par nuit ce pèlerinage, qui à travers les plaines et les monts rajeunis de la Grèce conduisait nos deux amants à tous les temples renommés de Vénus céleste et les faisait arriver enfin, au principal sanctuaire de la Déesse, à l'île de Cythère où s'accomplissait l'union spirituelle des deux religieux Polyphile et Polia.

Le frère Francesco mourut le premier, ayant terminé son pèlerinage et son livre ; il légua le manuscrit à Lucrèce, qui grande dame et puissante comme elle était ne craignit point de le faire imprimer par Alde Manuce et le fit illustrer de dessins fort beaux la plupart, représentant les principales scènes du songe, les cérémonies des sacrifices, les temples, figures et symboles de la grande Mère divine, déesse de Cythère. Ce livre d'amour platonique fut longtemps l'évangile des cœurs amoureux dans ce beau pays d'Italie, qui ne rendit pas toujours à la Vénus céleste des hommages si épurés.

Pouvais-je faire mieux que de relire avant de toucher à Cythère le livre étrange de Polyphile, qui, comme Nodier l'a fait remarquer, présente une singularité charmante ; – l'auteur a signé [x] son nom et son amour en employant en tête de chaque chapitre un certain nombre de lettres choisies pour former la légende suivante[2] : « Poliam frater Franciscus Columna peramavit[3]-[e4] . »

---

de H. Lichtenberger à sa traduction). Goethe en a fait des nains minuscules. « Les Cabires de Samothrace paraissent avoir été à l'origine des divinités phéniciennes, protectrices des marins. Hérodote, d'autre part (II, 51), raconte que l'île de Samothrace avait reçu des anciens Pélasges les mystères des Cabires. » Ils sont appelés « les grands », mais représentés « sous les traits d'enfants à peine formés ». « À l'époque de la décadence gréco-latine, [...] Samothrace devient le centre principal du culte des Cabires qui est le plus important 'mystère' grec à côté des mystères d'Éleusis ». Note de Henri Lichtenberger.) Goethe les mentionne aux vers 8071 et suiv. *La Symbolique* de Creuzer évoque les Cabires. *NPl.*

1   « Les hamadryades » sont les nymphes qui font corps avec un arbre (littéralement : le chêne), dont elles ressentent les coups qui lui sont portés et les blessures qui lui sont faites.

2   « La légende suivante », qu'a réitérée le premier traducteur de l'*Hypnérotomachie*.

3   « Peramavit », forme néologique dérivée de *amans* (très attaché à) et *peramanter* (très affectueusement) qu'il faudrait traduire par « aima jusqu'au bout ».

4   [N.D.A.] Le frère Francesco Colonna a aimé tendrement Polia.

IV. – SAN-NICOLO

En mettant le pied sur le sol de Cérigo[1], je n'ai pu songer sans peine que cette île, dans les premières années de notre siècle, avait appartenu à la France[2]. Héritière[3] des possessions de Venise, notre patrie s'est vue dépouillée à son tour par l'Angleterre[4], qui là, comme à Malte[5], annonce en latin aux passants sur une tablette de marbre, que « l'accord de l'Europe et l'*amour* de ces îles lui en ont depuis 1814, assuré la souveraineté. » – Amour! dieu des Cythéréens, est-ce bien toi qui as ratifié cette prétention?

Pendant que nous rasions la côte, avant de nous abriter à San-Nicolo[a], j'avais aperçu un petit monument, vaguement découpé sur l'azur du ciel, et qui, du haut d'un rocher semblait la statue encore debout de quelque divinité protectrice... Mais, en approchant davantage, nous avons distingué clairement l'objet qui signalait cette côte à l'attention des voyageurs. C'était un gibet, un gibet à trois branches, dont une seule était garnie. Le premier gibet réel que j'aie vu encore, c'est sur le sol de Cythère, possession anglaise, qu'il m'a été donné de l'apercevoir[6]!

---

1   « Cérigo ». L'itinéraire que semblera suivre le narrateur est invraisemblable. Sur le plan géographique, Spathi se trouve au nord et Potamo se situe au-dessous de Spathi, tandis que Kapsali se trouve à l'autre extrémité sud de l'île.

2   « Avait appartenu à la France. » Les îles Ioniennes et Cythère furent en effet françaises par les traités de Campo-Formio (signé le 17 octobre 1797), qui démembra la République de Venise, et de Tilsitt (7 juillet 1807). Entre temps, la France dut les abandonner au tsar qui créa une république sous suzeraineté ottomane. Les Anglais s'en emparèrent en 1813.

3   « Héritière ». Après sa victoire sur l'Empire byzantin, en 1204, Venise invita ses familles patriciennes à fonder dans les îles des fiefs héréditaires ; Cythère fut attribuée à Marco Venier, rappelle Huré.

4   « L'Angleterre » eut, en 1815, le protectorat de ces îles

5   « Malte » fut occupée par l'Angleterre en 1800, et le traité de Paris de 1814 reconnut sa souveraineté.

6   « L'apercevoir ». Baudelaire a noté sur un manuscrit de son poème *Un voyage à Cythère* : « Le point de départ de cette pièce est quelques lignes de Gérard (*L'Artiste*) qu'il serait bon de retrouver. » Sur un autre manuscrit, on peut lire : « Dédié à Gérard de Nerval », et au-dessous du titre et de la dédicace : « Ici mettre en épigraphe quelques lignes de prose qui m'ont servi de programme et que je crois avoir lues dans *L'Artiste* ». Suivent sept lignes horizontales sans texte et la signature : Gérard de Nerval. *Cf.* Charles Baudelaire, *Œuvres complètes*, éd. Pichois, « Bibliothèque de la Pléiade », t. I, p. 117-119 et 1069-1071. Huré remarque qu'on n'aurait pu voir qu'un *gibet* d'une taille gigantesque. Gibet symbolique donc, d'autant que Nerval écrit à propos d'un article de Champfleury, dans une lettre du 4, 5 ou 6 mai 1849 au rédacteur en chef du *Messager*

Je n'irai pas à Capsali ; je sais qu'il n'existe plus rien du temple que Pâris fit élever à Vénus Dionée[1], lorsque le mauvais temps le força de séjourner seize jours à Cythère avec Hélène qu'il enlevait à son époux. On montre encore, il est vrai, la fontaine qui fournit de l'eau à l'équipage, le bassin où la plus belle des femmes lavait [xi] de ses mains ses robes et celles de son amant ; mais une église a été construite sur les débris du temple, et se voit au milieu du port[2]. Rien n'est resté non plus sur la montagne du temple de Vénus Uranie, qu'a remplacé le fort Vénitien, aujourd'hui gardé par une compagnie écossaise.

Ainsi la Vénus céleste et la Vénus populaire[3], révérées l'une sur les hauteurs et l'autre dans les vallées, n'ont point laissé de traces dans la capitale de l'île, et l'on s'est occupé à peine de fouiller les ruines de l'ancienne ville de Scandie, près du port d'Avlémona, profondément cachées dans le sein de la terre.

Le port[b] de San-Nicolo n'offrait à nos yeux que quelques masures le long d'une baie sablonneuse où coulait un ruisseau et où l'on avait tiré à sec quelques barques de pêcheurs ; d'autres épanouissaient à l'horizon leurs voiles latines sur la ligne sombre que traçait la mer au-delà du cap Spati, dernière pointe de l'île, et du cap Malée qu'on apercevait clairement du côté de la Grèce.

Je n'ai plus songé dès lors[c] qu'à rechercher pieusement les traces des temples ruinés de la déesse de Cythère, j'ai gravi les rochers du cap

---

des Théâtres (Achille Denis) : « Il n'est pas moins inexact de prétendre que je n'ai vu à Cythère (Cérigo) qu'une potence ornée d'un pendu. Je n'ai fait cette observation que comme critique de la domination anglaise, qui a confisqué les libertés de la république des Sept îles ». *Cf.* n. 1, p. 67.

1   « Vénus Dionè » est née de Zeus et d'une Océanide. Elle est la mère d'Aphrodite qu'elle eut de Zeus. On lui attribuait la maternité de Niobé et de Pélops.

2   « Au milieu du port. » Dans la relation de voyage attribuée à Antoine Serieys, publiée l'an VIII et intitulée *Voyage de Dimo et Nicolo Stephanopoli en Grèce pendant les années V et VI [...], avec figures, plans et vues levées sur les lieux*, on peut lire, au t. I, p. 105 : « Cette petite église, que vous voyez dans le port, a été bâtie sur les débris d'un temple que Pâris fit élever à Vénus Uranie pour obtenir un vent favorable. C'est ici que le perfide fut forcé, par le mauvais temps, de séjourner seize jours avec Hélène. Ce bassin, cette fontaine sont son ouvrage : deux fois, à ce bassin, l'ingrate épouse de Ménélas blanchit, de ses propres mains, le linge et les tuniques de son amant. *Cf.* ci-dessus, n. 5, p. 52. Ce puits, que vous voyez un peu plus loin, fournissait l'eau nécessaire à son équipage. »

3   « La Vénus céleste et la Vénus populaire ». Distinction que l'on trouve dans *Le Banquet* de Platon (VIII) : « Peut-on nier en effet l'existence des deux déesses, l'une ancienne et sans mère, fille d'Ouranos, que nous appelons céleste (Ourania), l'autre plus jeune, fille de Zeus et de Dionè, que nous appelons populaire (Pandèmos) ? » (Traduction de É. Chambry.)

Spati[1] où Achille en fit bâtir un à son départ pour Troie ; j'ai cherché
des yeux Cranaë[2] située de l'autre côté du golfe et qui fut le lieu de
l'enlèvement d'Hélène ; mais l'île de Cranaë se confondait au loin avec
les côtes de la Laconie[3] et le temple n'a pas laissé même une pierre sur
ces rocs, du haut desquels on ne découvre, en se tournant vers l'île, que
des moulins à eau mis en jeu par une petite rivière qui se jette dans la
baie de San-Nicolo.

En descendant, j'ai trouvé quelques-uns de nos voyageurs qui formaient le projet d'aller jusqu'à une petite ville située à deux lieues de
là et plus considérable même que Capsali. Nous sommes montés sur
des mulets et, sous la conduite d'un Italien qui connaissait le pays, nous
avons cherché notre route entre les montagnes. – On ne croirait jamais,
à voir de la mer les abords hé[xii]rissés des rocs de Cérigo, que l'intérieur
contienne encore tant de plaines fertiles ; c'est après tout une terre qui a
soixante-six milles de circuit[4] et dont les portions cultivées sont couvertes
de cotonniers, d'oliviers et de mûriers semés parmi les vignes. L'huile et
la soie sont les principales productions qui fassent vivre les habitants, et
les Cythéréennes – je n'aime pas à dire *Cérigottes* – trouvent à préparer
cette dernière un travail assez doux pour leurs belles mains ; la culture
du coton a été frappée au contraire par la possession anglaise.

Le but[d] de la promenade de mes compagnons était Potamo[5], petite
ville à l'aspect italien, mais pauvre et délabrée ; le mien était la colline
d'Aplunori[e] située à peu de distance et où l'on m'avait dit que je pourrais

---

1   « Cap Spati ». Le cap Spathi se trouve au nord de l'île. De San Nicolo, on ne peut pas
     l'apercevoir, encore moins le cap Malée, observent Rouger et Huré. Quant à l'excursion
     au cap Spathi, dont il va être question, il eût fallu beaucoup plus de temps (Lemaitre) !
2   « Cranaë » (transcription du grec ancien Κρανάη), qui signifie « la Rocheuse », est une
     île au large de la côte de Gytheio. Ce toponyme peut désigner Cythère. Selon la légende,
     quand Pâris de Troie eut enlevé Hélène de Sparte, ils passèrent leur première nuit à
     Cranaë. Dans l'*Iliade* (chant III, v. 438 et ss), Pâris s'adresse à Hélène : « [...] au début,
     pour t'enlever de la douce Lacédémone, je partis sur mes nefs, voyageuses des mers, et
     dans l'îlot de 'Cranaé', m'unis à toi pour le plaisir d'amour et partageai ton lit ».
3   « Les côtes de la Laconie », à l'extrême sud-est du Péloponnèse.
4   « Circuit ». Dans la relation attribuée à Serieys, on lit : « Quoiqu'une grande partie de
     Cérigo soit couverte de cailloux et de rochers, elle renferme cependant beaucoup de
     terrain propre à l'agriculture : [...]. Son étendue n'a certainement point diminué depuis
     que [...] les meilleurs géographes lui ont accordé soixante-six milles de circuit. » (T. I,
     p. 171, 173-174).
5   « Potamo ». Potamos, à l'intérieur des terres, est le plus grand village de l'île, mais sans
     vestiges archéologiques, note Huré.

rencontrer les restes d'un temple. Mécontent de ma course du cap Spati, j'espérais me dédommager dans celle-ci et pouvoir, comme le bon abbé Delille[1], remplir mes poches de débris mythologiques. Ô bonheur ! je rencontre en approchant d'Aplunori un petit bois de mûriers et d'oliviers où quelques pins plus rares étendaient çà et là leurs sombres parasols ; l'aloès et le cactus se hérissaient parmi les broussailles, et sur la gauche s'ouvrait de nouveau le grand œil bleu de la mer que nous avions quelque temps perdue de vue. Un mur de pierres semblait clore en partie le bois, et sur un marbre, débris d'une ancienne arcade qui surmontait une porte carrée, je pus distinguer ces mots : ΚΑΡΔΙΩΝ ΘΕΡΑΠΙΑ, – guérison des cœurs[2].

V. – APLUNORI[3]

La colline[b] d'Aplunori ne présente que peu de ruines, mais elle a gardé les restes plus rares de la végétation sacrée qui jadis parait [xiii] le front des montagnes ; des cyprès toujours verts et quelques oliviers antiques dont le tronc crevassé est le refuge des abeilles, ont été conservés par une sorte de vénération traditionnelle qui s'attache à ces lieux célèbres. Les restes d'une enceinte de pierre protègent, seulement du côté de la mer, ce petit bois qui est l'héritage d'une famille ; la porte a été surmontée d'une pierre voûtée, provenant des ruines dont j'ai signalé déjà l'inscription. Au-delà de l'enceinte est une petite maison entourée d'oliviers, habitation de pauvres paysans grecs, qui ont vu se succéder

---

1   « Le bon abbé [Jacques] Delille [1738-1813]. » Rouger cite une lettre de Delille à Mme de Vaines dans la *Correspondance littéraire* de Grimm : « Il faut que je vous conte encore une superstition de mon amour pour l'Antiquité. Au moment où je suis entré tout palpitant dans Athènes, ses moindres débris me paraissaient sacrés. Vous connaissez l'histoire du sauvage qui n'avait jamais vu de pierres ; j'ai fait comme lui, j'ai rempli d'abord les poches de mon habit, ensuite de ma veste, de morceaux de marbres sculptés ; et puis, comme le sauvage, j'ai tout jeté. » (1813, t. III, p. 152.)

2   Serieys : « Quel fut mon étonnement de trouver, à l'entrée de ce bois, les débris d'une ancienne arcade, avec cette inscription en grec : ΚΑΡΔΙΩΝ ΘΕΡΑΠΙΑ : 'Guérison des cœurs !' » (T. I, p. 129.) Mizuno note à juste titre que c'est là un cœur souffrant qui renvoie au Songe de Poliphile, et à la Vénus des artistes. *Cf. L'Écriture du voyage. L'expression de la réalité dans les premières publications du* Voyage en Orient *et de* Lorely. Souvenirs d'Allemagne, *op. cit.*

3   « APLUNORI » ne peut être situé sur une carte, note Huré.

depuis cinquante ans les drapeaux vénitiens, français et anglais sur les
tours du fort qui protège San-Nicolo, et qu'on aperçoit à l'autre extrémité de la baie. Le souvenir de la république française et du général
Bonaparte qui les avait affranchis en les incorporant à la république des
sept îles[1], est encore présent à l'esprit des vieillards.

L'Angleterre a rompu ces frêles libertés depuis 1815, et les habitants
de Cérigo ont assisté sans joie au triomphe de leurs frères de la Morée.
L'Angleterre ne fait pas des Anglais des peuples qu'elle conquiert, je veux
dire qu'elle acquiert, elle en fait des ilotes, quelquefois des domestiques ; tel
est le sort des Maltais, tel serait celui des Grecs de Cérigo, si l'aristocratie
anglaise ne dédaignait comme séjour cette île poudreuse et stérile. Cependant
il est une sorte de richesse dont nos voisins ont encore pu dépouiller l'antique
Cythère, je veux parler de quelques bas-reliefs et statues qui indiquaient
encore les lieux dignes de souvenir. Ils ont enlevé d'Aplunori une frise
de marbre sur laquelle on pouvait lire, malgré quelques abréviations, ces
mots qui furent recueillis en 1798, par des commissaires de la république
française : Ναός Αφροδίτης, Θέας Κυρίας Κυθηρειῶν, καὶ παντὸς Κόσμου.
« Temple de Vénus, déesse maîtresse des Cythériens et du monde entier[2]. »

Cette inscription ne peut laisser de doute sur le caractère des ruines,
mais en outre un bas relief enlevé aussi par les Anglais [xiv] avait
servi longtemps de pierre à un tombeau dans le bois d'Aplunori. On y
distinguait les images de deux amants venant offrir des colombes à la
déesse, et s'avançant au-delà de l'autel près duquel était déposé le vase
des libations. La jeune fille, vêtue d'une longue tunique, présentait les
oiseaux sacrés, tandis que le jeune homme, appuyé d'une main sur son
bouclier, semblait de l'autre aider sa compagne à déposer son présent aux
pieds de la statue ; Vénus était vêtue à peu près comme la jeune fille, et
ses cheveux, tressés sur les tempes, descendaient en boucles sur le col[3].

---

1   « La république des sept îles », République de l'Heptanèse, fut créée par les Russes en 1800
    lorsqu'ils remplacèrent les Français qui avaient occupé l'île de 1797 à 1799. *Cf.* n. 6, p. 64.

2   « "Du monde entier". » Serieys : « Portant mes regards sur le marbre, j'y découvre de grandes
    lettres initiales que le temps avait entamées, mais qu'il n'avait point effacées. Quelles
    furent ma surprise et ma joie en lisant cette inscription N~Σ. A~Φ. Θ~Σ. K~PA. KΩN KAI
    ΠANTOΣ K~MOY [en grec] *[Explication]*, Ναός Αφροδίτης Θέας, Κυροία Κυθηρειῶν, καὶ
    παντὸς Κόσμου. Temple de Vénus, déesse, maîtresse de Cythère et de l'univers entier. »
    Le milieu du paragraphe renvoie à une gravure du volume. (T. I, p. 135.)

3   « Sur le col. » Serieys : « [...] j'aperçus au milieu de cette table antique une gravure, qui
    me parut de la main de l'un des artistes les plus habiles de l'Antiquité. C'était Vénus
    ayant à ses genoux deux jeunes amants, qu'elle unissait ensemble en leur posant sur la

Il est évident que le temple situé sur cette colline n'était pas consacré à Vénus Uranie, ou céleste, adorée dans d'autres quartiers de l'île, mais à cette seconde Vénus, populaire ou terrestre qui présidait aux mariages. La première, apportée par des habitants de la ville d'Ascalon[1] en Syrie, divinité sévère, au symbole complexe, au sexe douteux, avait tous les caractères des images primitives surchargées d'attributs et d'hiéroglyphes, telles que la Diane d'Éphèse ou la Cybèle de Phrygie[2]; elle fut adoptée par les Spartiates qui les premiers avaient colonisé l'île; la seconde, plus riante, plus humaine, et dont le culte, introduit par les Athéniens vainqueurs, fut le sujet de guerres civiles entre les habitants, avait une statue renommée dans toute la Grèce comme une merveille de l'art : elle était nue et tenait à sa main droite une coquille marine; ses fils Éros et Antéros[3] l'accompagnaient, et devant elle était un groupe de trois Grâces dont deux la regardaient, et dont la troisième était tournée du côté opposé. Dans la partie orientale du temple, on remarquait la statue d'Hélène, ce qui est cause probablement que les habitants du pays donnent à ces ruines le nom de palais d'Hélène.

Deux jeunes gens se sont offerts à me conduire aux ruines de l'ancienne ville de Cythère dont l'entassement poudreux s'apercevait le long de la mer entre la colline d'Aplunori et le port de San-[xv]Nicolo; je les avais donc dépassées en me rendant à Potamo par l'intérieur des terres; mais la route n'était praticable qu'à pied, et il fallut renvoyer le mulet au village. Je quittai à regret ce peu d'ombrage plus riche en souvenirs que les quelques débris de colonnes et de chapiteaux dédaignés par les collectionneurs anglais. Hors de l'enceinte du bois, trois colonnes tronquées subsistaient debout encore au milieu d'un champ cultivé;

---

tête une couronne de myrte. Elle était revêtue d'une longue tunique, attachée au haut de l'épaule gauche à côté du cou; à l'exception de cet endroit, l'épaule et le bras gauche étaient nus au-dessus de la ceinture. La tunique ne couvrait que le sein gauche; le sein, l'épaule et le bras droits étaient également nus; quelques-uns de ses cheveux étaient tressés, les autres descendaient en boucles. Le jeune homme était appuyé sur son bouclier, et la jeune fille était revêtue d'une tunique; mais elle avait seulement son bras gauche à moitié découvert. Elle offrait à Vénus deux tourterelles. » (T. I, p. 145.)

1   « Ascalon » : Forteresse des Philistins sur la côte de Palestine, au nord de Gaza. Hérodote y mentionne l'existence d'un temple d'Aphrodite céleste, d'où serait issu celui de Cythère (I, 105), rappelle Huré.

2   « La Diane d'Éphèse ou la Cybèle de Phrygie ». Les deux divinités se confondent. Le temple d'Artémis à Éphèse (l'une des sept merveilles du monde) fut édifié sur l'emplacement d'un lieu de culte consacré à la déesse-mère d'Anatolie, Cybèle, commente Huré.

3   « Antéros ». Ce nom donnera son titre à l'un des sonnets des « *Chimères* ».

d'autres débris ont servi à la construction d'une maisonnette à toit plat, située au point le plus escarpé de la montagne, mais dont une antique chaussée de pierre garantit la solidité. Ce reste des fondations du temple sert de plus à former une sorte de terrasse qui retient la terre végétale nécessaire aux cultures et si rare dans l'île depuis la destruction des forêts Sacrées[c1] [*sic*].

On trouve encore sur ce point une excavation provenant de fouilles ; une statue de marbre blanc drapée à l'antique, et très mutilée, en avait été retirée, mais il a été impossible d'en déterminer les caractères spéciaux[2]. En descendant à travers les rochers poudreux, variés parfois d'oliviers et de vignes, nous avons traversé un ruisseau qui descend vers la mer en formant des cascades, et qui coule parmi des lentisques, des lauriers roses et des myrtes. Une chapelle grecque s'est élevée sur les bords de cette eau bienfaisante, et paraît avoir succédé à un monument plus ancien[3].

---

1   « Forêts Sacrées ». Rouger montre que, dans ce chap. et le suivant, Nerval s'inspire du t. I
     des *Lettres sur la Morée et les îles de Cérigo, Hydra, et Zante, op. cit.* : « [...] quel a été notre
     étonnement de n'apercevoir, dans un champ labouré, qu'un petit nombre de colonnes
     d'une seule pièce, rongées par le temps : leurs chapiteaux manquaient ; leur base était
     enfouie, il était difficile de reconnaître à quel ordre d'architecture elles appartiennent,
     et sur quel plan ce temple avait été construit. Il en est de même de plusieurs autres
     colonnes et fragments informes, qui ont servi à la construction d'une petite ferme située,
     ainsi que le monument, sur la plate-forme de la montagne. Ces colonnes s'élèvent du
     milieu des sillons ; elles n'existeront peut-être pas longtemps : le tranchant de la charrue
     qu'elles embarrassent les effleure sans cesse, les sape par le pied, et l'ignorant fermier se
     réjouira de voir ces respectables vestiges recouverts par de nombreux épis. Du côté le
     plus escarpé de la montagne, il existe une vaste chaussée qui servait de base à l'édifice
     antique : on y retrouve aussi des pierres irrégulièrement placées, qui peuvent en être des
     débris employés à réparer les brèches par où la terre végétale, si précieuse dans cette île,
     aurait pu se perdre. Cette considération importante pour le laboureur, préservera cette
     chaussée et les fondements du temple d'une entière destruction. » (P. 34.) *[Lire le début
     de ce texte dans la n. 3 de ces p. 69-70.]*
2   « Les caractères spéciaux. » Castellan : « [...] nous avons cru apercevoir les fragments d'une
     statue. En effet, nous sommes parvenus à retirer une figure d'un beau marbre blanc, et
     d'une proportion plus forte que nature, mais malheureusement très mutilée : on n'en
     distinguait que les épaules couvertes d'une draperie ; la tête, les bras et le reste du corps
     manquaient. Comme elle était d'ailleurs trop pesante pour que nous fussions tentés de
     l'enlever, nous l'avons laissée sur la place. » (T. I, p. 35.)
3   « Un monument plus ancien. » Castellan : « Nous avons traversé plusieurs gorges
     profondes et resserrées, où la végétation n'est pas abondante ; on n'y rencontre que des
     oliviers, quelques vignes, et, dans le fond, de petits champs de blé. Nous avons suivi
     ensuite un joli ruisseau qui tombe, en cascade, des hauteurs ; il est bordé de lauriers-
     roses, de lentisques et de myrtes : ce sont les seules traces que cette île ait conservées
     des bocages fleuris qui devaient l'embellir lorsqu'elle était habitée par les Nymphes. On

V [SIC VI]. – PALŒOCASTRO[a][1]

Nous suivions dès lors le bord de la mer en marchant sur les sables et en admirant de loin en loin des cavernes où les flots vont s'engouffrer dans les temps d'orage ; les cailles de Cérigo, fort appréciées des chasseurs, sautelaient[2] çà et là sur les rochers voisins, dans les touffes de sauge aux feuilles cendrées. Parvenus au fond [xvi] de la baie, nous avons pu embrasser du regard toute la colline de Palœocastro couverte de débris, et que dominent encore les tours et les murs ruinés de l'antique ville de Cythère. L'enceinte en est marquée sur le penchant tourné vers la mer, et les restes des bâtiments sont cachés en partie sous le sable marin qu'amoncelle l'embouchure d'une petite rivière. Il semble que la plus grande partie de la ville ait disparu peu à peu sous l'effort de la mer croissante, à moins qu'un tremblement de terre, dont tous ces lieux portent les traces, n'ait changé l'assiette du terrain. Selon les habitants, lorsque les eaux sont très claires, on distingue au fond de la mer les restes de constructions considérables[3].

En traversant la petite rivière, on arrive aux anciennes catacombes pratiquées dans un rocher qui domine les ruines de la ville et où l'on

---

nous a montré de loin une chapelle construite sur les restes d'un ancien monument : nous étions trop fatigués pour nous détourner de notre route, et nous comptions d'ailleurs trouver à nous en dédommager amplement. Nous sommes enfin parvenus au but de notre voyage (*Planche VI*), mais quel a été notre étonnement *[lire la suite du texte dans la n. 1 de cette p. 69]* ». (T. I, p. 33.)

1   « PALŒOCASTRO », près du port de Agia Pélagia, au nord-est de l'île. On peut y voir les ruines d'une cité byzantine du XIe siècle, note Huré.

2   « Sautelaient » : Diminutif de sauter. Faut-il renvoyer à l'ancien français *salteler* (XIIe siècle) : sauteler, bondir, sauter de joie ?

3   « Constructions considérables ». Castellan : « Un officier de la marine vénitienne, qui habite depuis quelque temps à Cérigo, nous a proposé de nous conduire dans l'endroit où sont les restes du temple de Vénus, que les habitants nomment le *Palais de Ménélas* ». [...]. « Après avoir côtoyé pendant quelque temps les bords de la mer, nous nous sommes arrêtés à considérer les débris de l'ancienne ville de Cythère : plusieurs tours encore debout, et des restes de murailles en marquent encore l'enceinte ; la plupart des autres édifices ont été renversés ou recouverts par des sables qu'une petite rivière amoncelle à son embouchure. Les ruines descendent depuis les catacombes jusques dans la mer : c'est là même qu'était la plus grande partie des constructions, dont on ne découvre que les sommités. On assure que, dans un temps parfaitement calme, la transparence des eaux laisse voir à une grande profondeur les restes d'anciens monuments. » (T. I, p. 31-32.)

monte par un sentier taillé dans la pierre. La catastrophe[1] qui apparaît dans certains détails de cette plage désolée a fendu dans toute sa hauteur cette roche funéraire et ouvert au grand jour les hypogées qu'elle renferme[2]. On distingue par l'ouverture les côtés correspondants de chaque salle séparés comme par prodige[3] ; c'est après avoir gravi le rocher qu'on parvient à descendre dans ces catacombes qui paraissent avoir été habitées récemment par des pâtres[4] ; peut-être ont-elles servi de refuge pendant les guerres, ou à l'époque de la domination des Turcs.

Le sommet même du rocher est une plate-forme oblongue, bordée et jonchée de débris qui indiquent la ruine d'une construction beaucoup plus élevée ; peut-être était-ce un temple dominant les sépulcres et sous l'abri duquel reposaient des cendres pieuses. Dans la première chambre que l'on rencontre ensuite, on remarque deux sarcophages taillés dans la pierre et couverts d'une arcade cintrée ; les dalles qui les fermaient et dont on ne voit plus que les débris, étaient seules d'un autre morceau ; aux deux côtés, des niches ont été pratiquées dans le mur, soit pour placer des lampes [xvii] ou des vases lacrymatoires, soit encore pour contenir des urnes funéraires. – Mais s'il y avait ici des urnes, à quoi bon plus loin des cercueils ? Il est certain que l'usage des anciens n'a pas toujours été de brûler les corps, puisque, par exemple, l'un des Ajax fut enseveli dans la terre[5] ; mais si la coutume a pu varier selon les temps, comment l'un et l'autre mode aurait-il été indiqué [*sic*] dans le même monument ? Se pourrait-il encore que ce qui nous semble des tombeaux ne soient que des cuves d'eau lustrale multipliées pour le service des temples ? Le doute est ici permis comme à l'égard des prétendus sarcophages trouvés dans l'intérieur des pyramides de Gizeh. – Quoi qu'il en soit, l'ornement de ces chambres paraît avoir été fort simple comme architecture ; aucune

---

1   « La catastrophe ». Rouger précise qu'en 1843 « la plus grande partie de ces tombes souterraines avait disparu » dans le séisme de 1798 (t. I, p. 61).

2   « Les hypogées qu'elle renferme. » Castellan : « Une ville engloutie, ses monuments supérieurs renversés, la montagne où ses habitants avaient creusé leur dernière demeure, fendue dans toute sa hauteur, montrant aux regards des sépulcres ouverts, et permettant aux rayons du soleil de pénétrer dans les lieux souterrains, qui n'avaient été jusques alors éclairés que par des torches funéraires ! » (T. I, p. 32.)

3   « Prodige ». Castellan : « Plusieurs chambres sépulcrales de diverses grandeurs ont été fendues et séparées : on en distingue cependant les parties correspondantes. » (T. I, p. 25.)

4   « Des pâtres ». Castellan conclut que « ces catacombes de Cérigo avaient servi de retraite à des bergers ». (T. I, p. 27-28.)

5   « L'un des Ajax fut enseveli dans la terre ». Voir Sophocle, *Ajax*, v. 1168-1418.

sculpture, aucune colonne n'en vient varier l'uniforme construction ; les murs sont taillés carrément, le plafond est plat, seulement l'on s'aperçoit que primitivement les parois ont été revêtues d'un mastic où apparaissent des traces d'anciennes peintures exécutées en rouge et en noir à la manière des Étrusques[1].

Des curieux ont déblayé l'entrée d'une salle plus considérable pratiquée dans le massif de la montagne ; elle est vaste, carrée et entourée de cabinets ou cellules, séparés par des pilastres et qui peuvent avoir été soit des tombeaux, soit des chapelles, car selon bien des gens cette excavation immense serait la place d'un temple consacré aux divinités souterraines[2].

V [SIC VII]. – LES TROIS VÉNUS[a]

Il est difficile de dire si c'est sur ce rocher qu'était bâti le temple de Vénus céleste, indiqué par Pausanias comme dominant Cythère[3], ou si ce monument s'élevait sur la colline encore couverte des ruines de cette cité, que certains auteurs appellent aussi la ville [xviii] de Ménélas[4]. Toujours est-il que la disposition singulière de ce rocher m'a rappelé celle d'un autre temple d'Uranie que l'auteur grec décrit ailleurs comme étant placé

1   « Étrusques. » Lemaitre remarque que l'art étrusque avait commencé d'être découvert à la fin du XVIIIe siècle, et les arts décoratifs de l'époque impériale et de la Restauration en avaient longuement vulgarisé l'influence.

2   « Divinités souterraines. » Dans ces deux derniers paragraphes, Castellan (cf. t. I, p. 24, 27) inspire encore Nerval (sauf pour la référence à Ajax).

3   « Dominant Cythère ». Castellan : « Cet emplacement paraît être celui du temple de Vénus Uranie, dont Pausanias fait mention (Itinéraire, lib. III, cap. 23), et qui était le plus ancien de tous ceux qui avaient été construits en l'honneur de cette déesse, dans la Grèce. » Rouger renvoie à l'Itinéraire, III, 23 : « On voit à Cythère un temple de Vénus Uranie qui passe pour le plus ancien et le plus célèbre que Vénus ait dans la Grèce ». Pausanias écrit sa Périégèse au IIe siècle. Nerval pouvait connaître l'éd. par Clavier : Description de la Grèce de Pausanias, traduction nouvelle avec le texte grec collationné sur les manuscrits de la bibliothèque du roi ; 7 vol., J.-M. Éberhart, puis A. Bobée, 1814-1823 (cf. t. II, p. 191). NPl. Cf. n. 1 de la page suivante.

4   « La ville de Ménélas ». Rouger renvoie à Jacob Spon et George Wheler, Voyage du Levant fait aux années 1675 et 1676, t. I, p. 96. La patrie de Ménélas était Sparte, dont Cérigo était une colonie, rappelle Michel Jeanneret (cf. éd. de Voyage en Orient, Garnier-Flammarion, 2 vol., n° 332-333, 1980, 414 et 383 p).

sur une colline hors des murs de Sparte. Pausanias[1] lui-même, Grec de la décadence, païen d'une époque où l'on avait perdu le sens des vieux symboles, s'étonne de la construction toute primitive des deux temples superposés consacrés à la déesse. Dans l'un, celui d'en bas, on la voit couverte d'armures, *telle que Minerve* (ainsi que la peint une épigramme d'Ausone[2]) ; dans l'autre, elle est représentée couverte entièrement d'un voile, avec des chaînes aux pieds. Cette dernière statue, taillée en bois de cèdre, avait été, dit-on, érigée par Tyndare et s'appelait *Morpho*, autre surnom de Vénus[3]. – Est-ce là la Vénus souterraine, celle que les Latins appelaient *Libitina*[4] ? celle qu'on représentait[b] aux enfers, unissant Pluton à la froide Perséphone, et qui, encore sous le surnom d'*Aînée des Parques*, se confond parfois avec la belle et pâle Némésis[5] !

On a souri des préoccupations de ce poétique voyageur, « qui s'inquiétait tant de la blancheur des marbres ; » peut-être s'étonnera-t-on dans ce temps-ci de me voir dépenser tant de recherches à constater la

---

1   « Pausanias ». *Cf.* n. 3, page précédente.

2   « Une épigramme d'Ausone [poète gaulois du IVᵉ siècle, auteur d'*Epigrammata*] » : « XLII. SUR PALLAS ET VÉNUS ARMÉE. / Pallas aperçut dans Lacédémone Vénus armée. 'Recommençons la lutte, lui dit-elle, et j'accepte encore Pâris pour juge. – Téméraire ! lui répondit Vénus ; je suis armée, et tu me braves ! moi qui t'ai vaincue jadis, étant nue !' XLIII. AUTRE, SUR LE MÊME SUJET. / Pallas, voyant dans Lacédémone Vénus armée : 'Veux-tu, lui dit-elle, entrer en lice aujourd'hui ?' Vénus sourit. 'Pourquoi me provoquer ainsi, rivale casquée ? Si je puis vaincre étant nue, que ne ferais-je pas avec des armes ?' » (Rouger et *NPl*)

3   « Autre surnom de Vénus ». Rouger renvoie à *l'Itinéraire*, III, 15. « En avançant un peu, l'on découvre une colline peu élevée sur laquelle est un temple ancien, avec une statue en bois qui représente Vénus armée. C'est, à ma connaissance, le seul temple qui ait deux étages. Le supérieur est consacré à Morphô, l'un des surnoms de Vénus. Cette déesse est assise avec un voile sur la tête et des fers aux pieds. On dit que Tyndarée lui mit ces fers, comme un symbole de l'attachement que les femmes doivent avoir pour leurs maris. » (Pausanias, *Description de la Grèce*, éd. et trad. par Clavier, t. II, 1817, p. 124 et 127.) *NPl.* Dans la note correspondante de son Introduction à Pausanias, l'abbé Gedoyn précise que Vénus Morphô est la déesse de la beauté. (*Cf. Voyage historique et philosophique de la Grèce*, Debarle, 1797, 4. vol.)

4   « *Libitina* ». On pense évidemment au « Sphinx » de Heine, traduit par Nerval (dans *RDM* du 15 septembre 1848) : « C'est la Vénus libitina qui, de ses lèvres violettes, donne au poète le dernier baiser. »

5   « Némésis » : déesse, fille de Nyx (la Nuit). Elle personnifie la vengeance divine ; elle châtie les crimes, et punit les amants cruels. Creuzer-Guigniaut (chap. cit.) mentionnent, p. 654, « Aphrodite-Uranie, l'aînée des Parques », d'après Pausanias, I, 19. Au chap. « Aphrodite ou Vénus », ils évoquent trois Vénus : « À Thèbes, Pausanias vit trois antiques statues d'Aphrodite l'une à côté de l'autre, l'*Uranie* ou Céleste, la Pandemos, Publique ou Commune, et l'*Apostrophia*, ou celle qui détruit les passions criminelles. » (T. II, IIᵉ partie, p. 655.) *NPl. Cf.* n. 5, p. 75, ci-après.

triple personnalité de la déesse de Cythère. Certes, il n'était pas difficile de trouver dans ses trois cents surnoms et attributs la preuve qu'elle appartenait à la classe de ces divinités *panthées*[1], qui présidaient à toutes les forces de la nature dans les trois régions du ciel, de la terre et des lieux souterrains. Mais j'ai voulu surtout montrer que le culte des Grecs s'adressait principalement à la Vénus austère, idéale et mystique, que les néo-platoniciens d'Alexandrie purent opposer, sans honte, à la Vierge des chrétiens. Cette dernière, plus humaine, plus facile à comprendre pour tous, a vaincu désormais la philosophique Uranie. Aujourd'hui la *Panagia* grecque a succédé sur ces mêmes rivages aux honneurs de l'antique Aphrodite ; l'église ou la chapelle se re[xix]bâtit des ruines du temple et s'applique à en couvrir les fondements ; les mêmes superstitions s'attachent presque partout à des attributs tout semblables ; la Panagia qui tient à la main un éperon de navire, a pris la place de Vénus Pontia ; une autre reçoit, comme la Vénus Calva[2], un tribut de chevelures que les jeunes filles suspendent aux murs de sa chapelle. Ailleurs s'élevait la Vénus des flammes, ou la Vénus des abîmes ; la Vénus Apostrophia, qui détournait des pensées impures, ou la Vénus Peristeria[3], qui avait la douceur et l'innocence des colombes[4] ; la Panagia suffit encore à réaliser tous ces emblèmes. Ne demandez pas d'autres croyances aux descendants des Achéens ; le christianisme ne les a pas vaincus, ils l'ont plié à

---

1   « Ces divinités *panthées* », qui combinent des attributs de l'homme ou de la femme avec des membres d'animaux, sont mentionnées par Creuzer-Guigniaut, (t. I, Iʳᵉ partie, 1825, p. 506, et t. II, Iʳᵉ partie, 1829, p. 29). *NPl.*

2   « La Vénus Calva » ou Vénus *chauve*. Sous ce nom, Vénus avait un temple au Capitole. Selon Lactance, ce temple aurait été fondé en commémoration d'un sacrifice héroïque fait par les femmes romaines lors du siège du Capitole par les Gaulois, les cordes employées à faire mouvoir les machines de guerre s'étant usées, elles coupèrent leurs cheveux et en firent des tresses pour les remplacer. Selon Codinus* et Suidas**, les Romaines ayant été attaquées d'une maladie qui les obligea à couper leurs cheveux en firent vœu à Vénus pour les voir repousser promptement, et ensuite se croyant exaucées, elles lui élevèrent, sous le nom de *Venus calva*, une statue qui tenait un peigne à la main ! (*GDU*) – *George Kodinos, historien byzantin, qui aurait vécu vers la fin du XVᵉ siècle. **Lexicographe grec qui vivait vers 970 ; il a rédigé la *Souda*, un dictionnaire alphabétique de la langue, des événements, compilant ses prédécesseurs, scoliastes et grammairiens.

3   « La Vénus Peristeria ». Péristère est une nymphe de la suite de Vénus. Elle fut changée en colombe par l'Amour, irrité de ce qu'elle avait contribué à faire gagner à Vénus une gageure contre lui. (*GDU*)

4   « L'innocence des colombes ». Ces épithètes de Vénus sont empruntées à Creuzer-Guigniaut. Vénus Pontia, protectrice de la mer et des ports, est adorée à Hermonié en Argolide, (t. II, IIᵉ partie, p. 653).

leurs idées ; le principe féminin, et, comme dit Goethe, le *féminin céleste*[1] régnera toujours sur ce rivage. La Diane sombre et cruelle du Bosphore, la Minerve prudente d'Athènes, la Vénus armée de Sparte, telles étaient leurs plus sincères religions : la Grèce d'aujourd'hui remplace par une seule vierge tous ces types de vierges saintes, et compte pour bien peu de chose la trinité masculine et tous les saints de la légende, – à l'exception de saint Georges, le jeune et brillant cavalier[2].

En quittant ce rocher bizarre, tout percé de salles funèbres, et dont la mer rouge [*sic* ! ronge] assidûment la base, nous sommes arrivés à une grotte que les stalactites ont décorée de piliers et de franges merveilleuses ; des bergers y avaient abrité leurs chèvres contre les ardeurs du jour[3] ; mais le soleil commença bientôt à décliner vers l'horizon en jetant sa pourpre au rocher lointain de Cérigotto[4], vieille retraite des pirates ; la grotte était sombre et mal éclairée à cette heure, et je ne fus pas tenté d'y pénétrer avec des flambeaux ; cependant tout y révèle encore l'antiquité de cette terre aimée des cieux. Des pétrifications, des fossiles, des amas même d'ossements antédiluviens ont été extraits de cette grotte ainsi que de plusieurs autres points de l'île. Ainsi ce n'est point sans raison [vix *sic* ! xx] que les Pélasges avaient placé là le berceau de la fille d'Uranus, de cette Vénus si différente de celle des peintres et des poètes, qu'Orphée invoquait en ces termes : « Vénérable déesse, qui aimes les ténèbres... dont toutes choses émanent, car tu donnes des lois au monde entier, et tu commandes même aux Parques, ô souveraine de la nuit[c5] ! »

---

1   « *Le féminin céleste* » « L'éternel féminin nous entraîne vers le haut », est-il dit à la fin du *Second Faust*.
2   « Cavalier. » Rouger cite Bory de Saint-Vincent, *Relation du voyage de la commission scientifique de Morée*, 1836 : « Les églises et les chapelles de l'Orient, notamment dans la Morée et les Cyclades, s'élèvent presque toujours sur l'emplacement de temples ou hiérons antiques ; chaque lieu que l'idolâtrie consacra une fois au culte lui est demeuré à jamais acquis... Le culte des Trois personnes et des saints qui forment leur cour céleste n'est, à peu de chose près, que celui des divinités de l'Olympe sous d'autres noms et autrement vêtues. »
3   « Les ardeurs du jour ». *Stalactites* et *bergers* sont chez Castellan (I, 22).
4   « Cérigotto ». De Paléochora, le voyageur ne peut apercevoir l'îlot d'Anti-Cythère (Cérigotto), au sud de l'île, remarque Huré.
5   « Ô souveraine de la nuit ! » Voir l'*Hymne orphique* 52 ; *Parfum d'Aphrodite*. Nerval a utilisé la traduction par Ernest Falconet de *l'Hymne à Aphrodite*, in *Les petits Poèmes grecs*, dans la collection « Le Panthéon littéraire » : « Aphrodite, fille du ciel, fille illustre et souriante, déesse née de l'écume de la race, vénérable déesse qui aimes les ténèbres de la nuit, Vénus, déesse de l'hyménée et de la nuit, habile sans ruses, mère de la nécessité, toutes choses

VIII. – LES CYCLADES

Cérigo et Cérigotto montraient encore à l'horizon leurs contours anguleux, bientôt nous tournâmes la pointe du cap Mali, passant si près de la Morée que nous distinguions tous les détails du paysage. Une habitation singulière attira nos regards ; cinq à six arcades de pierre soutenaient le devant d'une sorte de grotte précédée d'un petit jardin. Les matelots nous dirent que c'était la demeure d'un ermite, qui depuis longtemps vivait et priait sur ce promontoire isolé. C'est un lieu magnifique en effet pour rêver au bruit des flots comme un moine romantique de Byron[1] ! – Les vaisseaux qui passent envoient quelquefois une barque porter des aumônes à ce solitaire, qui probablement est en proie à la curiosité des Anglais. Il ne se montra pas pour nous ; peut-être est-il mort[2].

À deux heures du matin le bruit de la chaîne laissant tomber l'ancre, nous éveillait tous, et nous annonçait entre deux rêves que ce jour-là même nous foulerions le sol de la Grèce véritable et régénérée. La vaste rade de Syra nous entourait comme un croissant[3].

Je vis depuis ce matin dans un ravissement complet. Je voudrais [xxi] m'arrêter tout-à-fait chez ce bon peuple[a] hellène, au milieu de ces îles aux noms sonores, et d'où s'exhale comme un parfum du *Jardin des racines grecques*[4]. Ah ! que je remercie à présent mes bons

---

viennent de toi, car tu donnes des lois au monde entier, tu commandes même aux trois parques et tu engendres toutes les choses du ciel, de la terre et de l'élément salé ; [...] déesse visible et invisible, [...]. » *Cf.* Rouger et *NPl.* Et ci-dessus, n. 5, p. 73.

1   « Byron ». Rouger voit là une allusion à *Don Juan* (XVI, 38-41), et à la figure pittoresque de l'ermite du cap Saint-Ange, qui était, rappelle-t-il, un poncif des récits de voyage ; en particulier depuis la *Relation [...] scientifique de Morée* de Bory de Saint-Vincent.

2   « Mort. » Rouger cite plusieurs relations qui évoquent cet anachorète, qu'on ne pouvait apercevoir qu'avec de très bonnes jumelles, remarque Huré.

3   « Un croissant. » Pour le séjour du narrateur à Syra, voir l'étude de Guy Riegert (« Sources et ressources d'une île : Syra dans le *Voyage en Orient* de Nerval », *Revue d'Histoire Littéraire de la France*, novembre-décembre 1981, p. 919-943). Nerval a débarqué à Syra, le temps de passer d'un navire à l'autre. Il utilise donc des relations de voyage (dont *Voyage en orient fait avec Horace Vernet en 1839 et 1840* de Goupil-Fesquet, 1840, note *NPl*). *Cf.* ici, n. 4, p. 89.

4   Le « jardin des racines grecques » est un manuel d'étymologie, en forme de compilation, du grammairien janséniste Claude Lancelot, de Port-Royal, paru en 1657. C'est un vocabulaire mnémotechnique pour les classes. *Cf.* n. 3, p. 86.

professeurs[1], tant de fois maudits, de m'avoir appris de quoi pouvoir déchiffrer, à Syra, l'enseigne d'un barbier, d'un cordonnier ou d'un tailleur. Hé quoi ! voici bien les mêmes lettres rondes et les mêmes majuscules... que je savais si bien lire du moins, et que je me donne le plaisir d'épeler tout haut dans la rue :

— Καλιμέρα (bonjour), me dit le marchand d'un air affable, en me faisant l'honneur de ne pas me croire Parisien.

— Ποσα[2] (combien) ? dis-je, en choisissant quelque bagatelle.

— Δεκα δραγμαι (dix drachmes), me répond-il d'un ton classique...

Heureux homme pourtant, qui sait le grec de naissance, et ne se doute pas qu'il parle en ce moment comme un personnage de Lucien.

Cependant le batelier me poursuit encore sur le quai et me crie comme Caron à Ménippe[3] :

— Αποδος, ὦ καταρατε, τα πορτμια ! (paie-moi, gredin, le prix du passage) !

Il n'est pas satisfait d'un demi-franc que je lui ai donné ; il veut une drachme (90 cent.) : Il n'aura pas même une obole. Je lui réponds vaillamment avec quelques phrases des *Dialogues des Morts*. Il se retire en grommelant des jurons d'Aristophane.

Il me semble que je marche au milieu d'une comédie. Le moyen de croire à ce peuple en veste brodée, en jupon plissé à gros tuyaux (fustanelle), coiffé de bonnets rouges, dont l'épais flocon de soie retombe sur l'épaule, avec des ceintures hérissées d'armes éclatantes, des jambières et des babouches. C'est encore le costume exact de l'*Île des Pirates* ou du *Siège de Missolonghi*[4]. Chacun passe pourtant sans se douter qu'il a

---

1   « Mes bons professeurs ». Nerval, reçu bachelier le 10 août 1829, est noté « faible » pour les auteurs grecs.

2   « Ποσα ». On doit accentuer les mots grecs et corriger πορθμία, plus bas.

3   « Caron à Ménippe » : personnages du XXIIe des *Dialogues des morts* de Lucien (Rouger). La citation qui suit ouvre le dialogue. Nerval a déjà mentionné le nom d'Aristophane et les *Dialogues des Morts* (le chap. XVIII, en particulier) en 1840, dans l'Introduction à sa traduction de *Faust*.

4   « Missolonghi » est un port côtier au nord-ouest de Patras. Byron, venu participer à la lutte des Grecs pour leur indépendance, y mourut le 19 avril 1824. Le siège de la ville s'acheva en 1826 par une sortie héroïque des combattants et la destruction de la cité. « L'Ile des Pirates », le « Siège de Missolonghi » sont des titres d'œuvres. Le premier est celui d'un ballet-pantomime en quatre actes, avec musique de Casimir Gide, Luigi Carlini, Rossini et Beethoven, représenté à l'Opéra en 1835, et dont rend compte *Le Monde dramatique* (dirigé par Nerval) : « Akbar... enlève les jeunes filles sur les côtes de la Méditerranée, et les transporte dans une île inconnue pour les plaisirs de sa bande de

l'air d'un comparse, et c'est mon [xxii] hideux vêtement de Paris qui provoque seul, parfois, un juste accès d'hilarité.

Oui, mes amis ! c'est moi qui suis un barbare, un grossier fils du Nord, et qui fais tache dans votre foule bigarrée. Comme le Scythe Anacharsis[1]… Oh ! pardon, je voudrais bien me tirer de ce parallèle ennuyeux.

Mais c'est bien le soleil d'Orient et non le pâle soleil du lustre qui éclaire cette jolie ville de Syra, dont le premier aspect produit l'effet d'une décoration impossible. Je marche en pleine couleur locale, unique spectateur d'une scène étrange, où le passé renaît sous l'enveloppe du présent[2].

Tenez, ce jeune homme aux cheveux bouclés, qui passe en portant sur l'épaule le corps difforme d'un chevreau noir… Dieux puissants ! c'est une outre de vin, une outre homérique, ruisselante et velue. Le garçon sourit de mon étonnement, et m'offre gracieusement de délier l'une des pattes de sa bête, afin de remplir ma coupe d'un vin de Samos emmiellé.

– Ô jeune Grec ! dans quoi me verseras-tu ce nectar ? car je ne possède point de coupe, je te l'avouerai.

– Πιτι (bois !) me dit-il, en tirant de sa ceinture une corne tronquée garnie de cuivre et faisant jaillir de la patte de l'outre un flot du liquide écumeux.

J'ai tout avalé sans grimace et sans rien rejeter, par respect pour le sol de l'antique Scyros que foulèrent les pieds d'Achille enfant[3] !

---

pirates. L'amant d'une de ces captives se fait recevoir dans la troupe, et selon la charte jurée par Akbar lui-même, il a le droit, après sa réception, de se choisir une compagne. C'est sa fiancée qu'il choisit. Le pirate est furieux et veut manquer à sa parole ; mais en ce moment même sa retraite est découverte ; une escadre l'attaque dans son île et s'en empare après un combat furieux… Les costumes sont aussi vrais qu'ils sont riches et gracieux » (p. 199). *Le Dernier Jour de Missolonghi* (Odéon, 1828) est un drame de Georges Ozaneaux, professeur au collège Charlemagne ; Hérold a composé la musique des chœurs. (Rouger) La transformation du second titre est due au souvenir d'une tragédie lyrique de Rossini, paroles de Luigi Balocchi et Soumet : *Le Siège de Corinthe* (Opéra, 1826), d'après *NPl.*

1   « Anacharsis » est le personnage principal du célèbre *Voyage du jeune Anacharsis en Grèce, dans le milieu du* IVᵉ *siècle avant l'ère vulgaire* (1788), roman de l'abbé Jean-Jacques Barthélémy (1716-1795). Bréviaire du néo-hellénisme préromantique et romantique. (*Cf.* n. 6, p. 53.)

2   « Présent. » Voilà qui fait penser à Octavien déambulant dans Pompéi ressuscité, dans la célèbre nouvelle fantastique de Gautier : *Arria Marcella* (1852).

3   « Les pieds d'Achille enfant ! » Le fils de Pélée et de Thétis est envoyé par son père (qui a appris le destin de son fils) à la cour de Lycomode dans l'île de Scyros, en habit de fille,

Je puis dire aujourd'hui que cela sentait affreusement le cuir, la mélasse et la colophane ; mais assurément c'est bien là le même vin qui se buvait aux noces de Pélée, et je bénis les dieux qui m'ont fait l'estomac d'un Lapithe[1] sur les jambes d'un Centaure.

Ces dernières ne m'ont pas été inutiles non plus dans cette ville bizarre, bâtie en escalier, et divisée en deux cités, l'une bordant [xxii *sic* ! xxiii] la mer (la neuve), et l'autre (la cité vieille), couronnant la pointe d'une montagne en pain de sucre, qu'il faut gravir aux deux tiers avant d'y arriver.

Me préservent les chastes Piérides[2] de médire aujourd'hui des monts rocailleux de la Grèce ! ce sont les os puissants de cette vieille mère (la nôtre à tous) que nous foulons d'un pied débile. Ce gazon rare où fleurit la triste anémone, rencontre à peine assez de terre pour étendre sur elle un reste de manteau jauni. Ô Muses ! ô Cybèle ! Hé quoi ! pas même une broussaille, une touffe d'herbe plus haute indiquant la source voisine… Hélas ! j'oubliais que dans la ville neuve où je viens de passer, l'eau pure se vend au verre, et que je n'ai rencontré qu'un porteur de vin.

Me voici donc enfin dans la campagne, entre les deux villes[3]. – L'une, au bord de la mer, étalant son luxe de favorite des marchands et des

---

pour l'y tenir caché. C'est ce qui explique que les pieds d'Achille ont foulé le sol de Scyros. Le nom d'Achille se rattache ensuite aux noces de son père Pélée et au centaure Chiron, grand-père de Pélée, qui a forcé Thétis au mariage ; les noces ont eu lieu sur le mont Pélion, avec magnificence.

1 « Lapithe ». Ce nom paraît déplacé, Lapithe n'ayant pas de lien avec les parents d'Achille ; les Lapithes sont connus pour leurs combats avec les Centaures à l'occasion des noces de Pirithoüs et d'Hippodamie.

2 « Les chastes Piérides » sont les Muses.

3 « Les deux villes. » C'est-à-dire le port, Syros, et la ville haute, fondée au XIIIe siècle par les Vénitiens, Ano Syros, précise Huré. Syros commence à jouer un rôle très important après la proclamation de la Révolution grecque en 1821. À partir de ce moment, accompagnant la dénomination Syra, le nom d'Hermoupolis émerge peu à peu : c'est ainsi qu'a été appelée la nouvelle ville, construite autour du port. Syros était le principal centre de transit du Levant, et l'un des plus grands ports de la Méditerranée. Les voyageurs mettent l'accent sur la beauté des couleurs du rocher, des maisons, et de la mer bleue. Ils remarquent tout particulièrement les placages en marbre blanc et les moulins à vent. La différence entre les deux villes les frappe tout de suite : elles sont séparées par une large ceinture de terre inculte, et le lit d'un torrent asséché. L'une avec ses petites maisons, sans rues tracées, vit dans le passé ; l'autre, Hermoupolis, à l'apparence européenne, avec ses rues pavées et ses beaux bâtiments, marche vers l'avenir. *Cf.* l'archéologue Angeliki Kokkou, « Les voyageurs à Syros : une source de renseignements aux XVIIIe et XIXe siècles » in *Vers l'Orient par la Grèce : avec Nerval et d'autres voyageurs.* Klincksieck, « Littérature des voyages » – VI, 1993, p. 13-20. Voir n. 1, p. 86, ci-dessous.

matelots, son bazar à demi-turc, ses chantiers de navires, ses magasins et ses fabriques neuves, sa grande rue bordée de merciers, de tailleurs et de libraires ; et, sur la gauche, tout un quartier de négociants, de banquiers et d'armateurs, dont les maisons, déjà splendides, gravissent et couvrent peu à peu le rocher, qui tourne à pic sur une mer bleue et profonde. – L'autre, qui, vue du port, semblait former la pointe d'une construction pyramidale, se montre[b] maintenant détachée de sa base apparente par un large pli de terrain, qu'il faut traverser avant d'atteindre la montagne, dont elle coiffe bizarrement le sommet.

Te souviens-tu de la ville de *Laputa*[1] du bon Swift, suspendue dans les airs par une force magique et venant de temps à autre se poser quelque part sur notre terre pour y faire provision de ce qui lui manque ? Voilà exactement le portrait de Syra la vieille, moins la faculté de locomotion. C'est bien elle encore qui « d'étage en étage escalade la nue[2], » avec vingt rangées de petites maisons à toits plats, qui diminuent régulièrement jusqu'à l'église de Saint-[xxiv]Georges, dernière assise de cette pointe pyramidale. Deux autres montagnes plus hautes élèvent derrière celle-ci leur double piton, entre lequel se détache de loin cet angle de maisons blanchies à la chaux. Cela forme un coup d'œil tout particulier.

IX. – SAINT-GEORGES

On monte assez longtemps encore à travers les cultures, des petits murs en pierres sèches indiquent la borne des champs ; puis la montée devient plus rapide et l'on marche sur le rocher nu ; enfin l'on touche aux premières maisons ; la rue étroite s'avance en spirale vers le sommet de la montagne ; des boutiques pauvres, des salles de rez-de-chaussée où les femmes causent ou filent, des bandes d'enfants à la voix rauque, aux traits charmants, courant çà et là ou jouant sur le seuil des masures, des jeunes filles se voilant à la hâte tout effarées[a] de voir dans la rue quelque chose de si rare qu'un passant, des cochons de lait et des volailles

---

1   « *Laputa* », dans *Les Voyages de Gulliver, L'île volante,* 3ᵉ partie.
2   « 'La nue' ». Souvenir vraisemblable de Hugo : « Voilà que deux cités, étranges, inconnues, / Et d'étage en étage escaladant les nues, / Apparaissent [...]. » (*Les Orientales*, I, VII.)

troublés dans la paisible possession de la voie publique, refluant[b] vers
les intérieurs ; çà et là d'énormes matrones rappelant ou cachant leurs
enfants pour les garder du mauvais œil, tel est le spectacle assez vulgaire
qui frappe partout l'étranger.

Étranger ! mais le suis-je donc tout-à-fait sur cette terre du passé ?
Oh ! non, déjà quelques voix bienveillantes ont salué mon costume dont
tout à l'heure j'avais honte : Καθολικος ! tel est le mot que des enfants
répètent autour de moi. Et l'on me guide à grands cris vers l'église de
Saint-Georges qui domine la ville et la montagne. Catholique ! Vous êtes
bien bons, mes amis ; catholique, vraiment je l'avais oublié. Je tâchais
de penser aux dieux immortels, qui ont inspiré tant de nobles génies,
tant de hautes vertus ! J'évoquais de la mer déserte et du sol aride les
fantômes riants [xxv] que rêvaient vos pères, et je m'étais dit en voyant
si triste et si nu tout cet archipel des Cyclades, ces côtes dépouillées,
ces baies inhospitalières, que la malédiction de Neptune avait frappé
la Grèce oublieuse... La verte naïade est morte épuisée dans sa grotte,
les dieux des bocages ont disparu de cette terre sans ombre, et toutes
ces divines animations de la matière se sont retirées peu à peu comme
la vie d'un corps glacé. Oh ! n'a-t-on pas compris ce dernier cri jeté par
un monde mourant, quand de pâles navigateurs s'en vinrent raconter
qu'en passant, la nuit, près des côtes de Thessalie, ils avaient entendu
une grande voix qui criait : « Pan est mort[1] ! » Mort, eh quoi ! lui, le
compagnon[c] des esprits simples et joyeux, le dieu qui bénissait l'hymen
fécond de l'homme et de la terre ! il est mort, lui, par qui tout avait
coutume de vivre ! mort sans lutte[d] au pied de l'Olympe profané, – mort
comme un dieu peut seulement mourir, faute d'encens et d'hommages,
et frappé au cœur comme un père par l'ingratitude et l'oubli ! Et maintenant... arrêtez-vous, enfants, que je contemple encore cette pierre
ignorée[2] qui rappelle son culte et qu'on a scellée par hasard dans le mur

---

1   « 'Pan est mort' ». C'est ce que rapporte Plutarque, *Décadence des oracles*, XVII. La mort de
     Dieu, du Père tout aussi bien ? « *Le Christ aux oliviers* », qui figurera dans « *Les Chimères* »,
     est publié dans *L'Artiste*, le 31 mars 1844.

2   « Cette pierre ignorée » n'était plus visible en 1843 à cet emplacement, selon G. Riegert
     qui rappelle qu'elle est décrite par le botaniste Pitton de Tournefort (*Relation d'un voyage
     du Levant*, Paris, 1717), par Jourdain, capitaine de frégate et colonel au service du gou-
     vernement grec (*Mémoires*, 1829), par Abel Blouet, architecte de l'expédition scientifique
     de Morée en 1829, responsable du volume consacré à l'architecture (Firmin Didot, 1838).
     Il faut remonter aux sources livresques de Nerval, en l'occurrence, à l'abbé Della Roca

de la terrasse qui soutient votre église, laissez-moi toucher ces attributs sculptés représentant un cistre[1], des cymbales, et, au milieu, une coupe couronnée de lierre[2] ; c'est le débris de son autel rustique, que vos aïeux ont entouré avec ferveur, en des temps où la nature souriait au travail, où Syra s'appelait Syros[3]...

Ici je ferme une période un peu longue pour ouvrir une parenthèse utile. J'ai confondu plus haut *Syros* avec *Scyros*. Faute d'un *c* cette île aimable perdra beaucoup dans mon estime ; car c'est ailleurs décidément que le jeune Achille fut élevé parmi les filles de Lycomède, et, si j'en crois mon itinéraire, Syra ne peut se glorifier que d'avoir donné le jour à Phérécide, le maître de Pythagore et l'inventeur de la boussole. – Que les itinéraires sont savants[4] !

[xxvi]

(*Précis historique sur l'île de Syra*, t. III du *Traité complet sur les abeilles*, 1790) et Bory de Saint-Vincent (*Relation du voyage de la Commission Scientifique de Morée dans le Péloponnèse, les Cyclades et l'Attique*, Levrault, 1837-1838, 2 vol.). *Cf.* ci-dessus, n. 2, p. 75.

1   « Cistre », issu de l'italien *citara*, est un instrument à cordes pincées. Il s'agit ici du sistre, instrument à percussion en usage dans l'Antiquité, utilisé dans les cérémonies religieuses d'Isis pour diriger la mesure de la danse et du chant (*cf. GDU*).

2   « Une coupe couronnée de lierre ». Selon Riegert, la description de Nerval est quelque peu flottante.

3   « Syros ». Confusion avec Scyros (Skyros, la plus grande des Sporades, bien au nord de Syra) commise par le chevalier de Jaucourt dans l'*Encyclopédie* et par Chateaubriand dans l'*Itinéraire de Paris à Jérusalem*. Rouger cite le *Précis historique sur l'île de Syra* de Della Roca (*op. cit.*), vicaire général de Syra : « Une inscription encastrée dans un coin de l'église de Saint-Georges [...] nous apprend que l'ancienne ville s'appelait Syros. À gauche... de l'évêché, sur un bas-relief de marbre est représenté le sistre des anciens, avec quelques autres instruments... Il reste encore [...] un pan de muraille, bâti avec de gros quartiers de marbre bâtard taillé à facettes, qu'on croit avoir servi à un temple dédié au dieu Pan. » Richer cite, lui, Eugène Borée, *Correspondance et Mémoires d'un voyageur en Orient*, t. I, 1840, p. 76-77. « Nous dirons qu'on a vu dans Syra l'ancienne Scyros, dont Homère et Ovide font mention, et où Achille fut caché dans son enfance [...]. L'histoire nous apprend qu'elle fut la patrie de Phérécide, maître de Pythagore... » Et Choiseul-Gouffier, *Voyage pittoresque dans l'Empire ottoman, en Grèce, dans la Troade, les îles de l'Archipel et sur les côtes de l'Asie mineure*, seconde éd. augmentée de notices historiques d'après les voyageurs modernes les plus célèbres, 1842, 4 t. en 2 vol. : « Syros contribua aussi à l'honneur de la Grèce : elle ne fut point célèbre par sa puissance ou par le commerce de ses habitants ; mais c'est dans cette île que reçut le jour un des premiers philosophes de l'antiquité, Phérécide ; un seul mot fera son éloge : il fut le maître de Pythagore. »

4   « Savants. » Selon Riegert, Nerval emprunte au prince de Pückler-Muskau (mais aussi à Tournefort et Jaucourt), qui a visité ces îles en 1836. (Voir la traduction de Jean Cohen : *Entre l'Europe et l'Asie. Voyage dans l'Archipel*, Werdet, 1840, 2 vol.) Alors qu'il s'est perdu dans la campagne de Syra, il s'écrie : « Je ne suis apparemment pas doué du talent de Phérécide, lequel, dit-on, inventa jadis, à Syra, la boussole » (t. II, p. 24). Phérécyde, né à

On est allé chercher le bedeau pour ouvrir l'église ; et je m'assieds en attendant sur le rebord de la terrasse, au milieu d'une troupe d'enfants bruns et blonds comme partout, mais beaux comme ceux des marbres antiques, avec des yeux que le marbre ne peut rendre et dont la peinture ne peut fixer l'éclat mobile. Les petites filles vêtues comme de petites sultanes, avec un turban de cheveux tressés, les garçons ajustés en filles, grâce à la jupe grecque plissée et à la longue chevelure tordue sur les épaules, voilà ce que Syra produit toujours à défaut de fleurs et d'arbustes ; cette jeunesse sourit encore sur le sol dépouillé… N'ont-ils pas dans leur langue aussi quelque chanson naïve correspondant à[e] cette ronde de nos jeunes filles, qui pleure les déserts et les lauriers coupés[1] ? Mais Syra répondrait que ses bois sillonnent les eaux et que ses lauriers se sont épuisés à couronner le front de ses marins ! – N'as-tu pas été aussi le grand nid des pirates, ô vertueux rocher ! deux fois catholique, latin sur la montagne et grec sur le rivage : et n'es-tu pas toujours celui des banquiers ?

Mon itinéraire[f2] ajoute que la plupart des riches négociants de la ville basse ont fait fortune pendant la guerre de l'indépendance par le commerce que voici : leurs vaisseaux, sous pavillon turc, s'emparaient de ceux que l'Europe avait envoyés porter des secours d'argent et d'armes à la Grèce, puis, sous pavillon grec, ils allaient revendre les armes et les provisions à leurs frères de Morée ou de Chio ; quant à l'argent, ils ne le gardaient pas, mais le prêtaient aussi sous bonne garantie à la cause de l'indépendance, et conciliaient ainsi leurs habitudes d'usuriers[g] et de pirates avec leurs devoirs d'Hellènes[3]. Il faut dire aussi qu'en général la

---

Syra au VIe siècle av. J.-C., étudia la nature, mais n'inventa pas la boussole. (*NPl.*) Il n'est pas vraisemblable qu'il fût le maître de Pythagore, observe Huré !

1   « Coupés. » *Cf.* chap. « II » et « IX » de « *Sylvie* ».

2   « Mon itinéraire ». Riegert trouve cette page d'une noirceur non fondée.

3   « Hellènes. » Mizuno fait remarquer que l'évocation très critique des négociants enrichis de Syros n'est pas forcément recevable. *Cf. L'expression de la réalité dans les premières publications du* Voyage en Orient *et de* Lorely. Souvenirs d'Allemagne, *op. cit.* Richer citait encore Choiseul-Gouffier : « Le port de la grande plage n'est pas le seul qu'offre l'île de Skyros ; celui des Trois Bouches est excellent, et surtout commode pour la facilité d'en appareiller. Cependant on lui désirerait moins de fond. C'est surtout dans ce port que les pirates et les galiotes du Grand-Seigneur, qui ne sont pas moins dangereuses, se rendent pour détruire et molester les bâtiments européens : ces galiotes sont commises à la conservation des blés, dont l'exportation est défendue. Les bâtiments qui chargent en contrebande s'accommodent avec les capitaines des premières galiotes qu'ils rencontrent, et ceux-ci avertissent toujours leurs camarades de venir à leur tour rançonner l'interlope,

ville haute tenait pour les Turcs par suite de son christianisme romain.
Le général Fabvier[1], passant à Syra, et, se croyant au milieu des Grecs
orthodoxes, y faillit être assassiné... Peut-être eût-on voulu pouvoir
vendre aussi à la Grèce reconnaissante le corps illustre du guerrier.
[xxvii]

Quoi ! vos pères auraient fait cela ? beaux enfants aux cheveux d'or et
d'ébène, qui me voyez avec admiration feuilleter ce livre, plus ou moins
véridique, en attendant le bedeau. Non ! j'aime mieux en croire vos
yeux si doux, ce qu'on reproche à votre race doit être attribué à ce ramas
d'étrangers sans nom, sans culte et sans patrie, qui grouillent encore sur
le port de Syra, ce carrefour de l'Archipel. Et d'ailleurs, le calme de vos
rues désertes, cet ordre et cette pauvreté... Voici le bedeau portant les clefs
de l'église Saint-Georges. Entrons ; – non... je vois ce que c'est.

Une colonnade modeste, un autel de paroisse campagnarde, quelques
vieux tableaux sans valeur, un saint Georges sur fond d'or, terrassant
celui qui se relève toujours[2]... cela vaut-il la chance d'un refroidissement
sous ces voûtes humides[3], entre ces murs massifs qui pèsent sur les
ruines d'un temple des dieux abolis ? Non ! pour un jour que je passe
en Grèce, je ne veux pas braver la colère d'Apollon !

D'autant plus[h], qu'il y a dans ce livre que je tiens[4] un passage qui m'a
fortement frappé : « Avant d'arriver à Delphes, on trouve sur la route

---

qui voit souvent le bénéfice de son fret et une partie de son chargement absorbés par les
vexations qu'il éprouve successivement. » (*Op. cit.*, p. 127.)

1   « Le général Fabvier » (1783-1855), alors colonel, hostile à la Restauration, voua son courage
à la cause de l'indépendance grecque. Cet ancien officier de l'Empire se mit au service du
gouvernement insurrectionnel de la Grèce en 1823 et en 1827, il défendit héroïquement
l'Acropole d'Athènes contre les Turcs. (Rouger) *Cf.* Hugo, *Orientales*, (IV : *Enthousiasme* ;
pièce datée de 1827). En réalité, lorsqu'il débarqua à Syra, il faillit être assassiné par des
Chiotes qui lui reprochaient de ne pas être parvenu à libérer Chio. G. Riegert (*art. cité*,
p. 932) cite les vers d'un poème philhellène de Jean-Pons-Guillaume Viennet sur Parga,
localité de Grèce (1820) : « Et s'il faut qu'aujourd'hui ton onde nous dévore, / Ne roule
point nos corps flottants / Aux lieux où l'Anglais règne encore ; / Il les vendrait à nos
tyrans. » Il fut nommé maréchal de camp et commandant de la force de Paris après la
révolution de Juillet, et devint pair de France en 1845.

2   « Toujours... » *Cf.* T. II, p. 36.

3   « Humides ». Réaction inverse au T. II, p. 38.

4   « Ce livre que je tiens » est celui de Pückler-Muskau (t. I, p. 63, comme l'a montré Riegert) :
« De même qu'avant d'arriver à Delphes, on trouve, après qu'on l'a dépassée, sur la route de
Livadie, plusieurs tombeaux antiques, dont quelques-uns sont fort élégants. Dans l'un d'entre
eux, le rocher est sculpté sous la forme d'une porte à deux battants, au milieu de laquelle un
tremblement de terre a occasionné une fente d'où sortait une ronce, en ce moment couverte

de Livadie plusieurs tombeaux antiques. L'un d'eux dont l'entrée a la forme d'une porte colossale, a été fendu par un tremblement de terre, et de la fente sort le tronc d'un laurier sauvage. Dodwel nous apprend qu'il règne dans le pays une tradition rapportant qu'à l'instant de la mort de Jésus-Christ, un prêtre d'Apollon offrait un sacrifice dans ce lieu même quand s'arrêtant tout à coup, il s'écria : qu'un nouveau Dieu venait de naître, dont la puissance égalerait celle d'Apollon, mais qui finirait pourtant par lui céder. À peine eut-il prononcé ce *blasphème*, que le rocher se fendit, et il tomba mort, frappé par une main invisible. »

Et moi, fils d'un siècle douteur, n'ai-je pas bien fait d'hésiter à franchir le seuil[i], et de m'arrêter plutôt encore sur la terrasse à contempler Tine prochaine, et Naxos et Paros et Micone[1] éparses [xxviii] sur les eaux, et plus loin cette côte basse et déserte, visible encore au bord du ciel, qui fut Délos[2], l'île d'Apollon[j]! …

X. – LES MOULINS DE SYRA[a]

En redescendant vers le port, il m'est arrivé une aventure singulière, dans un de ces moulins à huit ailes qui décorent si bizarrement les hauteurs de toutes les îles grecques.

Un moulin à vent à huit ailes qui battent joyeusement l'air, comme les longues ailes membraneuses des cigales, cela gâte beaucoup moins la perspective que nos affreux moulins de Picardie ; pourtant cela ne fait qu'une figure médiocre auprès des ruines solennelles de l'antiquité.

---

de fruits. Dodwell nous raconte [A *Classical and Topographical Tour through Greece during the Years 1801, 1805, and 1806*, Londres, 1819) que parmi les habitants il règne une tradition qu'à l'instant de la naissance de Jésus-Christ un prêtre d'Apollon offrait en ce lieu un sacrifice, quand, s'arrêtant tout à coup, il s'écria qu'un nouveau Dieu venait de naître dont la puissance égalerait celle d'Apollon, mais qui finirait pourtant par lui céder. À peine avait-il prononcé ce blasphème, que le tombeau construit dans le rocher se fendit, et il tomba mort, comme frappé d'une main invisible. » Mizuno observe que le narrateur a changé « une ronce » par un « laurier », et la naissance de Jésus-Christ par sa « mort »… (*Cf. L'expression de la réalité dans les premières publications du* Voyage en Orient *et de* Lorely. Souvenirs d'Allemagne, *op. cit.*)

1   « Tine » et « Micone » sont les noms francisés de Tinos et Mykonos.

2   « Délos ». Le voyageur ne peut pas apercevoir cette île qui lui est cachée par celle de Rinia, observe Huré.

N'est-il pas triste de songer que la côte de Délos en est couverte ? Les moulins sont le seul ombrage de ces lieux stériles, autrefois couverts de bois sacrés. En descendant de Syra la vieille à Syra la nouvelle, bâtie au bord de la mer sur les ruines de l'antique Hermopolis[1], il a bien fallu me reposer à l'ombre de ces moulins[b] dont le rez-de-chaussée est générale-ment un cabaret. Il y a des tables devant la porte et l'on vous sert, dans des bouteilles empaillées, un petit vin rougeâtre qui sent le goudron et le cuir. Une vieille[c] femme s'approche de la table où j'étais assis et me dit : Κοκονιτζα ! καλη[2] ! Tu sais déjà[d] que le grec moderne s'éloigne beaucoup moins qu'on ne croit de l'ancien. Ceci est vrai à ce point que les journaux, la plupart écrits en grec ancien, sont cependant compris de tout le monde. – Je ne me donne pas pour un helléniste de première force, mais je voyais bien par le second mot[e] qu'il s'agissait de quelque chose de beau. Quant au substantif Κοκονιτζα[f] j'en cherchais en vain la racine dans ma mémoire meublée, hélas ! des dizains classiques de Lancelot[3].

[xxix]
Après tout, me dis-je, cette femme reconnaît en moi un étranger, elle veut peut-être me montrer quelque ruine[g], me faire voir quelque curiosité. Peut-être est-elle chargée d'un galant message, car nous sommes dans le Levant, pays d'aventures. Comme[h] elle me faisait signe de la suivre, je la suivis. Elle me conduisit plus loin à un autre moulin. Ce n'était plus un cabaret : une sorte de tribu farouche, de sept à huit drôles mal vêtus remplissait l'intérieur de la salle basse. Les uns dormaient, d'autres jouaient aux osselets. Ce tableau d'intérieur n'avait rien de gracieux. La vieille m'offrit d'entrer. Comprenant à peu près la destination de l'établissement, je fis mine de vouloir retourner à l'honnête taverne où la vieille m'avait rencontré. Elle me retint par la main en criant de nouveau : Κοκονιτζα ! Κοκονιτζα ! et, sur ma répugnance à pénétrer dans la maison, elle me fit signe de rester seulement à l'endroit où j'étais.

Elle s'éloigna de quelques pas et se mit comme à l'affût derrière une haie de cactus qui bordait un sentier conduisant à la ville. Des filles de la campagne passaient de temps en temps, portant de grands vases de cuivre sur la hanche quand ils étaient vides, sur la tête quand ils étaient pleins. Elles allaient à une fontaine située près de là, ou en revenaient. – J'ai su

---

1   « Hermopolis ». Syros porte également en grec moderne le nom d'Ermopoulis. *Cf.* n. 3, p. 79.
2   Κοκονιτζα ou κοκονα ; καλή, prononcé καλί en grec moderne, signifie « belle ».
3   « Lancelot. » *Cf.* n. 4, p. 76.

depuis que c'était l'unique fontaine de l'île. – Tout à coup la vieille se mit à siffler, l'une des paysannes s'arrêta et passa précipitamment par une des ouvertures de la haie. Je compris tout de suite la signification du mot Κοκονίτζα ! Il s'agissait d'une sorte[i] de chasse aux jeunes filles. – La vieille sifflait – le même air sans doute que siffla le vieux serpent sous l'arbre du mal, – et une pauvre paysanne venait se faire prendre à l'appeau.

Dans les îles grecques, toutes les femmes qui sortent sont voilées comme si l'on était en pays turc. J'avouerai que je n'étais pas [xxx] fâché, pour un jour que je passais en Grèce, de voir au moins un visage de femme. Et pourtant, cette simple curiosité de voyageur n'était-elle pas déjà une sorte d'adhésion au manège de l'affreuse vieille ? La jeune fille paraissait tremblante et incertaine ; peut-être était-ce la première fois qu'elle cédait à la tentation embusquée derrière cette haie fatale ! La vieille leva le pauvre voile bleu de la paysanne. Je[j] vis une figure pâle, régulière, avec des yeux assez sauvages ; deux grosses tresses de cheveux noirs entouraient la tête comme un turban. Il n'y avait rien là du charme dangereux de l'antique *hétaïre ;* de plus la jeune fille se tournait à chaque instant avec inquiétude du côté de la campagne en disant : Ο ανδρος μου ! Ο ανδρος μου ! (mon mari ! mon mari.) La misère[k], plus que l'amour, apparaissait dans toute son attitude. Je t'avoue que j'eus peu de mérite à résister à la séduction. – Je lui pris la main, où je mis deux ou trois drachmes, et je lui fis signe qu'elle pouvait redescendre dans le sentier.

Elle parut hésiter un instant, puis portant la main à ses cheveux, elle tira d'entre les nattes tordues autour de sa tête, une de ces amulettes que portent toutes les femmes des pays orientaux, et me la donna en disant un mot que je ne pus comprendre.

C'était un petit fragment de vase ou de lampe antique, qu'elle avait sans doute ramassé dans les champs, entortillé dans un morceau de papier rouge, et sur lequel j'ai cru distinguer une petite figure de génie monté sur un char ailé entre deux serpents. Au reste le relief est tellement fruste, qu'on peut y voir tout ce que l'on veut. – Espérons que cela me portera bonheur dans mon voyage.

Dans [*sic* ! En] redescendant[l] au port j'ai vu des affiches qui portaient le titre d'une tragédie de *Marco Bodjari*, par Aleko Soudzo[i], suivie d'un

---

1   « Aleko Soudzo ». Rouger remarque qu'il s'agit plutôt du frère, Panago. L'erreur de Nerval provient de sa source, qu'a retrouvée Riegert, une lettre à Frédéric Soulié[*] intitulée : « Du théâtre grec moderne », signée d'un pseudonyme : Le Fermanli, et insérée dans deux

ballet, le tout imprimé en italien pour la commodité des étran-[xxxi]
gers. Après avoir dîné à l'hôtel d'Angleterre, dans une grande salle ornée
d'un papier peint à personnages, je me suis fait conduire au *Casino*,
où avait lieu la représentation. On déposait avant d'entrer, les longs
chibouks de cerisier, à une sorte de bureau *des pipes* : les gens du pays ne
fument plus au théâtre pour ne pas incommoder les touristes anglais qui
louent les plus belles loges. Il n'y avait guère que des hommes, – sauf
quelques femmes étrangères à la localité. J'attendais[m] avec impatience
le lever du rideau pour juger de la déclamation. La pièce a commencé
par une scène d'exposition entre Bodjari et un Palikare[1] son confident.

---

livraisons du *Monde dramatique* (t. I, 1835, p. 87-88, 398-401). Voici le texte tel qu'il a
été réimprimé dans le petit volume d'Édouard Grasset (ce qui permet d'identifier «Le
Fermanli »), *Souvenirs de la Grèce* (Nevers, 1838) : « *Aleko Soutzo Kebapi*, de Constantinople,
poète distingué, qui a étudié à Paris, a fait une tragédie en vers, *Marco Bodjari*. C'est le récit
de la mort du meilleur patriote et du plus illustre capitaine de la Grèce. Moustaï, pacha
de Scodra [= Scutari], arrivait avec une armée formidable pour réduire Missolonghi. *Marco
Bodjari*, voyant l'imminence du danger, sentit la nécessité de frapper un grand coup pour
effrayer l'orgueilleux pacha qui, à la tête de vingt mille hommes de cavalerie, entrait dans
la province de Carpenitsi. Le héros souliote quitte Missolonghi avec les siens, s'avance à la
rencontre de l'ennemi. Nouveau Léonidas, il choisit trois cents Palikares, et, le sabre à la
main, il s'élance, protégé par la nuit, dans le camp des Scodriens. Le désordre inévitable
dans une telle circonstance favorise leur attaque. Le sang coule avec abondance. Plus de deux
mille cadavres entravent déjà la marche des vainqueurs. *Marco* touche à la tente du pacha,
lorsqu'il tombe frappé d'une balle à la tête. Ce ne sont plus des hommes qui combattent,
mais des lions qui rugissent autour du corps de leur chef. Les trois cents se font tuer pour
défendre les restes inanimés de celui qui les avait conduits si souvent à la victoire. Vingt des
siens, échappés au massacre, rapportèrent à Missolonghi son corps ensanglanté. La batterie
qui portait son nom, et qui, pendant le premier siège de Missolonghi, avait été souvent
témoin de ses faits d'armes, reçut la dépouille mortelle du héros. Ce fut pour la Grèce une
perte irréparable dont elle subit plus tard les terribles conséquences : mais Missolonghi fut
sauvé ! Scodra-pacha, n'osa pas venir assiéger la ville où reposaient les cendres de *Marco
Bodjari*. Qu'il me soit permis de dire ici qu'il m'honora de son amitié. Je l'avais connu en
1822 à Corinthe, lorsqu'il y vint pour activer auprès du gouvernement grec le départ de
l'expédition destinée à porter secours à Souli. *Aleko Soutzo* ne s'est pas montré inférieur au
sujet de sa tragédie. Les vers sont d'une haute poésie et expriment avec chaleur les sentiments qui les ont inspirés. Ce jeune poète s'était déjà fait connaître, avant la présidence de
Capodistrias, par des satires hardies et d'un style mordant. » Panago et Alexandre Soutzos,
Phanariotes, sont de ceux qui ont créé la littérature grecque moderne. Le premier a publié
à Paris en 1828 des *Odes d'un jeune Grec;* le second, à Paris également, une *Histoire de la
révolution grecque* (1829). – *Romancier et auteur dramatique né à Foix le 23 décembre 1800,
mort à Bièvres le 23 septembre 1847. En 1829, sa première pièce, *Christine de Fontainebleau*,
reçoit un accueil hostile de la part des classiques. *Cf.* n. 2, page suivante.

1   « Palikare » ou Pallikare, ou Pallicare : Nom que l'on avait donné aux soldats de la milice
grecque dans la guerre de l'affranchissement, ou encore aux Grecs de vieille souche restés
fidèles aux mœurs de leurs ancêtres.

Leur débit emphatique et guttural m'eût dérobé le sens des vers, quand même j'aurais été assez savant pour les comprendre ; de plus, les Grecs prononcent l'éta comme un *i*, le thèta comme un z^1, *le bèta comme un v*, l'upsilon comme un *y*, ainsi de suite[n]. Il est probable que c'était là la prononciation antique, mais l'Université nous enseigne autrement.

Au second acte, je vis paraître Moustaï-Pacha, au milieu des femmes de son sérail, lesquelles n'étaient que des hommes vêtus en odalisques. Il paraît qu'en Grèce on ne permet pas aux femmes de paraître sur le théâtre. Quelle moralité ! En suivant la pièce [*sic*] j'ai fini par comprendre peu à peu que Marco Bodjari n'était qu'un Léonidas[2] renouvelant[o], avec trois cents Palikares, la résistance des trois cents Spartiates. On applaudissait vivement ce drame hellénique qui, après s'être développé selon les règles classiques, se terminait par des coups de fusil.

En retournant au bateau à vapeur, j'ai joui du spectacle unique de cette ville pyramidale éclairée jusqu'à ses plus hautes maisons. C'était vraiment *babylonian*[3], *comme dirait un Anglais*[p].

Nous sommes partis dans la nuit pour Alexandrie[4]. C'est une traversée de trois jours.

---

1 « Un z ». Riegert signale que c'est une erreur de Nerval. Selon les traités de prononciation de l'époque, le θ est à peu près le *th* anglais.

2 « Léonidas ». Voir Hugo, *Les Orientales* (1829), « Les Têtes du Sérail ». Et cette remarque en note : « Une lettre de Corfou, que nous avons sous les yeux, affirme que les Turcs, vainqueurs de Missolonghi, ont ouvert le tombeau de Marcos Botzaris, ce Léonidas moderne. C'était sans doute pour y prendre une tête de plus ». (*Note du Journal des Débats, 1826*.) La note continue avec ce début : « Le tombeau de Marcos Botzaris, le Léonidas de la Grèce moderne, était à Missolonghi. » *Cf.* Éd. Jean Massin, Club français du livre, 1970, t. III/1, p. 515. *Cf.* n. 1, page précédente.

3 « *Babylonian* ». Dans « Une nuit à Londres » (*La Presse*, 8 septembre 1845), Nerval parle de « ce style grandiose que les Anglais appellent babilonien ». H. Lemaître remarque que ce style connut une vogue considérable dans les années 1830-1850. Le principal témoin en est le peintre-graveur-urbaniste John Martin, qui se plut à reconstruire Ninive ou Babylone et à imaginer sur ce modèle le Londres moderne.

4 « Alexandrie ». Nerval a pris passage en 1843 sur des bateaux français : *Le Mentor*, paquebotposte de l'État, jusqu'à Malte, *Le Minos*, autre bateau de l'État, de Malte à Syra, comme le montrent d'ailleurs les lettres à son père des 1ᵉʳ et 8 janvier 1843. *Le Mentor* (lancé à Toulon le 1ᵉʳ mai 1836) était gréé en « trois mâts goélette à huniers » et comportait « une machine oscillante entraînant deux roues à aubes » : 50 mètres de long, 8 de large, une force de propulsion de 160 chevaux nominaux qui permettait une vitesse de 7 nœuds. Simple escale à Syra, le temps de passer sur *Le Léonidas*, qui présente les mêmes caractéristiques que *Le Mentor*. (*Cf.* n. 5, p. 53 et n. 3, p. 76.)

LES MARIAGES COPHTES[a1]

I. – LE MASQUE ET LE VOILE[b]

Le Caire[c2] est la ville du Levant où les femmes sont encore le plus hermétiquement voilées. À Constantinople, à Smyrne, une gaze blanche ou noire laisse quelquefois deviner les traits des belles musulmanes, et les édits les plus rigoureux parviennent rarement à leur faire épaissir ce frêle tissu. Ce sont des nonnes gracieuses et coquettes, qui, se consacrant[d] à un seul époux, ne sont pas fâchées toutefois de donner des regrets au monde. Mais l'Égypte, grave et pieuse[e], est toujours le pays des énigmes et des mystères ; la beauté s'y entoure comme autrefois de voiles et de bandelettes, et cette morne atti-[2]tude décourage aisément l'Européen frivole[f]. Il abandonne le Caire après huit jours, et se hâte d'aller vers les cataractes du Nil chercher d'autres déceptions que lui réserve la science, et dont il ne conviendra jamais.

La patience était la plus grande vertu[g] des initiés antiques. Pourquoi passer si vite ? Arrêtons-nous, et cherchons à soulever un coin du voile austère de la déesse de Saïs[3]. D'ailleurs, n'est-il pas encourageant de voir qu'en des pays où les femmes passent pour être prisonnières, les bazars, les rues et les jardins nous les présentent par milliers, marchant seules à l'aventure, ou deux ensemble, ou accompagnées d'un enfant ? Réellement, les Européennes n'ont pas autant de liberté : les femmes de distinction sortent, il est vrai, juchées sur des ânes et dans une position

---

1   Ce titre apparaît dans l'article du 1ᵉʳ juillet 1846 de la *Revue des Deux Mondes*, intitulé « Les Esclaves », p. 5, pour désigner l'art. du 1ᵉʳ mai 1846, premier art. consacré aux « *Femmes du Caire* ».

2   « Le Caire ». Le récit commence au Caire, à la nuit... Mais l'arrivée dans la ville a été précédée du court itinéraire qui a mené le voyageur d'Alexandrie au Caire.

3   « La déesse de Saïs » est Isis. Saïs, dans le delta, fut la capitale des princes des XXVIᵉ, XXVIIIᵉ, XXIXᵉ et XXXᵉ dynasties.

inaccessible ; mais, chez nous, les femmes du même rang ne sortent guère qu'en voiture. Reste le voile, qui peut-être n'établit pas une barrière aussi farouche que l'on croit.

Parmi les riches costumes arabes et turcs que la réforme[1] épargne, l'habit mystérieux des femmes donne à la foule qui remplit les rues l'aspect joyeux d'un bal masqué ; la teinte des dominos varie seulement du bleu au noir. Les grandes dames voilent [3] leur taille sous le *habbarah*[2] de taffetas léger, tandis que les femmes du peuple se drapent gracieusement dans une simple tunique bleue de laine ou de coton (*khamiss*), comme des statues antiques. L'imagination trouve son compte à cet incognito des visages féminins, qui ne s'étend pas à tous leurs charmes. De belles mains ornées de bagues talismaniques et de bracelets d'argent, quelquefois des bras de marbre pâle s'échappant tout entiers de leurs larges manches relevées au-dessus de l'épaule, des pieds nus chargés d'anneaux que la babouche abandonne à chaque pas et dont les chevilles résonnent d'un bruit argentin, voilà ce qu'il est permis d'admirer, de deviner, de surprendre, sans que la foule s'en inquiète ou que la femme elle-même semble le remarquer. Parfois les plis flottants du voile quadrillé de blanc et de bleu qui couvre la tête et les épaules se dérangent un peu, et l'éclaircie qui se manifeste entre ce vêtement et le masque allongé qu'on appelle *borghot*[3] laisse voir une tempe gracieuse où des cheveux bruns se tortillent en boucles serrées, comme dans les bustes de Cléopâtre[4], une oreille petite et ferme secouant sur le col et la joue des grappes de sequins d'or ou quelque plaque ouvragée de turquoise et [4] de filigrane d'argent. Alors on sent le besoin d'interroger les yeux de l'Égyptienne voilée, et c'est là le plus dangereux. Le masque est composé d'une pièce de crin noir étroite et longue qui descend de la tête aux pieds, et qui est percée de deux trous comme la cagoule d'un pénitent ; quelques

---

1   « Réforme ». On ne peut pas vraiment parler de réforme en Égypte. Les couleurs furent atténuées, les costumes simplifiés, le turban fut remplacé par le tarbouch. La réforme fut plus radicale en Turquie. (*NPl*) Huré cite, lui, Bernard Lewis (*Race et esclavage au Proche-Orient*, Gallimard, 1993) : en 1829, « une ordonnance précisa dans les moindres détails le costume que devait porter chaque catégorie de fonctionnaires dans les différentes occasions ». (*Cf.* la note 4, p. 450 de son éd.)

2   « Le *habbarah* » est un voile dont les femmes se couvrent la tête. Nerval ne l'emploie pas vraiment dans son sens défini ; il devient encore une mantille, p. 51. *Cf.* n. 3, p. 201.

3   « *Borghot* » (*borgò*) : voile du visage.

4   « Cléopâtre » : Cléopâtre VII, reine d'Égypte de 51 à 30 avant J.-C.

annelets brillants sont enfilés dans l'intervalle qui joint le front à la barbe du masque, et c'est derrière ce rempart que des yeux ardents vous attendent, armés de toutes les séductions qu'ils peuvent emprunter à l'art. Le sourcil, l'orbite de l'œil, la paupière même, en dedans des cils, sont avivés par la teinture, et il est impossible de mieux faire valoir le peu de sa personne qu'une femme a le droit de faire voir ici.

Je n'avais pas compris tout d'abord ce qu'a d'attrayant ce mystère dont s'enveloppe la plus intéressante moitié du peuple d'Orient, mais quelques jours ont suffi pour m'apprendre qu'une femme qui se sent remarquée trouve généralement le moyen de se laisser voir, si elle est belle. Celles qui ne le sont pas savent mieux maintenir leurs voiles, et l'on ne peut leur en vouloir. C'est bien là le pays des rêves et de l'illusion ! La laideur est cachée comme un crime, et l'on peut toujours entrevoir quelque chose de ce qui est forme, grâce, jeunesse et beauté.

[5]
La ville elle-même, comme ses habitantes, ne dévoile que peu à peu ses retraites les plus ombragées, ses intérieurs les plus charmants. Le soir de mon arrivée au Caire, j'étais mortellement triste et découragé. En quelques heures de promenade sur un âne et avec la compagnie d'un drogman, j'étais parvenu à me démontrer que j'allais passer là les six mois les plus ennuyeux de ma vie, et tout cependant était arrangé d'avance pour que je n'y pusse rester un jour de moins. Quoi ! c'est là, me disais-je, la ville des *Mille et Une Nuits*[1], la capitale des califes fatimides[2] et des soudans[3] ?... Et je me plongeais dans l'inextricable réseau des rues étroites et poudreuses, à travers la foule en haillons, l'encombrement des chiens, des chameaux et des ânes, aux approches du soir dont l'ombre descend vite, grâce à la poussière qui ternit le ciel et à la hauteur des maisons.

Qu'espérer de ce labyrinthe confus, grand peut-être comme Paris ou Rome, de ces palais et de ces mosquées que l'on compte par milliers ? Tout cela a été splendide et merveilleux sans doute, mais trente généra-tions y ont passé ; partout la pierre croule, et le bois pourrit. Il semble que l'on voyage en rêve dans une cité du passé, habitée seulement [6] par

---

1   « La ville » des contes serait plutôt Bagdad que Le Caire, remarque Huré.
2   « Les califes fatimides ». Les Fatimides prétendaient descendre de Fatima, la fille de Mahomet. Installés au Caire en 973, ils y règnent jusqu'en 1171.
3   « Soudan » est un doublet pour sultan.

des fantômes, qui la peuplent sans l'animer. Chaque quartier entouré de murs à créneaux, fermé de lourdes portes comme au Moyen Âge, conserve encore la physionomie qu'il avait sans doute à l'époque de Saladin[1] ; de longs passages voûtés conduisent çà et là d'une rue à l'autre, plus souvent on s'engage dans une voie sans issue ; il faut revenir. Peu à peu tout se ferme, les cafés seuls sont éclairés encore, et les fumeurs assis sur des cages de palmier, aux vagues lueurs de veilleuses nageant dans l'huile, écoutent quelque longue histoire débitée d'un ton nasillard. Cependant les *moucharabys* s'éclairent : ce sont des grilles de bois, curieusement travaillées et découpées, qui s'avancent sur la rue et font office de fenêtres ; la lumière qui les traverse ne suffit pas à guider la marche du passant, d'autant plus que bientôt arrive l'heure du couvre-feu ; chacun se munit d'une lanterne, et l'on ne rencontre guère dehors que des Européens ou des soldats faisant la ronde.

Pour moi, je ne voyais plus trop ce que j'aurais fait dans les rues passé cette heure, c'est-à-dire dix heures du soir, et je m'étais couché fort tristement, me disant qu'il en serait sans doute ainsi tous les jours, et désespérant des plaisirs de [7] cette capitale déchue. Mon premier sommeil se croisait d'une manière inexplicable avec les sons vagues d'une cornemuse et d'une viole enrouée, qui agaçaient sensiblement mes nerfs. Cette musique obstinée répétait toujours sur divers tons la même phrase mélodique, qui réveillait en moi l'idée d'un vieux noël bourguignon ou provençal. Cela appartenait-il au songe ou à la vie ? Mon esprit hésita quelque temps avant de s'éveiller tout à fait. Il me semblait qu'on me portait en terre d'une manière à la fois grave et burlesque, avec des chantres de paroisse, et des buveurs couronnés de pampre ; une sorte de gaieté patriarcale et de tristesse mythologique mélangeait ses impressions dans cet étrange concert, où de lamentables chants d'église formaient la basse d'un air bouffon propre à marquer les pas d'une danse de corybantes. Le bruit se rapprochant et grandissant de plus en plus, je m'étais levé tout engourdi encore et une grande lumière, pénétrant le treillage extérieur de ma fenêtre, m'apprit enfin qu'il s'agissait d'un spectacle tout matériel. Cependant ce que j'avais cru rêver se réalisait en partie ; des hommes presque nus, couronnés comme des lutteurs

---

1   « Saladin » (Salâh al-dîn, *Salâheddîn*), d'origine kurde, a régné au Caire de 1169 à 1193 ; il a fondé la dynastie des Ayyoubides. Sultan d'Égypte et de Syrie, il fut le héros musulman de la troisième croisade. Il est enterré à Damas, rappelle Huré. *Cf.* n. 7, p. 248.

antiques, combattaient au milieu de la foule avec des épées et des [8] boucliers, mais ils se bornaient à frapper le cuivre avec l'acier en suivant le rythme de la musique, et, se remettant en route, recommençaient plus loin le même simulacre de lutte. De nombreuses torches et des pyramides de bougies portées par des enfants éclairaient brillamment la rue et guidaient un long cortège d'hommes et des femmes, dont je ne pus distinguer tous les détails. Quelque chose comme un fantôme rouge portant une couronne de pierreries avançait lentement entre deux matrones au maintien grave, et un groupe confus de femmes en vêtements bleus fermait la marche en poussant à chaque station un gloussement criard du plus singulier effet.

C'était un mariage[1], il n'y avait plus à s'y tromper. J'avais vu à Paris, dans les planches gravées du citoyen Cassas[2], un tableau complet de ces cérémonies ; mais ce que je venais d'apercevoir à travers les dentelures de la fenêtre ne suffisait pas à éteindre ma curiosité, et je voulus, quoiqu'il arrivât, poursuivre le cortège[h] et l'observer plus à loisir. Mon drogman Abdallah, à qui je communiquai cette idée, fit semblant de frémir de ma hardiesse, se souciant peu de courir les rues au milieu de la nuit, et me parla du danger d'être assassiné ou [9] battu. Heureusement j'avais acheté un de ces manteaux de poil de chameau nommés *machlah*[i] qui couvrent un homme des épaules aux pieds ; avec ma barbe déjà longue et un mouchoir tordu autour de la tête, le déguisement était complet.

---

1 « Un mariage ». De Damiette, le 2 mai 1843, Nerval mentionne, dans une lettre à Gautier, « les mariages dont tu trouveras la description exacte dans les deux volumes d'un Anglais nommé Lane, intitulés *Mœurs des Égyptiens* ». *Cf.* William Lane, *An Account of the Manners and Customs of the Modern Egyptians, written in Egypt during the years 1833, 34 and 35*, (Londres, Charles Knight, 1837, 2 vol., t. I, p. 221-238 et 240, avec deux gravures relatives à ces pages).

2 « Cassas », Louis-François (1756-1827), à qui l'on doit un *Voyage pittoresque de la Syrie, de la Phénicie, de la Palestine et de la Basse-Égypte* (1799). Protégé par Choiseul-Gouffier, il entreprit en 1784 un voyage de quatorze mois au Proche-Orient ; il resta deux mois en Égypte, en rapporta de belles estampes représentant les ruines d'Alexandrie, les grandes mosquées du Caire, les Pyramides. La publication de son ouvrage en fascicules de luxe ne put être achevée, car la souscription lancée en mai 1798 ne fut pas couverte ; seuls les deux premiers albums purent être publiés (1799). (*Cf.* Jean-Marie Carré, *Voyageurs et Écrivains français en Égypte*, 1932, t. I, p. 103-104.) La planche VI de la sixième livraison représente la *Marche d'un mariage dans la ville du Caire*. La mention de Cassas suggère évidemment la dimension visuelle du récit.

II. – UNE NOCE AUX FLAMBEAUX

La difficulté fut de rattraper le cortège, qui s'était perdu dans le labyrinthe des rues et des impasses. Le drogman avait allumé une lanterne de
papier, et nous courions au hasard, guidés ou trompés de temps en temps
par quelques sons lointains de cornemuse[1] ou par des éclats de lumière
reflétés aux angles des carrefours. Enfin nous atteignons la porte d'un
quartier différent du nôtre ; les maisons s'éclairent, les chiens hurlent,
et nous voilà dans une longue rue toute flamboyante et retentissante,
garnie de monde jusque sur les maisons.

Le cortège avançait fort lentement, au son mélancolique d'instruments
imitant le bruit obstiné d'une porte qui grince ou d'un chariot qui essaie
des roues neuves. Les coupables de ce vacarme marchaient au nombre
d'une vingtaine, entourés [10] d'hommes qui portaient des lances à
feu. Ensuite venaient des enfants chargés d'énormes candélabres, dont
les bougies jetaient partout une vive clarté. Les lutteurs continuaient
à s'escrimer pendant les nombreuses haltes du cortège ; quelques-uns,
montés sur des échasses et coiffés de plumes, s'attaquaient avec de longs
bâtons ; plus loin, des jeunes gens portaient des drapeaux et des hampes
surmontés d'emblèmes et d'attributs dorés, comme on en voit dans les
triomphes romains ; d'autres promenaient de petits arbres décorés de
guirlandes et de couronnes, resplendissant en outre de bougies allumées
et de lames de clinquant, comme des arbres de Noël. De larges plaques
de cuivre doré, élevées sur des perches et couvertes d'ornements repoussés
et d'inscriptions, reflétaient çà et là l'éclat des lumières. Ensuite marchaient les chanteuses (*oualems*[2]) et les danseuses (*ghavasies*[3]), vêtues de
robes de soie rayées, avec leur tarbouch à calotte dorée et leurs longues
tresses ruisselantes de sequins. Quelques-unes avaient le nez percé de
longs anneaux, et montraient leurs visages fardés de rouge et de bleu,
tandis que d'autres, quoique chantant et dansant, restaient soigneuse-

---

1   « Cornemuse ». Plutôt une flûte double dont un chalumeau donne la mélodie et l'autre,
    un son continu (*NPl*).

2   « (*Oualems*) » : chanteuses (pluriel d'almée), du verbe oualama, « donner une fête », précise
    Huré.

3   « (*ghavasies*) » : Ghaziya, « danseuse », du verbe ghaza, « tenter de séduire » (Huré). *Cf.* ici,
    n. 1, p. 218.

ment voilées. Elles s'accompagnaient en générale de cym-[11]bales, de castagnettes et de tambours de basque. Deux longues files d'esclaves marchaient ensuite, portant des coffres et des corbeilles où brillaient les présents faits à la mariée par son époux et par sa famille ; puis le cortège des invités, les femmes au milieu, soigneusement drapées de leurs longues mantilles noires et voilées de masques blancs, comme des personnes de qualité, les hommes richement vêtus, car ce jour-là, me disait le drogman, les simples *fellahs* eux-mêmes savent se procurer des vêtements convenables. Enfin, au milieu d'une éblouissante clarté de torches, de candélabres et de pots-à-feu, s'avançait lentement le fantôme rouge que j'avais entrevu déjà, c'est-à-dire la nouvelle épouse (*el arouss*[1]), entièrement voilée d'un long cachemire dont les palmes tombaient à ses pieds, et dont l'étoffe assez légère permettait sans doute qu'elle pût voir sans être vue. Rien n'est étrange comme cette longue figure qui s'avance sous son voile à plis droits, grandie encore par une sorte de diadème pyramidal éclatant de pierreries. Deux matrones vêtues de noir la soutiennent sous les coudes, de façon qu'elle a l'air de glisser sur le sol ; quatre esclaves tendent sur sa tête un dais de pourpre, et d'autres [12] accompagnent sa marche avec le bruit des cymbales et des tympanons.

Cependant une halte nouvelle s'est faite au moment où j'admirais cet appareil, et des enfants ont distribué des sièges pour que l'épouse et ses parents pussent se reposer. Les *oualems*, revenant sur leurs pas, ont fait entendre des improvisations et des chœurs accompagnés de musique et de danses, et tous les assistants répétaient quelques passages de leurs chants. Quant à moi, qui dans ce moment-là me trouvais en vue, j'ouvrais la bouche comme les autres, imitant autant que possible les *eleyson* ou les *amen* qui servent de *répons* aux couplets les plus profanes ; mais un danger plus grand menaçait mon incognito. Je n'avais pas fait attention que depuis quelques moments des esclaves parcouraient la foule en versant un liquide clair dans de petites tasses qu'ils distribuaient à mesure. Un grand Turc vêtu de rouge, et qui probablement faisait partie de la famille, présidait à la distribution et recevait les remerciements des buveurs. Il n'était plus qu'à deux pas de moi, et je n'avais nulle idée du salut qu'il fallait lui faire. Heureusement j'eus le temps d'observer tous les mouvements de mes voisins, et, quand ce fut mon [13] tour, je pris

---

1   « (*el arouss*) » : '*arus*, transcrit Huré.

la tasse de la main gauche et m'inclinai en portant ma main droite sur
le cœur, puis sur le front, et enfin sur la bouche. Ces mouvements sont
faciles, et cependant il faut prendre garde d'en intervertir l'ordre ou
de ne point les reproduire avec aisance. J'avais dès ce moment le droit
d'avaler le contenu de la tasse ; mais là ma surprise fut grande. C'était
de l'eau-de-vie, ou plutôt une sorte d'anisette[1]. Comment comprendre
que des mahométans fassent distribuer de telles liqueurs à leurs noces ?
Je ne m'étais, dans le fait, attendu qu'à une limonade ou à un sorbet. Il
était cependant facile de voir que les almées, les musiciens et baladins
du cortège avaient plus d'une fois pris part à ces distributions.

Enfin la mariée se leva et reprit sa marche ; les femmes fellahs, vêtues
de bleu, se remirent en foule à sa suite avec leurs gloussements sauvages,
et le cortège continua sa promenade nocturne jusqu'à la maison des
nouveaux époux.

Satisfait d'avoir figuré comme un véritable habitant du Caire et
de m'être assez bien comporté à cette cérémonie, je fis un signe pour
appeler mon drogman, qui était allé un peu plus loin se remettre sur
le passage des distributeurs d'eau-de-vie ; mais [14] il n'était pas pressé
de rentrer, et prenait goût à la fête.

— Suivons-les dans la maison, me dit-il tout bas.

— Mais que répondrai-je si l'on me parle ?

— Vous direz seulement : *Tayeb !* c'est une réponse à tout. Et d'ailleurs
je suis là pour détourner la conversation.

Je savais déjà qu'en Égypte *tayeb* était le fond de la langue. C'est un
mot qui, selon l'intonation qu'on y apporte, signifie toute sorte de choses ;
on ne peut toutefois le comparer au *goddam*[2] des Anglais, à moins que
ce ne soit pour marquer la différence qu'il y a entre un peuple certainement fort poli et une nation tout au plus policée. Le mot *tayeb* veut
dire tour à tour : *Très bien,* ou *voilà qui va bien,* ou *cela est parfait,* ou *à
votre service ;* le ton et surtout le geste y ajoutent des nuances infinies.
Ce moyen me paraissait beaucoup plus sûr au reste que celui dont parle
un voyageur célèbre, Belzoni[3], je crois. Il était entré dans une mosquée,

---

1   « Anisette. » Car nous assistons à un mariage chrétien (copte).
2   « *Goddam* est le fond de la langue anglaise. » (Beaumarchais, *Le Mariage de Figaro*, acte III,
    scène v.)
3   « Belzoni », Giovanni Battista (1778-1823), italien anglicisé, avait commencé par jouer un
    rôle de géant au cirque londonien de Sadler Wells avant de se spécialiser dans l'égyptologie.

déguisé admirablement et répétant tous les gestes qu'il voyait faire à ses voisins ; mais, comme il ne pouvait répondre à une question qu'on lui adressait, son drogman dit aux curieux : « Il ne comprend pas, c'est un Turc anglais ! »

[15]

Nous étions entrés par une porte ornée de fleurs et de feuillages dans une fort belle cour tout illuminée de lanternes de couleur. Les *moucharabys* découpaient leur frêle menuiserie sur le fond orange des appartements éclairés et pleins de monde. Il fallut s'arrêter et prendre place sous les galeries intérieures. Les femmes seules montaient dans la maison, où elles quittaient leurs voiles, et l'on n'apercevait plus que la forme vague, les couleurs et le rayonnement de leurs costumes et de leurs bijoux, à travers les treillis de bois tourné.

Pendant que les dames se voyaient accueillies et fêtées à l'intérieur par la nouvelle épouse et par les femmes des deux familles, le mari était descendu de son âne ; vêtu d'un habit rouge et or, il recevait les compliments des hommes et les invitait à prendre place aux tables basses dressées en grand nombre dans les salles du rez-de-chaussée et chargées de plats disposés en pyramides. Il suffisait de se croiser les jambes à terre, de tirer à soi une assiette ou une tasse et de manger proprement avec ses doigts. Chacun du reste était le bienvenu. Je n'osai me risquer à prendre part au festin dans la crainte de manquer d'*usage*. D'ailleurs, la partie la plus brillante de la fête se passait dans la cour, où les [16] danses [*sic*] se démenaient à grand bruit. Une troupe de danseurs nubiens exécutait des pas étranges au centre d'un vaste

---

Déçu par Méhémet-Ali, auquel il proposait des machines hydrauliques, il se fit alors archéologue anglais. Il découvrit à Thèbes la tombe de Séthi Ier (Vallée des Rois) et pénétra dans la pyramide de Khéphren (Guiza/Ghizeh), selon l'*Enciclopedia italiana*. En 1820, il publia *Narrative of the Operations and Recent Discoveries within the Pyramids, Temples, Tombs and Excavations in Egypt and Nubia* (Londres, Murray, 2 vol.), dont la traduction française par G. B. Depping, accompagnée de notes, parut l'année suivante (Librairie française et étrangère) : *Voyages en Égypte et en Nubie* […], 2 vol. Dans les deux adaptations pour la jeunesse auxquelles donna lieu cette traduction, Rouger n'a pas trouvé l'anecdote du Turc anglais. Il se demande si Nerval n'a pas accommodé quelques lignes des *Notes et observations tirées du voyage de Mme Belzoni* (publiées à la suite du t. II) : « […] un Anglais se proposait de visiter une mosquée de Jérusalem, à la faveur d'un déguisement et avec l'aide de son drogman ; cette ruse était très bonne et facile à exécuter ; comme le drogman était Albanais, il pouvait faire passer M. Bankes pour un compatriote qui ne savait parler ni arabe ni turc, et pour peu que M. Bankes apprît de son drogman la cérémonie des prières, il y avait peu de doute qu'il ne réussît ».

cercle formé par les assistants ; ils allaient et venaient guidés par une femme voilée et vêtue d'un manteau à larges raies, qui, tenant à la main un sabre recourbé, semblait tour à tour menacer les danseurs et les fuir. Pendant ce temps, les *oualems* ou almées accompagnaient la danse de leurs chants en frappant avec les doigts sur des tambours de terre cuite (*tarabouka*) qu'un de leurs bras tenait suspendus à la hauteur de l'oreille. L'orchestre, composé d'une foule d'instruments bizarres, ne manquait pas de faire sa partie dans cet ensemble, et les assistants s'y joignaient en outre en battant la mesure avec les mains. Dans les intervalles des danses, on faisait circuler des rafraîchissements, parmi lesquels il y en eut un que je n'avais pas prévu. Des esclaves noires, tenant en main de petits flacons d'argent, les secouaient çà et là sur la foule. C'était de l'eau parfumée, dont je ne reconnus la suave odeur de rose qu'en sentant ruisseler sur mes joues et sur ma barbe les gouttes lancées au hasard.

Cependant un des personnages les plus apparents de la noce s'était avancé vers moi, et me dit quelques [17] mots d'un air fort civil ; je répondis par le victorieux *tayeb*, qui parut le satisfaire pleinement ; il s'adressa à mes voisins, et je pus demander au drogman ce que cela voulait dire. « Il vous invite, me dit ce dernier, à monter dans sa maison pour voir l'épousée. » Sans nul doute, ma réponse avait été un assentiment ; mais, comme après tout il ne s'agissait que d'une promenade de femmes hermétiquement voilées autour des salles remplies d'invités, je ne jugeai pas à propos de pousser plus loin l'aventure. Il est vrai que la mariée et ses amies se montrent alors avec les brillants costumes que dissimulait le voile noir qu'elles ont porté dans les rues ; mais je n'étais pas encore assez sûr de la prononciation du mot *tayeb* pour me hasarder dans le sein des familles. Nous parvînmes, le drogman et moi, à regagner la porte extérieure, qui donnait sur la place de l'Esbekieh[1].

– C'est dommage, me dit le drogman, vous auriez vu ensuite le spectacle.

– Comment ?

– Oui, la comédie.

---

1   « L'Esbekieh » (*Azbakiyya* ou *Esbekeya*) est la place principale du Caire. Elle doit son nom à l'émir Ezbek, vainqueur des Turcs au profit du sultan Kaït Bey (1468-1496), indique Huré. C'était, à l'époque de Nerval, le centre des quartiers européens.

Je pensai tout de suite à l'illustre *Caragueuz*, mais ce n'était pas cela. Caragueuz ne se produit que dans les fêtes religieuses ; c'est un mythe, c'est un sym-[18]bole de la plus haute gravité ; le spectacle en question devait se composer simplement de petites scènes comiques jouées par des hommes, et que l'on peut comparer à nos proverbes de société. Ceci est pour faire passer agréablement le reste de la nuit aux invités, pendant que les époux se retirent avec leurs parents dans la partie de la maison réservée aux femmes.

Il paraît que les fêtes de cette noce duraient déjà depuis huit jours. Le drogman m'apprit qu'il y avait eu le jour du contrat un sacrifice de moutons sur le seuil de la porte avant le passage de l'épousée ; il parla aussi d'une autre cérémonie dans laquelle on brise une boule de sucrerie où sont enfermés deux pigeons ; on tire un augure du vol de ces oiseaux. Tous ces usages se rattachent probablement aux traditions de l'antiquité.

Je suis rentré tout ému de cette scène nocturne. Voilà, ce me semble, un peuple pour qui le mariage est une grande chose, et, bien que les détails de celui-là indiquassent quelque aisance chez les époux, il est certain que les pauvres gens eux-mêmes se marient avec presque autant d'éclat et de bruit. Ils n'ont pas à payer les musiciens, les bouffons et les danseurs, qui sont leurs amis, ou [19] qui font des quêtes dans la foule[j]. Les costumes, on les leur prête ; chaque assistant tient à la main sa bougie ou son flambeau, et le diadème de l'épouse n'est pas moins chargé de diamants et de rubis que celui de la fille d'un pacha. Où chercher ailleurs une égalité plus réelle ? Cette jeune Égyptienne, qui n'est peut-être ni belle sous son voile ni riche sous ses diamants, a son jour de gloire où elle s'avance radieuse à travers la ville qui l'admire et lui fait cortège, étalant la pourpre et les joyaux d'une reine, mais inconnue à tous, et mystérieuse sous son voile comme l'antique déesse du Nil[1]. Un seul homme aura le secret de cette beauté ou de cette grâce ignorée ; un seul peut tout le jour poursuivre en paix son idéal, et se croire le favori d'une sultane ou d'une fée ; le désappointement même laisse à couvert son amour-propre ; et d'ailleurs tout homme n'a-t-il pas le droit, dans cet heureux pays, de renouveler plus d'une fois cette journée de triomphe et d'illusion ?

---

1   « L'antique déesse du Nil » est Isis.

III. – LE DROGMAN ABDALLAH

Mon drogman est un homme précieux, mais j'ai peur qu'il ne soit trop noble serviteur pour un [20] si petit seigneur que moi. C'est à Alexandrie, sur le pont du bateau à vapeur *le Léonidas*, qu'il m'était apparu dans toute sa gloire. Il avait accosté le navire avec une barque à ses ordres, ayant un petit Noir pour porter sa longue pipe et un drogman plus jeune pour lui faire cortège. Une longue tunique blanche couvrait ses habits et faisait ressortir le ton de sa figure, où le sang nubien colorait un masque emprunté aux têtes des sphinx de l'Égypte ; c'était sans doute le produit de deux races mélangées ; de larges anneaux d'or pesaient à ses oreilles, et sa marche indolente dans ses longs vêtements achevait d'en faire pour moi le portrait idéal d'un affranchi du bas empire.

Il n'y avait pas d'Anglais parmi les passagers ; notre homme un peu contrarié, s'attache à moi faute de mieux. Nous débarquons ; il loue quatre ânes pour lui, pour sa suite et pour moi, et me conduit tout droit à l'hôtel d'Angleterre¹, où l'on veut bien me recevoir moyennant soixante piastres par jour ; quant à lui-même, il bornait ses prétentions à la moitié de cette somme, sur laquelle il se chargeait d'entretenir le second drogman et le petit Noir.

Après avoir promené tout le jour cette escorte imposante, je m'avisai de l'inutilité du second drog-[21]man² et même du petit garçon. Abdallah³ (c'est ainsi que s'appelait le personnage) ne vit aucune difficulté à remercier son jeune collègue ; quant au petit Noir, il le gardait à ses frais en

---

1 « L'hôtel d'Angleterre » est encore mentionné par Karl Baedeker, dans son guide *Égypte*, Leipzig, Paris, 1898, p. 25.

2 « Drogman ». Mot arabe qui a donné « truchement » en français. C'est le guide-interprète. Il fait très souvent l'objet d'un portrait parodique chez les voyageurs européens en Orient au XIXᵉ siècle.

3 « Abdallah », signifie « serviteur de Dieu ». Le domestique de Nerval s'appelait Ibrahim. *Cf.* la lettre de Gérard à son père, du Caire, le 14 février 1843 : « Nous avons visité Alexandrie et les environs, puis nous avons loué une barque pour remonter le Nil. Nous avons mis cinq jours pour arriver au Caire. La ville est immense et c'est à peine si nous en connaissons une partie. Nous avons commencé par nous loger à l'hôtel français, mais il fallait payer 7 f. 50 par jour, de sorte qu'on nous a dit qu'il valait mieux louer une maison et y faire la cuisine, tout étant fort bon marché d'ailleurs ». Dans la même lettre, il est question d'un domestique qui « coûte 75 centimes et la nourriture ».

réduisant d'ailleurs le total de ses propres honoraires à vingt piastres par jour, environ cinq francs.

Arrivés au Caire, les ânes nous portaient tout droit à l'hôtel anglais de la place de l'Esbekieh ; j'arrête cette belle ardeur en apprenant que le séjour en était aux mêmes conditions qu'à celui d'Alexandrie.

– Vous préférez donc aller à l'hôtel Waghorn[1] dans le quartier franc ? me dit l'honnête Abdallah.

– Je préfèrerais un hôtel qui ne fût pas anglais.

– Eh bien ! Vous avez l'hôtel français de Domergue.

– Allons-y.

– Pardon, je veux bien vous y accompagner, mais je n'y resterai pas.

– Pourquoi ?

– Parce que c'est un hôtel qui ne coûte par jour que quarante piastres ; je ne puis aller là.

– Mais j'irai très bien, moi.

– Vous êtes inconnu, moi je suis de la ville ; je sers [22] ordinairement messieurs les Anglais ; j'ai mon rang à garder.

Je trouvais pourtant le prix de cet hôtel fort honnête encore dans un pays où tout est environ six fois moins cher qu'en France, et où la journée d'un homme se paie une piastre ou cinq sols de notre monnaie.

– Il y a, reprit Abdallah, un moyen d'arranger les choses. Vous logerez deux ou trois jours à l'hôtel Domergue, où j'irai vous voir comme ami ; pendant ce temps-là, je vous louerai une maison dans la ville, et je pourrai ensuite y rester à votre service sans difficulté.

Il paraît qu'en effet beaucoup d'Européens louent des maisons au Caire pour peu qu'ils y séjournent, et, informé de cette circonstance, je donnai tout pouvoir à Abdallah.

L'hôtel Domergue est situé au fond d'une impasse qui donne dans la principale rue du quartier franc ; c'est, après tout, un hôtel fort convenable et fort bien tenu. Les bâtiments entourent à l'intérieur une cour carrée

---

1   « Waghorn » était le propriétaire d'une entreprise de transport : la Peninsular & Oriental Company qui établit une liaison directe de l'Angleterre à l'Inde en passant par l'Égypte. Eusèbe de Salle écrit, dans *Pérégrinations en Orient*, t. I, p. 442, à propos de l'hôtel Hill, entrepôt de la Compagnie des Indes à Suez : « Un certain Waghorn, jadis fonctionnaire de cette Compagnie, aujourd'hui agent rival pour le transport des lettres et des passagers, a établi à Suez une maison qu'il ne permet pas qu'on appelle auberge, car il y donne le logement gratis ; seulement quand Hill prend une guinée pour la table, le vin et logement, Waghorn fait payer une guinée pour la table toute seule. » *Cf. NPl.*

peinte à la chaux, couverte d'un léger treillage où s'entrelace la vigne ; un peintre français, très aimable, quoique un peu sourd, et plein de talent, quoique très fort sur le daguerréotype, a fait son atelier d'une galerie supérieure. Il y [23] amène de temps en temps des marchandes d'oranges et de cannes à sucre de la ville qui veulent bien lui servir de *modèles*. Elles se décident sans difficulté à laisser étudier les formes des principales races de l'Égypte, mais la plupart tiennent à conserver leur figure voilée ; c'est là le dernier refuge de la pudeur orientale.

L'hôtel français possède en outre un jardin assez agréable ; sa table d'hôte lutte avec bonheur contre la difficulté de varier les mets européens dans une ville où manquent le bœuf et le veau. C'est cette circonstance qui explique surtout la cherté des hôtels anglais, dans lesquels la cuisine se fait avec des conserves de viandes et de légumes, comme sur les vaisseaux. L'Anglais, en quelque pays qu'il soit, ne change jamais son ordinaire de *roastbeef*, de pommes de terre, et de porter ou d'ale.

Je rencontrai à la table d'hôte un colonel, un évêque *in partibus*[1], des peintres, une maîtresse de langues et deux Indiens de Bombay, dont l'un servait de gouverneur à l'autre. Il paraît que la cuisine toute méridionale de l'hôte leur semblait fade, car ils tirèrent de leur poche des flacons d'argent contenant un poivre et une moutarde à leur usage dont ils saupoudraient tous leurs mets. Ils m'en ont offert. [24] La sensation qu'on doit éprouver à mâcher de la braise allumée donnerait une idée exacte du haut goût de ces condiments.

On peut compléter le tableau du séjour de l'hôtel français en se représentant un piano au premier étage et un billard au rez-de-chaussée, et se dire qu'autant vaudrait n'être point parti de Marseille. J'aime mieux, pour moi, essayer de la vie orientale tout à fait. On a une fort belle maison de plusieurs étages, avec cours et jardins, pour trois cents piastres (soixante-quinze francs environ) par année. Abdallah m'en a fait voir plusieurs dans le quartier cophte et dans le quartier grec. C'étaient des salles magnifiquement décorées, avec des pavés de marbre et des fontaines, des galeries et des escaliers comme dans les palais de Gênes ou de Venise, des cours entourées de colonnes et des jardins ombragés d'arbres précieux ; il y avait de quoi mener l'existence d'un prince, sous la condition de peupler de

---

1   « *In partibus* ». Se dit d'un évêque dont le titre est purement honorifique et ne donne droit à aucune juridiction.

valets et d'esclaves ces superbes intérieurs. Et dans tout cela, du reste, pas une chambre habitable, à moins de frais énormes, pas une vitre à ces fenêtres si curieusement découpées, ouvertes au vent du soir et à l'humidité des nuits. Hommes et femmes vivent ainsi au Caire, [25] mais l'ophtalmie les punit souvent de cette imprudence, qu'explique le besoin d'air et de fraîcheur. Après tout, j'étais peu sensible au plaisir de vivre campé, pour ainsi dire, dans un coin d'un palais immense ; il faut dire encore que beaucoup de ces bâtiments, ancien séjour d'une aristocratie éteinte, remontent au règne des sultans mamelouks[1] et menacent sérieusement ruine.

Abdallah finit par me trouver une maison beaucoup moins vaste, mais plus sûre et mieux fermée. Un Anglais, qui l'avait récemment habitée, y avait fait poser des fenêtres vitrées, et cela passait pour une curiosité. Il fallut aller chercher le cheik du quartier pour traiter avec une veuve cophte qui était la propriétaire. Cette femme possédait plus de vingt maisons, mais par procuration et pour des étrangers, ces derniers ne pouvant être légalement propriétaires en Égypte. Au fond, la maison appartenait à un chancelier du consulat anglais.

On rédigea l'acte en arabe ; il fallut le payer, faire des présents au cheik, à l'homme de loi et au chef du corps de garde le plus voisin, puis donner des *batchis*[2] (pourboires) aux scribes et aux serviteurs ; après quoi le cheik me remit la clé. Cet instrument ne ressemble pas aux nôtres et se compose [26] d'un simple morceau de bois pareil aux *tailles*[3] des boulangers, au bout duquel cinq à six clous sont plantés comme au hasard ; mais il n'y a point de hasard : on introduit cette clé singulière dans une échancrure de la porte, et les clous se trouvent répondre à de petits trous intérieurs et invisibles au-delà desquels on accroche un verrou de bois qui se déplace et livre passage.

---

1   « Mamelouks ». Les sultans mamlouks, grands bâtisseurs, régnèrent sur l'Égypte de 1251 à 1517. Le corps des mamlouks sera vaincu par le sultan ottoman Sélim 1er, mais reprendra de l'influence à partir du XVIIe siècle. Bonaparte écrase les mamlouks à la bataille des Pyramides (21 juin 1798). En 1811, sous prétexte d'une réconciliation générale, Méhémet-Ali, vice-roi d'Égypte, les fait massacrer dans la citadelle du Caire. *Cf.* n. 1, p. 144.

2   « *Batchis* », bakchich. « Ce serait le meilleur peuple de la terre sans son avidité pour le bachiz ('pourboire') », déclare Nerval à son père en avril 1843.

3   « *Tailles* ». « Petit bâton divisé en deux parties qui se rapportent et sur lesquelles le vendeur et l'acheteur font des coches ou petites entailles, pour marquer la quantité de pain, de viande fournie et reçue » (Littré).

Il ne suffit pas d'avoir la clé de bois de sa maison… qu'il serait impossible de mettre dans sa poche, mais que l'on peut se passer dans la ceinture : il faut encore un mobilier correspondant au luxe de l'intérieur ; mais ce détail est, pour toutes les maisons du Caire, de la plus grande simplicité. Abdallah m'a conduit à un bazar où nous avons fait peser quelques *ocques*[1] de coton ; avec cela et de la toile de Perse, des cardeurs établis chez vous exécutent en quelques heures des coussins de divan qui deviennent la nuit des matelas. Le corps du meuble[k] se compose d'une cage longue qu'un vannier construit sous vos yeux avec des bâtons de palmier ; c'est léger, élastique et plus solide qu'on ne croirait. Une petite table ronde, quelques tasses, de longues pipes ou des narguilés, à moins que l'on ne veuille emprunter tout cela au café voisin, et l'on [27] peut recevoir la meilleure société de la ville. Le pacha seul possède un mobilier complet, des lampes, des pendules ; mais cela ne lui sert en réalité qu'à se montrer ami du commerce et des progrès européens.

Il faut encore des nattes, des tapis et même des rideaux pour qui veut afficher le luxe. J'ai rencontré dans les bazars un Juif qui s'est entremis fort obligeamment entre Abdallah et les marchands pour me prouver que j'étais volé des deux parts. Le Juif a profité de l'installation du mobilier pour s'établir en ami sur l'un des divans ; il a fallu lui donner une pipe et lui faire servir du café. Il s'appelle Yousef, et se livre à l'élève[2] des vers à soie pendant trois mois de l'année. Le reste du temps, me dit-il, il n'a d'autre occupation que d'aller voir si les feuilles des mûriers poussent, et si la récolte sera bonne. Il semble, du reste, parfaitement désintéressé et ne recherche la compagnie des étrangers que pour se former le goût et se fortifier dans la langue française.

Ma maison est située dans une rue du quartier cophte, qui conduit à la porte de la ville correspondante aux allées de Schoubrah[3]. Il a y un café en face, un peu plus loin une station d'âniers, qui [28] louent leurs bêtes à raison d'une piastre l'heure ; plus loin encore une petite mosquée accompagnée d'un minaret. Le premier soir que j'entendis la

---

1   « Ocques ». Unité de poids : 1, 250 kg. Le mot peut venir par le turc et l'arabe du même mot grec et latin qui a donné « once ».

2   « Élève ». Le dictionnaire de Bescherelle (1ʳᵉ éd., 1845) note que ce substantif est nouveau, et s'applique aux animaux domestiques.

3   « Schoubrah ». Sur le bord du Nil, à cinq kilomètres environ au nord du Caire ; il s'agit d'« un quartier résidentiel et un lieu de plaisance », d'après le Guide bleu *Égypte*. *Cf.* n. 1, p. 122 et n. 1, p. 223, illustration, p. 225.

voix lente et sereine du muezzin, au coucher du soleil, je me sentis pris d'une indicible mélancolie :

— Qu'est-ce qu'il dit ? demandai-je au drogman.

— *La Alla ila Allah*[1] ! ... Il n'y a d'autre Dieu que Dieu !

— Je connais cette formule ; mais ensuite ?

— « Ô vous qui allez dormir, recommandez vos âmes à Celui qui ne dort jamais ! »

Il est certain que le sommeil est une autre vie dont il faut tenir compte[1]. Depuis mon arrivée au Caire, toutes les histoires des *Mille et une Nuits* me repassent par la tête, et je vois en rêve tous les dives[2] et les géants déchaînés depuis Salomon. On rit beaucoup en France des démons qu'enfante le sommeil, et l'on n'y reconnaît que le produit de l'imagination exaltée ; mais cela en existe-t-il moins relativement à nous, et n'éprouvons-nous pas dans cet état toutes les sensations de la vie réelle ? Le sommeil est souvent lourd et pénible dans un air aussi chaud que celui d'Égypte, et le pacha, dit-on, a toujours un serviteur debout à son chevet pour l'éveiller chaque fois que ses mouve-[29]ments ou son visage trahissent un sommeil agité. Mais ne suffit-il pas de se recommander simplement, avec ferveur et confiance... à Celui qui ne dort jamais[3] !

IV. – INCONVÉNIENTS DU CÉLIBAT[4]

J'ai raconté plus haut l'histoire de ma première nuit, et l'on comprend que j'aie ensuite dû me réveiller un peu tard. Abdallah m'annonce la

---

1   « *La Alla ila Allah !* » : « Pas dieu sauf Dieu ».
2   « Les Dives ». Rouger se réfère à la *Bibliothèque orientale* de d'Herbelot (éd. de 1777). « Div ou dive, en langue persienne, signifie une créature qui n'est ni homme, ni ange, ni diable ; c'est un génie, un démon, comme les Grecs l'entendent, et un Géant qui n'est pas de l'espèce des hommes. » C'est la race que Dieu créa, sept mille ans avant Adam, à partir du feu, et à qui il donna le monde à gouverner. *Cf.* ici, t. II, n. 3, p. 107.
3   « Jamais. » *Cf.* Shakespeare, *Macbeth*, II, 2.
4   « CÉLIBAT ». Ce début de chap. rappelle ce que rapporte W. Lane. Ce dernier ajoute que les Francs sont maintenant libérés des obligations matrimoniales qu'on leur imposait. (*Cf. Manners and Customs of the Moderns Egyptians*, t. I, p. 213-214.) Nerval ayant loué une maison dans le quartier copte ne s'exposait pas à ce désagrément. Néanmoins, cette même mésaventure est encore rapportée par un voyageur ayant résidé en Turquie, dans les

visite du cheik de mon quartier, lequel était venu déjà une fois dans la matinée. Ce bon vieillard à barbe blanche attendait mon réveil au café d'en face avec son secrétaire et le Nègre portant sa pipe. Je ne m'étonnai pas de sa patience ; tout Européen qui n'est ni industriel, ni marchand, est un personnage en Égypte. Le cheik s'assit sur un des divans ; on bourra sa pipe et on lui servit du café. Alors il commença son discours, qu'Abdallah me traduisit à mesure :

— Il vient vous rapporter l'argent que vous avez donné pour louer la maison.

— Et pourquoi ? Quelle raison a-t-il ?

— Il dit que l'on ne sait pas votre manière de vivre, qu'on ne connaît pas vos mœurs.

[30]

— A-t-il observé qu'elles fussent mauvaises ?

— Ce n'est pas cela qu'il entend ; il ne sait rien là-dessus.

— Mais alors il n'en a donc pas une bonne opinion ?

— Il dit qu'il avait pensé que vous habiteriez la maison avec une femme.

— Mais je ne suis pas marié.

— Cela ne le regarde pas, que vous le soyez ou non ; mais il dit que vos voisins ont des femmes, et qu'ils seront inquiets, si vous n'en n'avez pas. D'ailleurs, c'est l'usage ici^m.

— Que veut-il donc que je fasse ?

— Que vous quittiez la maison, ou que vous choisissiez une femme pour y demeurer avec vous.

---

années soixante du xxᵉ siècle... Voici l'anecdote telle que rapportée par Lane : « Pendant mon précédent séjour en Égypte, ayant eu à déménager d'une maison que j'avais occupée quelques mois, située dans une grande artère du Caire, je louais une autre maison dans un quartier voisin : le bail était rédigé, et j'avais donné des arrhes ; mais un ou deux jours après, le gérant vint m'informer que les habitants du quartier qui étaient pour la plupart des chérifs (ou descendants du prophète), s'opposaient à ce que je demeurasse parmi eux parce que je n'étais pas marié. Il ajouta, toutefois, qu'ils m'accueilleraient avec plaisir si seulement je consentais à accueillir une esclave, ce qui éloignerait de moi l'opprobre qui s'attachait à ma personne du fait de mon célibat. Je répondis que ne faisant que séjourner en Égypte, il ne me convenait pas de prendre avec moi une épouse ou une esclave que je devrais bientôt abandonner. L'argent que j'avais versé me fut alors rendu. Dans un autre quartier j'eus plus de chance [...]. On me demanda seulement de promettre qu'aucune personne portant chapeau ne viendrait dans le quartier pour me rendre visite. » (*Modern Egyptians*, tome I, début du chap. vi. Traduction de Richer.) *Cf.* ci-après n. 2, p. 153. Dans la lettre à son père, du Caire, le 2 mai 1843, Nerval raconte qu'on a voulu le marier avec une Syrienne de douze ans.

– Dites-lui que dans mon pays il n'est pas convenable de vivre avec une femme sans être marié.

La réponse du vieillard à cette observation morale était accompagnée d'une expression toute paternelle que les paroles traduites ne peuvent rendre qu'imparfaitement.

– Il vous donne un conseil, me dit Abdallah : il dit qu'un monsieur (un *effendi*) comme vous ne doit pas vivre seul, et qu'il est toujours honorable [31] de nourrir une femme et de lui faire quelque bien. Il est encore mieux, ajoute-t-il, d'en nourrir plusieurs, quand la religion que l'on suit le permet.

Le raisonnement de ce Turc me toucha ; cependant ma conscience européenne luttait contre ce point de vue, dont je ne compris la justesse qu'en étudiant davantage la situation des femmes dans ce pays. Je fis répondre au cheik pour le prier d'attendre[n] que je me fusse informé auprès de mes amis de ce qu'il conviendrait de faire.

J'avais loué la maison pour six mois, je l'avais meublée, je m'y trouvais fort bien, et je voulais seulement m'informer des moyens de résister aux prétentions du cheik à rompre notre traité et à me donner congé pour cause de célibat. Après bien des hésitations, je me décidais à prendre conseil du peintre de l'hôtel Domergue, qui avait bien voulu déjà m'introduire dans son atelier et m'initier aux merveilles de son daguerréotype. Ce peintre avait l'oreille dure à ce point qu'une conversation par interprète eût été amusante et facile au prix de la sienne.

Cependant je me rendais chez lui en traversant la place de l'Esbekieh, lorsqu'à l'angle d'une rue qui tourne vers le quartier franc, j'entends des excla-[32]mations de joie parties d'une vaste cour où l'on promenait dans ce moment là de fort beaux chevaux. L'un des promeneurs de chevaux s'élance à mon col et me serre dans ses bras ; c'était un gros garçon vêtu d'une saye[1] bleue, coiffé d'un turban de laine jaunâtre, et que je me souvins d'avoir remarqué sur le bateau à vapeur, à cause de sa figure, qui rappelait beaucoup[o] les grosses têtes peintes qu'on voit sur les couvercles de momies.

Tayeb ! tayeb ! (fort bien ! fort bien !) dis-je à ce mortel expansif en me débarrassant de ses étreintes et en cherchant derrière moi mon drogman

---

1   « Une saye » : étoffe de laine, sorte de serge légère que l'on employait anciennement pour garnir les meubles et doubler les habits ; ainsi que pour faire les chemises de religieux. (*GDU*)

Abdallah ; mais ce dernier s'était perdu dans la foule, ne se souciant pas sans doute d'être vu faisant cortège à l'ami d'un simple palefrenier. Ce musulman, gâté par les touristes d'Angleterre, ne se souvenait pas que Mahomet avait été conducteur de chameaux[P].

Cependant l'Égyptien me tirait par la manche et m'entraînait dans la cour, qui était celle des haras du pacha d'Égypte, et là, au fond d'une galerie, à demi couché sur un divan de bois, je reconnais un autre de mes compagnons de voyage, un peu plus avouable dans la société, Seyd-Aga, qui venait d'accomplir la mission importante de conduire à Paris quelques chevaux *nedjis*[1], présent de son sou-[33]verain au nôtre. Seyd-Aga me reconnaît aussi, et, quoique plus sobre en démonstrations que son subordonné, il me fait asseoir près de lui, m'offre une pipe et demande du café... Ajoutons, comme trait de mœurs, que le simple palefrenier, se jugeant digne momentanément de notre compagnie, s'assit en croisant les jambes à terre et reçut comme moi une longue pipe et une de ces petites tasses pleines d'un moka brûlant que l'on tient dans une sorte de coquetier doré pour ne pas se brûler les doigts. Un cercle ne tarda pas à se former autour de nous.

Abdallah, voyant la reconnaissance prendre une tournure plus convenable, s'était montré enfin et daignait favoriser notre conversation. Je savais déjà Seyd-Aga un convive fort aimable, et, bien que nous n'eussions eu pendant notre commune traversée que des relations de pantomime, notre connaissance était assez avancée pour que je pusse sans indiscrétion l'entretenir de mes affaires et lui demander conseil.

– *Machallah*[2] *!* s'écria-t-il tout d'abord, le cheik a bien raison, un jeune homme de votre âge devrait s'être déjà marié plusieurs fois !

– Vous savez, observai-je timidement, que dans ma religion l'on ne peut épouser qu'une [34] femme et il faut ensuite la garder toujours, de sort[e *sic* !] qu'ordinairement l'on prend le temps de réfléchir, on veut choisir le mieux possible.

– Ah ! je ne parle pas, dit-il en se frappant le front, de vos femmes *roumis* (européennes), elles sont à tout le monde et non à vous ; ces pauvres folles créatures montrent leur visage entièrement nu, non seulement à qui veut le voir, mais à qui ne le voudrait pas... Imaginez-vous, ajouta-t-il

---

1   « *Nedjis* » : chevaux de race.
2   « *Machallah !* » signifie : « Ce que veut Dieu ! ».

en pouffant de rire et se tournant vers d'autres Turcs qui écoutaient, que toutes, dans les rues, me regardaient avec les yeux de la passion, et quelques-unes même poussaient l'impudeur jusqu'à vouloir m'embrasser.

Voyant les auditeurs scandalisés au dernier point, je crus devoir leur dire, pour l'honneur des Européennes, que Seyd-Aga confondait sans doute l'empressement intéressé de certaines femmes avec la curiosité honnête du plus grand nombre.

— Encore, ajoutait Seyd-Aga, sans répondre à mon observation, qui parut seulement dictée par l'amour propre national, si ces belles méri- taient qu'un croyant leur permît de baiser sa main ! mais ce sont des plantes d'hiver, sans couleur et sans goût, des figures maladives que la famine tour-[35]mente, car elles mangent à peine, et leur corps tiendrait entre mes mains. Quant à les épouser, c'est autre chose ; elles ont été élevées si mal, que ce serait la guerre et le malheur dans la maison. Chez nous, les femmes vivent ensemble et les hommes ensemble, c'est le moyen d'avoir partout la tranquillité.

— Mais ne vivez-vous pas, dis-je, au milieu de vos femmes dans vos harems ?

— Dieu puissant ! s'écria-t-il, qui n'aurait la tête cassée de leur babil ? Ne voyez-vous pas qu'ici les hommes qui n'ont rien à faire passent leur temps à la promenade, au bain, au café, à la mosquée, ou dans les audiences ou dans les visites qu'on se fait l'un à l'autre ? N'est-il pas plus agréable de causer avec des amis, d'écouter des histoires et des poèmes, ou de fumer en rêvant, que de parler à des femmes préoccupées d'intérêts grossiers de toilette ou de médisance ?

— Mais vous supportez cela nécessairement aux heures où vous prenez vos repas avec elles.

— Nullement. Elles mangent ensemble ou séparément à leur choix, et nous tout seuls, ou avec nos parents et nos amis. Ce n'est pas qu'un petit nombre de Turcs n'en agisse autrement, mais ils [36] sont mal vus et mènent une vie lâche et inutile. La compagnie des femmes rend l'homme avide, égoïste et cruel ; elle détruit la fraternité et la charité entre nous ; elle cause les querelles, les injustices et la tyrannie. Que chacun vive avec ses semblables ! c'est assez que le maître à l'heure de la sieste, ou quand il rentre le soir dans son logis, trouve pour le recevoir des visages souriants, d'aimables formes richement parées, et, si des almées qu'on fait venir dansent et chantent devant lui, alors il

peut rêver le paradis d'avance et se croire au troisième ciel, où sont les
véritables beautés pures et sans tache, celles qui seront dignes seules
d'être les épouses éternelles des vrais croyants.

Est-ce là l'opinion de tous les Turcs ou d'un certain nombre d'entre
eux ? On doit y voir peut-être moins le mépris de la femme qu'un certain
reste du platonisme antique, qui élève l'amour pur au-dessus des objets
périssables. La femme adorée n'est elle-même que le fantôme abstrait,
que l'image incomplète d'une femme divine, fiancée au croyant de toute
éternité. Ce sont ces idées qui ont fait penser que les Turcs niaient l'âme
des femmes ; mais on sait aujourd'hui que les musulmanes vraiment
pieuses ont l'espérance elles-mêmes de [37] voir leur idéal se réaliser dans
le ciel. L'histoire religieuse des Turcs a ses saintes et ses prophétesses, et
la fille de Mahomet, l'illustre Fatime[1], est la reine de ce paradis féminin.

Seyd-Aga avait fini par me conseiller d'embrasser le mahométisme ;
je le remerciai en souriant et lui promis d'y réfléchir. Me voilà cette
fois plus embarrassé que jamais. Il me restait pourtant encore à aller
consulter le peintre sourd de l'hôtel Domergue, comme j'en avais eu
primitivement l'idée.

V. – LE MOUSKY[2]

Lorsqu'on a tourné la rue en laissant à gauche le bâtiment des haras,
on commence à sentir l'animation de la grande ville. La chaussée qui fait
le tour de la place de l'Esbekieh n'a qu'une maigre allée d'arbres pour
vous protéger du soleil ; mais déjà de grandes et hautes maisons de pierre
découpent en zigzags les rayons poudreux qu'il projette sur un seul côté
de la rue. Le lieu est d'ordinaire très frayé, très bruyant, très encombré
de marchandes d'oranges, de bananes et de cannes à sucre encore [38]
vertes, dont le peuple mâche avec délice la pulpe sucrée. Il y a aussi des
chanteurs, des lutteurs et des psylles[3] qui ont de gros serpents roulés
autour du cou ; là enfin se produit un spectacle qui réalise certaines images

1   « Fatime » (Fatima) fut l'épouse de 'Ali.
2   « LE MOUSKY » : principale artère du Caire qui traverse la vieille ville dans toute sa largeur.
3   « Psylles ». Charmeurs de serpents.

des songes drôlatique de Rabelais. Un vieillard jovial fait danser avec le genou de petites figures dont le corps est traversé d'une ficelle comme celles que montrent nos Savoyards, mais qui se livrent à des pantomimes beaucoup moins décentes. Ce n'est pourtant pas là l'illustre Caragueuz, qui ne se produit d'ordinaire que sous forme d'ombre chinoise. Un cercle émerveillé de femmes, d'enfants et de militaires applaudit naïvement ces marionnettes éhontées. Ailleurs c'est un montreur de singes qui a dressé un énorme cynocéphale à répondre avec un bâton aux attaques des chiens errants de la ville, que les enfants excitent contre lui. Plus loin la voie se rétrécit et s'assombrit par l'élévation des édifices. Voici à gauche le couvent des derviches tourneurs, lesquels donnent publiquement une séance tous les mardis ; puis une vaste porte cochère, au-dessus de laquelle on admire un grand crocodile empaillé, signale la maison d'où partent les voitures qui traversent le désert du Caire à Suez[1]. Ce sont des voitures très légères, [39] dont la forme rappelle celle du prosaïque coucou ; les ouvertures, largement découpées, livrent tout passage au vent et à la poussière, c'est une nécessité sans doute ; les roues de fer présentent un double système de rayons, partant de chaque extrémité du moyeu pour aller se rejoindre sur le cercle étroit qui remplace les jantes. Ces roues singulières coupent le sol plutôt qu'elles ne s'y posent.

Mais passons. Voici à droite un cabaret chrétien, c'est-à-dire un vaste cellier où l'on donne à boire sur des tonneaux. Devant la porte se tient habituellement un mortel à face enluminée et à longues moustaches, qui représente avec majesté le *Franc* autochtone, la race, pour mieux dire, qui appartient à l'Orient. Qui sait s'il est Maltais, Italien, Espagnol ou Marseillais d'origine ? Ce qui est sûr, c'est que son dédain pour les costumes du pays et la conscience qu'il a de la supériorité des modes européennes l'ont induit en des raffinements qui donnent une certaine originalité à sa garde-robe délabrée. Sur une redingote bleue dont les anglaises effrangées[2] ont depuis longtemps fait divorce avec leurs boutons, il a eu l'idée d'attacher des torsades de ficelles qui se croisent comme des brandebourgs. Son pantalon rouge s'emboîte dans un reste de bot[40]tes fortes armées d'éperons, Un vaste col de chemise et un chapeau blanc bossué à retroussis verts adoucissent ce que ce costume aurait de trop

---

1   « Suez. » Nerval décrit le trajet de l'Esbekieh au Mousky dans une lettre à Gautier de la fin d'août 1843.

2   « Anglaises effrangées ». Gros galons de fil (Littré).

martial et lui restituent son caractère civil. Quant au nerf de bœuf qu'il tient à la main, c'est encore un privilège des Francs et des Turcs, qui s'exerce trop souvent aux dépens des épaules du pauvre et patient *fellah*.

Presque en face du cabaret, la vue plonge dans une impasse étroite où rampe un mendiant aux pieds et aux mains coupés ; ce pauvre diable implore la charité des Anglais, qui passent à chaque instant, car l'hôtel Waghorn est situé dans cette ruelle obscure qui, de plus, conduit au théâtre du Caire et au cabinet de lecture de M. Bonhomme[1], annoncé par un vaste écriteau peint en lettres françaises. Tous les plaisirs de la civilisation se résument là, et ce n'est pas de quoi causer grande envie aux Arabes. En poursuivant notre route, nous rencontrons à gauche une maison à face architecturale, sculptée et brodée d'arabesques peintes, unique réconfort jusqu'ici de l'artiste et du poète. Ensuite la rue forme un coude, et il faut lutter pendant vingt pas contre un encombrement perpétuel d'ânes, de chiens, de chameaux, de marchands de concombres [41] et de femmes vendant du pain. Les ânes galopent, les chameaux mugissent, les chiens se maintiennent obstinément rangés en espaliers le long des portes de trois bouchers. Ce petit coin ne manquerait pas de physionomie arabe, si l'on n'apercevait en face de soi l'écriteau d'une *trattoria* remplie d'Italiens et de Maltais.

C'est qu'en face de nous voici dans tout son luxe la grande rue commerçante du quartier franc, vulgairement nommée le *Mousky*. La première partie, à moitié couverte de toiles et de planches, présente deux rangées de boutiques bien garnies, où toutes les nations européennes exposent leurs produits les plus usuels. L'Angleterre domine pour les étoffes et la vaisselle, l'Allemagne pour les draps, la France pour les modes, Marseille pour les épiceries, les viandes fumées et[q] les menus objets d'assortiment. Je ne cite point Marseille avec la France, car dans le Levant on ne tarde pas à s'apercevoir que les Marseillais forment une nation à part ; ceci soit dit dans le sens le plus favorable d'ailleurs.

Parmi les boutiques où l'industrie européenne attire de son mieux les plus riches habitants du Caire, les Turcs réformistes, ainsi que les Cophtes et les Grecs, plus facilement accessibles à nos habi-[42]tudes, il y a une brasserie anglaise où l'on peut aller contrarier, à l'aide du madère, du porter ou de l'ale, l'action parfois émolliente des eaux du Nil. Un autre

---

1   « M. Bonhomme » est évoqué par Xavier Marmier dans *Du Rhin au Nil*, 1847, t. II.

lieu de refuge contre la vie orientale est la pharmacie Castagnol, où très souvent les *beys*[1], les *muchirs*[2] et les *nazirs*[3] originaires de Paris viennent s'entretenir avec les voyageurs et retrouver un souvenir de la patrie. On n'est pas étonné de voir les chaises de l'officine, et même les bancs extérieurs, se garnir d'Orientaux douteux, à la poitrine chargée d'étoiles en brillants, qui causent en français et lisent les journaux, tandis que des saïs[4] tiennent tout prêts à leur disposition des chevaux fringants, aux selles brodées d'or. Cette affluence s'explique aussi par le voisinage de la poste franque, située dans l'impasse qui aboutit à l'hôtel Domergue. On vient attendre tous les jours la correspondance et les nouvelles, qui arrivent de loin en loin, selon l'état des routes ou la diligence des messagers. Le bateau à vapeur anglais ne remonte le Nil qu'une fois par mois[5].

Je touche au but de mon itinéraire, car je rencontre à la pharmacie Castagnol mon peintre de l'hôtel français, qui fait préparer du chlorure d'or pour son daguerréotype[6]. Il me propose de venir [43] avec lui prendre un point de vue dans la ville ; je donne donc congé au drogman, qui se hâte d'aller s'installer dans la brasserie anglaise, ayant pris, je le crains bien, du contact de ses précédents maîtres, un goût immodéré pour la bière forte et le *whisky*.

En acceptant la promenade proposée, je complotais une idée plus belle encore : c'était de me faire conduire au point le plus embrouillé de la ville, d'abandonner le peintre à ses travaux, et puis d'errer à l'aventure, sans interprète et sans compagnon. Voilà ce que je n'avais pu obtenir jusque-là, le drogman se prétendant indispensable, et tous les Européens que j'avais rencontrés me proposant de me faire voir « les beautés de la ville. » Il faut avoir un peu parcouru le Midi pour connaître toute la portée de cette hypocrite proposition. Vous croyez que l'aimable résident se fait guide par bonté d'âme. Détrompez-vous ; il n'a rien à

---

1   « Les *beys* » sont des conseillers.

2   « Les *muchirs* » sont des officiers supérieurs. *Moush'ir*, signifie « informateur », indique Huré. *Cf.* t. II, n. 2, p. 131.

3   « Les *nazirs* » sont des directeurs de services importants, de hauts fonctionnaires, des ministres. *Nazir* veut dire « surveillant », du verbe *nadhara* : « percevoir avec les yeux » (Huré). *Cf.* ici, n. 1, p. 292 et t. II, n. 3, p. 131.

4   « Des *saïs* » sont des palefreniers. *Cf.* ici, t. I, n. 4, p. 168 et t. II, n. 2, p. 45.

5   « Mois. » Ce paragraphe est cité et le reste du chapitre résumé dans un article du *Magasin pittoresque* de 1855 (t. XXIII, p. 265-266). *NPl.*

6   « Daguerréotype ». Premier des appareils photographiques mis au point en 1838 par Jacques Daguerre (1787-1851) et Nicéphore Niepce.

faire, il s'ennuie horriblement, il a besoin de vous pour l'amuser, pour le distraire, pour « lui faire la conversation ; » mais il ne vous montrera rien que vous n'eussiez trouvé du premier coup : même il ne connaît point sa ville, il n'a pas d'idée de ce qui s'y passe ; il cherche un but de promenade et un [44] moyen de vous ennuyer de ses remarques et de s'amuser des vôtres. D'ailleurs, qu'est-ce qu'une belle perspective, un monument, un détail curieux, sans le hasard, sans l'imprévu ?

Un préjugé des Européens du Caire, c'est de ne pouvoir faire dix pas sans monter sur un âne escorté d'un ânier. Les ânes sont fort beaux, j'en conviens, trottent et galopent à merveille ; l'ânier vous sert de *cavasse*[1] *et fait écarter la foule en criant : Ha ! ha ! iniglac*[2] *! smalac ! ce qui veut dire à droite ! à gauche !* Les femmes ayant l'oreille ou la tête plus dure que les autres passants, l'ânier crie à tout moment : *Ia bint !* (hé ! femme[3] !) d'un ton impérieux qui fait bien sentir la supériorité du sexe masculin.

VI. – UNE AVENTURE AU BESESTAIN

Nous chevauchions ainsi, le peintre et moi, suivis d'un âne qui portait le daguerréotype, machine compliquée et fragile qu'il s'agissait d'établir quelque part de manière à nous faire honneur. Après la rue que j'ai décrite, on rencontre un passage couvert en planche, où le commerce européen étale [45] ses produits les plus brillants. C'est une sorte de bazar où se termine le quartier franc. Nous tournons à droite, puis à gauche, au milieu d'une foule toujours croissante ; nous suivons une longue rue[4] très régulière[r], qui offre à la curiosité, de loin en loin,

---

1   « Cavasse ». Dans le *Supplément* de Littré, on trouve *cavas* avec ce sens : « nom de gendarmes chez les Turcs ». Il s'agirait ici d'un garde personnel.

2   « Iniglac ! » Sûrement reglak : « Ton pied, ta jambe ! »

3   « Hé ! femme ! ». Plus exactement : « Hé ! la fille ! »

4   « Une longue rue ». La livraison du 15 novembre 1849 de *L'Artiste* contenait une gravure représentant *Une rue du Caire*, rappelle Lemaitre, accompagnée de ces lignes : « Ah ! si Gérard était là, comme il vous conduirait avec un fil d'or dans les détours et les mystères de cette rue ! C'est son affaire et non la mienne. Il s'est emparé du Caire, des femmes du Caire, des monuments du Caire, du soleil du Caire. Autrefois c'étaient des soldats qui prenaient une ville d'assaut et y passaient une saison, aujourd'hui ce sont les écrivains. Qu'est-ce qui règne au Caire, si ce n'est Gérard de Nerval ? » *Cf.* l'illustration hors-texte, p. 117.

Ill. 1 – Gravure proposée dans *L'Artiste* du 15 novembre 1849.

« Une rue au Caire »

« Ah ! si Gérard était là, comme il vous conduirait avec un fil d'or dans les détours et les mystères de cette rue ! C'est son affaire et non la mienne. Il s'est emparé du Caire, des femmes du Caire, des monuments du Caire, du soleil du Caire. Autrefois c'étaient des soldats qui prenaient une ville d'assaut et y passaient une saison, aujourd'hui ce sont les écrivains. Qu'est-ce qui règne au Caire, si ce n'est Gérard de Nerval ? »

« Nous tournons à droite, puis à gauche, au milieu d'une foule toujours croissante ; nous suivons une longue rue très régulière, qui offre à la curiosité, de loin en loin, des mosquées, des fontaines, un couvent de derviches, et tout un bazar de quincaillerie et de porcelaine anglaise. »

des mosquées, des fontaines, un couvent de derviches, et tout un bazar de quincaillerie et de porcelaine anglaise. Puis, après mille détours, la voie devient plus silencieuse, plus poudreuse, plus déserte ; les mosquées tombent en ruine, les maisons s'écroulent çà et là, le bruit et le tumulte ne se reproduisent plus que sous la forme d'une bande de chiens criards, acharnés après nos ânes, et poursuivant surtout nos affreux vêtements noirs d'Europe. Heureusement nous passons sous une porte, nous changeons de quartiers, et ces animaux s'arrêtent en grognant aux limites extrêmes de leurs possessions. On sait que toute la ville[s] est partagée en cinquante-trois quartiers entourés de murailles, dont plusieurs appartiennent aux nations cophte, grecque, turque, juive et française. Les chiens eux-mêmes, qui pullulent en paix dans la ville sans appartenir à personne, reconnaissent ces divisions, et ne se hasarderaient pas au-delà sans danger. Une nouvelle escorte canine remplace [46] bientôt celle qui nous a quittés, et nous conduit jusqu'aux *casins*[1] situés sur le bord d'un canal qui traverse le Caire, et qu'on appelle le *Calish*[2].

Nous voici dans une sorte de faubourg séparé par le canal des principaux quartiers de la ville ; des cafés ou casinos nombreux bordent la rive intérieure, tandis que l'autre présente un assez large boulevard égayé de quelques palmiers poudreux. L'eau du canal est verte et quelque peu stagnante ; mais une longue suite de berceaux et de treillages festonnés de vignes et de lianes, servant d'arrière-salle aux cafés, présente un coup d'œil des plus riants ; tandis que l'eau plate qui les cerne reflète avec amour les costumes bigarrés des fumeurs. Les flacons d'huile des lustres s'allument aux seuls feux du jour, les narguilés de cristal jettent des éclairs, et la liqueur ambrée nage dans les tasses légères que des Noirs distribuent avec leurs coquetiers de filigrane doré.

Après une courte station à l'un de ces cafés, nous nous transportons sur l'autre rive du Calish, et nous installons sur des piquets l'appareil où le dieu du jour s'exerce si agréablement au métier de paysagiste. Une mosquée en ruine au minaret curieusement sculpté, un palmier svelte s'élançant [47] d'une touffe de lentisques, c'est, avec tout le reste, de quoi composer un tableau digne de Marilhat[3]. Mon compagnon est

---

1   « *Casins* ». Établissement où l'on se divertit. Voir le mot italien *casino*.
2   « *Calish* ». Canal, dérivé du Nil pour sa décharge, qui traversait le Caire.
3   Marilhat, Prosper (1811-1847), est un peintre orientaliste de talent qui vécut en Égypte de 1831 à 1833. Ses tableaux les plus connus sont *Place de l'Esbekieh* (1834), *Le Delta*

dans le ravissement, et, pendant que le soleil travaille sur ses plaques[1] fraîchement polies, je crois pouvoir entamer une conversation instructive en lui faisant au crayon des demandes auxquelles son infirmité ne l'empêche pas de répondre de vive voix.

— Ne vous mariez pas, s'écrie-t-il, et surtout ne prenez point le turban. Que vous demande-t-on ? D'avoir une femme chez vous. La belle affaire ! J'en fais venir tant que je veux. Ces marchandes d'oranges en tunique bleue, avec leurs bracelets et leurs colliers d'argent, sont fort belles. Elles ont exactement la forme des statues égyptiennes, la poitrine développée, les épaules et les bras superbes, la hanche peu saillante, la jambe fine et sèche. C'est de l'archéologie ; il ne leur manque qu'une coiffure à tête d'épervier, des bandelettes autour du corps, et une croix ansée[2] à la main pour représenter Isis ou Athor[3].

— Mais vous oubliez, dis-je, que je ne suis point artiste, et, d'ailleurs, ces femmes ont des maris ou des familles. Elles sont voilées ; comment deviner si elles sont belles ?... Je ne sais encore [48] qu'un seul mot d'arabe. Comment les persuader ?

— La galanterie est sévèrement défendue au Caire, mais l'amour n'est interdit nulle part. Vous rencontrez une femme dont la démarche, dont la taille, dont la grâce à draper ses vêtements, dont quelque chose qui se dérange dans le voile ou dans la coiffure indique la jeunesse ou l'envie de paraître aimable. Suivez-la seulement, et, si elle vous regarde en face au moment où elle ne se croira pas remarquée de la foule, prenez le chemin de votre maison, elle vous suivra. En fait de femme, il ne faut se fier qu'à soi-même. Les drogmans vous adresseraient mal. Il faut payer de votre personne, c'est plus sûr.

(1839), *Ruines de la mosquée du calife Hakem* (1840), *Souvenir des bords du Nil* (1844). Dans le numéro spécimen de *L'Événement* de la famille Hugo, Charles annonce : « Gérard de Nerval ouvrira pour nous son album d'Orient, plein de Marilhat et de Decamps [autre peintre orientaliste fameux] ». Rien de Nerval ne paraîtra dans ce journal. Marilhat avait été en contact avec Nerval et ses amis au temps de la bohème du Doyenné.

1   « Plaques ». Gérard avait emporté en Orient un daguerréotype, mais les plaques furent détériorées par la chaleur.

2   « La croix ansée ». *Cf.* ci-avant, n. 4 , p. 60.

3   « Athor » est la « déesse égyptienne en qui les Grecs ont cru reconnaître les principaux caractères de leur Vénus Aphrodite. Selon Plutarque, Athor n'est qu'une espèce de surnom d'Isis, une forme secondaire du nom de cette grande déesse, et le mot lui-même signifie : demeure mondaine d'Horus, *at-hor* ». *GDU* remarque qu'il est « difficile de voir autre chose qu'une Vénus ténébreuse dans celle qui figure si souvent sur les monuments funèbres ».

Mais, au fait, me disais-je en quittant le peintre et le laissant à son œuvre, entouré d'une foule respectueuse qui le croyait occupé d'opérations magiques, pourquoi donc aurais-je renoncé à plaire ? Les femmes sont voilées, mais je ne le suis pas. Mon teint d'Européen peut avoir quelque charme dans le pays. Je passerais en France pour un cavalier ordinaire, mais au Caire je deviens un aimable enfant du Nord. Ce costume franc qui ameute les chiens, me vaut du moins d'être remarqué ; c'est beaucoup.

En effet, j'étais rentré dans les rues populeuses, [49] et je fendais la foule étonnée de voir un Franc à pied et sans guide dans la partie arabe de la ville. Je m'arrêtais aux portes des boutiques et des ateliers, examinant tout d'un air de flânerie inoffensive qui ne m'attirait que des sourires. On se disait : il a perdu son drogman, il manque peut-être d'argent pour prendre un âne… on plaignait l'étranger fourvoyé dans l'immense cohue des bazars, dans le labyrinthe des rues. Moi, je m'étais arrêté à regarder trois forgerons au travail qui semblaient des hommes de cuivre. Ils chantaient une chanson arabe dont le rythme les guidait dans les coups successifs qu'ils donnaient à des pièces de métal qu'un enfant apportait tour à tour sur l'enclume. Je frémissais en songeant que, si l'un deux eût manqué la mesure d'un demi-temps, l'enfant aurait eu la main broyée. Deux femmes s'étaient arrêtées derrière moi et riaient de ma curiosité. Je me retourne, et je vois bien à leur mantille de taffetas noir, à leur pardessus de lévantine[1] verte, qu'elles n'appartenaient pas à la classe des marchandes d'oranges du Mousky. Je m'élance au-devant d'elles, mais elles baissent leur voile et s'échappent. Je les suis, et j'arrive bientôt dans une longue rue entrecoupée de riches bazars qui traverse toute la ville. [50] Nous nous engageons sous une voûte à l'aspect grandiose, formée de charpentes sculptées d'un style antique, où le vernis et la dorure rehaussent mille détails d'arabesques splendides. C'est là peut-être le *besestain*[2] des Circassiens où s'est passée l'histoire racontée par le marchand cophte au sultan de Casgar[3]. Me voilà

---

1 « Lévantine » : Étoffe de soie unie, fabriquée dans le Levant.
2 « Le Besestain » : Bazar couvert (*Sikket el-Bâdistân*) (Huré). Antoine Galland (célèbre traducteur et recréateur des *Mille et Une Nuits*) explique que « bezestein » désigne un « lieu public où se vendent des étoffes de soie et autres marchandises précieuses ».
3 « Casgar » : Kashgar, ville d'Asie centrale, aujourd'hui dans le Turkestan chinois (Huré). L'histoire commence dans le « bezestein » des Circassiens au Caire. On relèvera la citation suivante : « Madame, [dit le jeune homme de Bagdad,] laissez-moi voir votre visage, pour prix de vous avoir fait plaisir : ce sera me payer avec usure. »

en pleines *Mille et Une Nuits*[1]. Que ne suis-je un des jeunes marchands auxquels les deux dames font déployer leurs étoffes, ainsi que faisait la fille de l'émir devant la boutique de Bedreddin ! Je leur dirais comme le jeune homme de Bagdad : « Laissez-moi voir votre visage pour prix de cette étoffe à fleurs d'or, et je me trouverai payé avec usure ! » Mais elles dédaignent les soieries de Beyrouth, les étoffes brochées de Damas, les *mandilles*[2] de Brousse[3], que chaque vendeur étale à l'envi. Il n'y a point là de boutiques ; se [ce *sic*] sont de simples étalages dont les rayons s'élèvent jusqu'à la voûte, surmontés d'une enseigne couverte de lettres et d'attributs dorés. Le marchand, les jambes croisées, fume sa longue pipe ou son narguilé sur une estrade étroite, et les femmes vont ainsi de marchand en marchand, se contentant, après avoir fait déployer chez l'un, de passer à l'autre, en saluant d'un regard dédaigneux.

[51]
   Mes belles rieuses veulent absolument des étoffes de Constantinople. Constantinople donne la mode au Caire. On leur fait voir d'affreuses mousselines imprimées, en criant : *Istambolda* (c'est de Stamboul) ! Elles poussent des cris d'admiration. Les femmes sont les mêmes partout.

   Je m'approche d'un air de connaisseur ; je soulève le coin d'une étoffe jaune, à ramages lie de vin, et je m'écrie : *Tayeb* (cela est beau) ! Mon observation paraît plaire ; c'est à ce choix qu'on s'arrête. Le marchand aune avec une sorte de demi-mètre qui s'appelle un *pic*, et l'on charge un petit garçon de porter l'étoffe roulée.

   Pour le coup, il me semble bien que l'une des jeunes dames m'a regardé en face ; d'ailleurs, leur marche incertaine, les rires qu'elles étouffent en se retournant et me voyant les suivre, la mantille noire (*habbarah*) soulevée de temps en temps pour laisser voir un masque blanc, signe d'une classe supérieure, enfin toutes ces allures indécises que prend au bal de l'Opéra un domino qui veut vous séduire, semblent m'indiquer qu'on n'a pas envers moi des sentiments bien farouches. Le moment paraît donc venu de passer devant et de prendre le chemin de mon logis ; mais le moyen de le [52] retrouver ? Au Caire, les rues n'ont pas d'écriteaux, les maisons pas de numéros, et chaque quartier, ceint de murs, est en

---

1   « *Mille et Une Nuits.* » CXXXII[e].
2   « *Mandilles* ». Manteau court, ou veste.
3   « Brousse ». Ville commerçante, et ancienne capitale, située en Turquie d'Asie, au sud de la mer de Marmara.

lui-même un labyrinthe des plus complets. Il y a dix impasses pour une rue qui aboutit. Dans le doute, je suivais toujours. Nous quittons les bazars pleins de tumulte et de lumière, où tout reluit et papillote, où le luxe des étalages fait contraste au grand caractère d'architecture et de splendeur des principales mosquées, peintes de bandes horizontales jaunes et rouges ; voici maintenant des passages voûtés, des rues étroites et sombres, où surplombent les cages de fenêtres en charpente, comme dans nos rues du Moyen Âge. La fraîcheur de ces voies presque souterraines est un refuge aux ardeurs du soleil d'Égypte, et donne à la population beaucoup des avantages d'une latitude tempérée. Cela explique la blancheur mate qu'un grand nombre de femmes conservent sous leur voile, car beaucoup d'entre elles n'ont jamais quitté la ville que pour aller se réjouir sous les ombrages de Schoubrah[1].

Mais que penser de tant de tours et détours qu'on me fait faire ? Me fuit-on en réalité, ou se guide-t-on, tout en me précédant, sur ma marche aventureuse ? Nous entrons pourtant dans une rue que [53] j'ai traversée la veille, et que je reconnais surtout à l'odeur charmante que répandent les fleurs jaunes d'un arbousier. Cet arbre aimé du soleil projette au-dessus du mur ses branches revêtues de houppes parfumées. Une fontaine basse forme encoignure, fondation pieuse destinée à désaltérer les animaux errants. Voici une maison de belle apparence, décorée d'ornements sculptés dans le plâtre ; l'une des dames introduit dans la porte une de ces clés rustiques dont j'ai déjà l'expérience. Je m'élance à leur suite dans le couloir sombre, sans balancer, sans réfléchir, et me voilà dans une cour vaste et silencieuse, entourée de galeries, dominée par les mille dentelures des *moucharabys*.

VII. – UNE MAISON DANGEREUSE

Les dames ont disparu dans je ne sais quel escalier sombre de l'entrée ; je me retourne avec l'intention sérieuse de regagner la porte :

---

1   « Schoubrah » (Choubrah : Quartier ombragé du nord de la ville ; on accédait au jardin khédivial (un peu plus de trois hectares, créé par Muhammad 'Ali) par un kiosque, *cf.* n. 2, p. 224. (Huré) *Cf.* ici, n. 3, p. 106 et n. 1, p. 223. Illustration, p. 225.

un esclave abyssinien[1], grand et robuste, est en train de la refermer. Je cherche un mot pour le convaincre que je me suis trompé de maison, que je croyais rentrer chez moi ; mais le mot *tayeb*, si universel [54] qu'il soit, ne me paraît pas suffisant à exprimer toutes ces choses. Pendant ce temps, un grand bruit se fait dans le fond de la maison, des *saïs* étonnés sortent des écuries, des bonnets rouges se montrent aux terrasses du premier étage, et un Turc des plus majestueux s'avance du fond de la galerie principale.

Dans ces moments-là, le pire est de rester court. Je songe que beaucoup de musulmans entendent la langue franque[2], laquelle, au fond, n'est qu'un mélange de toutes sortes de mots des patois méridionaux, qu'on emploie au hasard jusqu'à ce qu'on se soit fait comprendre ; c'est la langue des Turcs de Molière. Je ramasse donc tout ce que je puis savoir d'italien, d'espagnol, de provençal et de grec, et je compose avec le tout un discours fort captieux. Au demeurant, me disais-je, mes intentions sont pures ; l'une au moins des femmes peut bien être sa fille ou sa sœur. J'épouse, je prends le turban ; aussi bien il y a des choses qu'on ne peut éviter. Je crois au destin.

D'ailleurs, ce Turc avait l'air d'un bon diable, et sa figure bien nourrie n'annonçait pas la cruauté. Il cligna de l'œil avec quelque malice en me voyant accumuler les substantifs les plus baroques qui [55] eussent jamais retenti dans les Échelles du Levant, et me dit, tendant vers moi une main potelée chargée de bagues : – Mon cher Monsieur, donnez-vous la peine d'entrer ici ; nous causerons plus commodément.

Ô surprise ! ce brave Turc était un Français comme moi !

Nous entrons dans une fort belle salle dont les fenêtres se découpaient sur des jardins ; nous prenons place sur un riche divan. On apporte du café et des pipes. Nous causons. J'explique de mon mieux comment j'étais entré chez lui, croyant m'engager dans un des nombreux passages qui traversent au Caire les principaux massifs des maisons ; mais je comprends à son sourire que mes belles inconnues avaient eu le temps de me trahir. Cela n'empêcha pas notre conversation de prendre en peu

---

1   « Un esclave abyssinien ». Huré rappelle que Lane évoque la situation particulière des esclaves originaires d'Abyssinie vivant au Caire (*An account of the manners and customs of the modern Egyptians*, 5ᵉ éd., Londres, 1871, p. 168-169 et 233-234, texte cité par B. Lewis, in *Race et esclavage au Proche-Orient, op. cit.*, p. 112-113).

2   « Langue franque » : « Je me fais entendre assez bien en langue franque, qui est un mélange d'italien, d'arabe et de grec moderne » (à son père, le 18 mars 1843).

de temps un caractère d'intimité. En pays turc[1], la connaissance se fait vite entre compatriotes. Mon hôte voulut bien m'inviter à sa table, et, quand l'heure fut arrivée, je vis entrer deux fort belles personnes, dont l'une était sa femme, et l'autre la sœur de sa femme. C'étaient mes inconnues du bazar des Circassiens[2], et toutes deux Françaises... Voilà ce qu'il y avait de plus humi-[56]liant ! On me fit la guerre sur ma prétention à parcourir la ville sans drogman et sans ânier ; on s'égaya touchant ma poursuite assidue de deux dominos douteux, qui évidemment ne révélaient aucune forme, et pouvaient cacher des vieilles ou des Négresses. Ces dames ne me savaient pas le moindre gré d'un choix aussi hasardeux, où aucun de leurs charmes n'était intéressé, car il faut avouer que le *habbarah* noir, moins attrayant que le voile des simples filles fellahs, fait de toute femme un paquet sans forme, et, quand le vent s'y engouffre, lui donne l'aspect d'un ballon à demi gonflé.

Après le dîner, servi entièrement à la française, on me fit entrer dans une salle beaucoup plus riche, aux murs revêtus de porcelaines peintes, aux corniches de cèdre sculptées. Une fontaine de marbre lançait dans le milieu ses minces filets d'eau, des tapis et des glaces de Venise complétaient l'idéal du luxe arabe ; mais la surprise qui m'attendait là concentra bientôt toute mon attention. C'étaient huit jeunes filles placées autour d'une table ovale, et travaillant à divers ouvrages. Elles se levèrent, me firent un salut, et les deux plus jeunes vinrent me baiser la main, cérémonie à laquelle je savais qu'on ne pouvait se refuser au Caire. Ce qui m'é-[57]tonnait le plus dans cette apparition séduisante, c'est que le teint de ces jeunes personnes, vêtues à l'orientale, variait du bistre à l'olivâtre, et arrivait, chez la dernière, au chocolat le plus foncé. Il eût été inconvenant peut-être de citer devant la plus blanche le vers de Gœthe :

Connais-tu la contrée – où les citrons mûrissent[3]...

---

1   « Pays turc » est impropre pour désigner l'Égypte ; en 1843, la souveraineté ottomane n'y est plus que nominale, remarque Huré.

2   « Circassiens » » : Caucasiens.

3   « Mûrissent... » » : « Kennst du das Land, wo die Zitronen blühn... ? » (*Wilhelm Meister Lehrjahre*) On reconnaît la *Chanson de Mignon* dont, en 1840, Nerval avait publié, à la suite de ses traductions des deux *Faust*, une traduction due à Toussenel : « Connais-tu la contrée où, dans le feuillage, Brille comme un fruit d'or le fruit du citronnier, Où le vent d'un ciel bleu rafraîchit sans orage Les bocages de myrte et les bois du laurier ? Connais-tu la maison, le vaste péristyle... Et la sombre caverne où dort le vieux serpent ? »

Cependant elles pouvaient passer toutes pour des beautés de race
mixte. La maîtresse de la maison et sa sœur avaient pris place sur le
divan en riant aux éclats de mon admiration. Les deux petites filles
nous apportèrent des liqueurs et du café.

Je savais un gré infini à mon hôte de m'avoir introduit dans son
harem, mais je me disais en moi-même qu'un Français ne ferait jamais
un bon Turc, et que l'amour-propre de montrer ses maîtresses ou ses
épouses devait dominer toujours la crainte de les exposer aux séductions.
Je me trompais encore sur ce point. Ces charmantes fleurs aux couleurs
variées étaient non pas les femmes, mais les filles de la maison. Mon
hôte appartenait à cette génération militaire qui voua son existence au
service de Napoléon. Plutôt que de se reconnaître sujets de la restauration,
beaucoup de ces braves [58] allèrent offrir leurs services aux souverains de
l'Orient. L'Inde et l'Égypte en accueillirent un grand nombre ; il y avait
dans ces deux pays de beaux souvenirs de la gloire française. Quelques-
uns adoptèrent la religion et les mœurs des peuples qui leur donnaient
asile. Le moyen de les blâmer ? La plupart, nés pendant la révolution,
n'avaient guère connu de culte que celui des théophilanthropes[1] ou des
loges maçonniques. Le mahométisme, vu dans les pays où il règne, a
des grandeurs qui frappent l'esprit le plus sceptique. Mon hôte s'était
livré jeune encore à ces séductions d'une patrie nouvelle. Il avait obtenu
le grade de bey par ses talents, par ses services ; son sérail s'était recruté
en partie des beautés du Sennaar[2], de l'Abyssinie, de l'Arabie même,
car il avait concouru à délivrer des villes saintes du joug des sectaires
musulmans[3]. Plus tard, plus avancé en âge, les idées de l'Europe lui
étaient revenues : il s'était marié à une aimable fille de consul, et, comme

---

1   « Les théophilanthropes » constataient chez l'homme l'existence du sentiment religieux, et
    préconisaient la prière en commun et l'adoration d'un dieu très proche de l'Être suprême
    et de celui qu'adorait le vicaire savoyard. Ils sont mentionnés au chap. II de « *Quintus
    Aucler* » dans *Les Illuminés*. Après la Terreur, Louis-Marie de La Révellière-Lépeaux* leur
    concéda la jouissance de la plupart des églises de Paris, qui leur furent reprises en 1801.
    NPl. – *Homme politique, né le 24 août 1753 à Montaigu, et mort le 27 mars 1824 à
    Paris. Il fut un des cinq premiers Directeurs du Directoire. Il s'occupa surtout des ques-
    tions culturelles : création de l'Institut de France, diffusion de la théophilanthropie. Il
    dut démissionner lors du coup d'État du 18 juin 1799.

2   « Sennar » ((Sennaar, Sennâr) : ville de la Nubie, sur le Nil bleu, annexée à l'Égypte par
    Méhémet-Ali à partir de 1820. Huré indique que la région de Sennar était connue comme
    lieu d'enlèvement d'esclaves noirs, et renvoie opportunément à Lewis (*Race et esclavage au
    Proche-Orient, op. cit.*, p. 114-115).

3   « Sectaires musulmans » : les *Wahhabites* ?

le grand Soliman[1] épousant Roxelane[2], il avait congédié tout son sérail ;
mais les enfants lui étaient restés. C'étaient les filles que je voyais là ;
les garçons étudiaient dans les écoles militaires.

[59]

Au milieu de tant de filles à marier, je sentis que l'hospitalité qu'on me
donnait dans cette maison présentait certaines chances dangereuses, et je
n'osai trop exposer ma situation réelle avant de plus amples informations.

On me fit reconduire chez moi le soir, et j'ai emporté de toute cette
aventure le plus gracieux souvenir... Mais, en vérité, ce ne serait pas
la peine d'aller au Caire pour me marier dans une famille française[3].

Le lendemain, Abdallah vint me demander la permission d'accompagner
des Anglais jusqu'à Suez. C'était l'affaire d'une semaine, et je ne voulus
pas le priver de cette course lucrative. Je le soupçonnai de n'être pas
très satisfait de ma conduite de la veille. Un voyageur qui se passe de
drogman toute une journée, qui rôde à pied dans les rues du Caire, et
dîne ensuite on ne sait où, risque de passer pour un être bien fallacieux.
Abdallah me présenta, du reste, pour tenir sa place, un *barbarin*[4] de ses
amis, nommé Ibrahim. Le barbarin (c'est ici le nom des domestiques
ordinaires) ne sait qu'un peu de patois maltais.

[60]

---

1   « Soliman » le Grand signa avec François 1er les capitulations qui ouvrirent à la France les
    ports du Levant.
2   « Roxelane », favorite d'origine russe de Soliman (Suleyman 1er) le Grand ou le Magnifique,
    devint son épouse. Lemaitre rappelle qu'il est question de cet épisode de l'histoire turque
    dans *Bajazet* (II, 1) de Racine, dans la tragédie de Jean Desmarets de Saint-Sorlin, *Roxelane*
    (1643), dans un conte de Marmontel dont Favart tira sa comédie des *Trois Sultans* (1765).
3   « Une famille française. » On pense à la lettre de Nerval à son père, du 18 mars 1843. Il a
    été invité par Linant de Bellefonds (1800-1883), ingénieur en chef au service du sultan, qui
    a « une maison quasi orientale » : « Nous avons été très étonnés, en venant en soirée chez lui,
    de rencontrer, outre sa dame, qui est syrienne et vêtue à la mode de ce pays, quatre ou cinq
    jeunes personnes blanches ou cuivrées, vêtues de costumes très brillants. Nous pensions
    d'abord qu'on nous avait introduits par mégarde dans le sérail du maître de la maison, mais
    nous avons appris ensuite que c'étaient ses filles, et filles à marier. On peut dire qu'il y en
    a de toutes les couleurs. » L'ingénieur Louis, Maurice, Adolphe Linant de Bellefonds, alias
    Linant-bey, accompagna le comte Louis, Nicolas, Philippe, Auguste de Forbin en Égypte.
    Il participa à des missions géographiques au Soudan et en Arabie, puis entra au service de
    Méhémet-Ali ; il traça des routes, creusa des canaux, travailla, avec le saint-simonien Charles
    Lambert, à la construction du barrage du Delta ; en tant que directeur général des Ponts
    et Chaussées d'Égypte, il fut le premier à présenter, en 1847, au père Enfantin, un premier
    projet complet de percement de l'isthme de Suez (Rouger).
4   « Un *barbarin* » est aujourd'hui un Noir.

VIII. – LE WÉKIL[1]

Le Juif Yousef, ma connaissance du bazar aux cotons, venait tous les jours s'asseoir sur mon divan, et se perfectionner dans la conversation.

– J'ai appris, me dit-il, qu'il vous fallait une femme, et je vous ai trouvé un *wékil*.

– Un *wékil* ?

– Oui, cela veut dire envoyé, ambassadeur ; mais dans le cas présent, c'est un honnête homme chargé de s'entendre avec les parents des filles à marier. Il vous en amènera, ou vous conduira chez elles.

– Oh ! oh ! mais quelles sont donc ces filles-là ?

– Ce sont des personnes très honnêtes, et il n'y en a que de celles-là au Caire, depuis que son altesse a relégué les autres à Esné[2], un peu au-dessous de la première cataracte.

– Je veux le croire. Eh bien ! nous verrons ; amenez-moi ce *wékil*.

– Je l'ai amené ; il est en bas.

Le *wékil* était un aveugle, que son fils, homme grand et robuste, gui-dait de l'air le plus modeste. [61] Nous montons à âne tous les quatre, et je riais beaucoup intérieurement en comparant l'aveugle à l'Amour, et son fils au dieu de l'hyménée[3]. Le Juif, insoucieux de ces emblèmes mythologiques, m'instruisait chemin faisant.

– Vous pouvez, me disait-il, vous marier ici de quatre manières[4]. La première, c'est d'épouser une fille cophte devant le *Turc*.

– Qu'est-ce que le Turc ?

---

1   « Le *wékil* » (*wakil*) signifie, selon Huré, « délégué » de *wakala*, « faire confiance (à quelqu'un) ». C'est une personne chargée des intérêts de quelqu'un ou d'une entreprise ; ce peut être un intermédiaire.

2   « Esné ». Nerval évoque, dans la lettre à Gautier, de la fin août 1843, cette relégation « des véritables almées et autres lorettes du Delta ».

3   « Le dieu de l'hyménée », Hymen, est représenté sous la forme d'un séduisant jeune homme couronné de fleurs et tenant à la main un flambeau.

4   « Quatre manières » : « On voulait me marier au Caire avec une Syrienne de douze ans ; mais je l'ai trouvée un peu trop jeune. Les mariages ici se font de trois manières : devant le prêtre cophte, devant le papa grec ou devant le prêtre catholique. La plupart ne sont valables que dans le pays, mais je crois que devant la religion, cela engage toujours. » (*In* lettre au père, Le Caire, 2 mai 1843.) Voir aussi le *Carnet du Caire* qu'a tenu Nerval.

— C'est un brave santon à qui vous donnez quelque argent, qui dit une prière, vous assiste devant le cadi, et remplit les fonctions d'un prêtre : ces hommes-là sont saints dans le pays, et tout ce qu'ils font est bien fait. Ils ne s'inquiètent pas de votre religion, si vous ne songez pas à la leur ; mais ce mariage-là n'est pas celui des filles très honnêtes.

— Bon, passons à un autre.

— Celui-là est un mariage sérieux. Vous êtes chrétien, et les Cophtes le sont aussi ; il y a des prêtres cophtes qui vous marieront, quoique schismatique, sous la condition de consigner un douaire à la femme, dans le cas où vous divorceriez plus tard.

— C'est très raisonnable, mais quel est le douaire ?....

[62]

— Oh ! cela dépend des conventions. Il faut toujours donner au moins 200 piastres.

— Cinquante francs ! ma foi, je me marie, et ce n'est pas cher.

— Il y a encore une autre sorte de mariage pour les personnes très scrupuleuses ; ce sont les bonnes familles. Vous êtes fiancé devant le prêtre cophte, il vous marie selon son rite, et ensuite vous ne pouvez plus divorcer.

— Oh ! mais cela c'est très grave : un instant !

— Pardon ; il faut aussi, auparavant, constituer un douaire, pour le cas où vous quitteriez le pays.

— Alors la femme devient donc libre ?

— Certainement, et vous aussi ; mais, tant que vous restez dans le pays, vous êtes lié.

— Au fond, c'est encore assez juste ; mais quelle est la quatrième sorte de mariage ?

— Celle-là, je ne vous conseille pas d'y penser, on vous marie deux fois : à l'église cophte et au couvent des Franciscains.

— C'est un mariage mixte ?

— Un mariage très solide : si vous partez, il vous faut emmener la femme ; elle peut vous suivre partout et vous mettre les enfants sur les bras.

[63]

— Alors c'est fini, on est marié sans rémission ?

— Il y a bien des moyens encore de glisser des nullités dans l'acte... mais surtout gardez-vous d'une chose, c'est de vous laisser conduire devant le consul !

– Mais cela, c'est le mariage européen.

– Tout à fait. Vous n'avez qu'une seule ressource alors ; si vous connaissez quelqu'un au consulat, c'est d'obtenir que les bans ne soient pas publiés dans votre pays.

Les connaissances de cet éleveur de vers à soie sur la question des mariages me confondaient ; mais il m'apprit qu'on l'avait souvent employé dans ces sortes d'affaires. Il servait de truchement au *wékil*, qui ne savait que l'arabe. Tous ces détails du reste m'intéressaient au dernier point.

Nous étions arrivés presque à l'extrémité de la ville, dans la partie du quartier cophte qui fait retour sur la place de l'Esbekieh du côté de Boulac. Une maison d'assez pauvre apparence au bout d'une rue encombrée de marchands d'herbes et de fritures, voilà le lieu où la présentation devait se faire. On m'avertit que ce n'était point la maison des parents, mais un terrain neutre.

– Vous allez en voir deux, me dit le Juif, et, si [64] vous n'êtes pas content, on en fera venir d'autres.

– C'est parfait ; mais, si elles restent voilées, je vous préviens que je n'épouse pas.

– Oh ! soyez tranquille, ce n'est pas ici comme chez les Turcs.

– Les Turcs ont l'avantage de pouvoir se rattraper sur le nombre.

– C'est en effet tout différent.

La salle basse de la maison était occupée par trois ou quatre hommes en sarrau bleu, qui semblaient dormir ; pourtant, grâce au voisinage de la porte de la ville et d'un corps de garde situé auprès, cela n'avait rien d'inquiétant. Nous montâmes par un escalier de pierre sur une terrasse intérieure. La chambre où l'on entrait ensuite donnait sur la rue, et la large fenêtre, avec tout son grillage de menuiserie, s'avançait, selon l'usage, d'un demi-mètre au dehors de la maison. Une fois assis dans cette espèce de garde-manger, le regard plonge sur les deux extrémités de la rue ; on voit les passants à travers les dentelures latérales. C'est d'ordinaire la place des femmes, d'où, comme sous le voile, elles observent tout sans être vues. On m'y fit asseoir, tandis que le *wékil*, son fils et le Juif prenaient place sur les divans. Bientôt arriva une femme [65] cophte voilée, qui, après avoir salué, releva son *borghot* noir au-dessus de sa tête, ce qui, avec le voile rejeté en arrière, composait une sorte de coiffure israélite. C'était la *khatbé*, ou *wékil* des femmes.

Elle me dit que les jeunes personnes achevaient de s'habiller. Pendant ce temps, on avait apporté des pipes et du café à tout le monde. Un homme à barbe blanche en turban noir, avait aussi augmenté notre compagnie. C'était le prêtre cophte. Deux femmes voilées, les mères sans doute, restaient debout à la porte.

La chose prenait du sérieux, et mon attente était, je l'avoue, mêlée de quelque anxiété. Enfin, deux jeunes filles entrèrent, et successivement vinrent me baiser la main... Je les engageai par signe à prendre place auprès de moi.

– Laissez-les debout, me dit le Juif, ce sont vos servantes.

Mais j'étais encore trop Français pour ne pas insister. Le Juif parla et fit comprendre sans doute que c'était une coutume bizarre des Européens de faire asseoir les femmes devant eux. Elles prirent enfin place à mes côtés.

Elles étaient vêtues d'habits de taffetas à fleurs et de mousseline brodée. C'était fort printanier. La coiffure, composée du tarbouch rouge entortillé de [66] gazillons[1], laissait échapper un fouillis de rubans et de tresses de soie ; des grappes de petites pièces d'or et d'argent, probablement fausses, cachaient entièrement les cheveux. Pourtant il était aisé de reconnaître que l'une était brune et l'autre blonde ; on avait prévu toute objection. La première « était svelte comme un palmier et avait l'œil noir d'une gazelle[2], » avec un teint légèrement bistré ; l'autre, plus délicate, plus riche de contours, et d'une blancheur qui m'étonnait en raison de la latitude, avait la mine et le port d'une jeune reine éclose au pays du matin.

Cette dernière me séduisait particulièrement, et je lui faisais dire toutes sortes de douceurs sans cependant négliger entièrement sa compagne. Toutefois le temps se passait sans que j'abordasse la question principale ; alors la khatbé les fit lever et leur découvrit les épaules qu'elle frappa de la main pour en montrer la fermeté. Un instant, je craignis que l'exhibition n'allât trop loin, et j'étais moi-même un peu embarrassé devant ces pauvres filles, dont les mains recouvraient de gaze leurs charmes à demi trahis. Enfin le Juif me dit :

– Quelle est votre pensée ?

---

1   « Gazillon » : léger tissu de gaze. (*GDU* cite, entre autres, Nerval, mais pas cet exemple.)
2   « Gazelle ». Citation pastichée du *Cantique des cantiques*, VI, 7.

— Il y en a une qui me plaît beaucoup, mais je [67] voudrais réfléchir : on ne s'enflamme pas tout d'un coup ; nous les reviendrons voir.

Les assistants auraient certainement voulu quelque réponse plus
précise. La khatbé et le prêtre cophte me firent presser de prendre une
décision. Je finis par me lever en promettant de revenir, mais je sentais
qu'on n'avait pas grande confiance.

Les deux jeunes filles étaient sorties pendant cette négociation.
Quand je traversai la terrasse pour gagner l'escalier, celle que j'avais
remarquée particulièrement semblait occupée à arranger des arbustes.
Elle se releva en souriant, et, faisant tomber son tarbouch, elle secoua
sur ses épaules de magnifiques tresses dorées, auxquelles le soleil donnait
un vif reflet rougeâtre. Ce dernier effort d'une coquetterie d'ailleurs bien
légitime, triompha presque de ma prudence, et je fis dire à la famille
que j'enverrais certainement des présents.

— Ma foi, dis-je en sortant au complaisant Israélite, j'épouserais bien
celle-là devant le Turc.

— La mère ne voudrait pas, elles tiennent au prêtre cophte. C'est
une famille d'écrivains : le père est mort ; la jeune fille que vous avez
préférée n'a encore été mariée qu'une fois, et pourtant elle a seize ans.
[68]

— Comment ! elle est veuve ?

— Non, divorcée.

— Oh ! mais cela change la question !

J'envoyai toujours une petite pièce d'étoffe comme présent.

L'aveugle et son fils se remirent en quête, et me trouvèrent d'autres
fiancées. C'était toujours à peu près les mêmes cérémonies ; mais je
prenais goût à cette revue du beau sexe cophte, et moyennant quelques
étoffes et menus bijoux l'on ne se formalisait pas trop de mes incertitudes. Il y eut une mère qui amena sa fille dans mon logis : je crois
bien que celle-là aurait volontiers célébré l'hymen devant le Turc ; mais,
tout bien considéré, cette fille était d'âge à avoir été déjà épousée plus
que de raison.

IX. – LE JARDIN DE ROSETTE[1]

Le *barbarin* qu'Abdallah avait mis à sa place, un peu jaloux peut-être de l'assiduité du Juif et de son wékil, m'amena un jour un jeune homme fort bien vêtu, parlant italien et nommé Mahomet, qui avait à me proposer un mariage tout à fait relevé.

– Pour celui-là, me dit-il, c'est devant le con-[69]sul. Ce sont des gens riches, et la fille n'a que douze ans.

– Elle est un peu jeune pour moi ; mais il paraît qu'ici c'est le seul âge où l'on ne risque pas de les trouver veuves ou divorcées.

– *Signor, è vero !* ils sont très impatients de vous voir, car vous occupez une maison où il y a eu des Anglais ; on a donc une bonne opinion de votre rang. J'ai dit que vous étiez un général.

– Mais je ne suis pas général.

– Allons donc ! vous n'êtes pas un ouvrier, ni un négociant (*cavadja*). Vous ne faites rien ?

– Pas grand-chose.

– Eh bien ! cela représente ici au moins le grade d'un *myrliva*[2] (général).

Je savais déjà qu'en effet au Caire, comme en Russie, l'on classait toutes les positions d'après les grades militaires. Il est à Paris des écrivains pour qui c'eût été une mince distinction que d'être assimilés à un général égyptien ; moi, je ne pouvais voir là qu'une amplification orientale. Nous montons sur des ânes, et nous nous dirigeons vers le Mousky. Mahomet frappe à une maison d'assez bonne apparence. Une Négresse ouvre la porte et pousse des cris de joie ; une autre esclave noire se penche avec [70] curiosité sur la balustrade de l'escalier, frappe des mains en riant très haut, et j'entends retentir des conversations où je devinais seulement qu'il était question du *myrliva* annoncé.

Au premier étage je trouve un personnage proprement vêtu, ayant un turban de cachemire, qui me fait asseoir et me présente un grand jeune homme comme son fils. C'était le père. Dans le même instant entre une femme d'une trentaine d'années encore jolie ; on apporte du café et des pipes, et j'apprends par l'interprète qu'ils étaient de la Haute-Égypte, ce

---

1   « LE JARDIN DE ROSETTE. » Jardin Rosetti ou Rosetti. Nom d'un quartier.
2   « *Myrliva* ». Nerval a déformé *Amir léwa* : « chef de régiment ».

qui donnait au père le droit d'avoir un turban blanc. Un instant après, la jeune fille arrive suivie des Négresses, qui se tiennent en dehors de la porte ; elle leur prend des mains un plateau, et nous sert des confitures dans un pot de cristal où l'on puise avec des cuillers de vermeil. Elle était si petite et si mignonne, que je ne pouvais concevoir qu'on songeât à la marier. Ses traits n'étaient pas encore bien formés ; mais elle ressemblait tellement à sa mère, qu'on pouvait se rendre compte, d'après la figure de cette dernière, du caractère futur de sa beauté. On l'envoyait aux écoles du quartier franc, et elle savait déjà quelques mots d'italien. Toute cette famille me paraissait si respectable, que je [71] regrettais de m'y être présenté sans intentions tout à fait sérieuses. Ils me firent mille honnêtetés, et je les quittai en promettant une réponse prompte. Il y avait de quoi mûrement réfléchir.

Le surlendemain était le jour de la pâque juive, qui correspond à notre dimanche des Rameaux[1]. Au lieu de buis, comme en Europe, tous les chrétiens portaient le rameau biblique, et les rues étaient pleines d'enfants qui se partageaient la dépouille des palmiers. Je traversais, pour me rendre au quartier franc, le jardin de Rosette, qui est la plus charmante promenade du Caire. C'est une verte oasis au milieu des maisons poudreuses, sur la limite du quartier cophte et du Mousky. Deux maisons de consuls et celle du docteur Clot Bey[2] ceignent un côté de cette retraite ; les maisons franques qui bordent l'impasse Waghorn s'étendent à l'autre extrémité ; l'intervalle est assez considérable pour présenter à l'œil un horizon touffu de dattiers, d'orangers et de sycomores.

Il n'est pas facile de trouver le chemin de cet éden mystérieux, qui n'a point de porte publique. On traverse la maison du consul de Sardaigne en donnant à ses gens quelques paras, et l'on se trouve au milieu de vergers et de parterres dépendant des [72] maisons voisines. Un sentier

---

1 « Notre dimanche des Rameaux ». Le calendrier copte orthodoxe (conforme au calendrier primitif de l'Église) et le calendrier catholique romain ne coïncident que tous les quatre ou cinq ans. On conserve un fragment ms qui offre le même début.

2 « Clot Bey ». Antoine Clot est né à Grenoble le 5 novembre 1793, il devint docteur en médecine en 1820, et partit en 1825 pour l'Égypte. Il organisa pour Méhémet-Ali les services sanitaires de l'armée, créa l'École de médecine d'Abu Zabal au Caire, et publia en 1840 un *Aperçu général sur l'Égypte*. Selon la lettre à son père du 2 mai 1843, Nerval l'a *rencontré* aux dîners du consul général. Clot-Bey est mort rentier et commandeur de la Légion d'honneur le 28 août 1868 dans sa campagne du quartier de Sainte-Marthe, près de Marseille.

qui les divise aboutit à une sorte de petite ferme entourée de grillages
où se promènent plusieurs girafes que le docteur Clot-Bey fait élever par
des Nubiens. Un bois d'orangers fort épais s'étend plus loin à gauche
de la route ; à droite sont plantés des mûriers entre lesquels on cultive
du maïs. Ensuite le chemin tourne, et le vaste espace qu'on aperçoit de
ce côté se termine par un rideau de palmiers entremêlés de bananiers,
avec leurs longues feuilles d'un vert éclatant. Il y a là un pavillon soutenu par de hauts piliers, qui recouvre un bassin profond autour duquel
des compagnies de femmes viennent souvent se reposer et chercher la
fraîcheur. Le vendredi, ce sont des musulmanes, toujours voilées le plus
possible, le samedi, des Juives, le dimanche des chrétiennes. Ces deux
derniers jours, les voiles sont un peu moins discrets ; beaucoup de femmes
font étendre des tapis près du bassin par leurs esclaves, et se font servir
des fruits et des pâtisseries. Le passant peut s'asseoir dans le pavillon
même sans qu'une retraite farouche l'avertisse de son indiscrétion, ce
qui arrive quelquefois le vendredi, jour des Turques.

Je passais près de là, lorsqu'un garçon de bonne [73] mine vient à
moi d'un air joyeux ; je reconnais le frère de ma dernière prétendue.
J'étais seul. Il me fait quelques signes que je ne comprends pas, et finit
par m'engager, au moyen d'une pantomime plus claire, à l'attendre
dans le pavillon. Dix minutes après, la porte de l'un des petits jardins
bordant les maisons[v] s'ouvre et donne passage à deux femmes que le
jeune homme amène, et qui viennent prendre place près du bassin en
levant leurs voiles. C'étaient sa mère et sa sœur. Leur maison donnait
sur la promenade du côté opposé à celui où j'y étais entré l'avant-veille.
Après[w] les premiers saluts affectueux, nous voilà à nous regarder et à
prononcer des mots au hasard en souriant de notre mutuelle ignorance.
La petite fille ne disait rien, sans doute par réserve ; mais, me souve-
nant qu'elle apprenait l'italien, j'essaie quelques mots de cette langue,
auxquels elle répond avec l'accent guttural des Arabes, ce qui rendait
l'entretien fort peu clair[x].

Je tâchais d'exprimer ce qu'il y avait de singulier dans la ressemblance[y]
des deux femmes. L'une était la miniature de l'autre. Les traits vagues
encore de l'enfant se dessinaient mieux[z] chez la mère ; on pouvait prévoir
entre ces deux âges une saison [74] charmante qu'il serait doux de voir
fleurir[aa]. Il y avait près ne [*sic* de] nous un tronc de palmier renversé
depuis peu de jours par le vent, et dont les rameaux trempaient dans

l'extrémité du bassin. Je le montrai du doigt en disant : *Oggi è il giorno delle palme*[1]. Or, les fêtes cophtes, se réglant sur le calendrier primitif de l'église, ne tombent pas en même temps que les nôtres. Toutefois la petite fille alla cueillir un rameau qu'elle garda à la main, et dit : *Io così sono « Roumi »*[2]. » (Moi, comme cela, je suis Romaine !)

Au point de vue des Égyptiens, tous les Francs sont des *Romains*. Je pouvais donc prendre cela pour un compliment et pour une allusion au futur mariage... Ô hymen, hyménée ! je t'ai vu ce jour-là de bien près ! Tu ne dois être sans doute, selon nos idées européennes, qu'un frère puîné de l'amour. Pourtant ne serait-il pas charmant de voir grandir et se développer près de soi l'épouse que l'on s'est choisie, de remplacer quelque temps le père avant d'être l'amant ?... Mais, pour le mari quel danger !

En sortant du jardin, je sentais le besoin de consulter mes amis du Caire. J'allai voir Seyd-Aga. « Mariez-vous donc de par Dieu ! » me dit-il, comme Pantagruel à Panurge[3]. J'allai de là chez le peintre de l'hôtel Domergue, qui me cria de [75] toute sa voix de sourd : « Si c'est devant le consul... ne vous mariez pas ! »

Il y a, quoi qu'on fasse, un certain préjugé religieux qui domine l'Européen en Orient, du moins dans les circonstances graves. Faire un mariage *à la cophte*, comme on dit au Caire, ce n'est rien que de fort simple ; mais le faire avec une toute jeune enfant, qu'on vous livre pour ainsi dire, et qui contracte un lien illusoire pour vous-même, c'est une grave responsabilité morale assurément[ab].

Comme je m'abandonnais à ces sentiments délicats, je vis arriver Abdallah revenu de Suez ; j'exposai ma situation.

— Je m'étais bien douté, s'écria-t-il, qu'on profiterait de mon absence pour vous faire faire des sottises. Je connais la famille. Vous êtes-vous inquiété de la dot ?

— Oh ! peu m'importe ; je sais qu'ici ce doit être peu de chose.

— On parle de vingt mille piastres.

---

1 « *Oggi è il giorno delle palme.* » : « Aujourd'hui, c'est le dimanche des Rameaux. »
2 « *Roumi* » veut dire Grecque, ou étrangère, ou encore Européenne. Huré précise qu'il s'agit des habitants du pays de Rum, soit les territoires occupés, au temps de la conquête turque de l'Anatolie, par les Grecs de Byzance, précédemment sujets de l'Empire romain, ou, au sens moderne, les Italiens.
3 « Panurge ». C'est, par quatre fois, la réponse de Pantagruel. Par quatre fois aussi, Panurge lui répond : « Point donc ne vous mariez. » Rabelais, *Tiers Livre*, chap. IX.

– Eh bien! c'est toujours cela (cinq mille francs).

– Comment donc? mais c'est vous qui devez les payer.

– Ah! c'est bien différent… Ainsi il faut que j'apporte une dot, au lieu d'en recevoir une?

[76]

– Naturellement. Ignorez-vous que c'est l'usage ici?

– Comme on me parlait d'un mariage à l'européenne…

– Le mariage, oui; mais la somme se paie toujours. C'est un petit dédommagement pour la famille.

Je comprenais dès lors l'empressement des parents dans ce pays à marier les petites filles. Rien n'est plus juste d'ailleurs, à mon avis, que de reconnaître, en payant, la peine que de braves gens se sont donnée de mettre au monde et d'élever pour vous une jeune enfant, gracieuse et bien faite. Il paraît que la dot, ou pour mieux dire le douaire, dont j'ai indiqué plus haut le minimum, croît en raison de la beauté de l'épouse et de la position des parents. Ajoutez à cela les frais de la noce, et vous verrez qu'un mariage à la cophte devient encore une formalité assez coûteuse. J'ai regretté que le dernier qui m'était proposé fût en ce moment-là au-dessus de mes moyens. Du reste, l'opinion d'Abdallah était que pour le même prix on pouvait acquérir tout un sérail au Bazar des esclaves[ac].

[77]

LES ESCLAVES[a]

I. – UN LEVER DU SOLEIL

Que notre vie est quelque chose d'étrange! Chaque matin, dans ce demi-sommeil où la raison triomphe peu à peu des folles images du rêve, je sens qu'il est naturel, logique et conforme à mon origine parisienne de m'éveiller aux clartés d'un ciel gris, au bruit des roues broyant les pavés, dans quelque chambre d'un aspect triste, garnie de meubles anguleux, où l'imagination se heurte aux vitres comme un insecte emprisonné, et c'est avec un étonnement toujours plus vif que je me re-[78]trouve à mille lieues de ma patrie, et que j'ouvre mes sens peu à peu aux vagues impressions d'un monde qui est la parfaite antithèse du nôtre. La voix du Turc qui chante au minaret voisin, la clochette et le trôt [*sic* trot] lourd du chameau qui passe, et quelquefois son hurlement bizarre, les bruissements et les sifflements indistincts qui font vivre l'air, le bois et la muraille, l'aube hâtive dessinant au plafond les mille découpures des fenêtres, une brise matinale chargée de senteurs pénétrantes, qui soulève le rideau de ma porte et me fait apercevoir au-dessus des murs de la cour les têtes flottantes des palmiers ; tout cela me surprend, me ravit... ou m'attriste, selon les jours ; car je ne veux pas dire qu'un éternel été fasse une vie toujours joyeuse. Le soleil noir de la mélancolie, qui verse des rayons obscurs sur le front de l'ange rêveur d'Albert Dürer, se lève aussi parfois aux plaines lumineuses du Nil, comme sur les bords du Rhin, dans un froid paysage d'Allemagne. J'avouerai même qu'à défaut de brouillard, la poussière est un triste voile aux clartés d'un jour d'Orient.

Je monte quelquefois sur la terrasse de la maison que j'habite dans le quartier cophte, pour voir les premiers rayons qui embrasent au loin la plaine [79] d'Héliopolis et les versants du Mokattam, où s'étend la

Ville des Morts, entre le Caire et Matarée[1]. C'est d'ordinaire un beau spectacle, quand l'aube colore peu à peu les coupoles et les arceaux grêles des tombeaux consacrés aux trois dynasties de califes, de soudans et de sultans qui depuis l'an 1000 ont gouverné l'Égypte[2]. L'un des obélisques de l'ancien temple du soleil est resté seul debout, dans cette plaine comme une sentinelle oubliée ; il se dresse au milieu d'un bouquet touffu de palmiers et de sycomores, et reçoit toujours le premier regard du dieu que l'on adorait jadis à ses pieds[3].

L'aurore, en Égypte, n'a pas ces belles teintes vermeilles qu'on admire dans les Cyclades ou sur les côtes de Candie[4] ; le soleil éclate tout à coup au bord du ciel, précédé seulement d'une vague lueur blanche ; quelquefois il semble avoir peine à soulever les longs plis d'un linceul grisâtre, et nous apparaît pâle et privé de rayons, comme l'Osiris souterrain ; son empreinte décolorée attriste encore le ciel aride, qui ressemble alors, à s'y méprendre, au ciel couvert de notre Europe, mais qui, loin d'amener la pluie, absorbe toute humidité. Cette poudre épaisse qui charge l'horizon ne se découpe jamais en frais nuages comme nos brouillards ; à [80] peine le soleil, au plus haut point de sa force, parvient-il à percer l'atmosphère cendreuse sous la forme d'un disque rouge, qu'on croirait sorti des forges libyques du dieu Phta[5]. On comprend alors cette mélancolie profonde de la vieille Égypte, cette préoccupation fréquente de la souffrance et des tombeaux que les monuments nous transmettent. C'est Typhon[6] qui triomphe pour un temps des divinités bienfaisantes ; il irrite les yeux,

---

1   « Matarée. » La Cité des morts est située à l'est de la ville, dans une large plaine sablonneuse et désertique qui s'étend jusqu'au pied des collines du Moqattan. Là se trouvent les « tombeaux des califes ». La Matarée, petit village proche de l'endroit où s'élevait Héliopolis, est, pour cette raison, appelée aussi « ain chams, fontaine du soleil » ; seule source d'eau douce qu'on trouve dans la région. Matarée est mentionnée dans le *Carnet* (f°6 r°). *Cf.* ici, n. 2, p. 251.

2   « Gouverné l'Égypte. » Méhémet-Ali a succédé aux Fatimides (969-1171), Ayyoubides (1171-1250), Mamelouks (1250-1517) et sultans turcs. À partir de 1517, l'Égypte est une province de l'Empire ottoman.

3   « À ses pieds. » L'obélisque est à une douzaine de kilomètres du centre du Caire.

4   « Candie ». *Cf.* « Introduction », n. 5, p. 54.

5   « Phta ». Phtah ou Ptah, dieu du feu, est le dieu de Memphis, considéré comme le créateur du monde. C'était à l'origine un dieu maçon ou fondeur, il fut considéré comme l'inventeur des techniques et le patron des orfèvres. *Cf.* n. 1, p. 192.

6   « Typhon » est le « frère d'Osiris, personnifiant le principe du mal, des ténèbres et de la stérilité » (*GDU*). Parfois était personnifié en lui « le vent brûlant du midi qui soulevait des torrents de sable et produisait une sécheresse désastreuse » (*Ibid.*). Après s'être révolté contre son frère, il le tue. Horus, fils d'Osiris, le vengea. *Cf.* « Les Chimères ».

dessèche les poumons, et jette des nuées d'insectes sur les champs et sur les vergers.

Je les ai vus passer comme des messagers de mort et de famine, l'atmosphère en était chargée, et regardant au-dessus de ma tête, faute de point de comparaison, je les prenais d'abord pour des nuées d'oiseaux. Abdallah, qui était monté en même temps que moi sur la terrasse, fit un cercle dans l'air avec le long tuyau de son chibouk, et il en tomba deux ou trois sur le plancher. Il secoua la tête en regardant ces énormes cigales vertes et roses, et me dit : – Vous n'en avez jamais mangé ?

Je ne pus m'empêcher de faire un geste d'éloignement pour une telle nourriture, et cependant, si on leur ôte les ailes et les pattes, elles doivent ressembler beaucoup aux crevettes de l'océan.

[81]

– C'est une grande ressource dans le désert, me dit Abdallah ; on les fume, on les sale, et elles ont, à peu de chose près, le goût du hareng saur ; avec de la pâte de dourah[1], cela forme un mets excellent.

– Mais à ce propos, dis-je, ne serait-il pas possible de me faire ici un peu de cuisine égyptienne ? Je trouve ennuyeux d'aller deux fois par jour prendre mes repas à l'hôtel.

– Vous avez raison, dit Abdallah ; il faudra prendre à votre service un cuisinier.

– Eh bien ! est-ce que le *barbarin* ne sait rien faire ?

– Oh ! rien. Il est ici pour ouvrir la porte et tenir propre la maison, voilà tout.

– Et vous-même, ne seriez-vous pas capable de mettre au feu un morceau de viande, de préparer quelque chose enfin ?

– C'est de moi que vous parlez ? s'écria Abdallah d'un ton profondément blessé ; non, monsieur, je ne sais rien de semblable.

– C'est fâcheux, repris-je en ayant l'air de continuer une plaisanterie, nous aurions pu en outre déjeuner avec des sauterelles ce matin ; mais, sérieusement, je voudrais prendre mes repas ici. Il y a des bouchers dans la ville, des marchands de [82] fruits et de poisson… Je ne vois pas que ma prétention soit extraordinaire.

---

1   « Dourah ». Dourra : sorgho, grand millet, millet d'Inde, qui était la base de l'alimentation des fellahs.

– Rien n'est plus simple en effet : prenez un cuisinier. Seulement, un cuisinier européen vous coûtera un talari[1] par jour. Encore les beys, les pachas et les hôteliers eux-mêmes ont-ils de la peine à s'en procurer.

– J'en veux un qui soit de ce pays-ci, et qui me prépare les mets que tout le monde mange.

– Fort bien, nous pourrons trouver cela chez M. Jean. C'est un de vos compatriotes qui tient un cabaret dans le quartier cophte, et chez lequel se réunissent les gens sans place.

II. – MONSIEUR JEAN

M. Jean[2] est un débris glorieux de notre armée d'Égypte. Il a été l'un des trente-trois Français qui prirent du service dans les Mamelouks après la retraite de l'expédition. Pendant quelques années, il a eu comme les autres un palais, des femmes, des chevaux, des esclaves : à l'époque de la destruction de cette puissante milice, il fut épargné comme Français ; mais, rentré dans la vie civile, ses richesses se fondirent en peu de temps, la source ne [83] pouvait s'en renouveler. Il imagina de vendre publiquement du vin, chose alors nouvelle en Égypte, où les Chrétiens et les Juifs ne s'enivraient que d'eau-de-vie, d'arak, et d'une certaine bière forte nommée *bouza*[3]. Depuis lors, les vins de Malte, de Syrie et de l'Archipel firent concurrence aux spiritueux, et les musulmans du Caire ne parurent pas s'offenser de cette innovation.

---

1   « *Talari*. » On attend talaro au singulier. Le *GDU*, qui cite cette phrase de Nerval, donne la définition du talaro : « Monnaie d'argent de Venise, qui avait cours en Afrique, et valant 5, 28 francs ».

2   « M. Jean » est de ces déserteurs de l'armée de Menou (*cf.* n. 2, p. 243) restés en Égypte et qui se sont mis au service du pacha et des beys, devenant des mamelouks. (Ce personnage peut faire penser à ceux évoqués par Chateaubriand, dans son *Itinéraire*.) Ce qui reste de l'expédition d'Égypte quitte Le Caire le 14 juillet 1801. Dans la lettre à son père, du Caire, le 18 mars 1843, l'écrivain parle de son cuisinier comme d'« un brave homme nommé Mansour, ancien mamelouk de la Grande Armée, à qui nous donnons quatre piastres c'est-à-dire 20 sous par jour ». *Cf.* n. 1, p. 144 et n. 2, p. 143.

3   « *Bouza*. » « Breuvage fait de millet bouilli dans l'eau, et particulièrement estimé des Turcs » (*NPl* cite Pihan). Sorte de bière blanche. *Cf.* ici, n. 1, p. 247, et t. II, n. 2, p. 86.

M. Jean admira la résolution que j'avais prise d'échapper à la vie des hôtels ; mais, me dit-il, vous aurez bien de la peine à vous monter une maison. Il faut, au Caire, prendre autant de serviteurs qu'on a de besoins différents. Chacun d'eux met son amour-propre à ne faire qu'une seule chose, et d'ailleurs ils sont si paresseux, [*sic*] qu'on peut douter que ce soit un calcul. Tout détail compliqué les fatigue ou leur échappe, et ils vous abandonnent même, pour la plupart, dès qu'ils ont gagné de quoi passer quelques jours sans rien faire.

— Mais comment font les gens du pays ?

— Oh ! ils les laissent s'en donner à leur aise, et prennent deux ou trois personnes pour chaque emploi. Dans tous les cas, un effendi a toujours avec lui son secrétaire (*quatibessir*[1]), son trésorier (*khazindar*[2]), son porte-pipe (*tchiboukji*[3]), le *selikdar*[4] [84] pour porter ses armes, le *seradjbachi*[5] pour tenir son cheval, le *kahwedji-bachi*[6] pour faire son café partout où il s'arrête, sans compter les *yamaks*[7] pour aider tout ce monde. À l'intérieur, il en faut bien d'autres ; car le portier ne consentirait pas à prendre soin des appartements, ni le cuisinier à faire le café ; il faut avoir jusqu'à un porteur d'eau à ses gages. Il est vrai qu'en leur distribuant une piastre ou une piastre et demie, c'est à-dire de vingt-cinq à trente centimes par jour, on est regardé par chacun de ces fainéants comme un patron très magnifique.

— Eh bien ! dis-je, tout ceci est encore loin des soixante piastres qu'il faut payer journellement dans les hôtels.

— Mais c'est un tracas auquel nul Européen ne peut résister.

— J'essaierai, cela m'instruira.

— Ils vous feront une nourriture abominable.

— Je ferai connaissance avec les mets du pays.

---

1   « (*Quatibessir*) » : *katem el serr*, « gardien des secrets », secrétaire, (*NPl*). *Khatibessir*, « porte-parole » (*khatib*, « secrétaire », et *sir*, « celui qui dirige »), selon Huré.

2   « (*Khazindar*) » : *khazendar*, mot d'origine turque, « magasinier plutôt que trésorier » (*NPl*). Huré n'accepte pas cette nuance.

3   « (*Tchiboukji*) » : *chiboukchi*, « celui qui porte et entretient le chibouk ». (*NPl*) *Çubukci*, mot turc, celui qui utilise le *çubuk*, « pipe à long tuyau » (Huré). Cf. ici, t. II, n. 3, p. 141.

4   « *Selikdar* » : salahdar, « celui qui porte les armes ». (*NPl*) Sâlik : « accompagnateur », selon Huré.

5   « *Seradjbachi* » : *seragbachi*, « sellier en chef » (de *sirg* : selle), grade plus élevé que *saïs*. (*NPl*)

6   « *Kahwedji-bachi* » (*Kahveci-bachi*) : *gahwag-bachi*, « cafetier-chef », mot turc. (*Ibid.*) Cf. *Cafedji*, ici, t. II, notes 2, p. 58 et 3, p. 143.

7   « *Yamak* » est un mot turc qui désigne le manger. (*Ibid.*) Signifie « aide », selon Huré.

– Il faudra tenir un livre de comptes[1], et discuter les prix de tout.

– Cela m'apprendra la langue.

– Vous pouvez essayer, du reste ; je vous enverrai les plus honnêtes, vous choisirez.

– Est-ce qu'ils sont très voleurs ?

[85]

– *Carotteurs* tout au plus, me dit le vieux soldat, par un ressouvenir du langage militaire : voleurs ! des Égyptiens… ils n'ont pas assez de courage.

Je trouve qu'en général ce pauvre peuple d'Égypte est trop méprisé par les Européens. Le Franc du Caire, qui partage aujourd'hui les privilèges de la race turque, en prend aussi les préjugés. Ces gens sont pauvres, ignorants sans nul doute, et la longue habitude de l'esclavage les maintient dans une sorte d'abjection. Ils sont plus rêveurs qu'actifs, et plus intelligents qu'industrieux, mais je les crois bons et d'un caractère analogue à celui des Hindous, ce qui peut-être tient aussi à leur nourriture presque exclusivement végétale. Nous autres carnassiers, nous respectons fort le Tartare et le Bédouin, nos pareils, et nous sommes portés à abuser de notre énergie à l'égard des populations moutonnières.

Après avoir quitté M. Jean, je traversai la place de l'Esbekieh, pour me rendre à l'hôtel Domergue. C'est, comme on sait, un vaste champ situé entre l'enceinte de la ville et la première ligne des maisons du quartier cophte et du quartier franc. Il y a là beaucoup de palais et d'hôtels splendides. On distingue surtout la maison où fut assassiné Kléber[2], [86] et celle où se tenaient les séances de l'Institut d'Égypte. Un petit bois de sycomores et de *figuiers de Pharaon*[3] se rattache au souvenir de Bonaparte, qui les fit planter. À l'époque de l'inondation, toute cette place est couverte d'eau et sillonnée par des canges et des djermes[4] peintes et dorées appartenant aux propriétaires des maisons voisines. Cette transformation annuelle d'une place publique en lac

---

1   « Comptes ». Nerval a tenu ses comptes entre le 7 février et le 1er avril. Feuillets reproduits dans les *Cahiers G de N*, n°8, *op. cit.*, p. 13, 19.

2   « Kléber » fut assassiné dans les jardins du Quartier Général, situé place de l'Esbekieh (palais de Muhammad bey Ali-Alfi, achevé en 1798), note Huré.

3   « *Figuiers de Pharaon* » : Espèce de sycomores. Nom vulgaire du sycomore, selon *GDU*. *Cf.* t. II, n. 3, p. 85.

4   « Djerme » : Petit bâtiment à voiles qui navigue sur le Nil et les côtes voisines, selon le *GDU* qui cite Nerval.

d'agrément n'empêche pas qu'on trace des jardins et qu'on y creuse des canaux dans les temps ordinaires. Je vis là un grand nombre de *fellahs* qui travaillaient à une tranchée ; les hommes piochaient la terre, et les femmes en emportaient de lourdes charges dans des couffes[1] de paille de riz. Parmi ces dernières, il y avait plusieurs jeunes filles, les unes en chemises bleues, et celles de moins de huit ans entièrement nues, comme on les voit du reste dans les villages aux bords du Nil. Des inspecteurs armés de bâtons surveillaient le travail, et frappaient de temps en temps les moins actifs. Le tout était sous la direction d'une sorte de militaire coiffé d'un tarbouch rouge, chaussé de bottes fortes à éperons, traînant un sabre de cavalerie, et tenant à la main un fouet en peau d'hippopotame roulée. Cela s'adressait aux nobles épaules des inspecteurs, [87] comme le bâton de ces derniers à l'omoplate des fellahs.

Le surveillant, me voyant arrêté à regarder les pauvres jeunes filles qui pliaient sous les sacs de terre, m'adressa la parole en français. C'était encore un compatriote. Je n'eus pas trop l'idée de m'attendrir sur les coups de bâton distribués aux hommes, assez mollement du reste ; l'Afrique a d'autres idées que nous sur ce point.

— Mais pourquoi, dis-je, faire travailler ces femmes et ces enfants ?

— Ils ne sont pas forcés à cela, me dit l'inspecteur français, ce sont leurs pères ou leurs maris qui aiment mieux les faire travailler sous leurs yeux que de les laisser dans la ville. On les paie depuis vingt paras jusqu'à une piastre[2] selon leur force. Une piastre (25 centimes) est généralement le prix de la journée d'un homme.

— Mais pourquoi y en a-t-il quelques-uns qui sont enchaînés ? sont-ce des forçats ?

— Ce sont des fainéants ; ils aiment mieux passer leur temps à dormir ou à écouter des histoires dans les cafés que de se rendre utiles.

— Comment vivent-ils dans ce cas-là ?

— On vit de si peu de chose ici. Au besoin, ne [88] trouvent-ils pas toujours des fruits ou des légumes à voler dans les champs ? Le gouvernement a bien de la peine à faire exécuter les travaux les plus nécessaires ; mais, quand il le faut absolument, on fait cerner un quartier ou barrer

---

1   « Couffe » : Sorte de cabas usité à Marseille et dans le Levant pour l'emballage des marchandises. (*GDU*)

2   « Une piastre » : environ vingt-cinq sous. (*NPl*) Elle était divisée en 40 paras. *Cf.* ci-dessus, n. 2, p. 140.

une rue par des troupes, on arrête les gens qui passent, on les attache et on nous les amène, voilà tout.

– Quoi ! tout le monde sans exception ?

– Oh ! tout le monde ; cependant, une fois arrêtés, chacun s'explique. Les Turcs et les Francs se font reconnaître. Parmi les autres, ceux qui ont de l'argent se rachètent de la corvée, plusieurs se recommandent de leurs maîtres ou patrons. Le reste est embrigadé et travaille pendant quelques semaines ou quelques mois, selon l'importance des choses à exécuter.

Que dire de tout cela ? L'Égypte en est encore au Moyen Âge. Ces corvées se faisaient jadis au profit des beys mamelouks. Le pacha est aujourd'hui le seul suzerain ; le massacre des Mamelouks[1] a supprimé le servage ; c'est bien quelque chose déjà.

III. – LES KHOWALS[2]

Après avoir déjeuné à l'hôtel, je suis allé m'as-[89]seoir dans le plus beau café du Monsky. J'y ai vu pour la première fois danser des almées en public. Je voudrais bien mettre un peu la chose en scène ; mais véritablement la décoration ne comporte ni trèfles ni colonnettes, ni lambris de porcelaine, ni œufs d'autruches suspendus. Ce n'est qu'à Paris que l'on rencontre des cafés si orientaux. Il faut plutôt imaginer une humble boutique carrée, blanchie à la chaux, où pour toute arabesque se répète plusieurs fois l'image peinte d'une pendule posée au milieu d'une prairie entre deux cyprès. Le reste de l'ornementation se compose de miroirs également peints, et qui sont censés se renvoyer l'éclat d'un bâton de palmier[b] chargé de flacons d'huile où nagent des veilleuses, ce qui est le soir d'un assez bon effet.

Des divans, d'un bois assez dur, qui règnent autour de la pièce, sont bordés de cages en palmiers servant de tabourets pour les pieds

---

1   Les « Mamelouks ». Huré n'a pas tort de noter que Nerval magnifie les effets de l'occupation française sur la population arabe qui y était très hostile... *Cf.* ci-dessus, n. 1, p. 105 et n. 2, p. 140.

2   « LES KHOWALS » sont des danseurs déguisés en danseuses. Le mot aurait pris le sens grossier de « tapettes ». (*NPl*)

des fumeurs, auxquels on distribue de temps en temps les élégantes petites tasses *(fines-janes[1])* dont j'ai déjà parlé. C'est là que le fellah en blouse bleue, le Cophte au turban noir ou le Bédouin au manteau rayé prennent place le long du mur, et voient sans surprise et sans ombrage le Franc s'asseoir à leurs [90] côtés. Pour ce dernier, le *kahwedji* sait bien qu'il faut sucrer la tasse, et la compagnie sourit de cette bizarre préparation. Le fourneau occupe un des coins de la boutique et en est d'ordinaire l'ornement le plus précieux. L'encoignure qui le surmonte, garnie de faïence peinte, se découpe en festons et en rocailles, et a quelque chose de l'aspect des poêles allemands. Le foyer est toujours garni d'une multitude de petites cafetières de cuivre rouge, car il faut faire bouillir une cafetière pour chacune de ces *fines-janes* grandes comme des coquetiers.

Et maintenant voici les almées qui nous apparaissent dans un nuage de poussière et de fumée de tabac. Elles me frappèrent au premier abord par l'éclat des calottes d'or qui surmontaient leur chevelure tressée. Leurs talons qui frappaient le sol, pendant que les bras levés en répétaient la rude secousse, faisaient résonner des clochettes et des anneaux ; les hanches frémissaient d'un mouvement voluptueux ; la taille apparaissait nue sous la mousseline dans l'intervalle de la veste et de la riche ceinture relâchée et tombant très bas, comme le ceston[2] de Vénus. À peine, au milieu du tournoiement rapide, pouvait-on distinguer les traits de ces séduisantes personnes, dont les doigts agitaient de [91] petites cymbales grandes comme des castagnettes, et qui se démenaient vaillamment aux sons primitifs de la flûte et du tambourin. Il y en avait deux fort belles, à la mine fière, aux yeux arabes avivés par le *cohel*[3], aux joues pleines et délicates légèrement fardées ; mais la troisième, il faut bien le dire, trahissait un sexe moins tendre avec une barbe de huit jours : de sorte qu'à bien examiner les choses, et quand, la danse étant finie, il me fut possible de distinguer mieux les traits des deux autres, je ne tardai pas à me convaincre que nous n'avions affaire là qu'à des almées... mâles.

---

1   « *(Fines-janes)* ». Adaptation de l'arabe fengan ou *fendjan*, le [gu] étant cairote et le [dj] caractéristique de l'arabe classique et du dialecte de la Haute-Égypte. *(NPI)* Le mot figure dans le *GDU* avec un exemple emprunté à Nerval. *Cf.* t. II, n. 2, p. 27.

2   « Ceston » : Cestos, francisé en ceste, désigne la ceinture de Vénus où avait été brodée la peinture des joies et des peines de l'amour (*Iliade*, XIV, 214). (Rouger, et *NPI*)

3   « *Cohel* » : khôl, mot arabe qui signifie « poudre d'antimoine ». *(NPI)*

Ô vie orientale, voilà de tes surprises ! Et moi j'allais m'enflammer imprudemment pour ces êtres douteux, je me disposais à leur coller sur le front quelques pièces d'or, selon les traditions les plus pures du Levant... On va me croire prodigue ; je me hâte de faire remarquer qu'il y a des pièces d'or nommées *ghazis*, depuis cinquante centimes jusqu'à cinq francs. C'est naturellement avec les plus petites que l'on fait des masques d'or aux danseuses, quand après un pas gracieux elles viennent incliner leur front humide devant chacun des spectateurs ; mais, pour de simples danseurs vêtus en femmes, on peut bien se priver de cette cérémonie en leur jetant quelques paras.

[92]

Sérieusement, la morale turque est quelque chose de bien particulier. Il y a peu d'années, les danseuses parcouraient librement la ville, animaient les fêtes publiques et faisaient les délices des casins et des cafés. Aujourd'hui elles ne peuvent plus se montrer que dans les maisons et aux fêtes particulières, et les gens scrupuleux trouvent beaucoup plus convenables ces danses d'hommes aux traits efféminés, aux longs cheveux, dont les bras, la taille et le col nu parodient si déplorablement les attraits [*sic*] demi-voilés des danseuses égyptiennes.

J'ai parlé de ces dernières sous le nom d'*almées* en cédant, pour être plus clair, au préjugé européen. Les danseuses s'appellent *ghawasies ;* les almées sont des chanteuses ; le pluriel de ce mot se prononce *oualems*. Quant^c aux danseurs autorisés par la morale musulmane, ils s'appellent *khowals*.

En sortant du café, je traversai de nouveau l'étroite rue qui conduit au bazar franc pour entrer dans l'impasse Waghorn et gagner le jardin de Rosette. Des marchands d'habits m'entourèrent, étalant sous mes yeux les plus riches costumes brodés, des ceintures de drap d'or, des armes incrustées d'argent, des tarbouchs garnis d'un flot soyeux à la mode de Constantinople, choses fort séduisantes [93] qui excitent chez l'homme un sentiment de coquetterie tout féminin. Si j'avais pu me regarder dans les miroirs du café, qui n'existaient, hélas ! qu'en peinture, j'aurais pris plaisir à essayer quelques-uns de ces costumes ; mais assurément je ne veux pas tarder à prendre l'habit oriental. Avant tout, il faut songer encore à constituer mon intérieur.

IV. – LA KHANOUN[1]

Je rentrais chez moi plein de ces réflexions, ayant depuis longtemps renvoyé le drogman pour m'y attendre, car je commence à ne plus me perdre dans les rues ; je trouvai la maison pleine de monde. Il y avait d'abord des cuisiniers envoyés par M. Jean, qui fumaient tranquillement sous le vestibule, où ils s'étaient fait servir du café ; puis le Juif Yousef, au premier étage, se livrant aux délices du narghilé, et d'autres gens encore menant grand bruit sur la terrasse. Je réveillai le drogman qui faisait son *kief* (sa sieste) dans la chambre du fond. Il s'écria comme un homme au désespoir :

— Je vous l'avais bien dit ce matin !

— Mais quoi ?

[94]

— Que vous aviez tort de rester sur votre terrasse.

— Vous m'avez dit qu'il était bon de n'y monter que la nuit pour ne pas inquiéter les voisins.

— Et vous y êtes resté jusqu'après le soleil levé.

— Eh bien ?

— Eh bien ! il y a là-haut des ouvriers qui travaillent à vos frais et que le cheik du quartier a envoyés depuis une heure.

Je trouvai en effet des treillageurs qui travaillaient à boucher la vue de tout un côté de la terrasse.

— De ce côté, me dit Abdallah, est le jardin d'une *khanoun* (dame principale d'une maison) qui s'est plaint de ce que vous avez regardé chez elle.

— Mais je ne l'ai pas vue... malheureusement.

— Elle vous a vu, elle, cela suffit.

— Et quel âge a-t-elle, cette dame ?

—Oh ! c'est une veuve ; elle a bien cinquante ans.

Cela me parut si ridicule, que j'enlevai et jetai au dehors les claies dont on commençait à entourer la terrasse ; les ouvriers surpris se retirèrent sans rien dire, car personne au Caire, à moins d'être de race turque, n'oserait résister à un Franc. Le drog-[95]man et le Juif secouèrent la tête sans trop

---

1   « LA KHANOUN » (*khanum*) : « dame », mot turco-persan (Huré).

se prononcer. Je fis monter les cuisiniers, et je retins celui d'entre eux qui me parut le plus intelligent. C'était un Arabe à l'œil noir, qui s'appelait Mustafa ; il parut très satisfait d'une piastre et demie par journée que je lui fis promettre. Un des autres s'offrit à l'aider pour une piastre seulement ; je ne jugeai pas à propos d'augmenter à ce point mon train de maison.

Je commençais à causer avec le Juif, qui me développait ses idées sur la culture des mûriers et l'élève des vers à soie, lorsqu'on frappa à la porte. C'était le vieux cheik qui ramenait ses ouvriers. Il me fit dire que je le compromettais dans sa place, que je reconnaissais mal sa complaisance de m'avoir loué sa maison. Il ajouta que la *khanoun* était furieuse surtout de ce que j'avais jeté dans son jardin les claies posées sur ma terrasse, et qu'elle pourrait bien se plaindre au cadi.

J'entrevis une série de désagréments, et je tâchai de m'excuser sur mon ignorance des usages, l'assurant que je n'avais rien vu ni pu voir chez cette dame, ayant la vue très basse…

– Vous comprenez, me dit-il encore, combien l'on craint ici qu'un œil indiscret ne pénètre dans [96] l'intérieur des jardins et des cours, puisque l'on choisit toujours des vieillards aveugles pour annoncer la prière du haut des minarets.

– Je savais cela, lui dis-je.

– Il conviendrait, ajouta-t-il, que votre femme fît une visite à la *khanoun*, et lui portât quelque présent, un mouchoir, une bagatelle.

– Mais vous savez, repris-je embarrassé[d], que jusqu'ici…

– *Machallah !* s'écrie-t-il en se frappant la tête, je n'y songeais plus ! Ah ! quelle fatalité d'avoir des *Frenguis*[1] dans ce quartier ! Je vous avais donné huit jours pour suivre la loi. Fussiez-vous musulman, un homme qui n'a pas de femme ne peut habiter qu'à l'*okel* (khan ou caravansérail) ; vous ne pouvez pas rester ici[2].

Je le calmai de mon mieux ; je lui représentai que j'avais encore deux jours sur ceux qu'il m'avait accordés ; au fond, je voulais gagner du temps et m'assurer s'il n'y avait pas dans tout cela quelque supercherie tendant à obtenir une somme en sus de mon loyer payé d'avance. Aussi pris-je, après le départ du cheik, la résolution d'aller trouver le consul de France. [97]

---

1   « *Frenguis* » : Des Francs, des Européens.
2   « Ici » : *cf.* n. 1, p. 154.

V. – VISITE AU CONSUL DE FRANCE

Je me prive, autant que je puis, en voyage, de lettres de recommandation. Du jour où l'on est connu dans une ville, il n'est plus possible
de rien voir. Nos gens du monde, même en Orient, ne consentiraient
pas à se montrer hors de certains endroits reconnus convenables, ni à
causer publiquement avec des personnes d'une classe inférieure, ni à
se promener en négligé à certaines heures du jour. Je plains beaucoup
ces gentlemen toujours coiffés, bridés, gantés, qui n'osent se mêler au
peuple pour voir un détail curieux, une danse, une cérémonie, qui
craindraient d'être vus dans un café, dans une taverne, de suivre une
femme, de fraterniser même avec un Arabe expansif qui vous offre
cordialement le bouquin[1] de sa longue pipe, ou vous fait servir du café
sur sa porte, pour peu qu'il vous voie arrêté par la curiosité ou par la
fatigue. Les Anglais surtout sont parfaits, et je n'en vois jamais passer
sans m'amuser de tout mon cœur. Imaginez un monsieur monté sur un
âne, avec ses longues jambes qui traînent presque à terre. Son chapeau
rond est garni d'un épais revêtement de coton blanc [98] piqué. C'est
une invention contre l'ardeur des rayons du soleil, qui s'absorbent,
dit-on, dans cette coiffure moitié matelas, moitié feutre. Le gentleman
a sur les yeux deux espèces de coques de noix en treillis d'acier bleu,
pour briser la réverbération lumineuse du sol et des murailles ; il porte
par-dessus tout cela un voile de femme vert contre la poussière. Son
paletot de caoutchouc est recouvert encore d'un surtout de toile cirée
pour le garantir de la peste et du contact fortuit des passants. Ses
mains gantées tiennent un long bâton qui écarte de lui tout Arabe
suspect, et généralement il ne sort que flanqué à droite et à gauche
de son *groom* et de son drogman.

On est rarement exposé à faire connaissance avec de pareilles carica-
tures, l'Anglais ne parlant jamais à qui ne lui a pas été présenté ; mais
nous avons bien des compatriotes qui vivent jusqu'à un certain point
à la manière anglaise, et, du moment que l'on a rencontré un de ces
aimables voyageurs, on est perdu, la société vous envahit.

---

1   « Le bouquin » est, selon Littré, qui le note comme un néologisme, une « petite pièce qui
      s'ajoute à une pipe et se met dans la bouche ».

Quoi qu'il en soit, j'ai fini par me décider à retrouver au fond de ma malle une lettre de recommandation pour notre consul-général[1], qui habitait momentanément le Caire. Le soir même, je dînai [99] chez lui sans accompagnement de gentleman anglais ou autres. Il y avait là seulement le docteur Clot-Bey, dont la maison était voisine du consulat et M. Lubbert[2], l'ancien directeur de l'Opéra, aujourd'hui *historiographe* du pacha d'Égypte.

Ces deux messieurs, ou, si vous voulez, ces deux effendis, c'est le titre de tout personnage distingué dans la science, dans les lettres ou dans les fonctions civiles, portaient avec aisance le costume oriental. La plaque étincelante du *nichan*[3] décorait leurs poitrines, et il eût été difficile de les distinguer des musulmans ordinaires. Les cheveux rasés, la barbe et ce hâle léger de la peau qu'on acquiert dans les pays chauds transforment bien vite l'Européen en un Turc très passable.

Je parcourus avec empressement les journaux français étalés sur le divan du consul. Faiblesse humaine ! lire les journaux dans les pays du

---

1   « Notre consul-général » est Gauttier d'Arc, né à Saint-Malo, le 19 mars 1779 ; il prétendait descendre de Pierre d'Arc, frère de Jeanne d'Arc. Licencié ès lettres, licencié en droit, après avoir suivi des cours d'arabe, de turc et de persan à l'École des langues orientales, il devient, en 1820, secrétaire adjoint de cette école. Il avait mis au point, avec un certain Demanne [de Manne], un système de reproduction lithographique des textes orientaux. Il traduisit *l'Afrique* de John M'Leod (1821) ; il compila un ouvrage sur Ceylan (1823), et procura une nouvelle édition de la traduction par Galland des *Mille et Une Nuits* (1822). Il collabora à la *Biographie universelle*, à la *Revue encyclopédique*, au *Bulletin de la Société de Géographie* et à *l'Almanach des Muses*. Il deviendra diplomate. En 1824, il fut attaché à l'ambassade de Naples. Il écrivit une *Histoire des conquêtes des Normands en Italie, en Sicile et en Grèce* (1830). Il assistera aux fouilles de Pompéi. Il sera consul à Égine (1828), à Valence, puis à Barcelone. Il représentera la France en Égypte. Il arrive à Alexandrie en juillet 1842. Il sera le confident de Méhémet-Ali. (Voir Skender Abd-el-Malek [Auriant ?], « L'Égypte de Méhémet-Ali vue par Édouard Gauttier d'Arc du Lys, arrière-petit-neveu de la pucelle d'Orléans », in *Quo Vadis*, juillet-septembre1952.) Gauttier d'Arc quitte Alexandrie en mars 1843 et meurt d'une rupture d'anévrisme en rade de Barcelone le 25 avril 1843 ; il est enterré à Barcelone. Dans la lettre à son père, du 18 mars 1843, Nerval déclare que c'est « un homme connu de toute l'Europe savante, un diplomate et un érudit, ce qui se voit rarement ensemble ».

2   « M. Lubbert », Émile (1794-1859), fut nommé directeur de l'Opéra en 1827, puis directeur de l'Opéra-Comique. À la suite d'une gestion malheureuse, il fut accueilli par Méhémet-Ali (Muhammad 'Ali), qui fit de lui un directeur des Beaux-Arts et de l'Instruction publique, et le chargea d'organiser fêtes et divertissements. Dans sa lettre à son père, du Caire, le 2 mai 1843, Nerval déclare : « Je me suis aussi rencontré avec le fameux Clot-Bey et M. Lubbert aux dîners du consul général. »

3   « *Nichan* ». Le *nichan ifticar*, expression composée d'un adjectif persan (qui marque) et d'un substantif arabe (honneur). Décoration créée en 1831 par le sultan Mahmoud II. (*NPI*)

papyrus et des hiéroglyphes ! ne pouvoir oublier, comme madame de
Staël aux bords du Léman, le ruisseau de la rue du Bac[1] !

L'Égypte ne possède encore que deux journaux à elle, une sorte de
Moniteur arabe, qui s'imprime à Boulac[2], et le *Phare* d'Alexandrie. À
l'époque de sa lutte contre la Porte, le pacha fit venir à grands [100]
frais un rédacteur français, qui lutta pendant quelques mois contre les
journaux de Constantinople et de Smyrne. Le journal était une machine
de guerre comme une autre ; sur ce point là aussi, l'Égypte a désarmé, ce
qui ne l'empêche pas de recevoir encore souvent les bordées des feuilles
publiques du Bosphore.

On s'entretint pendant le dîner d'une affaire qui était jugée très grave
et qui faisait grand bruit dans la société franque. Un pauvre diable de
Français, un domestique, avait résolu de se faire musulman, et ce qu'il y avait
de plus singulier, c'est que sa femme aussi voulait embrasser l'islamisme.
On s'occupait des moyens d'empêcher ce scandale ; le clergé franc avait
pris à cœur la chose, mais le clergé musulman mettait de l'amour-propre
à triompher de son côté. Les uns offraient au couple infidèle de l'argent,
une bonne place, et différents avantages ; les autres disaient au mari : « Tu
auras beau faire, en restant chrétien, tu seras toujours ce que tu es, ta vie
est clouée là ; on n'a jamais vu en Europe un domestique[e] devenir seigneur.
Chez nous, le dernier des valets, un esclave, un marmiton, devient émir,
pacha, ministre, il épouse la fille du sultan ; l'âge n'y fait rien, l'étude est
[101] inutile, l'espérance du premier rang ne nous quitte qu'à la mort ».
Le pauvre diable, qui peut-être avait de l'ambition, se laissait aller à ces
espérances. Pour sa femme aussi, la perspective offerte n'était pas moins
brillante ; elle devenait tout de suite une cadine, l'égale des plus grandes
dames, avec le droit de mépriser toute femme chrétienne ou juive, de porter le habbarah noir et les babouches jaunes ; elle pouvait divorcer, chose
peut-être plus séduisante encore, épouser un grand personnage, hériter,
posséder la terre, ce qui est défendu au *yavours*[3], sans compter les chances
de devenir favorite d'une princesse ou d'une sultane-mère gouvernant
l'empire du fond d'un sérail.

---

1   « Bac ! » En exil dans son château de Coppet, Mme de Staël disait : « Il n'y a pas pour
    moi de ruisseau qui vaille celui de la rue du Bac. » (Rouger)

2   « Boulac » ou Boulaq, ou Bûlâq : Faubourg populaire du Caire, où Mariette fonda le
    musée du Caire. Boulak était connu pour son imprimerie. En 1835, y avait été imprimée
    une édition capitale des *Mille et Une Nuits*.

3   « *Yavours* » est une autre forme de *giaours*, mot par lequel les Turcs désignaient les infidèles.

Voilà la double perspective qu'on ouvrait à ces pauvres gens, et il faut avouer que cette possibilité pour des personnes de bas étage d'arriver, grâce au hasard ou à leur intelligence naturelle, aux plus hautes positions, sans que leur passé, leur éducation ou leur condition première y puissent faire obstacle, réalise assez bien ce principe d'égalité qui chez nous n'est écrit que dans les codes. En Orient, le criminel lui-même, s'il a payé sa dette à la loi, ne trouve aucune carrière fermée, le préjugé moral disparaît devant lui.

[102]

Eh bien! il faut le dire, malgré toutes ces séductions de la loi turque, les apostasies sont très rares. L'importance qu'on attachait à l'affaire dont je parle en est une preuve. Le consul avait l'idée de faire enlever l'homme et la femme pendant la nuit et de les faire embarquer sur un vaisseau français; mais le moyen de les transporter du Caire à Alexandrie! Il faut six jours pour descendre le Nil. En les mettant dans une barque enfermée, on risquait que leurs cris fussent entendus sur la route. En pays turc, le changement de religion est la seule circonstance où cesse le pouvoir des consuls sur les nationaux.

– Mais pourquoi faire enlever ces pauvres gens? dis-je au consul; en auriez-vous le droit au point de vue de la loi française?

– Parfaitement; dans un port de mer, je n'y verrais aucune difficulté.

– Mais si l'on suppose chez eux une conviction religieuse?

– Allons donc, est-ce qu'on se fait Turc?

– Vous avez quelques Européens qui le sont devenus.

– Sans doute; de hauts employés du pacha, qui autrement n'auraient pas pu parvenir aux gra-[103]des qu'on leur a conférés, ou qui n'auraient pu se faire obéir des musulmans.

– J'aime à croire que chez la plupart il y a eu un changement sincère, autrement je ne verrais là que des motifs d'intérêt.

– Je pense comme vous, mais voici pourquoi, dans les cas ordinaires, nous nous opposons de tout notre pouvoir à ce qu'un sujet français quitte sa religion. Chez nous, la religion est isolée de la loi civile; chez les musulmans, ces deux principes sont confondus. Celui qui embrasse le mahométisme devient sujet turc en tout point, et perd sa nationalité européenne. Nous ne pouvons plus agir sur lui en aucune manière, il appartient au bâton et au sabre, et s'il retourne au christianisme, la loi turque la condamne à mort. En se faisant musulman, on ne perd pas seulement sa foi, on perd son nom, sa famille, sa patrie ; on n'est plus le même homme, on est un Turc ; c'est fort grave, comme vous voyez.

Cependant le consul nous faisait goûter un assez bel assortiment de vins de Grèce et de Chypre dont je n'appréciais que difficilement les diverses nuances, à cause d'une saveur prononcée de goudron, qui, selon lui, en prouvait l'authenticité. Il faut quelque [104] temps pour se faire à ce raffinement hellénique, nécessaire sans doute à la conservation du véritable malvoisie, du vin de commanderie ou du vin du Ténédos[1].

Je trouvai dans le cours de l'entretien un moment pour exposer ma situation domestique ; je racontai l'histoire de mes mariages manqués, de mes aventures modestes. Je n'ai aucunement l'idée, ajoutai-je, de faire ici le Casanova. Je viens au Caire pour travailler, pour étudier la ville, pour en interroger les souvenirs, et voilà qu'il est impossible d'y vivre à moins de soixante piastres par jour, ce qui, je l'avoue, dérange mes prévisions.

— Vous comprenez, me dit le consul, que dans une ville où les étrangers ne passent qu'à de certains mois de l'année, sur la route des Indes, où se croisent les lords et les nababs, les trois ou quatre hôtels qui existent s'entendent facilement pour élever les prix et éteindre toute concurrence.

— Sans doute ; aussi ai-je loué une maison pour quelques mois.

— C'est le plus sage.

— Eh bien ! maintenant on veut me mettre dehors, sous prétexte que je n'ai pas de femme.

— On en a le droit ; M. Clot-Bey a enregistré ce [105] détail dans son livre[2]. M. William Lane, le consul anglais, raconte dans le sien qu'il a été soumis lui-même à cette nécessité. Bien plus, lisez l'ouvrage de

---

1   « Ténédos ». « Le vin de la Commanderie se récolte à l'ancienne commanderie de Kolossi. Il passe du topaze au grenat, et devient presque noir après la quarantième année. » Les vins de l'île turque de Ténédos, sur la côte d'Asie Mineure, étaient expédiés surtout vers Constantinople, Smyrne et la Russie (*cf. GDU*, articles « Chypre » et « Ténédos »).

2   « Son livre. » Rouger cite ce passage de l'*Aperçu sur l'Égypte* de Clot-Bey (t. II, p. 39) : « Le mariage est regardé par les musulmans comme une obligation morale à laquelle il est mal de chercher à se soustraire. Ils veulent qu'un homme prenne femme dès qu'il atteint l'âge convenable et qu'aucun obstacle majeur ne s'y oppose. La rigueur du préjugé est poussée si loin qu'on ne peut pas habiter dans un quartier une maison particulière si l'on n'est marié ou si l'on n'a des femmes esclaves. Un célibataire est forcé de vivre dans un okel [caravansérail]. » *Cf.* Lane… Et, ci-dessus, n. 4, p. 107-108.

Maillet[1], le consul-général de Louis XIV, vous verrez qu'il en était de même de son temps ; il faut vous marier.

– J'y ai renoncé. La dernière femme qu'on m'a proposée m'a gâté les autres, et malheureusement je n'avais pas *assez en mariage* pour elle.

– C'est différent.

– Mais les esclaves sont beaucoup moins coûteuses : mon drogman m'a conseillé d'en acheter une et de l'établir dans mon domicile.

– C'est une idée.

– Serai-je ainsi dans les termes de la loi ?

– Parfaitement.

La conversation se prolongea sur ce sujet. Je m'étonnais un peu de cette facilité donnée aux chrétiens d'acquérir des esclaves en pays turc : on m'expliqua que cela ne concernait que les femmes plus ou moins colorées ; mais on peut avoir des Abyssiniennes presque blanches. La plupart des négociants établis au Caire en possèdent. M. Clot-Bey en élève plusieurs pour l'emploi de sages-femmes. Une preuve encore qu'on me donna que [106] ce droit n'était pas contesté, c'est qu'une esclave noire, s'étant échappée récemment de la maison de M. Lubbert, lui avait été ramenée par la police.

J'étais encore tout rempli des préjugés de l'Europe, et je n'apprenais pas ces détails sans quelque surprise. Il faut vivre un peu en Orient pour s'apercevoir que l'esclavage n'est là en principe qu'une sorte d'adoption. La condition de l'esclave y est certainement meilleure que celle du *fellah* ou du *rayah*[2] libres. Je comprenais déjà en outre, d'après ce que

1 « Maillet », Benoît de (1656-1738), fut pendant seize ans consul au Caire, puis devint « visiteur général des Échelles du Levant ». Il est l'auteur d'une *Description de l'Égypte* et de l'*Idée du gouvernement ancien et moderne de l'Égypte*. Dans sa *Description de l'Égypte*, l'on trouve ce passage (t. I, 1735, p. 207) : « Ces caravanseras sont des hospices sacrés, où il n'est pas permis d'insulter personne, n'y [*sic*] de s'attaquer aux effets, qui y sont déposés. On pousse même la précaution et le scrupule jusqu'à ne pas souffrir, qu'un homme, qui n'est point marié, y habite. Cet usage s'observe aussi dans les quartiers de la ville, où il y a des familles, parce que les Turcs sont dans la ridicule persuasion qu'un homme qui n'a point de femmes est beaucoup plus dangereux qu'un autre. » (Rouger) Voir ci-dessus, p. 2, p. 148.

2 « *Rayah* » veut dire « petit canal » ; « raya », « païen » à l'époque turque. Rouger rappelle que les rayas sont des sujets non musulmans du gouvernement turc, et que, d'après J.-J. Richaud (*Tableau de l'Égypte*, 1830) ils portent un turban bleu. Un article de la *Revue britannique* d'avril 1841 (5e série, t. II), « Notes d'une excursion en Turquie », montre leur pitoyable condition : ils « paient un *haratch* ou capitation distincte de l'impôt qui se lève sur les Turcs, et ils sont soumis en outre à mille avanies ». Ces « Notes » appartiennent à une lettre ouverte de Richard Cobden. Nerval a pu les consulter. (*NPl*) *Cf.* le *Carnet*, f°2 v° et 3 r°.

j'avais appris sur les mariages, qu'il n'y avait pas grande différence entre l'Égyptienne vendue par ses parents et l'Abyssinienne exposée au bazar.

Les consuls du Levant diffèrent d'opinion touchant le droit des Européens sur les esclaves. Le code diplomatique ne contient rien de formel là-dessus. D'un autre côté¹, la France, qui a des colonies à esclaves, ne peut empêcher ses nationaux de jouir des droits que leur concède la législation orientale. Notre consul m'affirma du reste qu'il tenait beaucoup à ce que la situation actuelle ne changeât pas à cet égard, et voici pourquoi. Les Européens ne peuvent pas être propriétaires fonciers en Égypte, mais, à l'aide de fictions légales, ils exploitent ce-[107]pendant des propriétés, des fabriques ; outre la difficulté de faire travailler les gens du pays, qui, dès qu'ils ont gagné la moindre somme, s'en vont vivre au soleil jusqu'à ce qu'elle soit épuisée, ils ont souvent contre eux le mauvais vouloir des cheiks ou de personnages puissants, leurs rivaux en industrie, qui peuvent tout d'un coup leur enlever tous leurs travailleurs sous prétexte d'utilité publique. Avec des esclaves, du moins, ils peuvent obtenir un travail régulier et suivi, si toutefois ces derniers y consentent, car l'esclave mécontent d'un maître peut toujours le contraindre à le faire revendre au bazar. Ce détail est un de ceux qui expliquent le mieux la douceur de l'esclavage en Orient.

VI. – LES DERVICHES

Quand je sortis de chez le consul, la nuit était déjà avancée ; le barbarin m'attendait à la porte, envoyé par Abdallah, qui avait jugé à propos de se coucher ; il n'y avait rien à dire : quand on a beaucoup de valets, ils se partagent la besogne, c'est naturel… Au reste, Abdallah ne se fût pas laissé ranger dans cette dernière catégorie ! Un drogman est à ses propres yeux un homme instruit, un [108] philologue, qui consent à mettre sa science au service du voyageur ; il veut bien encore remplir le rôle de cicerone, il ne repousserait pas même au besoin les aimables attributions du seigneur Pandarus de Troie¹, mais là s'arrête sa spécialité ; vous en avez pour vos vingt piastres par jour !

---

1   « Pandarus de Troie », dans *Troïlus et Cressida* de Shakespeare ; oncle de Cressida, il représente l'entremetteur sans scrupule.

Au moins faudrait-il qu'il fût toujours là pour vous expliquer toute chose obscure. Ainsi j'aurais voulu savoir le motif d'un certain mouvement dans les rues, qui m'étonnait à cette heure de la nuit. Les cafés étaient ouverts et remplis de monde ; les mosquées, illuminées, ralentissaient [*sic* retentissaient] de chants solennels, et leurs minarets élancés portaient des bagues de lumière ; des tentes étaient dressées sur la placé [*sic* place] de l'Esbekieh, et l'on entendait partout les sons du tambour et de la flûte de roseau. Après avoir quitté la place et nous être engagés dans les rues, nous eûmes peine à fendre la foule qui se pressait le long des boutiques, ouvertes comme en plein jour, éclairées chacune par des centaines de bougies et parées de festons et de guirlandes en papier d'or et de couleur. Devant une petite mosquée située au milieu de la rue, il y avait un immense candélabre portant une multitude de petites lampes de verre en pyramide, et, à l'entour, des grappes suspendues [109] de lanternes. Une trentaine de chanteurs, assis en ovale autour du candélabre, semblaient former le chœur d'un chant dont quatre autres, debout au milieu d'eux, entonnaient successivement les strophes ; il y avait de la douceur et une sorte d'expression amoureuse dans cet hymne nocturne qui s'élevait au ciel avec ce sentiment de mélancolie consacré chez les Orientaux à la joie comme à la tristesse.

Je m'arrêtais à l'écouter, malgré les instances du barbarin, qui voulait m'entraîner hors de la foule, et d'ailleurs je remarquais que la majorité des auditeurs se composait de Cophtes, reconnaissables à leur turban noir ; il était donc clair que les Turcs admettaient volontiers la présence des chrétiens à cette solennité.

Je songeai fort heureusement que la boutique de M. Jean n'était pas loin de cette rue, et je parvins à faire comprendre au barbarin que je voulais y être conduit. Nous trouvâmes l'ancien mamelouk fort éveillé et dans le plein exercice de son commerce de liquides. Une tonnelle, au fond de l'arrière-cour, réunissait des Cophtes et des Grecs, qui venaient se rafraîchir et se reposer de temps en temps des émotions de la fête. [110]

M. Jean m'apprit que je venais d'assister à une cérémonie de chant, ou *zikr*[1], en l'honneur d'un saint derviche enterré dans la mosquée voisine. Cette mosquée étant située dans le quartier cophte, c'étaient des

---

1   « Zikr » (*dhikr*, mot arabe). Chant religieux où l'on se souvient de Dieu (*zekra* : « souvenir »). Le chanteur se dit « zakkar » et non « zikker ». (*NPI*). *Cf.* ici, p. 178.

personnes riches de cette religion qui faisaient chaque année les frais de
la solennité ; ainsi s'expliquait le mélange des turbans noirs avec ceux
des autres couleurs. D'ailleurs, le bas peuple chrétien fête volontiers
certains *derviches* ou *santons*, sorte de religieux dont les pratiques bizarres
n'appartiennent souvent à aucun culte déterminé, et remontent peut-être
aux superstitions de l'antiquité.

En effet, lorsque je revins au lieu de la cérémonie, où M. Jean voulut
bien m'accompagner, je trouvai que la scène avait pris un caractère
plus extraordinaire encore. Les trente derviches se tenaient par la
main avec une sorte de mouvement de tangage, tandis que les quatre
coryphées ou *zikkers* entraient peu à peu dans une frénésie poétique
moitié tendre, moitié sauvage ; leur chevelure aux longues boucles,
conservée contre l'usage arabe, flottait au balancement de leurs têtes,
coiffées non du tarbouch, mais d'un bonnet de forme antique, pareil
au *pétase*[1] romain ; leur psalmodie [111] bourdonnante prenait par
instants un accent dramatique ; les vers se répondaient évidemment,
et la pantomime s'adressait avec tendresse et plainte à je ne sais quel
objet d'amour inconnu. Peut-être était-ce ainsi que les anciens prêtres
de l'Égypte célébraient les mystères d'Osiris retrouvé ou perdu ; telles
sans doute étaient les plaintes des corybantes ou des cabires[2], et ce
chœur étrange de derviches hurlant et frappant la terre en cadence
obéissait peut-être encore à cette vieille tradition de ravissements et
d'extases qui jadis résonnait sur tout ce rivage oriental, depuis les oasis
d'Ammon[3] jusqu'à la froide Samothrace[4]. À les entendre seulement,
je sentais mes yeux pleins de larmes, et l'enthousiasme gagnait peu
à peu tous les assistants.

M. Jean, vieux sceptique de l'armée républicaine, ne partageait pas
cette émotion ; il trouvait cela fort ridicule et m'assura que les musulmans
eux-mêmes prenaient ces derviches en pitié. C'est le bas peuple qui les
encourage, me disait-il ; autrement rien n'est moins conforme au mahométisme véritable, et même, dans toute supposition, ce qu'ils chantent
n'a pas de sens. Je le priai de m'en donner néanmoins l'explication. – Ce

---

1   « *Pétase* ». Chapeau rond et plat. Orné de petites ailes, il coiffe Mercure.
2   « Cabires », et corybantes, sont ici des initiés.
3   « Oasis d'Ammon ». Oasis de la Libye, célèbre par son temple et son oracle de Jupiter
     Ammon. C'est là que Jupiter Ammon se fit proclamer fils de Jupiter.
4   « Samothrace. » L'île de Samothrace (Samos de Thrace), où étaient situés les mystères des
     Cabires, est située à l'extrême nord de la mer Égée.

n'est rien, me dit-il, ce sont des chansons amoureuses qu'ils débitent on
[112] ne sait à quel propos ; j'en connais plusieurs, en voici une qu'ils
ont chantée :

> « Mon cœur est troublé par l'amour ; – ma paupière ne se ferme plus ! – Mes
> yeux reverront-ils jamais le Bien-aimé ?
> « Dans l'épuisement des tristes nuits, l'absence fait mourir l'espoir ; – mes
> larmes roulent comme des perles, – et mon cœur est embrasé !
> « Ô colombe, dis-moi – pourquoi tu te lamentes ainsi ; – l'absence te fait-elle
> gémir – ou tes ailes manquent-elles d'espace ?
> « Elle répond : Nos chagrins sont pareils ; – je suis consumée par l'amour ;
> – hélas ! c'est ce mal aussi, – l'absence de mon Bien-aimé, qui me fait gémir[1]. »

Et le refrain dont les trente derviches accompagnent ses couplets est
toujours le même : « Il n'y a de Dieu que Dieu ! »

– Il me semble, dis-je, que cette chanson peut bien s'adresser en
effet à la Divinité, c'est de l'amour divin qu'il est question sans doute.

– Nullement ; on les entend, dans d'autres couplets, comparer leur
bien-aimée à la gazelle de l'Yémen, lui dire qu'elle a la peau fraîche et
qu'elle a passé à peine le temps de boire le lait[2]… C'est, ajouta-t-il, ce
que nous appellerions des chansons grivoises.

Je n'étais pas convaincu ; je trouvais bien plutôt [113] aux autres vers
qu'il me cita une certaine ressemblance avec le Cantique des cantiques.
– Du reste, ajouta M. Jean[g], vous les verrez encore faire bien d'autres
folies après demain, pendant la fête de Mahomet ; seulement je vous
conseille de prendre alors un costume arabe, car la fête coïncide cette
année avec le retour des pèlerins de La Mecque, et parmi ces derniers il

---

1   « Gémir. » Ce chant a été traduit par Lane. Voir *An Account of the Manners and Customs
of the Modern Egyptians*, t. II, p. 195-196 : *With love my heart is troubled ; And mine eye-lid
hind'reth sleep : My vitals are dissever'd ; While with streaming tears I weep. My union seems far
distant : Will my love e'er meet mine eye ? Alas ! Did not estrangement Draw my tears, I would
not sigh. By dreary nights I'm wasted : Absence makes my hope expire : My tears, like pearls, are
dropping ; And my heart is weapt in fire. Whose is like my condition ? Scarcely know I remedy.
Alas ! Did not estrangement Draw my tears, I would not sigh. O turtle-dove ! acquaint me Wherfore
thus dost thou lament ? Art thou so stung by absence ? Of thy wings depriv'd, and pent ? He saith,
« Our griefs are equal : Worn away with love, I lie. » Alas ! Did not estrangement Draw my
tears, I would not sigh. O First and Everlasting ! Show thy favour yet to me ; Thy slave, Ahh'
mad El-Bek'ree, Hath no Lord excepting Thee. By Ta'-Ha' †, the great Prophet ! Do thou not his
wish deny. Alas ! Did not estrangement Draw my tears, I would not sigh.*

2   « Boire le lait… » Autre poème cité par Lane juste après le précédent. *O gazelle from among
the gazelles of El-Yem'en ! I am thy slave without cost : O thou small of age, and fresh of skin ! O
thou who art scarce past the time of drinking milk !*

y a beaucoup de Moghrebins (musulmans de l'ouest) qui n'aiment pas les habits francs, surtout depuis la conquête d'Alger[1].

Je me promis de suivre ce conseil, et je repris en compagnie du barbarin le chemin de mon domicile. La fête devait encore se continuer toute la nuit.

VII. – CONTRARIÉTÉS DOMESTIQUES

Le lendemain au matin, j'appelai Abdallah pour commander mon déjeuner au cuisinier Mustafa. Ce dernier répondit qu'il fallait d'abord acquérir les ustensiles nécessaires. Rien n'était plus juste[h], et je dois dire encore que l'assortiment n'en fut pas compliqué. Quant aux provisions, les femmes fellahs stationnent partout dans les rues avec des cages pleines de poules, de pigeons et de canards ; on [114] vend même au boisseau les poulets éclos dans les fours à œufs si célèbres du pays[2] ; des Bédouins apportent le matin des coqs[i] de bruyère et des guirlandes de cailles dont ils tiennent les pattes serrées entre leurs doigts. Tout cela, sans compter les poissons du Nil, les légumes et les fruits énormes de[j] cette vieille terre d'Égypte, se vend à des prix fabuleusement modérés.

En comptant, par exemple, les poules à vingt centimes et les pigeons à moitié moins, je pouvais me flatter d'échapper longtemps au régime des hôtels ; malheureusement il était impossible d'avoir des volailles grasses[k] ; c'étaient de petits squelettes emplumés. Les fellahs trouvent plus d'avantage à les vendre ainsi qu'à les nourrir longtemps de maïs. Abdallah me conseilla[l] d'en acheter un certain nombre de cages, afin de pouvoir les engraisser[3]. Cela fait, on mit en liberté les poules dans la cour et les pigeons dans une chambre, et Mustafa, ayant remarqué un petit coq moins osseux que les autres, se disposa[m], sur ma demande, à préparer un couscoussou[4].

---

1   « La conquête d'Alger. » La prise de la ville est survenue le 5 juillet 1830.
2   « Pays ». À Mansoure, on voit « de vastes fours, où l'on fait éclore les poulets ». (Savary, *Lettres sur l'Égypte*, 1785, t. I, p. 301.) *Cf. Carnet*, f° 6 r°.
3   « Engraisser. » « Pour moins de cinq francs, nous avons eu quatorze poules, qui se promènent dans notre cour et que nous engraissons » (à son père, le 18 mars 1843).
4   « Un couscoussou. » *NPl* cite Pihan ; le couscous est le « mélange de viande et de farine réduites en boulettes très petites qu'on fait frire dans l'huile » ; et de préciser : « On ne

Je n'oublierai jamais le spectacle qu'offrit cet Arabe farouche, tirant de sa ceinture son yataghan destiné au meurtre d'un malheureux coq. Le pauvre [115] oiseau payait de bonne mine, et il y avait peu de chose sous son plumage[n] éclatant comme celui d'un faisan doré. En sentant le couteau, il poussa des cris enroués qui me fendirent l'âme. Mustafa lui coupa entièrement la tête et le laissa ensuite[o] se trainer encore en voletant sur la terrasse, jusqu'à ce qu'il s'arrêtât, raidît ses pattes[p], et tombât dans un coin. Ces détails sanglants suffirent pour m'ôter l'appétit. J'aime beaucoup la cuisine que je ne vois pas faire… et je me regardais comme infiniment plus coupable de la mort du petit coq que s'il avait péri dans les mains d'un hôtelier. Vous trouverez ce raisonnement lâche ; mais que voulez-vous ? je ne pouvais[q] réussir à m'arracher aux souvenirs classiques de l'Égypte, et dans certains moments je me serais fait scrupule de plonger moi-même le couteau dans le cœur d'un légume, de crainte d'offenser un ancien dieu[r].

Je ne voudrais pas plus abuser pourtant de la pitié qui peut s'attacher au meurtre d'un coq maigre que de l'intérêt qu'inspire légitimement l'homme forcé de s'en nourrir : il y a beaucoup d'autres provisions dans la grande ville du Caire, et les dattes fraîches, les bananes, suffiraient toujours pour un déjeuner convenable ; mais je n'ai pas été long-[116]temps sans reconnaître la justesse des observations de M. Jean. Les bouchers de la ville ne vendent que du mouton, et ceux des faubourgs y ajoutent, comme variété, de la viande de chameau, dont les immenses quartiers apparaissent suspendus au fond des boutiques. Pour le chameau, l'on ne doute jamais de son identité, mais, quant au mouton, la plaisanterie la moins faible [sic fiable ?] de mon drogman était de prétendre que c'était très souvent du chien. Je déclare que je ne m'y serais pas laissé tromper. Seulement je n'ai jamais pu comprendre le système de pesage et de préparation qui faisait que chaque plat me revenait environ à dix piastres ; il faut y joindre, il est vrai, l'assaisonnement obligé de *meloukia*[1] ou de *bamie*[2], légumes savoureux dont l'un remplace à peu près l'épinard, et dont l'autre n'a point d'analogie avec nos végétaux d'Europe.

---

doit pas écrire *couscoussou* ; rien n'autorise l'emploi de la troisième syllabe. »

1   « *Meloukia* » (*Mouloukhia*) : Mélochie, verdure dont on fait un potage.

2   « *Bamie* » : Bamia, ou corne grecque (gombo, gombaud, ketmie), petit légume de trois centimètres, de forme pointue, de coupe hexagonale, dont la peau est râpeuse et la chair tendre.

Revenons à des idées générales. Il m'a semblé qu'en Orient les hôteliers, les drogmans, les valets et les cuisiniers, s'entendaient de tout
point contre le voyageur. Je comprends déjà qu'à moins de beaucoup
de résolution et d'imagination même, il faut une fortune énorme pour
pouvoir y faire quelque séjour. M. de Chateaubriand avoue qu'il s'y est
ruiné ; M. de Lamartine y a fait des dépenses folles[1] ; [117] parmi les
autres voyageurs, la plupart n'ont pas quitté les ports de mer, ou n'ont
fait que traverser rapidement le pays. Moi, je veux tenter un projet que
je crois meilleur. J'achèterai une esclave, puisqu'aussi bien il me faut
une femme, et j'arriverai peu à peu à remplacer par elle le drogman, le
barbarin peut-être, et à faire mes comptes clairement avec le cuisinier. En
calculant les frais d'un long séjour au Caire et de celui que je puis faire
encore dans d'autres villes, il est clair que j'atteins un but d'économie.
En me mariant, j'eusse fait le contraire. Décidé par ces réflexions, je dis
à Abdallah de me conduire au bazar des esclaves.

VIII. – L'OKEL[2] DES JELLAB[3]

Nous traversâmes toute la ville jusqu'au quartier des grands bazars,
et là, après avoir suivi une rue obscure qui faisait angle avec la principale, nous fîmes notre entrée dans une cour irrégulière sans être obligés
de descendre de nos ânes. Il y avait au milieu un puits ombragé d'un
sycomore. À droite, le long du mur, une douzaine de Noirs étaient rangés debout, ayant l'air plutôt inquiet que triste, vêtus pour la plupart
du sayon bleu des gens du [118] peuple, et offrant toutes les nuances
possibles de couleur et de forme. Nous nous tournâmes vers la gauche,

---

1   « Dépenses folles » : Lamartine affréta un navire de 250 tonneaux.

2   « L'okel ». Selon Clot-bey, que cite Rouger : « [...] les okels sont de grands édifices destinés
     aux besoins du commerce. Ils sont formés de bâtiments élevés autour d'une cour carrée
     qui contient ordinairement un oratoire et une fontaine, et dans le pourtour de laquelle
     s'ouvrent de vastes magasins voûtés… Les étages supérieurs sont divisés en chambres et
     servent d'hôtelleries aux négociants étrangers ». (*Aperçu général de l'Égypte*, I, p. 183.) *Cf.*
     aussi, t. II, n. 1, p. 86.

3   « Jellab » (*Djallab, gellab*) : « Marchand » d'esclaves. La disparition de l'esclavage en terre
     musulmane, imposée par l'Europe, sera très lente, rappelle Huré.

où régnait une série de petites chambres dont[s] le parquet s'avançait sur la cour comme une estrade, à environ deux pieds de terre. Plusieurs marchands basanés nous entouraient déjà en nous disant : « *Essouad ? Abech*[1] ? – Des Noires ou des Abyssiniennes[2] ? » Nous nous avançâmes vers la première chambre[t].

Là cinq ou six négresses, assises en rond sur des nattes, fumaient pour la plupart, et nous accueillirent en riant aux éclats. Elles n'étaient guère vêtues que de haillons bleus, et l'on ne pouvait reprocher aux vendeurs de parer la marchandise. Leurs cheveux, partagés en des centaines de petites tresses serrées, étaient généralement maintenus par un ruban rouge qui les partageait en deux touffes volumineuses ; la raie de chair était teinte de cinabre ; elles portaient[u] des anneaux d'étain aux bras et aux jambes, des colliers de verroterie, et, chez quelques-unes, des cercles de cuivre passés au nez ou aux oreilles complétaient une sorte d'ajustement barbare dont certains tatouages et coloriages de la peau rehaussaient encore le caractère. C'étaient des Négresses du Sennaar, l'espèce la plus éloignée, certes, du type de la beauté convenue parmi nous. [119] La proéminence de la mâchoire, le front déprimé, la lèvre épaisse, classent ces pauvres créatures dans une catégorie presque bestiale[3], et cependant, à part ce masque étrange dont la nature les a dotées, le corps est d'une perfection rare, des formes virginales et pures se dessinent sous leurs tuniques, et leur voix sort douce et vibrante d'une bouche éclatante de fraîcheur.

Eh bien ! je ne m'enflammerai pas pour ces jolis monstres, mais sans doute les belles dames du Caire doivent aimer à s'entourer de chambrières pareilles. Il peut y avoir ainsi des oppositions charmantes de couleur et de forme ; ces Nubiennes ne sont point laides dans le sens absolu du mot, mais forment un contraste parfait à la beauté telle que nous la comprenons. Une femme blanche doit ressortir admirablement au milieu de ces filles de la nuit, que leurs formes élancées semblent destiner à tresser les cheveux, tendre les étoffes, porter les flacons et les vases, comme dans les fresques antiques.

---

1   « *Abech* ». *Habech* plutôt.

2   « Abyssiniennes » : « Par leurs traits et leur complexion, elles apparaissent comme une race intermédiaire entre les Nègres et les Blancs. [...] Elles sont très appréciées par les jouisseurs d'Égypte, mais elles sont de constitution délicate : beaucoup meurent de consomption dans ce pays ». (Lane)

3   « Bestiale ». Nerval n'échappe pas à son siècle, sur ce plan en tout cas. Pour ce qui est de la position du narrateur nervalien, c'est moins simple…

Si j'étais en état de mener largement la vie orientale, je ne me priverais pas de ces pittoresques créatures ; mais, ne voulant acquérir qu'une seule esclave, j'ai demandé à en voir d'autres chez lesquelles l'angle facial fût plus ouvert et la teinte noire moins [120] prononcée. Cela dépend du prix que vous voulez mettre, me dit Abdallah ; celles que vous voyez là ne coûtent guère que deux bourses (250 francs) ; on les garantit pour huit jours : vous pouvez les rendre au bout de ce temps, si elles ont quelque défaut ou quelque infirmité.

– Mais, observai-je, je mettrais volontiers quelque chose de plus ; une femme un peu jolie ne coûte pas plus à nourrir qu'une autre.

Abdallah ne paraissait pas partager mon opinion.

Nous passâmes aux autres chambres ; c'étaient encore des filles du Sennaar. Il y en avait de plus jeunes et de plus belles, mais le type facial dominait avec une singulière uniformité.

Les marchands offraient de les faire déshabiller, ils leur ouvraient les lèvres pour que l'on vît les dents[v], ils les faisaient marcher et faisaient valoir surtout l'élasticité de leur poitrine. Ces pauvres filles se laissaient faire avec assez d'insouciance ; la plupart éclataient de rire presque continuellement, ce qui rendait la scène moins pénible. On comprenait d'ailleurs que toute condition était pour elles préférable au séjour de l'okel, et peut-être même à leur existence précédente dans leur pays.

Ne trouvant là que des Négresses pures, je de-[121]mandai au drogman si l'on n'y voyait pas d'Abyssiniennes. – Oh ! me dit-il, on ne les fait pas voir publiquement ; il faut monter dans la maison et que le marchand soit bien convaincu que vous ne venez pas ici par simple curiosité, comme la plupart des voyageurs. Du reste, elles sont beaucoup plus chères, et vous pourriez peut-être trouver quelque femme qui vous conviendrait parmi les esclaves du Dongola[1]. Il y a d'autres okels que nous pouvons voir encore. Outre celui des Jellab, où nous sommes, il y a encore l'okel Kouchouk[2] et le khan Ghafar[3].

Un marchand s'approcha de nous et me fit dire qu'il venait d'arriver des Éthiopiennes qu'on avait installées hors de la ville, afin de ne pas

---

1   « Dongola. » En Nubie (Soudan), entre la troisième et la quatrième cataracte.
2   « Kouchouk » signifie « petit ». Traduction phonétique française du mot turc *küçük* (Lemaitre).
3   « Ghafar » veut dire « gardiens »

payer les droits[1]. Elles étaient dans la campagne, au-delà de la porte Bab-el-Madbah[2]. Je voulus d'abord voir celles-là.

Nous nous engageâmes dans un quartier assez désert, et, après beaucoup de détours, nous nous trouvâmes dans la plaine, c'est-à-dire au milieu des tombeaux, car ils entourent tout ce côté de la ville. Les monuments des califes étaient restés à notre gauche ; nous passions entre[w] des collines poudreuses, couvertes de moulins et formées de débris [122] d'anciens édifices. On arrêta les ânes à la porte d'une petite enceinte de murs, restes probablement d'une mosquée en ruines. Trois ou quatre Arabes, vêtus d'un costume étranger au Caire, nous firent entrer, et je me vis au milieu d'une sorte de tribu dont les tentes étaient dressées dans ce clos, fermé de toutes parts. Les éclats de rire d'une vingtaine de Négresses m'accueillirent comme à l'okel ; ces natures naïves manifestent clairement toutes leurs impressions, et je ne sais pourquoi l'habit européen leur paraît si ridicule. Toutes ces filles s'occupaient à divers travaux de ménage, et il y en avait une très grande et très belle dans le milieu qui surveillait avec attention le contenu d'un vaste chaudron placé sur le feu. Rien ne pouvant l'arracher à cette préoccupation, je me fis montrer les autres, qui se hâtaient de quitter leur besogne et détaillaient elles-mêmes leurs beautés. Ce n'était pas la moindre de leurs coquetteries qu'une chevelure toute en nattes d'un volume extraordinaire, comme j'en avais vu déjà, mais entièrement imprégnée de beurre, ruisselant de là sur leurs épaules et leur poitrine. Je pensai que c'était pour rendre moins vive l'action du soleil sur leur tête ; mais Abdallah m'assura que c'était une affaire de mode, afin de rendre leurs [123] cheveux lustrés et leur figure luisante. Seulement, me dit-il, une fois qu'on les a achetées, on se hâte de les envoyer au bain et de leur faire démêler cette chevelure en cordelettes, qui n'est de mise que du côté des montagnes de la Lune[3].

---

1   « Les droits », selon Rouger, étaient élevés : trois cents piastres pour tout esclave noir ; cinq cents piastres pour une esclave abyssinienne.

2   « Bab-el-Madbah » est la porte de l'abattoir ; une porte de quartier.

3   Les « montagnes de la Lune » (Djebel el-Kamar ou Koumr) s'étendent au sud de l'Équateur, de l'ouest à l'est, entre les monts d'Abyssinie et les monts Lupata. Le géographe alexandrin Ptolémée (IIe siècle) avait dénommé ainsi la chaîne des monts Ruwenzori. (Huré) De leur versant septentrional descend le Bahr-el Abiad, une des branches qui forment le Nil. De ces hauteurs, Astolphe, dans le *Roland furieux* de l'Arioste, s'élance jusqu'à la lune pour y découvrir les fioles contenant la raison perdue des fous (chant XXXIV).

L'examen ne fut pas long ; ces pauvres créatures avaient des airs sauvages fort curieux sans doute, mais peu séduisants au point de vue de la cohabitation. La plupart étaient défigurées par une foule de tatouages, d'incisions grotesques, d'étoiles et de soleils bleus qui tranchaient sur le noir un peu grisâtre de leur épiderme. À voir ces formes malheureuses, qu'il faut bien s'avouer humaines, on se reproche philanthropiquement d'avoir pu quelquefois manquer d'égards pour le singe, ce parent méconnu que notre orgueil de race s'obstine à repousser[1]. Les gestes et les attitudes ajoutaient encore à ce rapprochement, et je remarquai même que leur pied allongé et développé sans doute par l'habitude de monter aux arbres se rattachait sensiblement à la famille des quadrumanes.

Elles me criaient de tous côtés *bakchis ! bakchis*[x] ! et je tirais de ma poche quelques piastres avec hésitation, craignant que les maîtres n'en profitassent exclusivement ; mais ces derniers, pour me rassu-[124]rer, s'offrirent à leur distribuer des dattes, des pastèques, du tabac, et même de l'eau-de-vie : alors ce furent partout des transports de joie, et plusieurs se mirent à danser au son du tarabouk et de la zommarah, ce tambour et ce fifre mélancoliques des peuplades africaines.

La grande belle fille chargée de la cuisine se détournait à peine, et remuait toujours dans le chaudière une épaisse bouillie de dourah. Je m'approchai ; elle me regarda d'un air dédaigneux, et son attention ne fut attirée que par mes gants noirs. Alors elle croisa les bras et poussa des cris d'admiration. Comment pouvais-je avoir des mains noires et la figure blanche ? voilà ce qui dépassait sa compréhension. J'augmentai cette surprise en ôtant un de mes gants, et alors elle se mit à crier : « *Bismillah ! enté effrit ? enté Sheytan*[2] ? – Dieu me préserve ! es-tu un esprit ? es-tu le diable ? »

Les autres ne témoignaient pas moins d'étonnement, et l'on ne peut imaginer combien tous les détails de ma toilette frappaient ces âmes ingénues. Il est clair que dans leur pays j'aurais pu gagner ma vie à me faire voir. Quant à la principale de ces beautés nubiennes, elle ne tarda pas à reprendre son occupation première avec cette inconstance des [125] singes que tout distrait, mais dont rien ne fixe les idées plus d'un instant.

---

1 « Repousser. » Ironie ? Darwin publiera *De la descendance de l'homme*, en 1871.

2 « *Sheytan* ? » En bonne transcription *enta' afrit ? enta chitân ?* veut dire : « Au nom de dieu, toi esprit, toi démon ? »

J'eus la fantaisie de demander ce qu'elle coûtait, mais le drogman m'apprit que c'était justement la favorite du marchand d'esclaves, et qu'il ne voulait pas la vendre, espérant qu'elle le rendrait père... ou bien qu'alors ce serait plus cher[v].

Je n'insistai point sur ce détail.

– Décidément, dis-je au drogman, je trouve toutes ces teintes trop foncées ; passons à d'autres nuances. L'Abyssinienne est donc bien rare sur le marché ?

– Elle manque un peu pour le moment, me dit Abdallah, mais voici la grande caravane de la Mecque qui arrive. Elle s'est arrêtée à Birket-el-Hadji[1], pour faire son entrée demain au point du jour, et nous aurons alors de quoi choisir, car beaucoup des pèlerins, manquant d'argent pour finir leur voyage, se défont de quelqu'une de leurs femmes, et il y a toujours aussi des marchands qui en ramènent de l'Hedjaz.

Nous sortîmes de cet okel sans qu'on s'étonnât le moins du monde de ne m'avoir vu rien acheter. Un habitant du Caire avait conclu cependant une affaire pendant ma visite et reprenait le chemin de Bab-el-Madbah [126] avec deux jeunes Négresses fort bien découplées. Elles marchaient devant lui, rêvant l'inconnu, se demandant sans doute si elles allaient devenir favorites ou servantes, et le beurre, plus que les larmes, ruisselait sur leur sein découvert aux rayons d'un soleil ardent.

IX. – LE THÉÂTRE DU CAIRE

Nous rentrâmes en suivant la rue *Hazanieh*[2], qui nous conduisit à celle qui sépare le quartier franc du quartier juif, et qui longe le Calish traversé de loin en loin de ponts vénitiens d'une seule arche. Il existe là un fort beau café dont l'arrière-salle donne sur le canal et où l'on prend des sorbets et des limonades. Ce ne sont pas, au reste, les rafraîchisse-

---

1   « Birket-el-Hadji » est mentionné par Clot-Bey : « [...] le lac des Pèlerins (Birket-el-hadjis), dernière halte où se réunissent les pèlerins pour le départ définitif [pour La Mecque]. » (*Aperçu sur l'Égypte*, t. I, p. 235.)

2   « La rue *Hazanieh* » va depuis la porte Bab-el-Foutouh jusqu'au pied de la citadelle. Elle changeait de nom d'un quartier à l'autre. (*NPl*)

ments qui manquent au Caire, où des boutiques coquettes étalent çà et là des coupes de limonades et de boissons mélangées de fruits sucrés aux prix les plus accessibles à tous. En détournant la rue turque pour traverser le passage qui conduit au Mousky, je vis sur les murs des affiches lithographiées qui annonçaient un spectacle pour le soir même au théâtre du Caire. Je ne fus pas fâché de retrouver ce souvenir de la civilisation ; je congé-[127]diai Abdallah et j'allai dîner chez Domergue, où l'on m'apprit que c'étaient des amateurs de la ville qui donnaient la représentation au profit des aveugles pauvres, fort nombreux au Caire malheureusement. Quant à la saison musicale italienne, elle ne devait pas tarder à s'ouvrir, mais on n'allait assister pour le moment qu'à une simple soirée de vaudeville.

Vers sept heures, la rue étroite dans laquelle s'ouvre l'impasse Waghorn était encombrée de monde, et les Arabes s'émerveillaient de voir entrer toute cette foule dans une seule maison. C'était grande fête pour les mendiants et pour les âniers, qui s'époumonaient à crier *bakchis*[z] ! de tous côtés. L'entrée, fort obscure, donne dans un passage couvert qui s'ouvre au fond sur le jardin de Rosette, et l'intérieur rappelle nos plus petites salles populaires. Le parterre était rempli d'Italiens et de Grecs en tarbouch rouge qui faisaient grand bruit ; quelques officiers du pacha se montraient à l'orchestre, et les loges étaient assez garnies de femmes, la plupart en costume levantin.

On distinguait les Grecques au *tatikos*[1] de drap rouge festonné d'or qu'elles portent incliné sur l'oreille ; les Arméniennes, aux châles et aux gazillons qu'elles entremêlent pour se faire d'énormes [128] coiffures. Les Juives mariées, ne pouvant, selon les prescriptions rabbiniques, laisser voir[aa] leur chevelure, ont à la place des plumes de coq roulées qui garnissent les tempes et figurent des touffes de cheveux. C'est la coiffure seule qui distingue les races ; le costume est à peu près le même pour toutes dans les autres parties. Elles ont la veste turque échancrée sur la poitrine[ab], la robe fendue et collant sur les reins, la ceinture, le caleçon (*chetyan*[2]), qui[ac] donne à toute femme débarrassée du voile la démarche d'un jeune garçon ; les bras sont toujours couverts, mais laissent pendre à partir du coude les manches variées des gilets, dont les poètes arabes

1   « *Tatikos* ». Plutôt *taktikos*, et mieux *taktikon* qui signifie « régulier », « de tous les jours ». Il s'agissait d'un bonnet à pompon, rouge. *Cf.* n. 2, p. 202.
2   « *Chelyan* » ou « *Chetyan* » ? En tout cas il faudrait *chentyân* pour « pantalon ».

comparent les boutons serrés à des fleurs de camomille. Ajoutez à cela des aigrettes, des fleurs et des papillons de diamants relevant le costume des plus riches, et vous comprendrez que l'humble *teatro del Cairo* doit encore un certain éclat à ces toilettes levantines. Pour moi, j'étais ravi, après tant de figures noires que j'avais vues dans la journée, de reposer mes yeux sur des beautés simplement jaunâtres. Avec moins de bien-veillance, j'eusse reproché à leurs regards d'abuser des ressources de la teinture, à leurs joues d'en être encore au fard et aux mouches du siècle passé, à leurs mains d'emprunter sans trop d'avantage la [129] teinte orange du *henné*; mais il fallait, dans tous les cas, admirer sans réserve les contrastes charmants de tant de beautés diverses, la variété des étoffes, l'éclat des diamants, dont les femmes de ce pays sont si fières, qu'elles portent volontiers sur elles la fortune de leurs maris; enfin je me refaisais un peu dans cette soirée d'un long jeûne de frais visages qui commençait à me peser. Du reste, pas une femme n'était voilée; et pas une femme réellement musulmane n'assistait par conséquent à la représentation. On leva le rideau; je reconnus les premières scènes de *La Mansarde des Artistes*[1].

Ô gloire du vaudeville, où t'arrêteras-tu ? Des jeunes gens marseillais jouaient les principaux rôles, et la jeune première était représentée par Mme Bonhomme[2], la maîtresse du cabinet de lecture français. J'arrêtai mes regards avec surprise et ravissement sur une tête parfaitement blanche et blonde ; il y avait deux jours que je rêvais les nuages de ma patrie et les beautés pâles du Nord ; je devais cette préoccupation au premier souffle du *khamsin*[3] et à l'abus des visages de Négresses, lesquels décidément prêtent fort peu à l'idéal.

À la sortie du théâtre, toutes ces femmes si richement parées avaient revêtu l'uniforme habbarah de [130] taffetas noir, couvert leurs traits du borghot blanc, et remontaient sur des ânes, comme de bonnes musul-manes, aux lueurs des flambeaux tenus par les *saïs*[4].

---

1   « *La Mansarde des Artistes* » est un vaudeville en un acte de Scribe, Jean-Henri Dupin et Antoine-François Varner, créé au Gymnase en 1824. (Rouger)

2   « Mme Bonhomme ». *Cf.* p. 201.

3   « *khamsin* ». Vent violent qui souffle du sud, *cinquante* jours, selon l'étymologie.

4   « Les *saïs* ». *Cf.* ici, n. 4, p. 115, et t. II, n. 2, p. 45.

X. – LA BOUTIQUE DU BARBIER[1]

Le lendemain, songeant aux fêtes qui se préparaient pour l'arrivée des pèlerins, je me décidai, pour les voir à mon aise, à prendre le costume du pays.

Je possédais déjà la pièce la plus importante du vêtement arabe, le *machlah*[2], manteau patriarcal, qui peut indifféremment se porter sur les épaules, ou se draper sur la tête, sans cesser d'envelopper tout le corps. Dans ce dernier cas seulement, on a les jambes découvertes, et l'on est coiffé comme un sphinx, ce qui ne manque pas de caractère. Je me bornai pour le moment à gagner le quartier franc, où je voulais opérer ma transformation complète, d'après les conseils du peintre de l'hôtel Domergue.

L'impasse qui aboutit à l'hôtel se prolonge en croisant la rue principale du quartier franc, et décrit plusieurs zigzags jusqu'à ce qu'elle aille se perdre sous les voûtes de longs passages qui corres-[131]pondent au quartier juif. C'est dans cette rue capricieuse, tantôt étroite et garnie de boutiques d'Arméniens et de Grecs, tantôt plus large, bordée de longs murs et de hautes maisons, que réside l'aristocratie commerciale de la nation franque ; là sont les banquiers, les courtiers, les entrepositaires des produits de l'Égypte et des Indes. À gauche, dans la partie la plus large, un vaste bâtiment, dont rien au dehors n'annonce la destination, contient à la fois la principale église catholique[3] et le couvent des Dominicains. Le couvent se compose d'une foule de petites cellules donnant dans une longue galerie ; l'église est une vaste salle au premier étage, décorée de colonnes de marbre et d'un goût italien assez élégant. Les femmes sont à part dans des tribunes grillées, et ne quittent pas leurs mantilles noires, taillées selon les modes turque ou maltaise. Ce ne fut pas à l'église que nous nous arrêtâmes, du reste, puisqu'il s'agissait de perdre tout au moins l'apparence chrétienne, afin de pouvoir assister à des fêtes

---

1 « LA BOUTIQUE DU BARBIER ». Lemaitre remarque, en l'attribuant à Nerval, qu'un récit analogue se lit dans le *Musée des Familles* (avril 1850) sous la signature de C. de Chatouville.
2 « Le *machlach* » : manteau à courtes manches d'étoffe rayée (Huré). *Cf.* t. II, n. 4, p. 19, ci-dessous.
3 « Église catholique » de l'Assomption (Id.).

mahométanes. Le peintre me conduisit plus loin encore, à un point où la rue se resserre et s'obscurcit, dans une boutique de barbier, qui est une merveille d'ornementation. On peut admirer en elle l'un des derniers monuments [132] du style arabe ancien, qui cède partout la place, en décoration comme en architecture, au goût turc de Constantinople, triste et froid pastiche à demi tartare, à demi européen.

C'est dans cette charmante boutique, dont les fenêtres gracieusement découpées donnent sur le Calish ou canal du Caire, que je perdis ma chevelure européenne. Le barbier y promena le rasoir avec beaucoup de dextérité, et, sur ma demande expresse, me laissa une seule mèche au sommet de la tête comme celle que portent les Chinois et les musulmans. On est partagé sur les motifs de cette coutume : les uns prétendent que c'est pour offrir de la prise aux mains de l'ange de la mort ; les autres y croient voir une cause plus matérielle. Le Turc prévoit toujours le cas où l'on pourrait lui trancher la tête, et, comme alors il est d'usage de la montrer au peuple, il ne veut pas qu'elle soit soulevée par le nez ou par la bouche, ce qui serait très ignominieux. Les barbiers turcs font aux chrétiens la malice de tout raser ; quant à moi, je suis suffisamment sceptique pour ne repousser aucune superstition.

La chose faite, le barbier me fit tenir sous le menton une cuvette d'étain, et je sentis bientôt une [133] colonne d'eau ruisseler sur mon cou et sur mes oreilles. Il était monté sur le banc près de moi, et vidait un grand coquemar d'eau froide dans une poche de cuir suspendue au-dessus de mon front. Quand la surprise fut passée, il fallut encore soutenir un lessivage à fond d'eau savonneuse, après quoi l'on me tailla la barbe selon la dernière mode de Stamboul.

Ensuite on s'occupa de me coiffer, ce qui n'était pas difficile ; la rue était pleine de marchands de tarbouchs et de femmes fellah dont l'industrie est de confectionner les petits bonnets blancs dits *takieh*[1], que l'on pose immédiatement sur la peau ; on en voit de très délicatement piqués en fil ou en soie, quelques-uns même sont bordés d'une dentelure faite pour dépasser le bord du bonnet rouge. Quant à ces derniers, ils sont généralement de fabrication française ; c'est, je crois, notre ville de Tours qui a le privilège de coiffer tout l'Orient.

Avec les deux bonnets superposés, le cou découvert et la barbe taillée, j'eus peine à me reconnaître dans l'élégant miroir incrusté d'écaille

---

1 « *Takieh* ». Il faudrait *ta'eia* : « calotte » (*NPl*). *Tâkiya*, « bonnet de toile », mot arabe. (*Id.*)

que me présentait le barbier. Je complétai la transformation en achetant
aux revendeurs une vaste culotte de coton bleu et un gilet rouge garni
d'une broderie d'argent [134] assez propre : sur quoi le peintre voulut
bien me dire que je pouvais passer ainsi pour un montagnard syrien
venu de Saïde[1] ou de Taraboulous[2]. Les assistants m'accordèrent le titre
de *tchéléby*[3], qui est le nom des élégants dans le pays.

XI. – LA CARAVANE DE LA MECQUE[4]

Je sortis enfin de chez le barbier, transfiguré, ravi, fier de ne plus
souiller une ville pittoresque de l'aspect d'un paletot-sac et d'un chapeau
rond. Ce dernier ajustement paraît si ridicule aux Orientaux, que dans
les écoles on conserve toujours un chapeau de Franc pour en coiffer les
enfants ignorants ou indociles : c'est le bonnet d'âne[5] de l'écolier turc.

Il s'agissait de ce moment d'aller voir l'entrée des pèlerins, qui
s'opérait déjà depuis le commencement du jour, mais qui devait durer
jusqu'au soir. Ce n'est pas peu de chose que trente mille personnes
environ venant tout à coup enfler la population du Caire ; aussi les
rues des quartiers musulmans étaient-elles encombrées. Nous parvînmes à gagner Babel-Fotouh[6], c'est-à-dire la porte de la Victoire.
Toute la longue rue qui y mène était garnie de spectateurs [135] que
les troupes faisaient ranger. Le son des trompettes, des cymbales et
des tambours, réglait la marche du cortège, où les diverses nations et
sectes se distinguaient par des trophées et des drapeaux. Pour moi,

---

1   « Saïde » (Saïd ou Saïda) est l'ancienne Sidon (en Syrie), à une quarantaine de kilomètres
    de Beyrouth. *Cf.* notes, t. I, 2 et 3, p. 290, t. II, 2, p. 28 et 2, p. 134.
2   « Taraboulous » est une déformation essentiellement vocalique de Tripoli du Liban. La
    lettre *p* n'existe pas en arabe. *Cf.* n. 2, p. 293.
3   « *Tchéléby* » (*Çelebî*). Le mot turc *chelby* signifie : « doux, conciliant, poli ».
4   « LA CARAVANE DE LA MECQUE » était de retour, au Caire, au mois de safer, soit, en 1843
    (année de l'Hégire 1259), du 3 au 31 mars. Nerval est arrivé au Caire le 7 janvier 1843,
    et a quitté l'Égypte début mai.
5   « Le bonnet d'âne ». Clot-Bey note l'« antipathie incroyable » que les musulmans ont
    vis-à-vis des chapeaux. (*Cf. Aperçu sur l'Égypte*, t. I, p. 294.)
6   « Babel-Fotouh » signifie « porte des Conquêtes » (Quatremer, *Mémoires sur l'Égypte*, t. II,
    p. 451.) *NPI.*

j'étais en proie à la préoccupation d'un vieil opéra bien célèbre au temps
de l'empire ; je fredonnais la *Marche des chameaux*, et je m'attendais
toujours à voir paraître le brillant Saint-Phar[1]. Les longues files de
dromadaires attachés l'un derrière l'autre, et montés par des Bédouins
aux longs fusils, se suivaient cependant avec quelque monotonie, et ce
ne fut que dans la campagne que nous pûmes saisir l'ensemble d'un
spectacle unique au monde.

C'était comme une nation en marche qui venait se fondre dans
un peuple immense, garnissant à droite les mamelons voisins du
Mokatam, à gauche les milliers d'édifices[2] ordinairement déserts de
la Ville des Morts ; le faîte crénelé des murs et des tours de Saladin,
rayés de bandes jaunes et rouges, fourmillait aussi de spectateurs ; il
n'y avait plus là de quoi penser à l'Opéra ni à la fameuse caravane que
Bonaparte vint recevoir et fêter à cette même porte de la victoire[3].
Il me semblait que les siècles remontaient encore en arrière, et que
j'assistais à [136] une scène du temps des croisades. Des escadrons de
la garde de Méhémet-Ali espacés dans la foule, avec leurs cuirasses
étincelantes et leurs casques chevaleresques, complétaient cette illusion. Plus loin encore, dans la plaine où serpente le Calish, on voyait
des milliers de tentes bariolées, où les pèlerins s'arrêtaient pour se
rafraîchir ; les danseurs et les chanteuses ne manquaient pas non plus
à la fête, et tous les musiciens du Caire rivalisaient de bruit avec les
sonneurs de trompe et les timbaliers du cortège, orchestre monstrueux
juché sur des chameaux.

On ne pouvait rien voir de plus barbu, de plus hérissé et de plus
farouche que l'immense cohue des Moghrebins, composée des gens de

1   « Saint-Phar. » Rouger rappelle que retentit une « Marche des chameaux » dans
     l'opéra-comique *La Caravane du Caire* (II, 5), musique de Grétry, livret de Étienne
     Morel de Chédeville et du comte de Provence (futur Louis XVIII), 1784. Saint-Phar
     campe le courageux Français. Désireux de combattre sur mer, il est tombé au pouvoir
     d'un marchand d'esclaves. Sa bravoure lui vaut de recouvrer la liberté. Mais Zéline, qu'il
     aime, est vendue au pacha du Caire. Saint-Phar enlève Zéline : on lui pardonne, car on
     reconnaît en lui le fils d'un généreux Français, Florestan, qui a sauvé de la tempête un
     vaisseau chargé des trésors du pacha. (Rouger)
2   « Édifices » : monuments funéraires de princes égyptiens des XIIIᵉ-XVIᵉ siècles s'étendant
     sur tout le côté oriental du Caire (Huré). *Cf.* ci-dessous, n. 4, p. 248 (« constructions
     sépulcrales »).
3   « Victoire ». Le *Courrier de l'Égypte* ne dit pas que Bonaparte ait accueilli une caravane de
     La Mecque à la porte de la Victoire, selon *NPl.*

Tunis, de Tripoli, du Maroc et aussi de nos *compatriotes* d'Alger. L'entrée des Cosaques à Paris en 1814[1] n'en donnerait qu'une faible idée. C'est aussi parmi eux que se distinguaient les plus nombreuses confréries de santons et de derviches, qui hurlaient toujours avec enthousiasme leurs cantiques d'amour entremêlés du nom d'Allah. Les drapeaux de mille couleurs, les hampes chargées d'attributs et d'armures, et çà et là les émirs et les cheiks en habits somptueux, aux chevaux caparaçonnés, ruisselants d'or et de [137] pierreries, ajoutaient à cette marche un peu désordonnée tout l'éclat que l'on peut imaginer. C'était aussi une chose fort pittoresque que les nombreux palanquins des femmes, appareils singuliers, figurant un lit surmonté d'une tente et posé en travers sur le dos d'un chameau. Des ménages entiers semblaient groupés à l'aise avec enfants et mobilier dans ces pavillons, garnis de tentures brillantes pour la plupart.

Vers les deux tiers de la journée, le bruit des canons de la citadelle, les acclamations et les trompettes annoncèrent que le *Mahmil*[2], espèce d'arche sainte qui renferme la robe de drap d'or de Mahomet, était arrivé en vue de la ville. La plus belle partie de la caravane, les cavaliers les plus magnifiques, les santons les plus enthousiastes, l'aristocratie du turban, signalée par la couleur verte, entouraient ce palladium

---

1   « 1814 », 31 mars. « Leur costume semi-oriental et leur bizarre attitude à cheval, où ils sont tout à fait debout, l'élévation de leur selle les dispensant de plier les genoux, les rendaient un objet de grande curiosité pour les badauds. » (*Mémoires* de la comtesse de Boigne, Paris, Mercure de France, 1986, t. I, p. 226.)

2   « Le *mahmil* » ne contient pas la robe de Mahomet, mais un livre de prières ou un Coran qu'on offrait à la vénération des fidèles. Lane explique que cette sorte de litière couverte fut utilisée pour son pèlerinage à la Mecque par la favorite d'un sultan qui devint ensuite reine d'Égypte. Les années suivantes, elle fit accompagner la caravane par une litière vide. Cette mesure de parade fut adoptée par les souverains égyptiens, puis par d'autres princes musulmans. Le *mahmil* est devenu le symbole du pouvoir. Richer transcrit ici un passage de Lane : « On rapporte que le sultan Es Zahir Bibars, roi d'Égypte, fut le premier à envoyer un Mahmal avec la caravane des pèlerins de La Mecque, l'année de la Fuite 670 (1672) ou 675. Mais cette coutume, croit-on généralement, prit naissance quelques années avant son accession au trône. Sheger-ed-Durr, belle esclave turque, qui devint la femme préférée du sultan Es-s'aleh Negmed-din et qui à la mort de son fils se fit reconnaître pour reine d'Égypte, accomplit le pèlerinage dans un splendide *hodag* (ou litière couverte) portée par un chameau ; et plusieurs années de suite, son hodag vide accompagna la caravane par pure mesure de parade. De là vint que les princes d'Égypte qui lui succédèrent envoyèrent chaque année avec la caravane des pèlerins une sorte de hodag (qui reçut le nom de *Mahmal* ou *Mahmil*) comme symbole du pouvoir royal, et les rois d'autres pays suivirent leur exemple. »

de l'islam. Sept à huit dromadaires venaient à la file, ayant la tête si richement ornée et empanachée, couverts de harnais et de tapis si éclatants, que, sous ces ajustements qui déguisaient leurs formes, ils avaient l'air des salamandres ou des dragons qui servent de monture aux fées. Les premiers portaient de jeunes timbaliers aux bras nus, qui levaient et laissaient tomber leurs [138] baguettes d'or du milieu d'une gerbe de drapeaux flottants disposés autour de la selle. Ensuite venait un vieillard symbolique à longue barbe blanche, couronné de feuillages, assis sur une sorte de char doré, toujours à dos de chameau, puis le Mahmil, se composant d'un riche pavillon en forme de tente carrée, couvert d'inscriptions brodées, surmonté au sommet et à ses quatre angles d'énormes boules d'argent.

De temps en temps, le Mahmil s'arrêtait, et toute la foule se prosternait dans la poussière en courbant le front sur les mains. Une escorte de cavasses avait grand-peine à repousser les Nègres, qui, plus fanatiques que les autres musulmans, aspiraient à se faire écraser par les chameaux ; de larges volées de coups de bâton leur conféraient du moins une certaine portion de martyre. Quant aux santons, espèces de saints plus enthousiastes encore que les derviches et d'une orthodoxie moins reconnue, on en voyait plusieurs qui se perçaient les joues avec de longues pointes et marchaient ainsi couverts de sang ; d'autres dévoraient des serpents vivants, et d'autres encore se remplissaient la bouche de charbons allumés. Les femmes ne prenaient que peu de part à ces pratiques, et l'on distinguait seulement, [139] dans la foule des pèlerins, des troupes d'almées attachées à la caravane qui chantaient à l'unisson leurs longues complaintes gutturales, et ne craignaient pas de montrer sans voile leur visage tatoué de bleu et de rouge et leur nez percé de lourds anneaux.

Nous nous mêlâmes, le peintre et moi, à la foule bigarrée qui suivait le Mahmil, criant Allah ! comme les autres aux diverses stations des chameaux sacrées, lesquels, balançant majestueusement leurs têtes parées, semblaient ainsi bénir la foule avec leurs longs cols recourbés et leurs hennissements étranges. À l'entrée de la ville, les salves de canon recommencèrent, et l'on prit le chemin de la citadelle à travers les rues, pendant que la caravane continuait d'emplir le Caire de ses trente mille fidèles, qui avaient le droit désormais de prendre le titre d'*hadjis*.

On ne tarda pas à gagner les grands bazars et cette immense rue Salahieh[1], où les mosquées d'El-Hazar[2], El-Moyed[3] et le Moristan[4] étalent leurs merveilles d'architecture et lancent au ciel des gerbes de minarets entremêlés de coupoles. À mesure que l'on passait devant chaque mosquée, le cortège s'amoindrissait d'une partie des pèlerins, et des [140] montagnes de babouches se formaient aux portes, chacun n'entrant que les pieds nus. Cependant le Mahmil ne s'arrêtait pas ; il s'engagea dans les rues étroites qui montent à la citadelle, et y entra par la porte du nord, au milieu des troupes rassemblées et aux acclamations du peuple réuni sur la place de Roumelieh[5]. Ne pouvant pénétrer dans l'enceinte du palais de Méhémet-Ali, palais neuf, bâti à la turque et d'un assez médiocre effet, je me rendis sur la terrasse[6] d'où l'on domine tout le Caire. On ne peut rendre que faiblement l'effet de cette perspective, l'une des plus belles du monde ; ce qui surtout saisit l'œil sur le premier plan, c'est l'immense développement de la mosquée du sultan Hassan[7], rayée et bariolée de rouge, et qui conserve encore les traces de la mitraille française depuis la fameuse révolte du Caire[8]. La ville occupe devant vous tout l'horizon, qui se termine aux verts ombrages de Choubra ; à droite, c'est toujours la longue cité des tombeaux musulmans[ad], la campagne d'Héliopolis et la vaste plaine du désert arabique interrompue par la chaîne du Mokatam ; à gauche, le cours du Nil aux eaux rougeâtres, avec sa maigre bordure de dattiers et de sycomores. Boulac, au bord du fleuve, servant de port au Caire qui en est éloigné d'une [141] demi-lieue ; l'île de Roddah, verte et fleurie, cultivée en jardin anglais et terminée par le bâtiment du Nilomètre[9],

---

1   « Cette immense rue Salahieh » pose un problème de toponymie et de topographie. (*NPl*)
2   « El-Hazar » : El-Azhar.
3   « El-Moyed » : El-Mouayed.
4   « Le Moristan » était l'asile du Caire. Les mosquées *Al-Azhar* (fondée en 973) et *El-Mouaiyad* (construite au début du xvᵉ siècle) étaient très éloignées du *Mouristan Kalaoun* (érigé au xiiiᵉ siècle), note Huré. *Cf.* encore, ici, t. II, n. 2, p. 105-106.
5   « La place de Roumelieh », d'où partaient les caravanes de La Mecque.
6   « La terrasse » de la Citadelle.
7   « La mosquée du sultan Hassan » (xivᵉ siècle).
8   « La fameuse révolte du Caire » est celle du 21 octobre 1798, provoquée à la suite des réformes imposées par les Français. Elle fut réprimée férocement par Bonaparte. La mosquée Al-Azhar sera saccagée. (Rouger et Huré.)
9   « Nilomètre » (*Mikyâs*). Le Nilomètre a été établi en 716 par le calife 'umeyyade Suleyman. C'est une colonne octogonale, étalonnée, qui s'élève dans un bassin, lequel communique avec le fleuve. Cette colonne sert à mesurer la hauteur des débordements périodiques du

en face des riantes maisons de campagne de Giseh ; au-delà enfin, les pyramides, posées sur les derniers versants de la chaîne libyque, et vers le sud encore, à Saccarah, d'autres pyramides entremêlées d'hypogées ; plus loin, la forêt de palmiers qui couvre les ruines de Memphis, et sur la rive opposée du fleuve, en revenant vers la ville, le vieux Caire, bâti par Amrou[1] à la place de l'ancienne Babylone[2] d'Égypte, à moitié caché par les arches d'un immense aqueduc, au pied duquel s'ouvre le Calish, qui côtoie la plaine des tombeaux de Karafeh.

Voilà l'immense panorama qu'animait l'aspect d'un peuple en fête fourmillant sur les places et parmi les campagnes voisines. Mais déjà la nuit était proche, et le soleil avait plongé son front dans les sables de ce long ravin du désert d'Ammon que les Arabes appellent *mer sans eau*[3] ; on ne distinguait plus au loin que le cours du Nil, où des milliers de canges traçaient des réseaux argentés comme aux fêtes des Ptolémées. Il faut redescendre, il faut détourner ses regards de cette antiquité muette dont un sphinx, à demi disparu dans les sables, garde les [142] secrets éternels ; voyons si les splendeurs et les croyances de l'islam repeupleront suffisamment la double solitude du désert et des tombes, ou s'il faut pleurer encore sur un poétique passé qui s'en va. Ce Moyen Âge arabe, en retard de trois siècles, est-il prêt à crouler à son tour, comme a fait l'antiquité grecque, au pied insoucieux des monuments de Pharaon ?

Hélas ! en me retournant, j'apercevais au-dessus de ma tête les dernières colonnes rouges du vieux palais de Saladin. Sur les débris de cette architecture éblouissante de hardiesse et de grâce, mais frêle et passagère, comme celle des génies, on a bâti récemment une construction carrée,

---

Nil. Huré préfère parler de puits au milieu duquel se trouve une colonne octogonale avec une échelle gravée en anciennes coudées arabes. (*GDU* cite Nerval, mais pas cet exemple.) *Cf.* ci-dessous, n. 4, p. 208.

1   « Amrou »-Ben-El-Ass est un de ces capitaines arabes qui ont contribué, par les armes, à la propagation de l'islamisme. Il est mort en 662. Il servit sous Omar, soumit la Syrie, conquit l'Égypte, fit réparer le canal de communication entre la mer Rouge et la mer Méditerranée, et fonda la ville de Fostat (aujourd'hui le vieux Caire). (C'est lui qui brûla la fameuse bibliothèque d'Alexandrie, d'après les ordres d'Omar, ajoute *GDU*). *Cf.* ci-dessous, n.1 et 7, p. 188.

2   « Babylone ["Porte de dieu", en langue sémitique] d'Égypte » est une ville, sur la rive orientale du Nil, désignée ainsi par les Grecs. Elle fut conquise en 640 par Amr ibn el-As (Amrou). (Huré)

3   « *Mer sans eau* » : c'est le désert libyque.

toute de marbre et d'albâtre, du reste sans élégance et sans caractère, qui a l'air d'un marché aux grains, et qu'on prétend devoir être une mosquée[1]. Ce sera une mosquée en effet, comme la Madeleine est une église ; les architectes modernes ont toujours la précaution de bâtir à Dieu des demeures qui puissent servir à autre chose quand on ne croira plus en lui.

Cependant le gouvernement paraissait avoir célébré l'arrivée du Mahmil à la satisfaction générale ; le pacha et sa famille avaient reçu respectueusement [143] la robe du prophète rapportée de la Mecque, l'eau sacrée du puits de Zemzem[2] et autres ingrédients du pèlerinage ; on avait montré la robe au peuple à la porte d'une petite mosquée située derrière le palais, et déjà l'illumination de la ville produisait un effet magnifique du haut de la plate-forme. Les grands édifices ravivaient au loin, par des illuminations, leurs lignes d'architecture perdues dans l'ombre ; des chapelets de lumières ceignaient les dômes des mosquées, et les minarets revêtaient de nouveau ces colliers lumineux que j'avais remarqués déjà ; des versets du Coran brillaient sur le front des édifices, tracés partout en verres de couleur. Je me hâtai, après avoir admiré ce spectacle, de gagner la place de l'Esbekieh, où se passait la plus belle partie de la fête.

Les quartiers voisins resplendissaient de l'éclat des boutiques ; les pâtissiers, les frituriers et les marchands de fruits avaient envahi tous les rez-de-chaussée ; les confiseurs étalaient des merveilles de sucrerie sous forme d'édifices, d'animaux et autres fantaisies. Les pyramides et girandoles de lumières éclairaient tout comme en plein jour ; de plus, on promenait sur des cordes tendues de distance en distance de petits vaisseaux illuminés, souvenir [144] peut-être des fêtes isiaques[3], conservé comme tant d'autres par le bon peuple égyptien. Les pèlerins, vêtus de blanc pour la plupart et plus hâlés que les gens du Caire, recevaient partout une hospitalité fraternelle. C'est au midi de la place, dans la partie qui touche au quartier franc, qu'avaient lieu

---

1   « Mosquée » de Muhammad 'Ali, la « mosquée d'albâtre », construite sur l'emplacement du palais détruit en 1824 (d'après les plans d'un architecte grec de Constantinople) et qui se dresse sur la Citadelle, elle-même construite par Saladin. (Huré)

2   « Zemzem ». Puits sacré dans l'enceinte du temple de La Mecque et dont l'eau passe pour avoir des propriétés miraculeuses. Il fut ouvert par l'ange Gabriel pour sauver de la soif Hagar et son fils Ismaël. (M. Jeanneret.)

3   « Fêtes isiaques ». Allusion au vaisseau d'Isis à la recherche d'Osiris ?...

les principales réjouissances ; des tentes étaient élevées partout, non seulement pour les cafés, mais pour les *zikr*[ae] ou réunions de chanteurs dévots ; de grands mâts pavoisés et supportant des lustres servaient aux exercices des derviches tourneurs, qu'il ne faut pas confondre avec les hurleurs, chacun ayant sa manière d'arriver à cet état d'enthousiasme qui leur procure des visions et des extases : c'est autour des mâts que les premiers tournaient sur eux-mêmes en criant seulement d'un ton étouffé : *Allah zheyt*[1] ! c'est-à-dire « Dieu vivant ! » Ces mâts, dressés au nombre de quatre sur la même ligne, s'appellent *sârys*. Ailleurs la foule se pressait pour voir des jongleurs, des danseurs de corde ou pour écouter les rapsodes (*schayërs*[2]) qui récitent des portions du roman d'*Abou-Zeyd*[3]. Ces narrations se poursuivent chaque soir dans les cafés de la ville, et sont toujours, comme nos feuilletons de journaux, interrompus à l'endroit le plus saillant, afin de ramener [145] le lendemain au même café des habitués avides de péripéties nouvelles.

Les balançoires, les jeux d'adresse, les *caragheuses*[4] les plus variés sous forme de marionnettes ou d'ombres chinoises, achevaient d'animer cette fête foraine, qui devait se renouveler deux jours encore pour l'anniversaire de la naissance de Mahomet que l'on appelle *El-Mouled-en neby*.

Le lendemain, dès le point du jour, je partais avec Abdallah pour le bazar d'esclaves situé dans le quartier Soukel-ezzi[5]. J'avais choisi un fort bel âne rayé comme un zèbre, et arrangé mon nouveau costume avec quelque coquetterie. Parce qu'on va acheter des femmes, ce n'est point une raison pour leur faire peur. Les rires dédaigneux des Négresses m'avaient donné cette leçon.

---

1   « *Allah zheit !* » Le cri actuel serait *Allah bay* ou *Allah dhayt*. *NPl*.

2   « (*Schayërs*) » : *Cha' er*. (*NPl*)

3   Le « roman d'*Abou –Zeyd* » raconte les aventures et les exploits des Beni-Hilâl qui, chassés d'Arabie par les Fatimides, envahirent au XIᵉ siècle l'Afrique du Nord (*NPl*). Lane consacre un chap. (II, VIII) au roman guerrier d'*Abou-Zeyd*.

4   « Les caragheuzes », en turc *Karagöz* : « théâtres d'ombres ».

5   « Soukel-ezzi. » Le Souk el Ezzy serait situé au nord-ouest de la citadelle, sur la rue qui relie la mosquée du Sultan Hassan à la mosquée Mouayed. *NPl*.

XII. – ABDEL-KÉRIM

Nous arrivâmes à une maison fort belle, ancienne demeure sans doute
d'un *kachef*[1] ou d'un bey mamelouk, et dont le vestibule se prolongeait
en galerie avec colonnade sur un des côtés de la cour. Il y avait au fond
un divan de bois garni de coussins où siégeait un musulman de bonne
mine vêtu avec [146] quelque recherche, qui égrenait nonchalamment
son chapelet de bois d'aloès. Un Négrillon était en train de rallumer
le charbon du narghilé, et un écrivain cophte, assis à ses pieds, servait
sans doute de secrétaire.

– Voici, me dit Abdallah, le seigneur Abdel-Kérim[2], le plus illustre
des marchands d'esclaves : il peut vous procurer des femmes fort belles,
s'il le veut ; mais il est riche et les garde souvent pour lui.

Abdel-Kérim me fit un gracieux signe de tête en portant la main
sur sa poitrine et me dit *saba-elkher*[3]. Je répondis à ce salut par une formule arabe analogue, mais avec un accent qui lui apprit mon origine.
Il m'invita toutefois à prendre place auprès de lui et fit apporter un
narghilé et du café.

– Il vous voit avec moi, dit Abdallah, et cela lui donne bonne opinion
de vous. Je vais lui dire que vous venez vous fixer dans le pays, et que
vous êtes disposé à monter richement votre maison.

Les paroles d'Abdallah parurent faire une impression favorable sur
Abdel-Kérim, qui m'adressa quelques mots de politesse en mauvais italien.
[147]

La figure fine et distinguée, l'œil pénétrant et les manières gracieuses
d'Abdel-Kérim faisaient trouver naturel qu'il fît les honneurs de ce
palais, où pourtant il se livrait à un si triste commerce. Il y avait chez
lui un singulier mélange de l'affabilité d'un prince et de la résolution
impitoyable d'un forban. Il devait dompter les esclaves par l'expression

---

1   « Un *Kachef* » (*Kâchif*) est le « Titre des fonctionnaires chargés de la police d'un canton,
     en Égypte. On appelle aussi kachefs les inspecteurs préposés à l'entretien des canaux
     pendant l'inondation du Nil ». *NPl* cite Pihan.
2   « Abdel-Kérim » signifie « Serviteur des Généreux », et c'est l'un des quatre-vingt-dix-neuf
     noms du Prophète.
3   « *Saba-elkher*. » : « Bonjour. »

fixe de son œil mélancolique et leur laisser, même les ayant fait souffrir, le regret de ne plus l'avoir pour maître. Il est bien évident, me disais-je, que la femme qui me sera vendue ici aura été éprise d'Abdel-Kérim. N'importe ; il y avait une fascination telle dans son œil que je compris qu'il n'était guère possible de ne pas faire affaire avec lui.

La cour carrée, où se promenaient un grand nombre de Nubiens et d'Abyssiniens, offrait partout des portiques et des galeries supérieures d'une architecture élégante ; de vastes moucharabys en menuiserie tournée surplombaient un vestibule d'escalier décoré d'arcades moresques par lequel on montait à l'appartement des plus belles esclaves.

Beaucoup de Turcs étaient entrés déjà et examinaient les Noirs plus ou moins foncés réunis dans la cour ; on les faisait marcher, on leur frappait [148] le dos et la poitrine, on leur faisait tirer la langue. Un seul de ces jeunes gens, vêtu d'un machlah rayé de jaune et de bleu, avec les cheveux tressés et tombant à plat comme une coiffure du Moyen Âge, portait aux bras une lourde chaîne qu'il faisait résonner en marchant d'un pas fier ; c'était un Abyssinien de la nation des Gallas, pris sans doute à la guerre.

Il y avait autour de la cour plusieurs salles basses, habitées par des Négresses, comme j'en avais vu déjà, insoucieuses et folles la plupart, riant à tout propos ; une autre femme cependant, drapée dans une couverture jaune, pleurait en cachant son visage contre une colonne du vestibule. La morne sérénité du ciel et les lumineuses broderies que traçaient les rayons du soleil jetant de longs angles dans la cour protestaient en vain contre cet éloquent désespoir ; je m'en sentais le cœur navré.

Je passai derrière le pilier, et, bien que sa figure fût cachée, je vis que cette femme était presque blanche ; un petit enfant se pressait contre elle à demi enveloppé dans le manteau.

Quoi qu'on fasse pour accepte[r *sic*] la vie orientale, on se sent Français… et sensible dans de pareils mo-[149]ments. J'eus un instant l'idée de la racheter si je pouvais, et de lui donner la liberté[1].

– Ne faites pas attention à elle, me dit Abdallah ; cette femme est l'esclave favorite d'un effendi qui, pour la punir d'une faute, l'envoie au marché, où l'on fait semblant de vouloir la vendre avec son enfant. Quand

---

1   « La liberté. » La même anecdote se lit dans le *Voyage en Orient* de Lamartine (29 mai 1833).

elle aura passé ici quelques heures, son maître viendra la reprendre et lui pardonnera sans doute.

Ainsi la seule esclave qui pleurait là pleurait à la pensée de perdre son maître, les autres ne paraissaient s'inquiéter que de la crainte de rester trop longtemps sans en trouver. Voilà qui parle, certes, en faveur du caractère des Turcs. Comparez à cela le sort de nos esclaves des colonies ! Il est vrai qu'en Égypte, c'est le fellah seul qui travaille à la terre. On ménage les forces de l'esclave, qui coûte cher, et on ne l'occupe guère qu'à des services domestiques. Et d'ailleurs qui empêcherait les esclaves trop mal traités de fuir dans le désert et de gagner la Syrie ? Au contraire, nos possessions à esclaves sont des îles ou des pays biens gardés aux frontières. Quel droit avons-nous donc, au nom de nos idées religieuses ou philosophiques, de flétrir l'esclavage musulman !
[150]

XIII. – LA JAVANAISE

Abdel-Kérim nous avait quittés un instant pour répondre aux acheteurs turcs ; il revint à moi, et me dit qu'on était en train de faire habiller les Abyssiniennes qu'il voulait me montrer. – Elles sont, dit-il, dans mon harem et traitées tout à fait comme les personnes de ma famille ; mes femmes les font manger avec elles. En attendant, si vous voulez en voir de très jeunes, on va en amener.

On ouvrit une porte, et une douzaine de petites filles cuivrées se précipitèrent dans la cour comme des enfants en récréation. On les laissa jouer sous la cage de l'escalier avec les canards et les pintades, qui se baignaient dans une fontaine sculptée, reste de la splendeur évanouie de l'okel.

Je contemplais ces pauvres filles aux yeux si grands et si noirs, vêtues comme de petites sultanes, sans doute arrachées à leurs mères pour satisfaire la débauche des riches habitants de la ville. Abdallah me dit que plusieurs d'entre elles n'appartenaient pas au marchand, et étaient mises en vente pour le compte de leurs parents, qui faisaient exprès le voyage du Caire, et croyaient préparer ainsi à leurs enfants la condition la plus heureuse.

[151]

— Sachez, du reste, ajouta-t-il, qu'elles sont plus chères que les femmes nubiles.

Queste fanciulle sono cucite[1] *!* dit Abdel-Kérim dans son italien corrompu.

— Oh ! l'on peut être tranquille et acheter avec confiance, observa Abdallah, d'un ton de connaisseur, les parents ont tout prévu.

Eh bien ! me disais-je en moi-même, je laisserai ces enfants à d'autres ; le musulman, qui vit selon sa loi, peut en toute conscience répondre à Dieu du sort de ces pauvres petites âmes ; mais moi, si j'achète une esclave, c'est avec la pensée qu'elle sera libre, même de me quitter.

Abdel-Kérim vint me reprendre, et me fit monter dans la maison. Abdallah resta discrètement au pied de l'escalier.

Dans une grande salle aux lambris sculptés qu'enrichissaient encore des restes d'arabesques peintes et dorées, je vis rangées contre le mur cinq femmes assez belles, dont le teint rappelait l'éclat du bronze de Florence ; leurs figures étaient régulières, leur nez droit, leur bouche petite ; l'ovale parfait de leur tête, l'emmanchement gracieux de leur cou et la douceur de leur physionomie leur donnaient l'air de ces madones peintes d'Italie dont la couleur a jauni [152] par le temps. C'étaient des Abyssiniennes catholiques, des descendantes peut-être du prêtre Jean[2] ou de la reine Candace[3].

Le choix était difficile ; elles se ressemblaient toutes, comme il arrive dans ces races primitives. Abdel-Kérim, me voyant indécis et croyant qu'elles ne me plaisaient pas, en fit entrer une autre qui, d'un pas indolent, alla prendre place près du mur.

Je poussai un cri d'enthousiasme ; je venais de reconnaître l'œil en amande, la paupière oblique des Javanaises, dont j'ai vu des peintures en Hollande ; comme carnation, cette femme appartenait évidemment à la race jaune. Je ne sais quel goût de l'étrange et de l'imprévu, dont je ne pus me défendre, me décida en sa faveur. Elle était fort belle du reste et d'une solidité de formes qu'on ne craignait pas de laisser admirer ;

---

1   « – *Queste fanciulle sono cucite !* » : « Ces enfants sont cousues ! » Pratique de l'infibulation ?
     À la page 15 du *Carnet*, on lit : « F[emmes] cousues ».

2   Le « prêtre Jean » est une figure légendaire médiévale. Le royaume de ce roi chrétien,
     nestorien, est situé d'abord en Mongolie, puis en Éthiopie. Il est considéré comme le
     descendant de la Reine de Saba. *Cf.* le folio 13 v° du *Carnet*.

3   « Candace » est le nom générique des reines d'Éthiopie, issues selon la tradition des amours
     de Salomon et de la Reine de Saba.

l'éclat métallique de ses yeux, la blancheur de ses dents, la distinction des mains et la longueur des cheveux d'un ton d'acajou sombre, qu'on me fit voir en ôtant son tarbouch, ne laissant rien à objecter aux éloges qu'Abdel-Kérim exprimait en s'écriant : *Bono ! bono !*

Nous redescendîmes et nous causâmes avec l'aide [153] d'Abdallah. Cette femme était arrivée la veille à la suite de la caravane, et n'était chez Abdel-Kérim que depuis ce temps. Elle avait été prise toute jeune dans l'archipel indien, par des corsaires de l'iman de Mascate[1].

– Mais, dis-je à Abdallah, si Abdel-Kérim l'a mise hier avec ses femmes...

– Eh bien ? répondit le drogman en ouvrant des yeux étonnés.

Je vis que mon observation paraissait médiocre.

– Croyez-vous, dit Abdallah, entrant enfin dans mon idée, que ses femmes légitimes le laisseraient faire la cour à d'autres ?... Et puis un marchand, songez-y donc ! Si cela se savait, il perdrait toute sa clientèle.

C'était une bonne raison. Abdallah me jura de plus qu'Abdel-Kérim, comme bon musulman, avait dû passer la nuit en prières à la mosquée, vu la solennité de la fête de Mahomet.

Il ne restait plus qu'à parler du prix. On demanda cinq bourses (625 francs) ; j'eus l'idée d'offrir seulement quatre bourses ; mais, en songeant que c'était marchander une femme, ce sentiment me parut bas. De plus, Abdallah me fit observer qu'un marchand turc n'avait jamais deux prix.

[154]

Je demandai son nom... j'achetais le nom aussi naturellement : – *Z' n' b'* [af2] ! dit Abdel-Kérim. – *Z' n' b'*, répéta Abdallah avec un grand effort de contraction nasale. Je ne pouvais pas comprendre que l'éternuement de trois consonnes[ag] représentât un nom. Il me fallut quelque temps pour deviner que cela pouvait se prononcer Zeynab[ah3].

Nous quittâmes Abdel-Kérim, après avoir donné des arrhes, pour aller chercher la somme qui reposait à mon compte chez un banquier du quartier franc.

---

1   « Mascate » : port du golfe d'Oman.

2   « *Z' n' b'* » : seules les consonnes son notées en arabe.

3   « Zeynab. » Ce nom viendrait du grec et serait la transcription de Zénobie. (*NPl* renvoie au *Dictionnaire* de Kasimirski.) Cette esclave a été achetée par Fonfride, d'après la lettre de Nerval à Gautier, du 2 mai 1843. *Cf.* n. 1, p. 185.

En traversant la place de l'Esbekieh, nous assistâmes à un spectacle extraordinaire. Une grande foule était rassemblée pour voir la cérémonie de la *Dohza*[1]. Le cheick ou l'émir de la caravane devait passer à cheval sur le corps des derviches tourneurs et hurleurs qui s'exerçaient depuis la veille autour des mâts et sous des tentes. Ces malheureux s'étaient étendus à plat ventre sur le chemin de la maison du cheick El-Bekry, chef de tous les derviches, située à l'extrémité sud de la place, et formaient une chaussée humaine d'une soixantaine de corps.

Cette cérémonie est regardée comme un miracle destinée à convaincre les infidèles ; aussi laisse-t-on [155] volontiers les Francs se mettre aux premières places. Un miracle public est devenu une chose assez rare, depuis que l'homme s'est avisé, comme dit Henri Heine[2], de regarder dans les manches[ai] du bon Dieu... mais celui-là, si c'en est un, est incontestable. J'ai vu de mes yeux le vieux cheick des derviches, couvert d'un benich[3] blanc, avec un turban jaune, passer à cheval sur les reins de soixante croyants pressés sans le moindre intervalle, ayant les bras croisés sous leur tête. Le cheval était ferré. Ils se relevèrent tous sur une ligne en chantant Allah !

Les esprits forts du quartier franc prétendent que c'est un phénomène analogue à celui qui faisait jadis supporter aux convulsionnaires des coups de chenets dans l'estomac. L'exaltation où se mettent ces gens

---

1 « *Dohza* ». Dans la lettre citée ci-dessus, Nerval dit avoir vu cette scène, mais renvoie à Lane. La Dossa est décrite par Lane. Voici ce que dit Nerval dans sa lettre du 2 mai 1843 : « Nous avons pu voir... la fête turque de la naissance du Prophète et celle du retour des pèlerins de La Mecque. Cette dernière surtout présente des cérémonies extraordinaires et qu'on s'étonne de trouver encore dans un pays à demi-civilisé. J'ai vu des fanatiques, qui s'étaient mis dans un état d'exaltation analogue à celui des convulsionnaires, se coucher sur le ventre en grand nombre sous les pas du cheval de l'émir des pèlerins ; le cheval trotte sur un chemin de *dos* humains, sans leur faire de mal à ce qu'ils disent. Il y a eu seulement un Nègre que l'on a été obligé de relever ; mais ils prétendent qu'il n'était pas blessé, mais tombé en convulsions. » Voir aussi : « Comme mœurs, j'ai vu aussi, de très curieux, ... le retour des pèlerins, où l'émir des hadjis passe à cheval sur le dos d'une foule de croyants. » (À Gautier, de Damiette, sans date.) Nombre de voyageurs ont décrit cette scène jusqu'à un article anonyme du *Moniteur* (10 août 1853).
2 « Henri Heine » dit dans *De l'Allemagne*, en 1835 : « [...] en même temps que les sciences font des progrès, les miracles cessent. Soit que Dieu n'ait pas été satisfait de voir les physiciens le regarder aux doigts avec tant de défiance, soit pour tout autre motif, toujours est-il que, même dans ces derniers temps où la religion s'est trouvée en très grand péril, il a refusé de la soutenir par un éclatant miracle. » (T. I, p. 54-55.)
3 « Un benich » est un long manteau.

développe une force nerveuse qui supprime le sentiment et la douleur, et communique aux organes une force de résistance extraordinaire.

Les musulmans n'admettent[aj] pas cette explication, et disent qu'on a fait passer le cheval sur des verres et des bouteilles sans rien casser.

Voilà ce que j'aurais voulu voir.

Il n'avait pas fallu moins qu'un tel spectacle pour me faire perdre de vue un instant mon acquisition. [156] Le soir même, je ramenais triomphalement l'esclave voilée à ma maison du quartier cophte. Il était temps, car c'était le dernier jour du délai que m'avait accordé le cheick du quartier. Un domestique de l'okel la suivait avec un âne chargé d'une grande caisse verte.

Abdel-Kérim avait bien fait les choses. Il y avait dans le coffre deux costumes complets. – C'est à elle, me fit-il dire, cela lui vient d'un cheick de la Mecque auquel elle a appartenu, et maintenant c'est à vous.

On ne peut pas voir certainement de procédé plus délicat[ak1].

[157]

---

1   « Délicat. » Dans la lettre à Gautier (voir n. 1, p. 19 et n. 3, p. 183), l'esclave a été ache-
      tée par Fonfride : « Le Fonfride est assez convenable. Il a acheté une esclave indienne…
      Cette femme coûte très cher et nous ne savons plus guère qu'en faire. » (Nerval écrit de
      Damiette, à la veille de son départ pour le Liban.) « On a d'autres femmes tant qu'on
      veut. On se marie à la cophte, à la grecque, et c'est beaucoup moins cher que d'acheter
      des femmes comme mon compagnon a eu la muflerie de le faire. Elles sont élevées dans
      des habitudes de harem et il faut les servir : c'est fatigant. »

LE HAREM[a]

I. – LE PASSÉ ET L'AVENIR

Je ne regrettais pas de m'être fixé pour quelque temps au Caire et de m'être fait sous tous les rapports un citoyen de cette ville, ce qui est le seul moyen sans nul doute de la comprendre et de l'aimer ; les voyageurs ne se donnent pas le temps, d'ordinaire, d'en saisir la vie intime et d'en pénétrer les beautés pittoresques, les contrastes, les souvenirs. C'est pourtant la seule ville orientale où l'on puisse retrouver les couches bien distinctes de plusieurs âges historiques. Ni Bagdad, ni Damas[1], ni Constantinople, n'ont gardé de tels sujets d'études et de réflexions. Dans les deux premières, l'étranger [158] ne rencontre que des constructions fragiles de briques et de terre sèche[2] ; les intérieurs offrent seuls une décoration splendide, mais qui ne fut jamais établie dans des conditions d'art sérieux et de durée ; Constantinople, avec ses maisons de bois peintes se renouvelle tous les vingt ans et ne conserve que la physionomie assez uniforme de ses dômes bleuâtres et de ses minarets blancs. Le Caire doit à ses inépuisables carrières du Mokatam, ainsi qu'à la sérénité constante de son climat, l'existence de monuments innombrables ; l'époque des califes, celle des soudans et celle des sultans mamelouks, se rapportent naturellement à des systèmes variés d'architecture dont l'Espagne et la Sicile ne possèdent qu'en partie les contre-épreuves ou les modèles. Les merveilles moresques de Grenade et de Cordoue se retracent à chaque pas au souvenir[3], dans les rues du Caire, par une porte de mosquée, une fenêtre, un minaret, une arabesque, dont la coupe ou le style précisent

---

1 « Ni Bagdad, ni Damas. » Faux, rétorque Huré, qui rappelle que Nerval ne connaît pas ces deux villes.
2 « Terre sèche ». Faux encore, en ce qui concerne Damas.
3 « Souvenir » qui n'a rien de biographique en tout cas, constate Huré.

la date éloignée. Les mosquées, à elles seules, raconteraient l'histoire
entière de l'Égypte musulmane, car chaque prince en a fait bâtir au
moins une, voulant transmettre à jamais le souvenir de son époque et de
sa gloire ; c'est Amrou[1], c'est Hakem[2], c'est Touloun[3], Saladin, Bibars[4]
[159] ou Barkouk[5], dont les noms se conservent ainsi dans la mémoire
de ce peuple ; cependant les plus anciens de ces monuments n'offrent
plus que des murs croulants et des enceintes dévastées.

La mosquée d'Amrou, construite la première après la conquête de
l'Égypte, occupe un emplacement aujourd'hui désert entre la ville
nouvelle et la ville vieille. Rien ne défend plus contre la profanation
ce lieu si révéré jadis ; j'ai parcouru la forêt de colonnes qui soutient
encore la voûte antique, j'ai pu monter dans la chaire sculptée de
l'iman, élevée l'an 94 de l'hégire, et dont on disait qu'il n'y en avait
pas une plus belle ni plus noble après celle du Prophète ; j'ai parcouru
les galeries et reconnu, au centre de la cour, la place où se trouvait
dressée la tente du lieutenant d'Omar, alors qu'il eut l'idée de fonder
le vieux Caire.

Une colombe avait fait son nid au-dessus du pavillon[6] ; Amrou,
vainqueur de l'Égypte grecque, et qui venait de saccager Alexandrie[7],
ne voulut pas qu'on dérangeât le pauvre oiseau ; cette place lui parut
consacrée par la volonté du ciel, et il fit construire d'abord une mosquée
autour de sa tente, puis autour de la mosquée une ville qui prit le nom
de *Fostat*, c'est-à-dire la *tente*. Aujourd'hui cet em-[160]placement n'est
plus même contenu dans la ville, et se trouve de nouveau, comme les
chroniques le peignaient autrefois, au milieu des vignes, des jardinages
et des *palmeraies*.

---

1   « Amrou », c'est-à-dire Amr, lieutenant du calife Omar ; il fonda Fostât en 640, *cf.* n. 1,
     p. 176 et n. 7 ci-dessous.
2   « Hakem ». Al-Hakîm (996-1020), persécuta les coptes.
3   « Touloun ». L'émir Ahmed ibn-Touloûn régna à partir de 872. *Cf.* n. 5, p. 248.
4   « Bibars ». Baïbars (*Zâhir Ruknal-Dîn Baybars*) est un mamelouk baharite qui s'empara du
     pouvoir en 1260. Baïbars II fonda en 1310 le plus ancien couvent conservé. Ni « Saladin »
     (*Salâh al-dîn*), ni eux, n'ont fait construire de mosquée, remarque Huré. *Cf.* n. 4, p. 248.
5   « Barkouk ». Barkoûk est un mamelouk circassien qui renversa la dynastie baharite en
     1382. Il a érigé une mosquée à son nom, la *Barkoûkiyé.*
6   « Pavillon ». Anecdote empruntée à l'*Histoire mahométane* (1657) de Pierre Vattier. (*NPl*)
     Voir le *Carnet*, f° 14 r°.
7   « Alexandrie » fut prise par Amr en 641 (un an après la conquête de Babylone). (Huré)
     Cf. n. 1, p. 176 et n. 1, ci-dessus.

J'ai retrouvé, non moins abandonnée, mais à une autre extrémité du Caire et dans l'enceinte des murs, près de Bab-el-Nasr[1], la mosquée du calife Hakem[2], fondée trois siècles plus tard, mais qui se rattache au souvenir de l'un des héros les plus étranges du moyen-âge musulman. Hakem, que nos vieux orientalistes[3] français appellent *le Chacamberille*, ne se contenta pas d'être le troisième des califes africains[4], l'héritier par la conquête des trésors d'Haroun-al-Reschid[5], le maître absolu de l'Égypte et de la Syrie, le vertige des grandeurs et des richesses en fit une sorte de Néron ou plutôt d'Héliogabale. Comme le premier, il mit le feu à sa capitale dans un jour de caprice ; comme le second, il se proclama dieu et traça les règles d'une religion qui fut adoptée par une partie de son peuple et qui est devenue celle des Druses. Hakem est le dernier révélateur, ou, si l'on veut, le dernier dieu qui se soit produit au monde et qui conserve encore des fidèles plus ou moins nombreux[6]. Les chanteurs et les narrateurs des cafés du Caire racontent sur [161] lui mille aventures, et l'on m'a montré sur une des cimes du Mokatam l'observatoire où il allait consulter les astres, car ceux qui ne croient pas à sa divinité le peignent du moins comme un puissant magicien.

Sa mosquée est plus ruinée[7] encore que celle d'Amrou. Les murs extérieurs et deux des tours ou minarets situés aux angles offrent seuls des formes d'architecture qu'on peut reconnaître ; c'est de l'époque qui correspond aux plus anciens monuments d'Espagne[8]. Aujourd'hui

---

1   « Bab-el-Nasr » : Porte de la Victoire, bâtie au XIᵉ siècle par un vizir des Fatimides (*Id.*).

2   « La mosquée du calife Hakem » (Al-Hakîm) a été fondée en 1003 sur le modèle de celle d'Ibn Touloun.

3   « Vieux orientalistes », parmi lesquels Vattier qui a donné aux noms arabes une prononciation édulcorée. Il appelle Hakem *Chacambermille* dans *L'Égypte du Murtadi*, 1666, (p. 65) et *Chacambermille* dans l'*Histoire mahométane ou les Quarante-neuf chalifes du Macine*, 1657, (p. 266-269). (*NPI*) Voir le *Carnet*.

4   « Africains » de l'Afrique du Nord.

5   « Les trésors d'Haroun-al-Reschid » (expression qui désigne Bagdad, la ville califale des Abbassides) n'ont pu revenir à Hakem, de la dynastie des Fatimides qui n'ont jamais pu renverser le pouvoir des Abbassides, note Huré.

6   « Nombreux ». Les Druses.

7   « Ruinée. » On pense au tableau de Marilhat, *Ruines de la mosquée du Khalife Hakem au Caire*, daté de 1840, et exposé au Louvre.

8   « D'Espagne ». La mosquée d'Al-Hakîm fut fondée au tout début du XIᵉ siècle, alors que celle de Cordoue le fut au VIIIᵉ. Nerval fait peut-être allusion au calife 'umeyyade d'Espagne, homonyme du calife fatimide, Al-Hakem II (961-976), qui agrandit l'édifice. (Huré)

l'enceinte de la mosquée, toute poudreuse et semée de débris, est occupée par des cordiers qui tordent leur chanvre dans ce vaste espace, et dont le rouet monotone a succédé au bourdonnement des prières. Mais l'édifice du fidèle Amrou est-il moins abandonné que celui de Hakem l'hérétique, abhorré des vrais musulmans ? La vieille Égypte, oublieuse autant que crédule, a enseveli sous sa poussière bien d'autres prophètes et bien d'autres dieux.

Aussi l'étranger n'a-t-il à redouter dans ce pays ni le fanatisme de religion ni l'intolérance de race des autres parties de l'Orient ; la conquête arabe n'a jamais pu transformer à ce point le caractère des habitants ; n'est-ce pas toujours d'ailleurs la [162] terre antique et maternelle où notre Europe, à travers le monde grec et romain, sent remonter ses origines ? Religion, morale, industrie, tout parlait de ce centre à la fois mystérieux et accessible, où les génies des premiers temps ont puisé pour nous la sagesse. Ils pénétraient avec terreur dans ces sanctuaires étranges où s'élaborait l'avenir des hommes, et ressortaient plus tard, le front ceint de lueurs divines, pour révéler à leurs peuples des traditions antérieures au déluge et remontant aux premiers jours du monde. Ainsi Orphée, ainsi Moïse, ainsi ce législateur moins connu de nous, que les Indiens appellent Rama[1], emportaient un même fonds d'enseignement et de croyances, qui devait se modifier selon les lieux et les races, mais qui partout constituaient des civilisations durables. Ce qui fait le caractère de l'antiquité égyptienne, c'est justement cette pensée d'universalité et même de prosélytisme que Rome n'a imitée depuis que dans l'intérêt de sa puissance et de sa gloire. Un peuple qui fondait des monuments indestructibles pour y graver tous les procédés des arts et de l'industrie, et qui parlait à la postérité dans une langue que la postérité commence à comprendre, mérite[b] certainement la reconnaissance de tous les hommes. [163]

Quand cette grande Alexandrie fut tombée, et [sic] sous les Sarrasins eux-mêmes c'était encore l'Égypte principalement qui conservait et perfectionnait les sciences où puisa le monde chrétien ; [sic] la domination des mamelouks a éteint ces dernières clartés, et il faut remarquer que cette sorte d'obscurantisme où l'Orient est tombé depuis trois siècles n'est pas le résultat du principe mahométan, mais spécialement de l'influence turque. Le génie arabe, qui avait couvert le monde de merveilles, a été

---

1   « Rama » : l'un des avatars de Vishnou, et héros du Râmâyana ; il symbolise la loi cosmique.

étouffé sous ces dominateurs stupides ; les anges de l'islam ont perdu leurs ailes, les génies des *Mille et Une Nuits* ont vu briser leurs talismans ; une sorte de protestantisme aride et sombre s'est étendu sur tous les peuples du Levant. Le Coran est devenu, par l'interprétation turque, ce qu'était la Bible pour les puritains d'Angleterre, un moyen de tout niveler. Les arts, les lettres et les sciences ont disparu depuis ce temps ; la poésie des mœurs et des croyances primitives n'a laissé çà et là [que] de légères traces, et c'est l'Égypte encore qui a conservé les plus profondes.

Aujourd'hui ce peuple opprimé si longtemps ne vit que d'idées étrangères ; il a besoin qu'on lui rapporte les lumières éparses dont il fut longtemps [164] le foyer ; mais avec quelle reconnaissance, avec quelle application studieuse il s'empreint déjà et se fortifie de tout ce qui vient de l'Europe ! Les chefs-d'œuvre de nos sciences et de nos littératures sont traduits en arabe et multipliés aussitôt par l'impression ; des milliers de jeunes gens élevés pour la guerre emploient à cette œuvre les loisirs de la paix. Faut-il désespérer de cette race forte avec laquelle Méhémet-Ali avait dans ces derniers temps reconquis et renouvelé l'ancien empire des califes, et qui, sans l'intervention européenne, aurait en quelques jours renversé le trône d'Othman ? On peut prévoir déjà qu'à défaut de cette gloire militaire, qui n'a laissé à l'Égypte que l'épuisement d'un grand effort trahi, la civilisation et l'industrie occuperont les forces et les intelligences sollicitées à l'action dans un but différent. À Constantinople, les institutions récentes sont stériles ; au Caire, elles donneront de grands résultats lorsque plusieurs années de paix auront développé la prospérité matérielle.

II. – LA VIE INTIME À L'ÉPOQUE DU KHAMSIN

J'ai mis à profit, en étudiant et en lisant le plus [165] possible[1], les longues journées d'inaction que m'imposait l'époque du *khamsin*. Depuis le matin, l'air était brûlant et chargé de poussière. Pendant cinquante

---

1   « Possible ». Dans la lettre à son père du 18 mars 1843, il déclare : « Je n'ai voulu, du reste, voir chaque lieu qu'après m'en être suffisamment rendu compte par les livres et par les mémoires. » Nerval sera inscrit au cabinet de lecture de Mme Bonhomme, et il trouvera des livres à la *Société égyptienne*.

jours, chaque fois que le vent du midi souffle, il est impossible de sortir avant trois heures du soir, moment où se lève la brise qui vient de la mer.

On se tient dans les chambres inférieures revêtues de faïence ou de marbre et rafraîchies par des jets d'eau ; on peut encore passer sa journée dans les bains, au milieu de ce brouillard tiède qui remplit de vastes enceintes dont la coupole percée de trous ressemble à un ciel étoilé. Ces bains sont la plupart de véritables monuments qui serviraient très bien de mosquées ou d'églises ; l'architecture en est byzantine, et les bains grecs en ont probablement fourni les premiers modèles ; il y a entre les colonnes sur lesquelles s'appuie la voûte circulaire de petits cabinets de marbre, où une fontaine élégante est consacrée aux ablutions froides. Vous pouvez tour à tour vous isoler ou vous mêler à la foule qui n'a rien de l'aspect maladif de nos réunions de baigneurs, et se compose géné- ralement d'hommes sains et de belle race, drapés, à la manière antique, d'une longue étoffe de lin. Les formes se dessinent vaguement à travers la brume laiteuse [166] que traversent les blancs rayons de la voûte, et l'on peut se croire dans un paradis peuplé d'ombres heureuses. Seulement le purgatoire vous attend dans les salles voisines. Là sont les bassins d'eau bouillante où le baigneur subit diverses sortes de cuisson[c] ; là se précipitent sur vous ces terribles estafiers aux mains armées de gants de crin, qui détachent de votre peau de longs rouleaux moléculaires dont l'épaisseur vous effraie et vous fait craindre d'être usé graduellement comme une vaisselle trop écurée. On peut d'ailleurs se soustraire à ces cérémonies et se contenter du bien-être que procure l'atmosphère humide de la grande salle du bain. Par un effet singulier, cette chaleur artificielle délasse de l'autre ; le feu terrestre de Phta[1] combat les ardeurs trop vives du céleste Horus[2]. Faut-il parler encore des délices du massage et du repos charmant que l'on goûte sur ces lits disposés autour d'un[e] haute galerie à balustres qui dom[a sic]ine la salle d'entrée des bains ? Le café, les sorbets, le narguilé, interrompent là [sic] ou préparent ce léger sommeil de la méridienne si cher aux peuples du Levant.

Du reste, le vent du midi ne souffle pas continuellement pendant l'époque du *khamsin*, il s'interrompt [167] souvent des semaines entières, et nous laisse littéralement respirer. Alors la ville reprend son aspect

---

1   « Phta » : Ptah est l'équivalent d'Héphaïstos, dieu de Memphis, protecteur des artistes. *Cf.* n. 5, p. 138.

2   « Horus » : divinité solaire.

animé, la foule se répand sur les places et dans les jardins ; l'allée de Choubra se remplit de promeneurs ; les musulmanes voilées vont s'asseoir dans les kiosques, au bord des fontaines et sur les tombes entremêlées d'ombrages, où elles rêvent tout le jour entourées d'enfants joyeux, et se font même apporter leurs repas. Les femmes d'Orient ont deux grands moyens d'échapper à la solitude des harems, c'est le cimetière, où elles ont toujours quelque être chéri à pleurer, et le bain public, où la coutume oblige leur mari de les laisser aller une fois par semaine au moins.

Ce détail, que j'ignorais, a été pour moi la source de quelques chagrins domestiques contre lesquels il faut bien que je prévienne l'Européen qui serait tenté de suivre mon exemple. Je n'eus pas plutôt ramené du bazar l'esclave javanaise que je me vis assailli d'une foule de réflexions qui ne s'étaient pas encore présentées à mon esprit. La crainte de la laisser un jour de plus parmi les femmes d'Abdel-Kérim avait précipité ma résolution, et le dirais-je ? le premier regard jeté sur elle[d] avait été tout-puisssant.

[168]

Il y a quelque chose de très séduisant dans une femme d'un pays lointain et singulier, qui parle une langue inconnue, dont le costume et les habitudes frappent déjà par l'étrangeté seule, et qui enfin n'a rien de ces vulgarités de détail que l'habitude nous révèle chez les femmes de notre patrie. Je subis quelque temps cette fascination de couleur locale, je l'écoutais babiller, je la voyais étaler la bigarrure de ses vêtements : c'était comme un oiseau splendide que je possédais en cage ; mais cette impression pouvait-elle toujours durer ?

On m'avait prévenu que si le marchand m'avait trompé sur les mérites de l'esclave, s'il existait un vice rédhibitoire quelconque, j'avais trois jours pour résilier le marché. Je ne songeais guère qu'il fût possible à un Européen d'avoir recours à cette indigne clause, eût-il même été trompé. Seulement je vis avec peine que cette pauvre fille avait sous le bandeau rouge qui ceignait son front une place brûlée grande comme un écu de six livres[1] à partir des premiers cheveux. On voyait sur sa poitrine une autre brûlure de même forme, et sur ces deux marques un tatouage qui représentait une sorte de soleil. Le menton était aussi tatoué en fer de lance, et la narine

---

1   « Un écu de six livres » avait trente-neuf millimètres de diamètre. Cet écu fut frappé à la fin de l'Ancien Régime jusqu'en 1793 ; il a été officiellement retiré de la circulation le 31 octobre 1834, mais il a continué à circuler quelque temps.

gauche percée de manière à recevoir un [169] anneau. Quant aux cheveux, ils étaient rognés par-devant à partir des tempes et autour du front, et, sauf la partie brûlée, ils tombaient ainsi jusqu'aux sourcils qu'une ligne noire prolongeait et réunissait selon la coutume. Quant aux bras et aux pieds teints de couleur orange, je savais que c'était l'effet d'une préparation de henné qui ne laissait aucune marque au bout de quelques jours.

Que faire maintenant ? Habiller une femme jaune à l'européenne, c'eût été la chose la plus ridicule du monde. Je me bornai à lui faire signe qu'il fallait laisser repousser les cheveux coupés en rond sur le devant, ce qui parut l'étonner beaucoup ; quant à la brûlure du front et à celle de la poitrine, qui résultait probablement d'un usage de son pays, car on ne voit rien de pareil en Égypte, cela pouvait se cacher au moyen d'un bijou ou d'un ornement quelconque ; il n'y avait donc pas trop de quoi se plaindre, tout examen fait.

III. – SOINS DU MÉNAGE

La pauvre enfant s'était endormie, pendant que j'examinais sa chevelure avec cette sollicitude de propriétaire qui se plaint qu'on ait fait des coupes [170] dans le bien qu'il vient d'acquérir. J'entendis Ibrahim crier du dehors : *Ya sidy*[1] *!* (eh ! monsieur !), puis d'autres mots où je compris que quelqu'un me rendait visite. Je sortis de la chambre, et je trouvai dans la galerie le Juif Yousef qui voulait me parler. Il s'aperçut que je ne tenais pas à ce qu'il entrât dans la chambre, et nous nous promenâmes en fumant.

– J'ai appris, me dit-il, qu'on vous avait fait acheter une esclave ; j'en suis bien contrarié.

– Et pourquoi ?

– Parce qu'on vous aura trompé ou volé de beaucoup ; les drogmans s'entendent toujours avec le marchand d'esclaves.

– Cela me paraît probable.

– Abdallah aura reçu au moins une bourse pour lui.

---

1   « *Sidy* ». Sidi signifie « mon maître ».

– Qu'y faire ?

– Vous n'êtes pas au bout. Vous serez très embarrassé de cette femme quand vous voudrez partir, et il vous offrira de la racheter pour peu de chose. Voilà ce qu'il est habitué à faire, et c'est pour cela qu'il vous a détourné de conclure un mariage à la cophte, ce qui était beaucoup plus simple et moins coûteux.

[171]

– Mais vous savez bien qu'après tout j'avais quelque scrupule à faire un de ces mariages qui veulent toujours une sorte de consécration religieuse.

– Eh bien ! que ne m'avez-vous dit cela ? je vous aurais trouvé un domestique turc qui se serait marié pour vous autant de fois que vous auriez voulu !

La singularité de cette proposition me fit partir d'un éclat de rire ; mais quand on est au Caire, on apprend vite à ne s'étonner de rien. Les détails que me donna Yousef m'apprirent qu'il se rencontrait des gens assez misérables pour faire ce marché. La facilité qu'ont les Turcs de prendre femme et de divorcer à leur gré rend cet arrangement possible, et la plainte de la femme pourrait seule le révéler ; mais évidemment ce n'est qu'un moyen d'éluder la sévérité du pacha à l'égard des mœurs publiques. Toute femme qui ne vit pas seule ou dans sa famille doit avoir un mari légalement reconnu, dût-elle divorcer au bout de huit jours, à moins que, comme esclave, elle n'ait un maître.

Je témoignai au Juif Yousef combien une telle convention m'aurait révolté.

– Bon ! me dit-il, qu'importe ?... avec des Turcs !

[172]

– Vous^e pourriez dire aussi avec des chrétiens.

– C'est un usage, ajouta-t-il, qu'ont introduit les Anglais ; ils ont tant d'argent !

– Alors cela coûte cher ?

– C'était cher autrefois ; mais maintenant la concurrence s'y est mise, et c'est à la portée de tous.

Voilà pourtant où aboutissent les réformes morales des Turcs. On déprave toute une population pour éviter un mal certainement beaucoup moindre. Il y a dix ans, le Caire avait des bayadères[1] publiques

---

1   « Bayadères ». Nerval avait vu le premier spectacle de bayadères présenté à Paris. *Cf.* son compte rendu dans *Le Messager* du 12 août 1838. *Cf.* n. 1, p. 200.

comme l'Inde, et des courtisanes comme l'antiquité. Les ulémas se plaignirent, et ce fut longtemps sans succès, parce que le gouvernement tirait un impôt assez considérable de ces femmes, organisées en corporation, et dont le plus grand nombre résidait hors de la ville, à Matarée. Enfin les dévots turcs offrirent de payer l'impôt en question ; ce fut alors que l'on exila toutes ces femmes à Esné[1], dans la Haute Égypte. Aujourd'hui cette ville de l'ancienne Thébaïde est pour les étrangers qui remontent le Nil une sorte de Capoue. Il y a là des Laïs[2] et des Aspasies[3] qui mènent une grande existence, et qui se sont enrichies particulièrement aux [173] dépens de l'Angleterre. Elles ont des palais, des esclaves, et pourraient se faire construire des pyramides comme la fameuse Rhodope[4], si c'était encore la mode aujourd'hui d'entasser des pierres sur son corps pour prouver sa gloire ; elles aiment mieux les diamants.

Je comprenais bien que le Juif Yousef ne cultivait pas ma connaissance sans quelque motif ; l'incertitude que j'avais là-dessus m'avait empêché déjà de l'avertir de mes visites aux bazars d'esclaves. L'étranger se trouve toujours en Orient dans la position de l'amoureux naïf ou du fils de famille des comédies de Molière. Il faut louvoyer entre le Mascarille[5] et le Sbrigani[6]. Pour mettre fin à tout calcul possible, je me plaignis de ce que le prix de l'esclave avait presque épuisé ma bourse. – Quel malheur ! s'écria le Juif ; je voulais vous mettre de moitié dans une affaire magnifique qui en quelques jours vous aurait rendu dix fois votre argent. Nous sommes plusieurs amis qui achetons toute la récolte des feuilles de mûrier aux environs du Caire, et nous la revendrons en détail aux prix que nous voudrons aux éleveurs de vers à soie ; mais il faut un peu d'argent comptant : c'est ce qu'il y a de plus rare dans ce pays, le taux légal est de 24 pour 100. [174] Pourtant, avec des spéculations raisonnables, l'argent se multiple... Enfin n'en parlons plus. Je vous donnerai seulement un conseil : vous ne savez pas l'arabe ; n'employez

---

1   « Esné », à près de 800 kilomètres au sud du Caire, sur la rive occidentale du Nil.
2   « Laïs ». Fameuse courtisane de l'antiquité.
3   « Aspasie », compagne de Périclès, était connue à Athènes pour sa beauté, son esprit et sa culture.
4   « Rhodope ». Voir var. w, t. II, p. 216-217, et n. 1, p. 217.
5   « Mascarille », personnage de la comédie italienne, est un valet de *L'étourdi*, du *Dépit amoureux* et des *Précieuses ridicules* de Molière.
6   « Sbrigani » : « Napolitain, homme d'intrigue » dans *Monsieur de Pourceaugnac* du même.

pas le drogman pour parler avec votre esclave ; il lui communiquerait
de mauvaises idées sans que vous vous en doutiez, et elle s'enfuirait
quelque jour ; cela s'est vu.

Ces paroles me donnèrent à réfléchir.

Si la garde d'une femme est difficile pour un mari, que ne sera-ce
pas pour un maître ! C'est la position d'Arnolphe ou de George Dandin.
Que faire ? L'eunuque et la duègne n'ont rien de sûr pour un étranger ;
accorder tout de suite à une esclave l'indépendance des femmes françaises, ce serait absurde dans un pays où les femmes, comme on sait,
n'ont aucun principe contre la plus vulgaire séduction. Comment sortir
de chez moi seul ? et comment sortir avec elle dans un pays où jamais
femme ne s'est montrée au bras d'un homme ? Comprend-on que je
n'eusse pas prévu tout cela ?

Je fis dire par le Juif à Mustafa de me préparer à dîner ; je ne pouvais
pas évidemment mener l'esclave à la table d'hôte de l'hôtel Domergue.
Quant au drogman, il était allé attendre l'arrivée de la voiture de
Suez, car je ne l'occupais pas assez pour [175] qu'il ne cherchât point à
promener de temps en temps quelque Anglais dans la ville. Je lui dis
à son retour que je ne voulais plus l'employer que pour certains jours,
que je ne garderais pas tout ce monde qui m'entourait, et qu'ayant une
esclave, j'apprendrais très vite à échanger quelques mots avec elle, ce
qui me suffisait. Comme il s'était cru plus indispensable que jamais,
cette déclaration l'étonna un peu. Cependant il finit par prendre fort
bien la chose, et me dit que je le trouverais à l'hôtel Waghorn chaque
fois que j'en aurais besoin.

Il s'attendait sans doute à me servir de truchement pour faire du
moins connaissance avec l'esclave ; mais la jalousie est une chose si bien
comprise en Orient, la réserve est si naturelle dans tout ce qui a rapport
aux femmes, qu'il ne m'en parla même pas.

J'étais rentré dans la chambre où j'avais laissé l'esclave endormie. Elle était
réveillée et assise sur l'appui de la fenêtre, regardant à droite et à gauche dans
la rue par les grilles latérales du *moucharaby*. Il y avait, deux maisons plus
loin, des jeunes gens en costume turc de la réforme, officiers sans doute de
quelque personnage, et qui fumaient nonchala[m][176]ment devant la porte.
Je compris qu'il existait un danger de ce côté. Je cherchais en vain dans ma
tête un mot qui pût lui faire comprendre qu'il n'était pas bien de regarder
les militaires dans la rue, mais je ne trouvais que cet universel *tayeb* (très

bien), interjection optimiste bien digne de caractériser l'esprit du peuple
le plus doux de la terre, mais tout à fait insuffisante dans la situation.

Ô femmes! avec vous tout change; j'étais heureux, content de tout.
Je disais *tayeb* à tout propos, et l'Égypte me souriait. Aujourd'hui il
me faut chercher des mots qui ne sont peut-être pas dans la langue de
ces nations bienveillantes. Il est vrai que j'avais surpris chez quelques
naturels, un mot et un geste négatifs[f]. Si une chose ne leur plaît pas,
ce qui est rare, ils vous disent : *Lah!* en levant la main négligemment
à la hauteur du front. Mais comment dire d'un ton rude et toutefois
avec un mouvement de main languissant : – *Lah!* Ce fut cependant
à quoi je m'arrêtai faute de mieux; après cela je ramenai l'esclave vers
le divan, et je fis un geste qui indiquait qu'il était plus convenable de
se tenir là qu'à la fenêtre. Du reste, je lui fis comprendre que nous ne
tarderions pas à dîner.

La question maintenant était de savoir si je lui [177] laisserais découvrir sa figure devant le cuisinier; cela me parut contraire aux usages.
Personne, jusque-là, n'avait cherché à la voir. Le drogman lui-même
n'était pas monté avec moi lorsque Abd-el-Kérim m'avait fait voir ses
femmes; il était donc clair que je me ferais mépriser en agissant autrement que les gens du pays.

Quand le dîner fut prêt, Mustapha cria du dehors : – *Sidi!* Je sortis
de la chambre, et il me montra la casserole de terre contenant une poule
découpée dans du riz.

– Bono! bono! lui dis-je, et je rentrai pour engager l'esclave à remettre
son masque, ce qu'elle fit.

Mustapha plaça la table, posa dessus une nappe de drap vert, puis,
ayant arrangé sur un plat sa pyramide de pilau, il apporta encore plusieurs
verdures sur de petites assiettes, et notamment des koulkas[1] découpés
dans du vinaigre, ainsi que des tranches de gros oignons nageant dans
une sauce à la moutarde; cet ambigu n'avait pas mauvaise mine. Ensuite
il se retira discrètement.

---

1   « Koulkas » (le *GDU* enregistre *Coulchas*), transcrit « colocase » qui désigne un arum dont
le tubercule farineux et les feuilles sont comestibles.

IV. – PREMIÈRES LEÇONS D'ARABE

Je fis signe à l'esclave de prendre une chaise, [178] (j'avais eu la faiblesse d'acheter des chaises) ; elle secoua la tête, et je compris que mon
idée était ridicule à cause du peu de hauteur de la table. Je mis donc
des coussins à terre, et je pris place en l'invitant à s'asseoir de l'autre
côté ; mais rien ne put la décider. Elle détournait la tête et mettait la
main sur sa bouche : « Mon enfant, lui dis-je, est-ce que vous voulez
vous laissez mourir de faim ? »

Je sentais qu'il valait mieux parler, même avec la certitude de n'être pas
compris, que de se livrer à une pantomime ridicule. Elle répondit quelques
mots qui signifiaient probablement qu'elle ne comprenait pas, et auxquels
je répliquai : *Tayeb*. C'était toujours un commencement de dialogue.

Lord Byron disait par expérience que le meilleur moyen d'apprendre
une langue était de vivre seul pendant quelque temps avec une femme[1] ;
mais encore faudrait-il y joindre quelques livres élémentaires, autrement
on n'apprend que des substantifs ; le verbe manque ; ensuite il est bien
difficile de retenir des mots sans les écrire, et l'arabe ne s'écrit pas avec
nos lettres, ou du moins ces dernières ne donnent qu'une idée impar-
faite de la prononciation. Quant à apprendre l'écriture arabe, c'est une
affaire [179] si compliquée, à cause des élisions, que le savant Volney
avait trouvé plus simple d'inventer un alphabet mixte, dont malheureusement les autres savants n'encouragèrent pas l'emploi[2]. La science
aime les difficultés, et ne tient jamais à vulgariser beaucoup l'étude ; si
l'on apprenait de soi-même, que deviendraient les professeurs ?

Après tout, me dis-je, cette jeune fille née à Java suit peut-être la
religion hindoue ; elle ne se nourrit sans doute que de fruits et d'herbages.
Je fis un signe d'adoration, en prononçant d'un air interrogatif le nom
de Brahma ; elle ne parut pas comprendre. Dans tous les cas, ma prononciation eût été mauvaise sans doute. J'énumérai encore tout ce que je
savais de noms se rattachant à cette même cosmogonie ; c'était comme

---

1   « Une femme ». *Cf. Don Juan*, II, 164.
2   « L'emploi. » Volney avait, en effet, imaginé un système de transcription utilisant nos
     lettres, des lettres grecques et des signes diacritiques. Voir son *Alfabet européen appliqué
     aux langues asiatiques* (Firmin-Didot, 1819).

si j'eusse parlé français. Je commençais à regretter d'avoir remercié le drogman ; j'en voulais surtout au marchand d'esclaves de m'avoir vendu ce bel oiseau doré sans me dire ce qu'il fallait lui donner pour nourriture.

Je lui présentai simplement du pain, et du meilleur qu'on fît au quartier franc ; elle dit d'un ton mélancolique : *Mafisch !* mot inconnu dont l'expression m'attrista beaucoup. Je songeai alors à de pauvres bayadères amenées à Paris il y a quel-[180]ques années, et qu'on m'avait fait voir dans une maison des Champs-Élysées[1]. Ces Indiennes ne prenaient que des aliments qu'elles avaient préparés elles-mêmes dans des vases neufs. Ce souvenir me rassura un peu, et je pris la résolution de sortir, après mon repas, avec l'esclave pour éclaircir ce point.

La défiance que m'avait inspirée le Juif pour mon drogman avait eu pour second effet de me mettre en garde contre lui-même ; voilà ce qui m'avait conduit à cette position fâcheuse. Il s'agissait donc de prendre pour interprète quelqu'un de sûr, afin du moins de faire connaissance avec mon acquisition. Je songeai un instant à M. Jean, le mamelouk, homme d'un âge respectable ; mais le moyen de conduire cette femme dans un cabaret ? D'un autre côté, je ne pouvais pas la faire rester dans la maison avec le cuisinier et le Barbarin pour aller chercher M. Jean. Et eussé-je envoyé dehors ces deux serviteurs hasardeux, était-il prudent de laisser une esclave seule dans un logis fermé d'une serrure de bois ?

Un son de petites clochettes retentit dans la rue ; je vis à travers le treillis un chevrier en sarreau bleu qui menait quelques chèvres du côté du quar-[181]tier franc. Je le montrai à l'esclave, qui me dit en souriant : *Aioua !* ce que je traduisis par oui.

J'appelai le chevrier, garçon de quinze ans, au teint hâlé, aux yeux énormes, ayant du reste le gros nez et la lèvre épaisse des têtes de sphinx, un type égyptien des plus purs. Il entra dans la cour avec ses bêtes, et se mit à en traire une dans un vase de faïence neuve que je fis voir à l'esclave avant qu'il s'en servît. Celle-ci répéta *aioua*, et du haut de la galerie elle regarda, bien que voilée, le manège du chevrier.

Tout cela était simple comme l'idylle, et je trouvai très naturel qu'elle lui adressât ces deux mots : *Talé bouckra*[2] ; je compris qu'elle l'engageait

---

1   « Une maison des Champs-Élysées », située au n° 23 de l'allée des Veuves (actuelle avenue Montaigne), où Nerval a pu les voir danser. *Cf. Le Messager* du 12 août 1838, et n. 1, p. 195.

2   « *Talé bouckra* », *T'al boukra*, soit *Ta'ala bokra* : « Viens demain ».

sans doute à revenir le lendemain. Quand la tasse fut pleine, le chevrier me regarda d'un air sauvage en criant : *At foulouz*[1] *!* J'avais assez cultivé les âniers pour savoir que cela voulait dire : Donne de l'argent. Quand je l'eus payé, il cria encore *bakchiz !* autre expression favorite de l'Égyptien, qui réclame à tout propos le pourboire. Je lui répondis : *Talé bouckra !* comme avait dit l'esclave. Il s'éloigna satisfait. Voilà comme on apprend les langues peu à peu.

Elle se contenta de boire son lait sans y vouloir [182] mettre du pain ; toutefois ce léger repas me rassura un peu ; je craignais qu'elle ne fût de cette race javanaise qui se nourrit d'une sorte de terre grasse, qu'on n'aurait peut-être pas pu se procurer au Caire. Ensuite j'envoyai chercher des ânes et je fis signe à l'esclave de prendre son vêtement de dessus (*milayeh*[2]). Elle regarda avec un certain dédain ce tissu de coton quadrillé, qui est pourtant fort bien porté au Caire, et me dit : *Ana... habbarah*[3] *!*

Comme on s'instruit ! Je compris qu'elle espérait porter de la soie au lieu de [*sic*] coton, le vêtement des grandes dames au lieu de celui des simples bourgeoises, et je lui dis : *Lah ! lah !* en secouant la main et hochant la tête à la manière des Égyptiens.

V. – L'AIMABLE INTERPRÈTE

Je n'avais envie ni d'aller acheter un habbarah ni de faire une simple promenade ; il m'était venu à l'idée qu'en prenant un abonnement au cabinet de lecture français, la gracieuse Madame Bonhomme voudrait bien me servir de truchement pour une [183] première explication avec ma jeune captive. Je n'avais vu encore Madame Bonhomme que dans la fameuse représentation d'amateurs qui avait inauguré la saison au *Teatro di Cairo*[4], mais le vaudeville qu'elle avait joué lui prêtait à mes

---

1   « *At foulouz !* » Hât felous, *Hat flouss* : Apporte de l'argent.
2   « *(Milayeh).* » La *Mélaya*, grand voile noir dont se drapent les femmes (*NPl*).
3   « *Ana... habbarah !* » Il faudrait Ana 'aiza, au féminin : « Je me couche dans une habba-rah ! » (Rouger et *NPl*.) *Cf.* n. 2, p. 92.
4   « Madame Bonhomme ». *Cf.* p. 168.

yeux les qualités d'une excellente et obligeante personne. Le théâtre a
cela de particulier, qu'il vous donne l'illusion de connaître parfaitement
une inconnue. De là les grandes passions qu'inspirent les actrices, tandis
qu'on ne s'éprend guère, en général, des femmes qu'on n'a fait que voir
de loin.

Si l'actrice a ce privilège d'exposer à tous un idéal que l'imagination
de chacun interprète et réalise à son gré, pourquoi ne pas reconnaître
chez une jolie, et, si vous voulez, même une vertueuse marchande, cette
fonction généralement bienveillante, et pour ainsi dire initiatrice, qui
ouvre à l'étranger des relations utiles et charmantes ?

On sait à quel point le bon Yorick, inconnu, inquiet, perdu dans le
grand tumulte de la vie parisienne, fut ravi de trouver accueil chez une
aimable et complaisante gantière[1] ; mais combien une telle rencontre
n'est-elle pas plus utile encore dans une ville d'Orient !

Madame Bonhomme accepta avec toute la grâce [184] et toute la
patience possibles le rôle d'interprète entre l'esclave et moi. Il y avait
du monde dans la salle de lecture, de sorte qu'elle nous fit entrer dans
un magasin d'articles de toilette et d'assortiment, qui était joint à la
librairie. Au quartier franc, tout commerçant vend de tout. Pendant
que l'esclave étonnée examinait avec ravissement les merveilles du luxe
européen, j'expliquais ma position à Madame Bonhomme, qui, du
reste, avait elle-même une esclave noire à laquelle de temps en temps
je l'entendais donner des ordres en arabe.

Mon récit l'intéressa ; je la priai de demander à l'esclave si elle était
contente de m'appartenir. – *Aioua !* répondit celle-ci. À cette réponse
affirmative, elle ajouta qu'elle serait bien contente d'être vêtue comme
une Européenne. Cette prétention fit sourire Madame Bonhomme,
qui alla chercher un bonnet de tulle à rubans et l'ajusta sur sa tête. Je
dois avouer que cela ne lui allait pas très bien ; la blancheur du bonnet
lui donnait l'air malade. – Mon enfant, lui dit Madame Bonhomme,
il faut rester comme tu es ; le tarbouch te sied beaucoup mieux. Et,
comme l'esclave renonçait au bonnet avec peine, elle lui alla chercher
un *tatikos*[2] de femme grecque festonné d'or, qui, cette [185] fois, était

---

1   Cette « aimable et complaisante gantière » n'est pas seulement conseillère, mais aussi
     entremetteuse. Nerval fait allusion aux trois chapitres successifs du *Voyage sentimental* de
     Sterne : « Le Pouls », « Le Mari », « Les Gants ».
2   « *Tatikos* ». Le *taktikon*, déjà évoqué, était réservé aux femmes libres. *Cf.* n. 1, p. 167.

du meilleur effet. Je vis bien qu'il y avait là une légère intention de pousser à la vente, mais le prix était modéré, malgré l'exquise délicatesse du travail.

Certain désormais d'une double bienveillance, je me fis raconter en détail les aventures de cette pauvre fille. Cela ressemblait à toutes les histoires d'esclaves possibles, à l'Andrienne de Térence[1], à Mademoiselle Aïssé[2]... il est bien entendu que je ne me flattais pas d'obtenir la vérité complète. Issue de nobles parents, enlevée toute petite au bord de la mer, chose qui serait invraisemblable aujourd'hui dans la Méditerranée, mais qui reste probable au point de vue des mers du sud... Et d'ailleurs, d'où serait-elle venue ? Il n'y a avait pas à douter de son origine malaise. Les sujets de l'empire ottoman ne peuvent être vendus sous aucun prétexte. Tout ce qui n'est pas blanc ou noir, en fait d'esclaves, ne peut donc appartenir qu'à l'Abyssinie ou à l'archipel indien.

Elle avait été vendue à un cheik très vieux du territoire de la Mecque. Ce cheik étant mort, des marchands de la caravane l'avaient emmenée et exposée en vente au Caire.

Tout cela était fort naturel, et je fus heureux de [186] croire en effet qu'elle n'avait pas eu d'autre possesseur avant moi que ce vénérable cheik glacé par l'âge. – Elle a bien dix-huit ans, me dit Madame Bonhomme, mais elle est très forte, et vous l'auriez payée plus cher, si elle n'était pas d'une race qu'on voit rarement ici. Les Turcs sont gens d'habitude, il leur faut des Abyssiniennes ou des Noires ; soyez sûr qu'on l'a promenée de ville en ville sans pouvoir s'en défaire.

– Eh bien ! dis-je, c'est donc que le sort voulait que je passasse là. Il m'était réservé d'influer sur sa bonne ou sa mauvaise fortune.

Cette manière de voir, en rapport avec la fatalité orientale, fut transmise à l'esclave, et me valut son assentiment.

---

1 « L'Andrienne de Térence » montre un jeune premier, l'Athénien Pamphile, qui aime une esclave de l'île d'Andros et l'épousera dès lors qu'on apprendra qu'elle est la fille d'un ami du père de ce jeune homme.

2 « Mademoiselle Aïssé » (1696-1733) était une Circassienne que le comte Ch. de Ferriol, ambassadeur du roi auprès de la Porte, acheta à Istamboul, en 1698, épousa toute jeune et emmena à Paris où il la fit élever par la sœur de Mme de Tencin qui lui fit connaître Voltaire. Très courtisée, elle n'en fut pas moins très malheureuse. Voilà qui trouvera un écho dans la lettre préface à *Lorely*... Ses lettres à une amie, à qui elle confie son amour pour le chevalier d'Aydie, ont été publiées en 1787. (Rouger et Huré.) Lemaitre rappelle que ce fait divers douloureux est peut-être à la source de l'*Histoire d'une grecque moderne* de l'abbé Prévost.

Je lui fis demander pourquoi elle n'avait pas voulu manger le matin et si elle était de la religion hindoue. – Non, elle est musulmane, me dit Madame Bonhomme après lui avoir parlé ; elle n'a pas mangé aujourd'hui, parce que c'est jour de jeûne jusqu'au coucher du soleil.

Je regrettai qu'elle n'appartînt pas au culte brahmanique pour lequel j'ai toujours eu un faible ; quant au langage, elle s'exprimait dans l'arabe le plus pur, et n'avait conservé de sa langue primitive [187] que le souvenir de quelques chansons ou *pantouns*[1], que je me promis de lui faire répéter.

– Maintenant, me dit Madame Bonhomme, comment ferez-vous pour vous entretenir avec elle ?

– Madame, lui dis-je, je sais déjà un mot avec lequel on se montre content de tout, indiquez-m'en seulement un autre qui exprime le contraire. Mon intelligence suppléera au reste, en attendant que je m'instruise mieux.

– Est-ce que vous en êtes déjà au chapitre des refus ? me dit-elle.

– J'ai de l'expérience, répondis-je, il faut tout prévoir.

– Hélas ! me dit tout bas Madame Bonhomme, ce terrible mot, le voilà : « *Mafisch* ! » cela comprend toutes les négations possibles.

Alors je me souvins que l'esclave l'avait déjà prononcé avec moi.

VI. – L'ÎLE DE RODDAH

Le consul-général m'avait invité à faire une excursion dans les environs du Caire. Ce n'était pas une offre à négliger, les consuls jouissant de privi-[188]lèges et de facilités sans nombre pour tout visiter commodément. J'avais en outre l'avantage, dans cette promenade, de pouvoir disposer d'une voiture européenne, chose rare dans le Levant. Une voiture au Caire est un luxe d'autant plus beau, qu'il est impossible de s'en servir pour circuler dans la ville ; les souverains et leurs représentants auraient seuls le droit d'écraser les hommes et les chiens dans les rues, si l'étroitesse et la forme tortueuse de ces dernières leur permettaient d'en profiter.

---

1   Les « *Pantouns* », ou pantoums, sont d'origine malaise.

Mais le pacha lui-même est obligé de tenir ses remises près des portes, et ne peut se faire voiturer qu'à ses diverses maisons de campagne ; alors rien n'est plus curieux que de voir un coupé ou une calèche du dernier goût de Paris ou de Londres portant sur le siège un cocher à turban, qui tient d'une main son fouet et de l'autre sa longue pipe de cerisier.

Je reçus donc un jour la visite d'un janissaire du consulat, qui frappa de grands coups à la porte avec sa grosse canne à pomme d'argent, pour me faire honneur dans le quartier. Il me dit que j'étais attendu au consulat pour l'excursion convenue. Nous devions partir le lendemain au point du jour ; mais le consul ne savait pas que, depuis sa première in-[189]vitation, mon logis de garçon était devenu un ménage, et je me demandais ce que je ferais de mon aimable compagne pendant une absence d'un jour entier. La mener avec moi eût été indiscret, la laisser seule avec le cuisinier et le portier était manquer à la prudence la plus vulgaire. Cela m'embarrassa beaucoup. Enfin je songeai qu'il fallait ou se résoudre à acheter des eunuques, ou se confier à quelqu'un. Je la fis monter sur un âne, et nous nous arrêtâmes bientôt devant la boutique de M. Jean. Je demandai à l'ancien mamelouk s'il ne connaissait pas quelque famille honnête à laquelle je pusse confier l'esclave pour un jour. M. Jean, homme de ressources, m'indiqua un vieux Cophte, nommé Mansour, qui, ayant servi plusieurs années dans l'armée française[1], était digne de confiance sous tous les rapports.

Mansour avait été mamelouk comme M. Jean, mais mamelouk dans l'armée française. Ces derniers, comme il me l'apprit, se composaient principalement de Cophtes qui, lors de la retraite de l'expédition d'Égypte[2], avaient suivi nos soldats. Le pauvre Mansour, avec plusieurs de ses camarades fut jeté à l'eau à Marseille[3] par la populace pour avoir soutenu le parti de l'empereur au retour [190] des Bourbons ; mais, en véritable enfant du Nil, il parvint à se sauver à la nage et à gagner un autre point de la côte[4].

---

1   « Armée française. » Des Mamelouks étaient passés au service des Français. Ils formeront le régiment des Mamelouks, commandé par le Grec Barthélemy Serra (Huré). *Cf.* ci-dessous, la fin de la note 3, p. 241.

2   « La retraite de l'expédition d'Égypte », en septembre et octobre 1801. *Cf.* t. II, n. 1, p. 197.

3   « Marseille ». Horreurs de la Terreur blanche dans le midi marseillais.

4   « La côte. » Lemaitre fait remarquer qu'il y a là une allusion à un incident bien réel, relaté par un ami marseillais de Nerval, Joseph Méry, dans *L'Assassinat* (1832).

Nous nous rendîmes chez ce brave homme, qui vivait avec sa femme dans une vaste maison à moitié écroulée : les plafonds faisaient ventre et menaçaient la tête des habitants ; la menuiserie découpée des fenêtres s'ouvrait par places comme une guipure déchirée. Des restes de meubles et des haillons paraient seuls l'antique demeure, où la poussière et le soleil causaient une impression aussi morne que peuvent faire la pluie et la boue pénétrant dans les plus pauvres réduits de nos villes. J'eus le cœur serré en songeant que la plus grande partie de la population du Caire habitait ainsi des maisons que les rats avaient abandonnées déjà comme peu sûres. Je n'eus pas un instant l'idée d'y laisser l'esclave, mais je priai le vieux Cophte et sa femme de venir chez moi. Je leur promettais de les prendre à mon service, quitte à renvoyer l'un ou l'autre de mes serviteurs actuels. Du reste, à une piastre et demie, ou 40 centimes par tête et par jour, il n'y avait pas encore de prodigalité.

Ayant ainsi assuré la tranquillité de mon intérieur et opposé, comme les tyrans habiles, une nation [191] fidèle à deux peuples douteux qui auraient pu s'entendre contre moi, je ne vis aucune difficulté à me rendre chez le consul. Sa voiture attendait à la porte, bourrée de comestibles, avec deux janissaires à cheval pour nous accompagner. Il y avait avec nous, outre le secrétaire de légation, un grave personnage en costume oriental, nommé le cheik Abou-Khaled, que le consul avait invité pour nous donner des explications ; il parlait facilement l'italien, et passait pour un poète des plus élégants et des plus instruits dans la littérature arabe.

– C'est tout à fait, me dit le consul, un homme du temps passé. La *réforme*[1] lui est odieuse, et pourtant il est difficile de voir un esprit plus tolérant. Il appartient à cette génération d'Arabes philosophes, *voltairiens*[2] même pour ainsi dire, toute particulière à l'Égypte, et qui ne fut pas hostile à la domination française[3].

Je demandai au cheik s'il y avait, outre lui, beaucoup de poètes au Caire. – Hélas ! dit-il, nous ne vivons plus au temps où, pour une belle pièce de vers, le souverain ordonnait qu'on remplît de sequins la bouche du poète, tant qu'elle en pouvait tenir ! Aujourd'hui nous sommes

1   « La *réforme* » par laquelle le sultan Mahmoud II (1785-1839) tenta d'importer dans les pays turcs les idées, les mœurs, les institutions de l'Europe occidentale.
2   « Voltairiens ». Huré évoque Rifa'a al-Tahtawi (1801-1873) qui se rendit en France en 1830, publia son récit de voyage, et au Caire, traduisit l'*Histoire de Charles XII* de Voltaire.
3   « À la domination française ». À nuancer, note Huré.

seulement des bouches inutiles. À quoi servirait la poésie, sinon [192]
pour amuser le bas peuple dans les carrefours ?

– Et pourquoi, dis-je, le peuple ne serait-il pas lui-même un souverain généreux ?

– Il est trop pauvre, répondit le cheik, et d'ailleurs son ignorance
est devenue telle, qu'il n'apprécie plus que les romans délayés sans art
et sans souci de la pureté du style. Il suffit d'amuser les habitués d'un
café par des aventures sanglantes ou graveleuses. Puis, à l'endroit le plus
intéressant, le narrateur s'arrête, et dit qu'il ne continuera pas l'histoire
qu'on ne lui ait donné telle somme ; mais il rejette toujours le dénoue-
ment au lendemain, et cela dure des semaines entières.

– Eh ! mais, lui dis-je, tout cela est comme chez nous !

– Quant aux illustres poèmes d'Antar[1] ou d'Abouzeyd, continua le
cheik, on ne veut plus les écouter que dans les fêtes religieuses et par
habitude. Est-il même sûr que beaucoup en comprennent les beautés ?
Les gens de notre temps savent à peine lire. Qui croirait que les plus
savants, entre ceux qui connaissent l'arabe littéraire, sont aujourd'hui
deux Français ?

– Il veut parler, me dit le consul, du docteur Perron[2] et de M. Fresnel[3],
consul de Djedda. Vous [193] avez pourtant, ajouta-t-il en se tournant
vers le cheik, beaucoup de saints ulémas à barbe blanche qui passent
tout leur temps dans les bibliothèques des mosquées ?

– Est-ce apprendre, dit le cheik, que de rester toute sa vie, en fumant
son narghilé, à relire un petit nombre des mêmes livres, sous prétexte
que rien n'est plus beau et que la doctrine en est supérieure à toutes
choses ? Autant vaut renoncer à notre passé glorieux et ouvrir nos esprits
à la science des Francs… qui cependant ont tout appris de nous !

---

1   « Antar », 'Antara, tout à la fois guerrier et poète, fut un contemporain de Mahomet. Il
    est l'auteur de l'une des sept Moallakas, poèmes suspendus à la porte de la Kaaba (La
    Mecque). Le *Roman d'Antar* est postérieur. Il raconte en une prose mêlée de vers sa vie
    légendaire.

2   Le « docteur Perron » (1798-1876) fut, avec Clot-Bey, directeur de l'École de médecine
    du Caire. Nerval l'a rencontré en 1843, comme le montrent ses lettres à son père des
    14 février, 18 mars, ? avril et 2 mai 1843. Il regagna la France en 1846, mais reviendra
    plus tard en Égypte. Il fut finalement, à Alger, directeur du collège arabe-français et
    inspecteur des écoles de l'Algérie. (Rouger)

3   « Fresnel », Fulgence (1795-1855), après avoir été l'élève de Silvestre de Sacy, séjourna six
    ans en Égypte. Ruiné, il accepta, en 1839 un poste d'agent consulaire à Djeddah, port
    de La Mecque. Il a contribué à déchiffrer les inscriptions hémyarites. (*Id.*)

Nous avions quitté l'enceinte de la ville, laissé à droite Boulak et les riantes villas qui l'entourent, et nous roulions dans une avenue large et ombragée, tracée au milieu des cultures, qui traverse un vaste terrain cultivé appartenant à Ibrahim[1]. C'est lui qui a fait planter de dattiers, de mûriers et de *figuiers de pharaon* toute cette plaine autrefois stérile, qui aujourd'hui semble un jardin. De grands bâtiments servant de fabrique occupent le centre de ces cultures à peu de distance du Nil. En les dépassant et tournant à droite, nous nous trouvâmes devant une arcade par où l'on descend au fleuve pour se rendre à l'île de Roddah[2]. [194]

Le bras du Nil semble en cet endroit une petite rivière qui coule parmi les kiosques et les jardins. Des roseaux touffus bordent la rive, et la tradition indique ce point comme étant celui où la fille de Pharaon trouva le berceau de Moïse. En se tournant vers le sud, on aperçoit à droite le port du vieux Caire, à gauche les bâtiments du *Mekkias*[3] ou *Nilomètre*[4], entremêlés de minarets et de coupoles, qui forment la pointe de l'île.

Cette dernière n'est pas seulement une délicieuse résidence princière, elle est devenue aussi, grâce aux soins d'Ibrahim, le *Jardin des plantes* du Caire. On peut penser que c'est justement l'inverse du nôtre ; au lieu de concentrer la chaleur par des serres, il faudrait créer là des pluies, des froids et des brouillards artificiels pour conserver les plantes de notre Europe. Le fait est que, de tous nos arbres, on n'a pu élever encore qu'un pauvre petit chêne qui ne donne pas même du gland. Ibrahim a été plus heureux dans la culture des plantes de l'Inde. C'est une tout autre végétation que celle de l'Égypte, et qui se montre frileuse déjà dans cette latitude. Nous nous promenâmes avec ravissement sous l'ombrage des tamarins et des baobabs ; des cocotiers à la tige élancée secouaient çà et là leur [195] feuillage découpé comme la fougère ; mais à travers mille végétations étranges j'ai distingué comme infiniment gracieuses des allées

---

1   « Ibrahim » – Pacha (1789-1848), vice-roi d'Égypte, considéré comme le fils de Méhémet-Ali (Muhammad 'Ali), fut un grand homme de guerre et un grand organisateur. Il mourut le 9 novembre 1848. Méhémet-Ali, mourut le 2 août 1849, et eut pour successeur son petit-fils, Abbas-Pacha, né en 1813. Saïd Bey, né en 1822, succédera en 1854 à Abbas-Pacha. *Cf.* n. 1, p. 226.

2   « Roddah. » Les jardins de Roddah sont décrits dans une lettre à Gautier de 2 mai 1843, pour lui suggérer un décor d'opéra.

3   « *Mekkias* » du verbe *qasa*, mesurer. *El miqyas* signifie « la mesure ». (Jeanneret et *NPl*)

4   Le « *Nilomètre* ». *Cf.* n. 9, p. 175-176.

de bambous formant rideaux comme nos peupliers ; une petite rivière serpentait parmi les gazons, où des paons et des flamants roses brillaient au milieu d'une foule d'oiseaux privés[1]. De temps en temps nous nous reposions à l'ombre d'une espèce de saule pleureur, dont le tronc élevé, droit comme un mât, répand tout à l'entour ses nappes de feuillage ; on croit être ainsi dans une tente de soie verte inondée d'une douce lumière.

Nous nous arrachâmes avec peine à cet horizon magique, à cette fraîcheur, à ces senteurs pénétrantes d'une autre partie du monde, où il semblait que nous fussions transportés par miracle ; mais, en marchant au nord de l'île, nous ne tardâmes pas à rencontrer toute une nature différente, destinée sans doute à compléter la gamme des végétations tropicales. Au milieu d'un bois composé de ces arbres à fleurs qui semblent des bouquets gigantesques, par des chemins étroits cachés sous des voûtes de lianes, on arrive à une sorte de labyrinthe qui gravit des rochers factices surmontés d'un belvédère. Entre les pierres, au bord des [196] sentiers, sur votre tête, à vos pieds, se tordent, s'enlacent, se hérissent et grimacent les plus étranges reptiles du monde végétal. On n'est pas sans inquiétude en mettant le pied dans ces repaires de serpents et d'hydres endormis, parmi ces végétations presque vivantes dont quelques-unes parodient les membres humains et rappellent la monstrueuse conformation des dieux-polypes de l'Inde.

Arrivé au sommet, je fus frappé d'admiration en apercevant dans tout leur développement, au-dessus de Gizeh qui borde l'autre côté du fleuve, les trois pyramides[2] nettement découpées dans l'azur du ciel. Je ne les avais jamais si bien vues, et la transparence de l'air permettait, quoi qu'à une distance de trois lieues, d'en distinguer tous les détails.

Je ne suis pas de l'avis de Voltaire, qui prétend que les pyramides de l'Égypte sont loin de valoir ses fours à poulets[3] ; il ne m'était pas indifférent non plus d'être contemplé par quarante siècles[4] ; mais c'est

---

1   « Privés. » C'est-à-dire apprivoisés.
2   « Les trois pyramides » sont Khéops, Képhren et Mykérinos.
3   « Fours à poulets », faits de briques séchées au soleil, qui servaient de couveuses artifi-
    cielles. Rouger renvoie à la *Troisième Diatribe de l'abbé Bazin*, dans *La Défense de mon oncle*
    (éd. Beuchot, t. XLIII, p. 394) : « J'ai vu les pyramides, et je n'en ai point été émerveillé.
    J'aime mieux les fours à poulets, dont l'invention est, dit-on, aussi ancienne que les
    pyramides. »
4   « Quarante siècles ». La fameuse phrase serait exactement : « Allez, pensez que, du haut
    de ces monuments, quarante siècles vous observent. »

au point de vue des souvenirs du Caire et des idées arabes qu'un tel
spectacle m'intéressait dans ce moment-là, et je me hâtai de demander
au cheik, notre compagnon, ce qu'il pensait des quatre [197] mille ans
attribués à ces monuments par la science européenne.

Le vieillard prit place sur le divan de bois du kiosque, et nous dit[1] :

Quelques auteurs pensent que les pyramides ont été bâties par le
roi *préadamite* Gian-ben-Gian[2] ; mais, à en croire une tradition plus
répandue chez nous, il existait, trois cents ans avant le déluge, un roi
nommé Saurid, fils de Salahoc, qui songea une nuit que tout se renver-
sait sur la terre, les hommes tombant sur leur visage et les maisons sur
les hommes ; les astres s'entre-choquaient dans le ciel, et leurs débris
couvraient le sol à une grande hauteur. Le roi s'éveilla tout épouvanté,
entra dans le temple du Soleil, et resta longtemps à baigner ses joues et
à pleurer ; ensuite il convoqua les prêtres et devins. Le prêtre Akliman[3],
le plus savant d'entre eux, lui déclara qu'il avait fait lui-même un rêve
semblable. – J'ai songé, dit-il, que j'étais avec vous sur une montagne,
et que je voyais le ciel abaissé au point qu'il approchait du sommet
de nos têtes, et que le peuple courait à vous en foule comme à son
refuge ; qu'alors vous élevâtes les mains au-dessus de vous et tâchiez de
repousser le ciel pour l'empêcher de s'abaisser davantage, et [198] que
moi, vous voyant agir, je faisais aussi de même. En ce moment une voix
sortit du soleil qui nous dit : « Le ciel retournera en sa place ordinaire
lorsque j'aurai fait trois cents tours. » Le prêtre ayant parlé ainsi, le roi
Saurid fit *prendre les hauteurs* des astres et rechercher quel accident ils
promettaient. On calcula qu'il devait y avoir d'abord un déluge d'eau
et plus tard un déluge de feu. Ce fut alors que le roi fit construire les
pyramides dans cette forme angulaire propre à soutenir même le choc

---

1   « Dit : » Le récit qui va suivre est, selon Richer (*G. de N. et les doctrines ésotériques*, Éd. du
    Griffon d'or, 1947, p. 47-55), inspiré de *L'Égypte de Murtadi, fils de Gaphiphe, où il est traité
    des pyramides, du débordement du Nil, et des autres merveilles de cette province, selon les opinions
    et traditions des Arabes* (Paris, Thomas Joly, 1666) de Pierre Vattier ; œuvre traduite d'un
    manuscrit arabe. Rouger a montré en outre que Nerval s'est servi des extraits de chro-
    niqueurs musulmans publiés par l'orientaliste Louis-Mathieu Langlès dans ses *Notes et
    Éclaircissements* au *Voyage* de Frédéric, Louis, Norden (1798).

2   « Gian-ben-Gian ». D'après l'article de la *Bibliothèque orientale* (que cite Richer), c'est le
    nom d'un « monarque des Péris ou Fées » ; « les pyramides d'Égypte, selon la tradition
    des Orientaux, sont des monuments de sa grande puissance ». *Cf.* ci-dessous, t. II, n. 2,
    p. 89.

3   « Akliman » : Aclimon chez Vattier (p. 28).

des astres, et poser ces pierres énormes reliées par des pivots de fer et taillées avec une précision telle que ni feu du ciel, ni déluge, ne pouvait certes les pénétrer. Là devaient se réfugier au besoin le roi et les grands du royaume, avec les livres et images des sciences, les talismans et tout ce qu'il importait de conserver pour l'avenir de la race humaine.

J'écoutais cette légende avec grande attention, et je dis au consul qu'elle me semblait beaucoup plus satisfaisante que la supposition acceptée en Europe, que ces monstrueuses constructions auraient été seulement des tombeaux.

— Mais, dit-il, comment les gens réfugiés dans les salles des pyramides auraient-ils pu respirer ?

[199]

— On y voit encore, reprit le cheik, des puits et des canaux qui se perdent sous la terre. Certains d'entre eux communiquaient avec les eaux du Nil, d'autres correspondaient à de vastes grottes souterraines ; les eaux entraient par des conduits étroits, puis ressortaient plus loin, formant d'immenses cataractes et remuant l'air continuellement avec un bruit effroyable.

Le consul, homme positif, n'accueillait ces traditions qu'avec un sourire ; il avait profité de notre halte dans le kiosque pour faire disposer sur une table les provisions apportées dans sa voiture, et les *bostangis*[1] d'Ibrahim-Pacha venaient nous offrir en outre des fleurs et des fruits rares, propres à compléter nos sensations asiatiques.

En Afrique, on rêve l'Inde comme en Europe on rêve l'Afrique ; l'idéal rayonne toujours au-delà de notre horizon actuel. Pour moi, je questionnais encore avec avidité notre bon cheik, et je lui faisais raconter tous les récits fabuleux de ses pères. Je croyais avec lui au roi Saurid plus fermement qu'au Chéops des Grecs, à leur Chéphen [Chéphren] et à leur Mycérinus.

— Et qu'a-t-on trouvé, lui disais-je, dans les pyramides lorsqu'on les ouvrit la première fois sous les sultans arabes ?

[200]

— On trouva, dit-il, les statues et les talismans que le roi Saurid avait établis pour la garde de chacune. Le garde de la pyramide orientale était une idole d'écaille noire et blanche, assise sur un trône d'or, et tenant

---

1   « Les *bostangis* » (*Bostanci*) est un mot turc qui signifie « jardiniers ». Ceux du sultan constituaient un corps de garde (*NPI*).

une lance qu'on ne pouvait regarder sans mourir. L'esprit attaché à cette idole était une femme belle et rieuse, qui apparaît encore de notre temps et fait perdre l'esprit à ceux qui la rencontrent. Le garde de la pyramide occidentale était une idole de pierre rouge, armée aussi d'une lance, ayant sur la tête un serpent entortillé ; l'esprit qui le servait avait la forme d'un vieillard nubien, portant un panier sur la tête et dans ses mains un encensoir. Quant à la troisième pyramide, elle avait pour garde une petite idole de basalte, avec le socle de même, qui attirait à elle tous ceux qui la regardaient sans qu'ils pussent s'en détacher ; l'esprit apparaît encore sous la forme d'un jeune homme sans barbe et nu. Quant aux autres pyramides de Saccarah[1], chacune aussi a son spectre : l'un est un vieillard basané et noirâtre, avec la barbe courte ; l'autre est une jeune femme noire, avec un enfant noir, qui, lorsqu'on la regarde, montre de longues dents blanches et des yeux blancs. Un autre a la tête d'un lion avec des cornes ; un autre a l'air d'un [201] berger vêtu de noir tenant un bâton ; un autre enfin apparaît sous la forme d'un religieux qui sort de la mer et qui se mire dans ses eaux. Il est dangereux de rencontrer ces fantômes à l'heure de midi.

— Ainsi, dis-je, l'Orient a les spectres du jour comme nous avons ceux de la nuit.

— C'est qu'en effet, observa le consul, tout le monde doit dormir à midi dans ces contrées, et ce bon cheik nous fait des contes propres à appeler le sommeil.

— Mais, m'écriai-je, tout cela est-il plus extraordinaire que tant de choses naturelles qu'il nous est impossible d'expliquer ? Puisque nous croyons bien à la création, aux anges, au déluge, et que nous ne pouvons douter de la marche des astres, pourquoi n'admettrions-nous pas qu'à ces astres sont attachés des esprits, et que les premiers hommes ont pu se mettre en rapport avec eux par le culte et par les monuments ?

— Tel était en effet le but de la magie primitive, dit le cheik : ces talismans et ces figures ne prenaient force que de leur consécration à chacune des planètes et des signes combinés avec leur lever et leur déclin. Le prince des prêtres s'appelait Kater[h], c'est-à-dire [202] maître des influences. Au-dessous de lui, chaque prêtre avait un astre à servir seul, comme *Pharouïs* (Saturne), *Rhaouïs* (Jupiter) et les autres.

---

1   « Saccarah ». La nécropole de Sakkâra, longue d'environ 7 kilomètres du nord au sud, sur une largeur de 500 à 1500 mètres, d'est en ouest, renferme les monuments funéraires.

Aussi chaque matin le Kater disait-il à un prêtre : « Où est à présent l'astre que tu sers ? » Celui-ci répondait : « Il est en tel signe, tel degré, telle minute ; » et, d'après un calcul préparé, l'on écrivait ce qu'il était à propos de faire ce jour-là. La première pyramide avait donc été réservée aux princes et à leur famille ; la seconde dut renfermer les idoles des astres et les tabernacles des corps célestes, ainsi que les livres d'astrologie, d'histoire et de science : là aussi les prêtres devaient trouver refuge. Quant à la troisième, elle n'était destinée qu'à la conservation des cercueils de rois et de prêtres, et, comme elle se trouva bientôt insuffisante, on fit construire plus tard les pyramides de Saccarah et de Daschour[1]. Le but de la solidité employée dans ces constructions était d'empêcher la destruction des corps embaumés qui, selon les idées du temps, devaient renaître au bout d'une certaine révolution des astres dont on ne précise pas au juste l'époque.

— En admettant cette donnée, dit le consul, il y aura des momies qui seront bien étonnées un jour [203] de se réveiller sous un vitrage de musée ou dans le cabinet de curiosités d'un Anglais.

— Au fond, observai-je, ce sont de vraies chrysalides humaines dont le papillon n'est pas encore sorti. Qui nous dit qu'il n'éclora pas quelque jour ? J'ai toujours regardé comme impie la mise à nu et la dissection des momies de ces pauvres Égyptiens. Comment cette foi consolante et invincible de tant de générations accumulées n'a-t-elle pas désarmé la sotte curiosité européenne ? Nous respectons les morts d'hier ; mais les morts ont-ils un âge ?

— C'étaient des infidèles, dit le cheik.

— Hélas ! dis-je, à cette époque ni Mahomet ni Jésus n'étaient nés.

Nous discutâmes quelque temps sur ce point, où je m'étonnais de voir un musulman imiter l'intolérance catholique. Pourquoi les enfants d'Ismaël maudiraient-ils l'antique Égypte, qui n'a réduit en esclavage que la race d'Isaac ? À vrai dire, pourtant, les musulmans respectent en général les tombeaux et les monuments sacrés des divers peuples, et l'espoir seul de trouver d'immenses trésors engagea un calife[2] à faire ouvrir les pyramides. Leurs chroniques rapportent qu'on trouva dans la salle dite du roi une statue d'homme de pierre noire et une [204] statue de femme de pierre blanche debout sur une table, l'un tenant une lance

---

1   « Daschour. » Dahchoûr, nécropole au sud de Saqqarah.
2   « Calife » : 'abbasside Al Ma'mun (813-833). (Huré)

et l'autre un arc. Au milieu de la table était un vase hermétiquement fermé, qui, lorsqu'on l'ouvrit, se trouva plein de sang encore frais. Il y avait aussi un coq d'or rouge émaillé de jacinthes qui fit un cri et battit des ailes lorsqu'on entra. Tout cela rentre un peu dans les *Mille et Une Nuits ;* mais qui empêche de croire que ces chambres aient contenu des talismans et des figures cabalistiques ? Ce qui est certain, c'est que les modernes n'y ont pas trouvé d'autres ossements que ceux d'un bœuf. Le prétendu sarcophage de la chambre du roi était sans doute une cuve pour l'eau lustrale. D'ailleurs, n'est-il pas plus absurde, comme l'a remarqué Volney[1], de supposer qu'on ait entassé tant de pierres pour y loger un cadavre de cinq pieds ?

VI [*SIC* VII]. – LE HAREM D'IBRAHIM-PACHA

Nous reprîmes bientôt notre promenade, et nous allâmes visiter un charmant palais orné de rocailles où les femmes d'Ibrahim viennent habiter quelquefois l'été. Des parterres à la turque, représentant [205] les dessins d'un tapis, entourent cette résidence, où l'on nous laissa pénétrer sans difficulté. Les oiseaux manquaient à la cage, et il n'y avait de vivant dans les salles que des pendules à musique qui annonçaient chaque quart d'heure par un petit air de serinette tiré des opéras français. La distribution d'un harem est la même dans tous les palais turcs, et j'en avais déjà vu plusieurs. Ce sont toujours de petits cabinets entourant de grandes salles de réunion, avec des divans partout, et pour tous meubles de petites tables incrustées d'écaille ; des enfoncements découpés en ogives çà et là dans la boiserie servent à serrer les narghilés, vases de fleurs et tasses à café. Trois ou quatre chambres seulement, décorées à l'européenne, contiennent quelques meubles de pacotille qui feraient

---

1 « Volney » déclare, dans *Voyage en Égypte et en Syrie pendant les années 1783, 1784 et 1785*, que « quelques écrivains se sont lassés de l'opinion que les pyramides étaient des tombeaux, et ils en ont voulu faire des temples ou des observatoires ; ils ont regardé comme absurde qu'une nation sage et policée fit une affaire d'État du sépulcre de son chef, et comme extravagant qu'un monarque écrasât son peuple de corvées, pour enfermer un squelette de 5 pieds dans une montagne de pierre […] » Mais il est, lui, persuadé « que les pyramides sont des tombeaux ». *Cf. Œuvres complètes*, Firmin Didot frères, 1848, p. 171. (*NPI*)

l'orgueil d'une loge de portier ; mais ce sont des sacrifices au progrès, des caprices de favorites peut-être, et aucune de ces choses n'est pour elles d'un usage sérieux.

Mais ce qui surtout manque en général aux harems les plus princiers, ce sont des lits.

— Où couchent donc, disais-je au cheik, ces femmes et leurs esclaves ?

— Sur les divans.

[206]

— Et n'ont-elles pas de couvertures ?

— Elles dorment tout habillées. Cependant il y a des couvertures de laine ou de soie pour l'hiver.

— Je ne vois pas dans tout cela quelle est la place du mari ?

— Eh bien ! mais le mari couche dans sa chambre, les femmes dans les leurs, et les esclaves (*odaleuk*[1]) sur les divans des grandes salles. Si les divans et les coussins ne semblent pas commodes pour dormir, on fait disposer des matelas dans le milieu de la chambre, et l'on dort ainsi.

— Tout habillé ?

— Toujours, mais en ne conservant que les vêtements les plus simples, le pantalon, une veste, une robe. La loi défend aux hommes ainsi qu'aux femmes de[i] se découvrir les uns devant les autres à partir de la gorge. Le privilège du mari est de voir librement la figure de ses épouses ; si la curiosité l'entraîne plus loin, ses yeux sont maudits ; c'est un texte formel.

— Je comprends alors, dis-je, que le mari ne tienne pas absolument à passer la nuit dans une chambre remplie de femmes habillées, et qu'il aime autant dormir dans la sienne ; mais s'il emmène avec lui deux ou trois de ces dames...

[207]

— Deux ou trois ! s'écria le cheik avec indignation ; quels chiens croyez-vous que seraient ceux qui agiraient ainsi ? Dieu vivant ! est-il une seule femme, même infidèle, qui consentirait à partager avec une autre l'honneur de dormir près de son mari ? Est[-]ce ainsi que l'on fait en Europe ?

— En Europe, répondis-je, non certainement ; mais les chrétiens n'ont qu'une femme, et ils supposent que les Turcs, en ayant plusieurs, vivent avec elles comme avec une seule.

---

1 « (Odaleuk) ». Le mot français odalisque provient du turc (Odalik désigne une « concubine »), et il signifie chambrière.

– S'il y avait, me dit le cheik, des musulmans assez dépravés pour agir comme le supposent les chrétiens, leurs épouses légitimes demanderaient aussitôt le divorce, et les esclaves elles-mêmes auraient le droit de les quitter.

– Voyez, dis-je au consul, quelle est encore l'erreur de l'Europe touchant les coutumes de ces peuples. La vie des Turcs est pour nous l'idéal de la puissance et du plaisir, et je vois qu'ils ne sont pas seulement maîtres chez eux ?

– Presque tous, me répondit le consul, ne vivent en réalité qu'avec une seule femme. Les filles de bonne maison en font presque toujours une condition de leur alliance. L'homme assez riche pour nourrir et entretenir convenablement plusieurs [208] femmes, c'est-à-dire donner à chacune un logement à part, une servante et deux vêtements complets par année, ainsi que tous les mois une somme fixée pour son entretien, peut, il est vrai, prendre à la fois jusqu'à quatre épouses[1] ; mais la loi l'oblige à consacrer à chacune un jour de la semaine, ce qui n'est pas toujours fort agréable. Songez aussi que les intrigues de quatre femmes, à peu près égales en droits, lui feraient l'existence la plus malheureuse, si ce n'était un homme très riche et très haut placé. Chez ces derniers, le nombre des femmes est un luxe comme celui des chevaux ; mais ils aiment mieux, en général, se borner à une épouse légitime et avoir de belles esclaves, avec lesquelles encore ils n'ont pas toujours les relations les plus faciles, surtout si leurs femmes sont d'une grande famille.

– Pauvres Turcs ! m'écriai-je, comme on les calomnie ! Mais, s'il s'agit simplement d'avoir çà et là des maîtresses, tout homme riche en Europe a les mêmes facilités.

– Il en a de plus grandes, me dit le consul. En Europe, les institutions sont farouches sur ces points-là, mais les mœurs prennent bien leur revanche. Ici la religion, qui règle tout, domine à la [209] fois l'ordre social et l'ordre moral, et, comme elle ne commande rien d'impossible, on se fait un point d'honneur de l'observer. Ce n'est pas qu'il n'y ait des exceptions, cependant elles sont rares[j] et n'ont guère pu se produire que depuis la réforme. Les dévots de Constantinople furent indignés contre Mahmoud[2], parce qu'on apprit qu'il avait fait construire une salle de

---

1   « Quatre épouses » : Coran, IV, 3.
2   « Mahmoud » : le Sultan Mahmut II (1808-1839), le Réformateur.

bain magnifique où il pouvait assister à la toilette de ses femmes ; mais la chose est très peu probable, et ce n'est sans doute qu'une invention des Européens.

Nous parcourions, causant ainsi, les sentiers pavés de cailloux ovales formant des dessins blancs et noirs et ceints d'une haute bordure de buis taillé ; je voyais en idée les blanches cadines[i] se disperser dans les allées, traîner leurs babouches sur le pavé de mosaïque, et s'assembler dans les cabinets de verdure où de grands ifs se découpaient en balustres et en arcades ; des colombes s'y posaient parfois comme les âmes plaintives de cette solitude, et je songeais qu'un Turc au milieu de tout cela ne pouvait poursuivre que le fantôme du plaisir. L'Orient n'a plus ni de grands amoureux ni de grands voluptueux même ; l'amour idéal de Medjnoun ou d'Antar est oublié des musulmans modernes, et [210] l'inconstante ardeur de don Juan leur est inconnue. Ils ont de beaux palais sans aimer l'art, de beaux jardins sans aimer la nature, de belles femmes sans comprendre l'amour. Je ne dis pas cela pour Méhémet-Ali, Macédonien d'origine, et qui en mainte occasion a montré l'âme d'Alexandre ; mais je regrette que son fils et lui n'aient pu rétablir en Orient la prééminence de la race arabe, si intelligente, si chevaleresque autrefois. L'esprit turc les gagne d'un côté, l'esprit européen de l'autre ; c'est un médiocre résultat de tant d'efforts !

Nous retournions au Caire après avoir visité le bâtiment du Nilomètre, où un pilier gradué, anciennement consacré à Sérapis, plonge dans un bassin profond et sert à constater la hauteur des inondations de chaque année. Le consul voulut nous mener encore au cimetière de la famille du pacha. Voir le cimetière après le harem, c'était une triste comparaison à faire ; mais, en effet, la critique de la polygamie est là. Ce cimetière, consacré aux seuls enfants de cette famille, a l'air d'être celui d'une ville. Il y a là plus de soixante tombes, grandes et petites, neuves pour la plupart, et composées de cippes de marbre blanc. Chacun de ces cippes est surmonté soit d'un turban, soit d'une coiffure [211] de femme, ce qui donne[k] à toutes les tombes turques un caractère de réalité funèbre ; il semble que l'on marche à travers une foule pétrifiée. Les plus importants de ces tombeaux sont drapés de riches étoffes et portent des turbans de soie et de cachemire : là l'illusion est plus poignante encore.

---

1   « Cadine », *Kadin*, « femme », mot turc. *Cf.* n. 1, p. 273.

Il est consolant de penser que, malgré toutes ces pertes, la famille du pacha est encore assez nombreuse. Du reste, la mortalité des enfants turcs en Égypte paraît un fait aussi ancien qu'incontestable. Ces fameux mamelouks, qui dominèrent le pays si longtemps, et qui y faisaient venir les plus belles femmes du monde, n'ont pas laissé un seul rejeton.

VII [SIC VIII]. – LES MYSTÈRES DU HAREM

Voilà donc une illusion qu'il faut perdre encore, les délices du harem, la toute-puissance du mari ou du maître, des femmes charmantes s'unissant pour faire le bonheur d'un seul : la religion ou les coutumes tempèrent singulièrement cet idéal, qui a séduit tant d'Européens. Tous ceux qui, sur la foi de nos préjugés, avaient compris ainsi la vie orientale se sont vus découragés en bien peu de temps. [212] La plupart des Francs entrés jadis au service du pacha, qui, par une raison d'intérêt ou de plaisir, ont embrassé l'islamisme, sont rentrés aujourd'hui, sinon dans le giron de l'église, au moins dans les douceurs de la monogamie chrétienne.

Pénétrons-nous bien de cette idée, que la femme mariée, dans tout l'empire turc, a les mêmes privilèges que chez nous, et qu'elle peut même empêcher son mari de prendre une seconde femme, en faisant de ce point une clause de son contrat de mariage. Et, si elle consent à habiter la même maison qu'une autre femme, elle a le droit de vivre à part, et ne concourt nullement, comme on le croit, à former des tableaux gracieux avec les esclaves sous l'œil d'un maître et d'un époux. Gardons-nous de penser que ces belles dames consentent même à chanter ou à danser pour divertir leur seigneur. Ce sont des talents qui leur paraissent indignes d'une femme honnête ; mais chacun a le droit de faire venir dans son harem des almées et des ghawasies[1], et d'en donner le divertissement à ses femmes. Il faut aussi que le maître d'un sérail se garde bien de se préoccuper des esclaves qu'il a données à ses épouses, car elles sont devenues leur propriété personnelle ; et s'il lui plaît d'en acquérir pour son usage, il ferait [213] sagement de les établir dans une autre maison, bien que rien ne l'empêche d'user de ce moyen d'augmenter sa postérité.

---

1   « Ghawasie », ghavasie, ghawazie. *Cf.* n. 3, p. 96.

Maintenant il faut qu'on sache aussi que, chaque maison étant divisée en deux parties tout à fait séparées, l'une consacrée aux hommes et l'autre aux femmes, il y a bien un maître d'un côté, mais de l'autre une maîtresse. Cette dernière est la mère ou la belle-mère, ou l'épouse la plus ancienne ou celle qui a donné le jour à l'aîné des enfants. La première femme s'appelle *la grande dame*, et la seconde *le perroquet* (*durrah*[1]). Dans le cas où les femmes sont nombreuses, ce qui n'existe que pour les grands, le harem est une sorte de couvent où domine une règle austère. On s'y occupe principalement d'élever les enfants, de faire quelques broderies et de diriger les esclaves dans les travaux du ménage. La visite du mari se fait en cérémonie, ainsi que celle des proches parents, et, comme il ne mange pas avec ses femmes, tout ce qu'il peut faire pour passer le temps est de fumer gravement son narghilé et de prendre du café ou des sorbets. Il est d'usage qu'il se fasse annoncer quelque temps à l'avance. De plus, s'il trouve des pantoufles à la porte du harem, il se garde bien d'entrer, car c'est signe [214] que sa femme ou ses femmes reçoivent la visite de leurs amies, et les amies restent souvent un ou deux jours.

Pour ce qui est de la liberté de sortir et de faire des visites, on ne peut guère la contester à une femme de naissance libre. Le droit du mari se borne à la faire accompagner par des esclaves ; mais cela est insignifiant comme précaution, à cause de la facilité qu'elles auraient de les gagner ou de sortir sous un déguisement, soit du bain, soit de la maison d'une de leurs amies, tandis que les surveillants attendraient à la porte. Le masque et l'uniformité des vêtements leur donneraient en réalité plus de liberté qu'aux Européennes, si elles étaient disposées aux intrigues. Les contes joyeux narrés le soir dans les cafés roulent souvent sur des aventures d'amants qui se déguisent en femmes pour pénétrer dans un harem. Rien n'est plus aisé, en effet ; seulement il faut dire que ceci appartient plus à l'imagination arabe qu'aux mœurs turques, qui dominent dans tout l'Orient depuis deux siècles. Ajoutons encore que le musulman n'est point porté à l'adultère, et trouverait révoltant de posséder une femme qui ne serait pas entièrement à lui.

Quant aux bonnes fortunes des chrétiens, elles [215] sont rares. Autrefois il y avait un double danger de mort ; aujourd'hui la femme

---

1   « *(Durrah)* ». Nerval, suivant Lane, transforme ainsi *dorra*. L'auteur des *Manners and Customs of the Modern Egyptians* note que *durrah* est fréquemment prononcé *door'rah*, mot qui désigne le perroquet. (*Cf.* t. I, p. 253.)

seule peut risquer sa vie, mais seulement au cas de flagrant délit dans la maison conjugale. Autrement, le cas d'adultère n'est qu'une cause de divorce et de punition quelconque.

La loi musulmane n'a donc rien qui réduise, comme on l'a cru, les femmes à un état d'esclavage et d'abjection[1]. Elles héritent, elles possèdent personnellement, comme partout, et en dehors même de l'autorité du mari. Elles ont le droit de provoquer le divorce pour des motifs réglés par la loi. Le privilège du mari est, sur ce point, de pouvoir divorcer sans donner de raisons. Il lui suffit de dire à sa femme devant trois témoins : « Tu es divorcée, » et elle ne peut dès lors réclamer que le douaire stipulé dans son contrat de mariage. Tout le monde sait que, s'il voulait la reprendre ensuite, il ne le pourrait que si elle s'était remariée dans l'intervalle et fût devenue libre depuis. L'histoire du *hulla*, qu'on appelle en Égypte *musthilla*[2], et qui joue le rôle d'épouseur intermédiaire, se renouvelle quelquefois pour les gens riches seulement. Les pauvres, se mariant sans contrat écrit, se quittent et se reprennent sans difficulté. Enfin, quoique [216] ce soient surtout les grands personnages qui, par ostentation ou par goût, usent de la polygamie, il y a au Caire de pauvres diables qui épousent plusieurs femmes afin de vivre du produit de leur travail. Ils ont ainsi trois ou quatre ménages dans la ville, qui s'ignorent parfaitement l'un l'autre. La découverte de ces mystères amène ordinairement des disputes comiques et l'expulsion du paresseux fellah des divers foyers de ses épouses, car, si la loi lui permet plusieurs femmes, elle lui impose, d'un autre côté, l'obligation de les nourrir.

VIII [*SIC* IX]. – LA LEÇON DE FRANÇAIS

J'ai retrouvé mon logis dans l'état où je l'avais laissé : le vieux Cophte et sa femme s'occupant à tout mettre en ordre, l'esclave dormant sur

---

1   « Abjection. » Même si le Coran (II, 228 et IV, 34) rappelle la prééminence et l'autorité des hommes…

2   « *Musthilla* » : « celui qui commence » (de *halla*, « commencer »), indique Huré. Il s'agit bien d'un épouseur ou mari intermédiaire. Car l'homme qui a répudié sa femme ne peut la reprendre qu'après que celle-ci a épousé un autre homme (un *muhallel* : un homme, un mari intermédiaire) qui la répudie ensuite.

un divan, les coqs et les poules, dans la cour, becquetant du maïs, et le Barbarin, qui fumait au café d'en face, m'attendant fort exactement. Par exemple, il fut impossible de retrouver le cuisinier ; l'arrivée du Cophte lui avait fait croire sans doute qu'il allait être remplacé, et il était parti tout d'un coup sans rien dire ; c'est un procédé très fréquent des gens [217] de service ou des ouvriers du Caire. Aussi ont-ils soin de se faire payer tous les soirs pour pouvoir agir à leur fantaisie.

Je ne vis pas d'inconvénient à remplacer Mustapha par Mansour, et sa femme, qui venait l'aider dans la journée, me paraissait une excellente gardienne pour la moralité de mon intérieur. Seulement ce couple respectable ignorait parfaitement les élément[s] de la cuisine, même égyptienne. Leur nourriture à eux se composait de maïs bou[i]lli et de légumes découpés dans du vinaigre, et cela ne les avait conduits ni à l'art du saucier ni à celui du rôtisseur. Ce qu'ils essayèrent dans ce sens fit jeter les hauts cris à l'esclave, qui se mit à les accabler d'injures. Ce trait de caractère me déplut fort.

Je chargeai Mansour de lui dire que c'était maintenant à son tour de faire la cuisine, et que, voulant l'emmener dans mes voyages, il était bon qu'elle s'y préparât. Je ne puis rendre toute l'expression d'orgueil blessé, ou plutôt de dignité offensée, dont elle nous foudroya tous.

– Dites au *sidi*, répondit-elle à Mansour, que je suis une *cadine* (dame) et non une *odaleuk* (servante), et que j'écrirai au pacha, s'il ne me donne pas la position qui convient.
[218]

– Au pacha ! m'écriai-je ; mais que fera le pacha dans cette affaire ? Je prends une esclave, moi, pour me faire servir, et, si je n'ai pas les moyens de payer des domestiques, ce qui peut très bien m'arriver, je ne vois pas pourquoi elle ne ferait pas le ménage, comme font les femmes dans tous les pays.

– Elle répond, dit Mansour, qu'en s'adressant au pacha, toute esclave a le droit de se faire revendre et de changer ainsi de maître ; qu'elle est de religion musulmane, et ne se résignera jamais à des fonctions viles.

J'estime la fierté dans les caractères, et puisqu'elle avait ce droit, chose dont Mansour me confirma la vérité, je me bornai à dire que j'avais plaisanté, que seulement il fallait qu'elle s'excusât envers ce vieillard de l'emportement qu'elle avait montré ; mais Mansour lui traduisit cela de telle manière que l'excuse, je crois bien, vint de son côté.

Il était clair désormais que j'avais fait une folie en achetant cette femme. Si elle persistait dans son idée, ne pouvant m'être pour le reste de ma route qu'un sujet de dépense, au moins fallait-il qu'elle pût me servir d'interprète. Je lui déclarai que, [219] puisqu'elle était une personne si distinguée, il fallait qu'elle apprît le français pendant que j'apprendrais l'arabe. Elle ne repoussa pas cette idée.

Je lui donnai donc une leçon de langage et d'écriture ; je lui fis faire des bâtons sur le papier comme à un enfant, et je lui appris quelques mots. Cela l'amusait assez, et la prononciation du français lui faisait perdre l'intonation gutturale, si peu gracieuse dans la bouche des femmes arabes. Je m'amusais beaucoup à lui faire prononcer des phrases tout entières qu'elle ne comprenait pas, par exemple celle-ci : « Je suis une petite sauvage, » qu'elle prononçait : *Ze souis one bétit sovaze*. Me voyant rire, elle crut que je lui faisais dire quelque chose d'inconvenant, et appela Mansour pour lui traduire la phrase. N'y trouvant pas grand mal, elle répéta avec beaucoup de grace : « *Ana* (moi) ? *bétit sovaze ?... mafisch* » (pas du tout) ! Son sourire était charmant.

Ennuyée de tracer des bâtons, des pleins et des déliés, l'esclave me fit comprendre qu'elle voulait écrire (*ktab*[1]) selon son idée. Je pensai qu'elle savait écrire en arabe et je lui donnai une page blanche. Bientôt je vis naître sous ses doigts une série bizarre d'hiéroglyphes, qui n'appartenaient évidemment à la calligraphie d'aucun peuple. Quand la page fut [220] pleine, je lui fis demander par Mansour ce qu'elle avait voulu faire.

— Je vous ai écrit ; lisez ! dit-elle.

— Mais, ma chère enfant, cela ne représente rien. C'est seulement ce que pourrait tracer la griffe d'un chat trempée dans l'encre.

Cela l'étonna beaucoup. Elle avait cru que, toutes les fois qu'on pensait à une chose en promenant au hasard la plume sur le papier, l'idée devait ainsi se traduire clairement pour l'œil du lecteur. Je la détrompai, et je lui fis dire d'énoncer ce qu'elle avait voulu écrire, attendu qu'il fallait pour s'instruire beaucoup plus de temps qu'elle ne supposait.

Sa supplique naïve se composait de plusieurs articles. Le premier renouvelait la prétention déjà indiquée de porter un habbarah de taffetas noir, comme les dames du Caire, afin de n'être plus confondue avec les simples femmes fellahs ; le second indiquait le désir d'une robe (*yalek*)

---

1   « (*Ktab*) ». *Kataba* : écrire, mot arabe.

en soie verte, et le troisième concluait à l'achat de bottines jaunes, qu'on ne pouvait, en qualité de musulmane, lui refuser le droit de porter.

Il faut dire ici que ces bottines sont affreuses et donnent aux femmes un certain air de palmipèdes [221] fort peu séduisant, et le reste les fait ressembler à d'énormes ballots ; mais, dans les bottines jaunes particulièrement, il y a une grave question de prééminence sociale. Je promis de réfléchir sur tout cela.

IX [*SIC* X]. – CHOUBRAH[1]

Ma réponse lui paraissant favorable, l'esclave se leva en frappant les mains et répétant à plusieurs reprises : *Et fil ! et fil*[2] *!*

— Qu'est-ce que cela ? dis-je à Mansour.

— La *siti*[1] (dame), me dit-il après l'avoir interrogée, voudrait aller voir un éléphant dont elle a entendu parler, et qui se trouve au palais de Méhémet-Ali, à Choubrah.

Il était juste de récompenser son application à l'étude, et je fis appeler les âniers. La porte de la ville, du côté de Choubrah, n'était qu'à cent pas de notre maison[3]. C'est encore une porte armée de grosses tours qui datent du temps des croisades. On passe ensuite sur le pont d'un canal qui se répand à gauche, en formant un petit lac entouré d'une fraîche végétation. Des casins, cafés et jardins publics profitent de cette fraîcheur et de cette ombre. [222] Le dimanche, on y rencontre beaucoup de Grecques, d'Arméniennes et de dames du quartier franc. Elles ne quittent leurs voiles qu'à l'intérieur des jardins, et là encore on peut étudier les races si curieusement contrastées du Levant. Plus loin, les cavalcades se perdent sous l'ombrage de l'allée de Choubrah, la plus belle qu'il y ait au monde assurément. Les sycomores et les ébéniers, qui l'ombragent sur une étendue d'une lieue sont tous d'une grosseur énorme, et la voûte que forment leurs branches est tellement touffue, qu'il règne sur tout

---

1   « CHOUBRAH ». *Cf.* n. 3, p. 106 et n. 1, p. 122. Illustration, p. 225.

2   « *El fil ! el fil !* » : L'éléphant, mot arabe.

3   « Notre maison. » J.-M. Carré situe cette maison dans la rue Bab-el-Bahr. (*Voyageurs et Écrivains français en Égypte, op. cit.*, t. II, p. 18.)

le chemin une sorte d'obscurité, relevée au loin par la lisière ardente du désert, qui brille à droite, au-delà des terres cultivées. À gauche, c'est le Nil, qui côtoie de vastes jardins pendant une demi-lieue, jusqu'à ce qu'il vienne border l'allée elle-même et l'éclaircir du reflet pourpré de ses eaux. Il y a un café orné de fontaines et de treillages, situé à moitié chemin de Choubrah, et très fréquenté des promeneurs. Des champs de maïs et de cannes à sucre, et çà et là quelques maisons de plaisance, continuent à droite, jusqu'à ce qu'on arrive à de grands bâtiments qui appartiennent au pacha.

C'était là qu'on faisait voir un éléphant blanc donné à son altesse par le gouvernement anglais. [223] Ma compagne, transportée de joie, ne pouvait se lasser d'admirer cet animal, qui lui rappelait son pays, et qui, même en Égypte, est une curiosité. Ses défenses étaient ornées d'anneaux d'argent, et le cornac lui fit faire plusieurs exercices devant nous. Il arriva même à lui donner des attitudes qui me parurent d'une décence contestable, et comme je faisais signe à l'esclave, voilée, mais non pas aveugle, que nous en avions assez vu, un officier du pacha me dit avec gravité : *Aspettate, è per ricréare le donne* (Attendez, c'est pour divertir les femmes). Il y en avait là plusieurs qui n'étaient, en effet, nullement scandalisées, et qui riaient aux éclats.

C'est une délicieuse résidence que Choubrah. Le palais de Méhémet-Ali, assez simple et de construction ancienne, donne sur le Nil, en face de la plaine d'Embabeh[1], si fameuse par la déroute des mamelouks. Du côté des jardins, on a construit un kiosque[2] dont les galeries, peintes et dorées, sont de l'aspect le plus brillant. Là, véritablement, est le triomphe du goût oriental.

On peut visiter l'intérieur, où se trouvent des volières d'oiseaux rares, des salles de réception, des bains, des billards, et en pénétrant plus loin, dans [224] le palais même, on retrouve ces salles uniformes décorées à la turque, meublées à l'européenne, qui constituent partout le luxe des demeures princières. Des paysages sans perspective peints à l'œuf, sur

---

1 « Embabeh ». Là, sur la rive gauche du Nil, au nord du Caire, eut lieu la bataille des Pyramides (21 juillet 1798).

2 « Un kiosque », aujourd'hui disparu, dont on peut voir le dessin par E. Breton dans le *Musée des familles* d'octobre 1850. *Cf.* n. 1, p. 122. (Voir page de couverture des *Cahiers Gérard de Nerval*, n° 8, 1985, qui offre une reproduction de ce kiosque.) Cette illustration est reproduite ici, hors-texte, p. 225.

UN SOUVENIR DE CHOUBRAH (CAIRE).

Fontaine et kiosque de Choubrah, palais d'été au Caire.

Il y a deux ans, je visitais, au Caire, le palais des vice-rois d'Égypte, cette belle résidence de Choubrah, dont Méhémet-Ali a fait un paradis oriental. Mon guide était un artiste arménien qui connaissait le Caire comme s'il l'eût bâti. Nous entrâmes à Choubrah par la grande allée, sans égale au monde, où circulent, à travers les casins ombragés, tous les oisifs du Caire : cavalcades d'officiers, musulmans suivis de leurs porte-pipes, femmes et esclaves aux longs voiles, élégantes et dandys du quartier franc, etc. Figurez-vous une heue de sycomores et d'ébéniers gigantesques, formant une voûte impénétrable au soleil, et d'autant plus fraîche qu'on aperçoit à droite le sable du désert enflammé. A gauche, le Nil baigne d'immenses jardins et vient éclairer la promenade du reflet rouge de ses ondes.

Le palais est sur le fleuve même, en face de la plaine d'Embabeh, qui vit la fameuse déroute des Mameluks. Le kiosque d'entrée, avec ses galeries peintes et dorées à

octobre 1850.

profusion, nous transporte d'abord en plaines Mille et une Nuits : volières peuplées d'oiseaux de toutes couleurs, bains ruisselant à perpétuité, salles de réception décorées à la turque et garnies de meubles européens, dont le luxe impuissant s'efface devant l'éclat des tentures.

Les tableaux me frappèrent par leur singularité toute musulmane. Ce sont des panneaux, des dessus de porte et des caissons peints à l'œuf. On n'y voit, selon la règle du Coran, aucun être animé, si ce n'est quelques bêtes fantastiques, sphinx, dragons et dauphins. L'islamite qui représenterait une créature vivante, s'imagine qu'il serait condamné à lui céder son âme au tribunal de Prophète. Cependant les sièges et les batailles navales de la campagne d'Ibrahim en Grèce sont figurés dans les peintures de Choubrah. Mais sur les vaisseaux il n'y a pas un marin ; sur les forteresses, pas un soldat. Les boulets et les bombes se croisent comme par enchantement. On dirait de grandes machines de pierre et de bois, qui se combattent

→ 2 — DIX-HUITIÈME VOLUME.

ILL. 2 – E. BRETON, *Le Kiosque de Choubrah, au Caire.*
Dessin gravé par Trichon. *Musée des familles*, octobre 1850.
Couverture du *Cahier Gérard de Nerval* n° 8.

« Du côté des jardins, on a construit un kiosque dont les galeries, peintes et dorées, sont de l'aspect le plus brillant. »

les panneaux et au-dessus des portes, tableaux orthodoxes, où ne paraît
aucune créature animée, donnent une triste idée de l'art musulman.
Toutefois les artistes se permettent quelques animaux fabuleux, comme
dauphins, hippogriffes et sphinx. En fait de batailles, ils ne peuvent
représenter que les sièges et combats maritimes ; des vaisseaux dont on
ne voit pas les marins luttent contre des forteresses où la garnison se
défend sans se montrer ; les feux croisés et les bombes semblent partir
d'eux-mêmes, le bois veut conquérir les pierres, l'homme est absent.
C'est pourtant le seul moyen qu'on ait eu de représenter les principales
scènes de la campagne de Grèce d'Ibrahim[1].

Au-dessus de la salle où le pacha rend la justice, on lit cette belle
maxime : « Un quart d'heure de clémence vaut mieux que soixante-dix
heures de prière. »

Nous sommes redescendus dans les jardins. Que de roses, grand Dieu !
Les roses de Choubrah, c'est tout dire en Égypte ; celles du Fayoum[2] ne
[225] servent que pour l'huile et les confitures. Les bostangis venaient
nous en offrir de tous côtés. Il y a encore un autre luxe chez le pacha, c'est
qu'on ne cueille ni les citrons ni les oranges, pour que ces pommes d'or
réjouissent le plus longtemps possible les yeux du promeneur. Chacun
peut, du reste, les ramasser après leur chute. Mais je n'ai rien dit encore
du jardin. On peut critiquer le goût des Turcs dans les intérieurs, leurs
jardins sont inattaquables. Partout des vergers, des berceaux et des
cabinets d'ifs taillés qui rappellent le style de la Renaissance ; c'est le
paysage du *Décaméron*. Il est probable que les premiers modèles ont été
créés par des jardiniers italiens. On n'y voit point de statues, mais les
fontaines sont d'un goût ravissant.

Un pavillon vitré, qui couronne une suite de terrasses étagées
en pyramide, se découpe sur l'horizon avec un aspect tout féerique.
Le calife Haroun n'en eut jamais sans doute de plus beau ; mais ce
n'est rien encore. On redescend après avoir admiré le luxe de la salle
intérieure et les draperies de soie qui voltigent en plein air parmi les
guirlandes et les festons de verdure ; on suit de longues allées bordées

---

1   « Ibrahim » – Pacha, général, fils adoptif de Muhammad 'Ali, a pris part avec les Turcs à
     la guerre contre les Grecs. Il allait s'emparer de la totalité du Péloponnèse quand la flotte
     turco-égyptienne fut écrasée à Navarin, le 20 octobre 1827, par les alliés. Méhémet se
     retourna alors contre la Turquie. *Cf.* n. 1, p. 208.
2   « Fayoum ». Situé au sud-sud-est du Caire, à l'ouest du Nil, le Fayoum, que borde le lac
     Qaroun, est une sorte de grande oasis dans le désert libyque.

de citronniers taillés en quenouille, on traverse des bois de ban[an ?]iers dont la feuille transparente rayonne [226] comme l'émeraude, et l'on arrive à l'autre bout du jardin à une salle de bains trop merveilleuse et trop connue pour être ici longuement décrite. C'est un immense bassin de marbre blanc, entouré de galeries soutenues par des colonnes d'un goût byzantin, avec une haute fontaine dans le milieu, d'où l'eau s'échappe par des gueules de crocodiles. Toute l'enceinte est éclairée au gaz, et dans les nuits d'été le pacha se fait promener sur le bassin dans une cange dorée dont les femmes de son harem agitent les rames. Ces belles dames s'y baignent aussi sous les yeux de leur maître, mais avec des peignoirs en crêpe de soie... le Coran, comme nous savons, ne permettant pas les nudités.

X [*SIC* XI]. – LES AFRITES

Il ne m'a pas semblé indifférent d'étudier dans une seule femme d'Orient le caractère probable de beaucoup d'autres, mais je craindrais d'attacher trop d'importance à des minuties. Cependant qu'on imagine ma surprise lorsqu'en entrant un matin dans la chambre de l'esclave, je trouvai une guirlande d'oignons suspendue en travers de la porte, et d'autres oignons disposés avec symétrie au-dessus [227] de la place où elle dormait. Croyant que c'était un simple enfantillage, je détachai ces ornements peu propres à parer la chambre, et je les envoyai négligemment dans la cour ; mais voilà l'esclave qui se lève furieuse et désolée, s'en va ramasser les oignons en pleurant et les remet à leur place avec de grands signes d'adoration. Il fallut, pour s'expliquer, attendre l'arrivée de Mansour. Provisoirement je recevais un déluge d'imprécations dont la plus claire était le mot *pharaôn !* je ne savais trop si je devais me fâcher ou la plaindre. Enfin Mansour arriva, et j'appris que j'avais renversé *un sort*, que j'étais cause des malheurs les plus terribles qui fondraient sur elle et sur moi. Après tout, dis-je à Mansour, nous sommes dans un pays où les oignons ont été des dieux ; si je les ai offensés, je ne demande pas mieux que de le reconnaître. Il doit y avoir quelque moyen d'apaiser le ressentiment d'un oignon d'Égypte ! Mais l'esclave ne voulait rien

entendre et répétait en se tournant vers moi : *Pharaôn !* Mansour m'apprit
que cela voulait dire « un être impie et tyrannique », je fus affecté de ce
reproche, mais bien aise d'apprendre que le nom des anciens rois de ce
pays était devenu une injure[1]. Il n'y avait pas de quoi s'en fâcher pourtant ;
on m'ap-[228]prit que cette cérémonie des oignons était générale dans
les maisons du Caire à un certain jour de l'année ; cela sert à conjurer
les maladies épidémiques.

Les craintes de la pauvre fille se vérifièrent, en raison probablement
de son imagination frappée. Elle tomba malade assez gravement, et,
quoi que je pusse faire, elle ne voulut suivre aucune prescription de
médecin. Pendant mon absence, elle avait appelé deux femmes de la
maison voisine en leur parlant d'une terrasse à l'autre, et je les trouvai
installées près d'elle qui récitaient des prières, et faisaient, comme me
l'apprit Mansour, des conjurations contre les *afrites* ou mauvais esprits[2].
Il paraît que la profanation des oignons avait révolté ces derniers, et
qu'il y en avait deux spécialement hostiles à chacun de nous, dont l'un
s'appelait le Vert, et l'autre le Doré.

Voyant que le mal était surtout dans l'imagination, je laissai faire
les deux femmes, qui en amenèrent enfin une autre très vieille. C'était
une *santone* renommée. Elle apportait un réchaud qu'elle posa au
milieu de la chambre, et où elle fit brûler une pierre qui me sembla
être de l'alun. Cette cuisine avait pour objet de contrarier beaucoup
les afrites, [229] que les femmes voyaient clairement dans la fumée,
et qui demandaient grâce. Mais il fallait extirper tout à fait le mal ;
on fit lever l'esclave, et elle se pencha sur la fumée, ce qui provoqua
une toux très forte ; pendant ce temps, la vieille lui frappait le dos,
et toutes chantaient d'une voix traînante des prières et des imprécations arabes.

---

1   « Injure ». Rouger cite Vattier qui, évoquant le Phéron d'Hérodote (I, VIII) dans la préface
    à *L'Égypte de Murtadi*, le rapproche des Pharaons « qui ont été tels comme le témoigne
    encore aujourd'hui la façon de parler des Arabes, qui disent *faire le Pharaon*, c'est-à-dire
    se comporter superbement et tyranniquement, d'où vient peut-être le mot français *faire
    le fanfaron* ».
2   « Esprits. » Nerval francise le pluriel d'*Afrit* qui est *'afarit*. D'Herbelot déclare : « Afriet,
    ou ifriet, est une espèce de méduse, ou de lamie, que les Arabes estiment être le plus
    terrible et le plus cruel monstre qui se trouve dans le genre des génies ou démons qui
    combattaient autrefois contre leur héros fabuleux. Salomon en subjugua, disent-ils, une
    qu'il rendit entièrement souple à ses volontés. » (*Bibliothèque orientale*, éd. de 1777.) Chez
    Lane, le mot signifie le fantôme d'un homme assassiné, observe Huré.

Mansour, en qualité de chrétien cophte, était choqué de toutes ces pratiques ; mais, si la maladie provenait d'une cause morale, quel mal y avait-il à laisser agir un traitement analogue ? Le fait est que, dès le lendemain, il y eut un mieux évident, et la guérison s'ensuivit.

L'esclave ne voulut plus se séparer des deux voisines qu'elle avait appelées, et continuait à se faire servir par elles. L'une s'appelait Cartoum, et l'autre Zabetta. Je ne voyais pas la nécessité d'avoir tant de monde dans la maison, et je me gardais bien de leur offrir des gages ; mais elle leur faisait des présents de ses propres effets, et, comme c'étaient ceux qu'Abd-el-Kérim lui avait laissés, il n'y avait rien à dire ; toutefois il fallut bien les remplacer par d'autres, et en venir à l'acquisition tant souhaitée du habbarah et du yalek.

La vie orientale nous joue de ces tours ; tout [230] semble d'abord simple, peu coûteux, facile. Bientôt cela se complique de nécessités, d'usages, de fantaisies, et l'on se voit entraîné à une existence *pachalesque*, qui, jointe au désordre et à l'infidélité des comptes, épuise les bourses les mieux garnies. J'avais voulu m'initier quelque temps à la vie intime de l'Égypte ; mais peu à peu je voyais tarir les ressources futures de mon voyage.

— Ma pauvre enfant, dis-je à l'esclave en lui faisant expliquer la situation, si tu veux rester au Caire, tu es *libre*.

Je m'attendais à une explosion de reconnaissance.

— Libre ! dit-elle, et que voulez-vous que je fasse ? Libre ! mais où irais-je ? Revendez-moi plutôt à Abd-el-Kérim !

— Mais, ma chère, un Européen ne vend pas une femme ; recevoir un tel argent, ce serait honteux.

— Eh bien ! dit-elle en pleurant, est-ce que je puis gagner ma vie, moi ? est-ce que je sais faire quelque chose ?

— Ne peux-tu pas te mettre au service d'une dame de ta religion ?

— Moi, servante ? Jamais. Revendez-moi : je [231] serai achetée par un *muslim*[1], par un cheik, par un pacha peut-être ? Je puis devenir une grande dame ! Vous voulez me quitter… menez-moi au bazar.

Voilà un singulier pays où les esclaves ne veulent pas de la liberté !

Je sentais bien, du reste, qu'elle avait raison, et j'en savais assez déjà sur le véritable état de la société musulmane, pour ne pas douter que sa

---

1   « *Muslim* » : qui s'est rendu à Dieu (racine *slm*, qu'on trouve dans salam, le salut). *NPl.*

condition d'esclave ne fût très supérieure à celle des pauvres Égyptiennes employées aux travaux les plus rudes, et malheureuses avec des maris misérables. Lui donner la liberté, c'était la vouer à la condition la plus triste, peut-être à l'opprobre, et je me reconnaissais moralement responsable de sa destinée.

– Puisque tu ne veux pas rester au Caire, lui dis-je enfin, il faut me suivre dans d'autres pays.

– *Ana enté sava-sava* (toi et moi, partons ensemble[m]) ! me dit-elle ; et nous ne tardâmes pas à nous embarquer sur la branche du Nil qui conduit à Damiette.
[232]

XI [*SIC* XII]. – DÉPART

Je quitte avec regret cette vieille cité du Caire, où j'ai retrouvé les dernières traces du génie arabe, et qui n'a pas menti aux idées que je m'en étais formées d'après les récits et les traditions de l'Orient. Je l'avais vue tant de fois dans les rêves de la jeunesse, qu'il me semblait y avoir séjourné dans je ne sais quel temps ; je reconstruisais mon Caire d'autrefois au milieu des quartiers déserts ou des mosquées croulantes ! Il me semblait que j'imprimais les pieds dans la trace de mes pas anciens ; j'allais, je me disais : – En détournant ce mur, en passant cette porte, je verrai telle chose, et la chose était là, ruinée, mais réelle.

N'y pensons plus. Ce Caire-là gît sous la cendre et la poussière ; l'esprit et les progrès modernes en ont triomphé comme la mort. Encore quelques mois, et des rues européennes auront coupé à angles droits la vieille ville poudreuse et muette qui croule en paix sur les pauvres fellahs. Ce qui reluit, ce qui brille, ce qui s'accroît, c'est le quartier des Francs, la ville des Italiens, des Provençaux et des Maltais, l'entrepôt futur de l'Inde anglaise. L'Orient [233] achève d'user ses vieux costumes, ses vieux palais, ses vieilles mœurs, mais il est dans son dernier jour ; il peut dire, comme un de ses sultans : « Le sort a décoché sa flèche, c'est fait de moi, je suis passé ! » Ce que le désert protège encore, en l'enfouissant peu à peu dans ses sables, c'est, hors des murs du Caire, la ville des tombeaux, la vallée des califes, qui semble, comme Herculanum, avoir abrité des générations disparues, et dont les palais, les arcades et les colonnes, les marbres précieux, les intérieurs peints et dorés, les enceintes, les dômes et les minarets, multipliés avec folie, n'ont jamais servi qu'à recouvrir des cercueils. Ce culte de la mort est un trait éternel du caractère de l'Égypte ; il sert du moins à protéger et à transmettre au monde l'éblouissante histoire de son passé[n].

[234]
[235]

LA CANGE[a]

I. – PRÉPARATIFS DE NAVIGATION

La cange qui m'emportait vers Damiette contenait aussi tout le ménage que j'avais amassé au Caire pendant huit mois de séjour, savoir : l'esclave au teint doré vendue par Abdel-Kérim ; le coffre vert qui renfermait les effets que ce dernier lui avait laissés ; un autre coffre garni de ceux que j'y avais ajoutés moi-même ; un autre encore contenant mes habits de Franc, dernier *encas* de mauvaise fortune, comme ce vêtement de pâtre qu'un empereur avait conservé pour se rappeler sa condition [236] première[1] ; puis tous les ustensiles et objets mobiliers dont il avait fallu garnir mon domicile du quartier cophte, lesquels consistaient en gargoulettes et bardaques[2] propres à rafraîchir l'eau, pipes et narghilés, matelas de coton et cages (*cafas*) en bâtons de palmier servant tour à tour de divan, de lit et de table, et qui avaient de plus pour le voyage l'avantage de pouvoir contenir les volatiles divers de la basse-cour et du colombier.

Avant de partir, j'étais allé prendre congé de Madame Bonhomme, cette blonde et charmante providence du voyageur. – Hélas ! disais-je, je ne verrai plus de longtemps que des visages de couleur ; je vais braver la peste qui règne dans le delta d'Égypte, les orages du golfe de Syrie qu'il faudra traverser sur de frêles barques ; sa vue sera pour moi le dernier sourire de la patrie !

---

1   « Première ». Dans la fable de La Fontaine, « *Le Berger et le Roi* » (X, IX) : le berger n'a pas été empereur, mais juge souverain. Tombé en disgrâce, il reprend dans son coffre : « L'habit d'un gardeur de troupeaux ».

2   « Bardaque » : « Vase de terre poreuse, que les Égyptiens emploient pour rafraîchir l'eau ». *GDU* cite deux textes de Nerval, dont ce passage.

Madame Bonhomme appartient à ce type de beauté blonde du midi[1], que Gozzi[2] célébrait dans les Vénitiennes, et que Pétrarque a chanté à l'honneur des femmes de notre Provence. Il semble que ces gracieuses anomalies doivent au voisinage des pays alpins l'*or crespelé*[3] de leurs cheveux, et que leur œil noir se soit embrasé seul aux ardeurs des grèves de la Méditerranée. La carnation, fine et [237] claire comme le satin rosé des Flamandes, se colore aux places que le soleil a touchées d'une vague teinte ambrée qui fait penser aux treilles d'automne, où le raisin blanc se voile à demi sous les pampres vermeils. Ô figures aimées de Titien et de Giorgione, est-ce aux bords du Nil que vous deviez me laisser encore un regret et un souvenir ? Cependant, j'avais près de moi une autre femme aux cheveux noirs comme l'ébène, au masque ferme qui semblait taillé dans le marbre portore[4], beauté sévère et grave comme les idoles dorées de l'antique Asie, et dont la grâce même, à la fois servile et sauvage, rappelait parfois, si l'on peut unir ces deux mots, la sérieuse gaîté de l'animal captif.

Madame Bonhomme m'avait conduit dans son magasin, encombré d'articles de voyages, et je l'écoutais, en l'admirant, détailler les mérites de tous ces charmants ustensiles qui, pour les Anglais, reproduisent au besoin, dans le désert, tout le comfort [*sic*] de la vie fashionable. Elle m'expliquait avec son léger accent provençal comment on pouvait établir, au pied d'un palmier ou d'un obélisque, des appartements complets de maître et de domestiques, avec mobilier et cuisine, le tout transporté à dos de chameau ; donner des dîners européens [238] où rien ne manque, ni les ragoûts, ni les primeurs, grâce aux boîtes de conserves qui, il faut l'avouer, sont souvent de grande ressource.

– Hélas ! lui dis-je, je suis devenu tout à fait un Bédaouï[5] (Arabe nomade) ; je mange très bien du dourah cuit sur une plaque de tôle, des dattes fricassées dans le beurre, de la pâte d'abricot, des sauterelles

---

1 « Midi ». Dans une lettre de janvier 1840, Gautier répond à une lettre de Nerval : « Enfin tu as trouvé le blond, ce blond au pourchas duquel nous avons bu tant de chopes de bière », lors de leur voyage de 1836 en Belgique. C'était *le type de beauté* incarné par Jenny Colon.

2 « Gozzi », Carlo, dont les *Memorie inutili*, publiés à la fin du XVIIIe siècle, furent fort goûtés. Voir C. Pichois, *Philarète Chasles et la vie littéraire au temps du romantisme*, Corti, 1965, t. I, p. 344-348.

3 « L'or crespelé », pour s'exprimer comme les poètes de la Pléiade.

4 « Le marbre portore », portor (de l'italien *portoro*) est un marbre noir avec de grandes veines jaunes qui imitent l'or.

5 « Bédaouï », est plus proche de l'arabe *Badawi* (littéralement : homme du désert) que « Bédouin ».

fumées... et je sais un moyen d'obtenir une poule bouillie dans le désert, sans même se donner le soin de la plumer.

— J'ignorais ce raffinement, dit Madame Bonhomme.

— Voici, répondis-je, la recette qui m'a été donnée par un renégat très industrieux, lequel l'a vu pratiquer dans l'Hedjaz. On prend une poule...

— Il faut une poule? dit Madame Bonhomme.

— Absolument comme un lièvre pour le civet.

— Et ensuite.

— Ensuite on allume du feu entre deux pierres; on se procure de l'eau...

— Voilà déjà bien des choses !

— La nature les fournit. On n'aurait même que de l'eau de mer... ce serait la même chose, et cela épargnerait le sel.

— Et dans quoi mettrez-vous la poule?

— Ah! Voilà le plus ingénieux. Nous versons de l'eau dans le sable fin du désert... autre ingrédient donné par la nature. Cela produit une argile fine et propre, extrêmement utile à la préparation.

— Vous mangeriez une poule bouillie dans du sable?

— Je réclame une dernière minute d'attention. Nous formons une boule épaisse de cette argile en ayant soin d'y insérer cette même volaille ou toute autre.

— Ceci devient intéressant.

— Nous mettons la boule de terre sur le feu, et nous la retournons de temps en temps. Quand la croûte s'est suffisamment durcie et a pris partout une bonne couleur, il faut la retirer du feu, la volaille est cuite.

— Et c'est tout?

— Pas encore; on casse la boule passée à l'état de terre cuite, et les plumes de l'oiseau, prises dans l'argile, se détachent à mesure qu'on le débarrasse des fragments de cette marmite improvisée.

— Mais c'est un régal de sauvage !

— Non, c'est de la poule à l'étuvée simplement.

Madame Bonhomme vit bien qu'il n'y avait rien à faire avec un voyageur si consommé; elle remit en [240] place toutes les cuisines de fer-blanc et les tentes, coussins ou lits de caoutchouc estampillés de l'*improved patent* de *London*.

— Cependant, lui dis-je, je voudrais bien trouver chez vous quelque chose qui me soit utile.

– Tenez, dit Madame Bonhomme, je suis sûre que vous avez oublié d'acheter un drapeau. Il vous faut un drapeau.

– Mais je ne pars pas pour la guerre !

– Vous allez descendre le Nil... vous avez besoin d'un pavillon tricolore à l'arrière de votre barque pour vous faire respecter des fellahs.

Et elle me montrait, le long des murs du magasin, une série de pavillons de toutes les marines.

Je tirais déjà vers moi la hampe à pointe dorée d'où se déroulaient nos couleurs, lorsque Madame Bonhomme m'arrêta le bras.

– Vous pouvez choisir ; on n'est pas obligé d'indiquer sa nation. Tous *ces messieurs* prennent ordinairement un pavillon anglais ; de cette manière, on a plus de sécurité.

– Oh ! Madame, lui dis-je[,] je ne suis pas de ces messieurs-là.

– Je l'avais bien pensé, me dit-elle avec un sourire.

[241]

J'aime à croire que ce ne seraient pas des gens du monde de Paris qui promèneraient les couleurs anglaises sur ce vieux Nil, où s'est reflété le drapeau de la république. Les légitimistes[1] en pèlerinage vers Jérusalem choisissent, il est vrai, le pavillon de Sardaigne[2]. Cela, par exemple n'a pas d'inconvénient.

II. – UNE FÊTE DE FAMILLE

Nous partons du port de Boulac ; le palais d'un bey mamelouk, devenu aujourd'hui l'école polytechnique, la mosquée blanche qui l'avoisine, les étalages des potiers qui exposent sur la grève ces bardaques de terre poreuse fabriquées à Thèbes, qu'apporte la navigation du Haut-Nil, les chantiers de construction qui bordent encore assez loin la rive droite du fleuve, tout cela disparaît en quelques minutes. Nous courons une bordée vers une île d'alluvion[s] située entre Boulac et Embabeh, dont la rive sablonneuse reçoit bientôt le choc de notre proue ; les deux voiles latines

---

1   « Les légitimistes », partisans de la branche aînée des Bourbons, détrônée depuis 1830.
2   « Pavillon de Sardaigne » : pavillon de la Maison de Savoie, précise Huré.

de la cange frissonnent sans prendre le vent : – *Battal ! Battal*[1] *!* s'écrie le *reïs*[2], c'est-à-dire : Mauvais ! Mauvais ! Il s'agissait probablement du vent. En effet, la [242] vague rougeâtre, frisée par un souffle contraire, nous jetait au visage son écume, et le remous prenait des teintes ardoisées en peignant les reflets du ciel.

Les hommes descendent à terre pour dégager la cange et la retourner. Alors commence un de ces chants dont les matelots égyptiens accompagnent toutes leurs manœuvres et qui ont invariablement pour refrain *éleison !* Pendant que cinq à six gaillards, dépouillés en un instant de leur tunique bleue et qui semblent des statues de bronze florentin, s'évertuent à ce travail, les jambes plongées dans la vase, le *reïs*, assis comme un pacha sur l'avant, fume son narghilé d'un air indifférent. Un quart-[*sic*]d'heure après, nous revenons vers Boulac, à demi penchés sur la lame avec la pointe des vergues trempant dans l'eau.

Nous avions gagné à peine deux cents pas sur le cours du fleuve : il fallut retourner la barque, prise cette fois dans les roseaux ; pour aller toucher de nouveau à l'île de sable : *Battal ! Battal !* disait toujours le reïs de temps en temps.

Je reconnaissais à ma droite les jardins des villas riantes qui bordent l'allée de Choubrah ; les sycomores monstrueux qui la forment retentissaient de [243] l'aigre caquetage des corneilles, qu'entrecoupait parfois le cri des milans.

Du reste, aucun lotus, aucun ibis, pas un trait de la couleur locale d'autrefois ; seulement çà et là de grands buffles plongés dans l'eau et des coqs de Pharaon, sortes de petits faisans aux plumes dorées, voltigeant au-dessus des bois d'orangers et de bananiers des jardins.

J'oubliais l'obélisque d'Héliopolis, qui marque de son doigt de pierre la limite voisine du désert de Syrie et que je regrettais de n'avoir encore vu que de loin. Ce monument ne devait pas quitter notre horizon de la journée, car la navigation de la cange continuait à s'opérer en zigzag.

Le soir était venu, le disque du soleil descendait derrière la ligne peu mouvementée des montagnes lybiques, et tout à coup la nature passait de l'ombre violette du crépuscule à l'obscurité bleuâtre de la nuit. J'aperçus de loin les lumières d'un café, nageant dans leurs flaques

---

1   « *Battal !* » : Faux.
2   « Le *reïs* » : chef, en particulier capitaine de bateau.

d'huile transparente ; l'accord strident du *naz*[1] *et du rebab*[2] *accompagnait cette mélodie égyptienne si connue : Ya teyly*[3] *! (Ô nuits !)*

D'autres voix formaient les *répons* du premier vers : « Ô nuits de joie ! » On chantait le bonheur [244] des amis qui se rassemblent, l'amour et le désir, flammes divines, émanations radieuses de la *clarté pure* qui n'est qu'au ciel ; on invoquait *Ahmad*, l'élu, chef des apôtres, et des voix d'enfants reprenaient en chœur l'antistrophe de cette délicieuse et sensuelle effusion qui appelle la bénédiction du Seigneur sur les joies nocturnes de la terre[4].

Je vis bien qu'il s'agissait d'une solennité de famille. L'étrange glousse-ment des femmes fellahs succédait au chœur des enfants, et cela pouvait célébrer une mort aussi bien qu'un mariage ; car, dans toutes les céré-monies des Égyptiens, on reconnaît ce mélange d'une joie plaintive ou d'une plainte entrecoupée de transports joyeux qui déjà, dans le monde ancien, présidaient à tous les actes de leur vie.

Le reïs avait fait amarrer notre barque à un pieu planté dans le sable, et se préparait à descendre. Je lui demandai si nous ne faisions que nous arrêter dans le village qui était devant nous. Il répondit que nous devions y passer la nuit et y rester même le lendemain jusqu'à trois heures, moment où se lève le vent du sud-ouest (nous étions à l'époque des moussons[5]).

– J'avais cru, lui dis-je, qu'on ferait mar-[245]cher la barque à la corde quand le vent ne serait pas bon.

– Ceci n'est pas, répondit-il, sur notre traité.

En effet, avant de partir, nous avions fait un écrit devant un cadi ; mais ces gens y avaient mis évidemment tout ce qu'ils avaient voulu. Du reste, je ne suis jamais pressé d'arriver, et cette circonstance, qui aurait fait bondir d'indignation un voyageur anglais, me fournissait seulement l'occasion de mieux étudier l'antique branche, si peu frayée, par où le Nil descend du Caire à Damiette.

---

1   « *Naz* ». En fait, le nay ou ney, sorte de flûte en jonc à un seul tuyau (nay, en arabe).

2   « *Rebab* » (de l'arabe : *rabab*) désigne une sorte de viole ; autre forme : *rebec*.

3   « *Ya teyly !* » Plutôt *Ya leîli* : ô ma nuit ! (*NPl*)

4   « *Terre*. » Rouger signale qu'ici Nerval paraphrase poétiquement Lane (*cf. An account of the Manners and Customs of the Modern Egyptians*, t. II, p. 279). On trouve chez ce dernier (chap. sur les fêtes privées) le texte de cette brève chanson poétique : « Ô nuits de plaisirs ! Ô nuits de joie ! / Plaisir et souhait accomplis quand les amis s'assemblent / Favorise, ô seigneur, la pure lumière / Ahmad, l'élu, chef des apôtres. »

5   Les « Moussons » n'existent pas en Égypte, rappelle Huré.

Le reïs, qui s'attendait à des réclamations violentes, admira ma sérénité. Le halage des barques est relativement assez coûteux ; car, outre
un nombre plus grand de matelots sur la barque, il exige l'assistance de
quelques hommes de relais échelonnés de village en village.

Une cange contient deux chambres, élégamment peintes et dorées à
l'intérieur, avec des fenêtres grillées donnant sur le fleuve, et encadrant
agréablement le double paysage des rives ; des corbeilles de fleurs, des
arabesques compliquées décorent les panneaux ; deux coffres de bois
bordent chaque chambre, et permettent, le jour, de s'asseoir les jambes
croisées, la nuit, de s'étendre [246] sur des nattes ou des coussins.
Ordinairement la première chambre sert de divan ; la seconde de harem.
Le tout se ferme et se cadenasse hermétiquement, sauf le privilège des rats
du Nil, dont il faut, quoi qu'on fasse, accepter la société. Les moustiques
et autres insectes sont des compagnons moins agréables encore ; mais on
évite la nuit leurs baisers perfides au moyen de vastes chemises dont on
noue l'ouverture après y être entré comme dans un sac, et qui entourent
la tète d'un double voile de gaze sous lequel on respire parfaitement.

Il semblait que nous dussions passer la nuit sur la barque, et je m'y
préparais déjà, lorsque le reïs, qui était descendu à terre, vint me trouver
avec cérémonie et m'invita à l'accompagner. J'avais quelque scrupule
à laisser l'esclave dans la cabine ; mais il me dit lui-même qu'il valait
mieux l'emmener avec nous.

III. – LE MUTAHIR[b]

En descendant sur la berge, je m'aperçus que nous venions de débarquer simplement à Choubrah. Les jardins du pacha, avec les berceaux
de [247] myrte qui décorent l'entrée, étaient devant nous ; un amas de
pauvres maisons bâties en briques de terre crue s'étendait à notre gauche
des deux côtés de l'avenue ; le café que j'avais remarqué bordait le fleuve,
et la maison voisine était celle du reïs, qui nous pria d'y entrer.

C'était bien la peine, me disais-je, de passer toute la journée sur le Nil ;
nous voilà seulement à une lieue du Caire ! J'avais envie d'y retourner
passer la soirée et lire les journaux chez Madame Bonhomme ; mais le

reïs nous avait déjà conduits devant sa maison, et il était clair qu'on y célébrait une fête où il convenait d'assister.

En effet, les chants que nous avions entendus partaient de là ; une foule de gens basanés, mélangés de nègres purs, paraissait se livrer à la joie. Le reïs, dont je n'entendais qu'imparfaitement le dialecte franc assaisonné d'arabe, finit par me faire comprendre que c'était une fête de famille en l'honneur de la circoncision de son fils. Je compris surtout alors pourquoi nous avions fait si peu de chemin.

La cérémonie avait eu lieu la veille à la mosquée, et nous étions seulement au second jour des réjouissances. Les fêtes de famille des plus pauvres Égyp-[248]tiens sont des fêtes publiques, et l'avenue était pleine de monde : une trentaine d'enfants, camarades d'école du jeune circoncis (*muthahir*[1]), remplissait une salle basse ; les femmes, parentes ou amies de l'épouse du reïs, faisaient cercle dans la pièce du fond, et nous nous arrêtâmes près de cette porte. Le reïs indiqua de loin une place près de sa femme à l'esclave qui me suivait, et celle-ci alla sans hésiter s'asseoir sur le tapis de la *khanoun* (dame), après avoir fait les salutations d'usage.

On se mit à distribuer du café et des pipes, et des Nubiennes commencèrent à danser au son des *tarabouks* (tambours de terre cuite), que plusieurs femmes soutenaient d'une main et frappaient de l'autre. La famille du reïs était trop pauvre sans doute pour avoir des almées blanches ; mais les Nubiens dansent pour leur plaisir. Le *loti*[2] ou coryphée faisait les bouffonneries habituelles en guidant les pas de quatre femmes qui se livraient à cette saltarelle éperdue que j'ai déjà décrite, et qui ne varie guère qu'en raison du plus ou moins de feu des exécutants.

Pendant un des intervalles de la musique et de la danse, le reïs m'avait fait prendre place près d'un vieillard qu'il me dit être son père. Ce bon-[249]homme, en apprenant quel était mon pays, m'accueillit avec un juron essentiellement français, que sa prononciation transformait d'une façon comique. C'était tout ce qu'il avait retenu de la langue des vainqueurs de 98. Je lui répondis en criant : « Napoléon ! » Il ne parut pas comprendre. Cela m'étonna ; mais je songeai bientôt que ce nom datait seulement de l'empire. – Avez-vous connu Bonaparte ? lui dis-je

---

1   « (*Muthahir*) ». *Mutaher* signifie purifié, circoncis.
2   « Le loti ». Le *louty* est le meneur de barque. (*NPl*) Huré explique que ce mot est assez voisin de *inverti* !

en arabe. Il pencha la tête en arrière avec une sorte de rêverie solennelle, et se mit à chanter à pleine gorge :

Ya salam, Bounabarteh[1] *!*
Salut à toi, ô Bonaparte !

Je ne pus m'empêcher de fondre en larmes en écoutant ce vieillard répéter le vieux chant des Égyptiens en l'honneur de celui qu'ils appelaient le sultan Kébir[2]. Je le pressai de le chanter tout entier ; mais sa mémoire n'en avait retenu que peu de vers.

« Tu nous as fait soupirer par ton absence, ô général qui prends le café avec du sucre ! ô général charmant dont les joues sont si agréables, toi dont le glaive a frappé les Turcs ! salut à toi !

« Ô toi dont la chevelure est si belle ! depuis le jour où tu entras au Caire, cette ville a brillé d'une lueur semblable à celle d'une lampe de cristal ; salut à toi[3] ! »

---

1 « *Bounabarteh !* » Le *p* n'existe pas en arabe.
2 « Kébir. » *Kibir* est un adjectif qui signifie grand. (Rouger)
3 « Salut à toi ! » Auriant (« Les Chansons et les Traditions dans l'œuvre de G. de N. », in *Nouvelle Revue des traditions populaires*, septembre-octobre 1949) a montré que Nerval connaissait cette chanson par la *Description de l'Égypte* due à l'Institut d'Égypte, publiée à partir de 1809, et rééditée chez Panckouke, de 1821 à 1829. La chanson (traduite par Silvestre de Sacy, avec la musique notée par Guillaume-André Villoteau) est citée dans le t. XIV, paru en 1826, aux pages 156-161 : 1 Mon bien-aimé est couvert d'un chapeau ; des nœuds et des rosettes ornent ses hauts-de-chausses. J'ai voulu le baiser, il m'a dit (en italien) : Attends. Ah ! qu'il est doux son langage italien ! Dieu me garde de celui dont les yeux sont des yeux de gazelle ! Baise-moi, toi dont le langage est si doux. Salut ! 2 Que tu es donc beau, Fart-er-românn, lorsque tu proclames la sûreté publique et une entière amnistie, tenant en main le firman ! tu rends la joie au cœur des sujets. Salut ! 3 Tu nous fais soupirer par ton absence, ô général qui prends le café avec du sucre et dont les soldats ivres parcourent la ville pour chercher les femmes ! Salut ! 4 Tu nous as fait soupirer par ton absence, ô général charmant, et dont les joues sont si agréables, toi dont le glaive a frappé, dans la capitale de l'Égypte, les Turcs et les Arabes ! Salut ! 5 Tu nous as fait soupirer par ton absence, (représentant de la) République, si charmant et dont la chevelure est si belle ! Depuis le jour que tu es entré au Kaire, cette ville a brillé d'une lumière semblable à celle d'une lampe de cristal ! Salut ! 6 Ô (représentant de la) République, tes soldats pleins de joie courent de toutes parts pour frapper les Turcs et les Arabes. Salut, BONAPARTE, salut, roi de paix. Salut ! 7 Messager d'amour, lève-toi, amène-moi cette beauté à la taille légère, que le poids de sa croupe empêche de se lever, quand elle veut se redresser et se tenir debout ! Salut ! 8 Allons ensemble, seigneur, nous enivrer à l'ombre des jasmins. Nous cueillons la pêche sur l'arbre qui la porte, à la vue de nos rigides censeurs. Salut ! – Cette chanson s'adressait donc à Fart-er-rommân, alias Bartolomeo Serra qui avait reçu ce sobriquet. Quand le bey mamelouk, au service duquel il était, eut pris la fuite après la bataille des Pyramides, Barthélemy (francisé de l'italien) se rallia à Bonaparte et devint chef de la police du Caire. *Cf.* n. 1, p. 205, et n. 3, p. 243..

Cependant[c] le reïs, indifférent à ces souvenirs, [250] était allé du côté des enfants, et l'on semblait préparer tout pour une cérémonie nouvelle.

En effet, les enfants ne tardèrent pas à se ranger sur deux lignes, et les autres personnes réunies dans la maison se levèrent ; car il s'agissait de promener dans le village l'enfant qui, la veille déjà, avait été promené au Caire. On amena un cheval richement harnaché, et le petit bonhomme, qui pouvait avoir sept ans, couvert d'habits et d'ornements de femme (le tout emprunté probablement), fut hissé sur la selle, où deux de ses parents le maintenaient de chaque côté. Il était fier comme un empereur, et tenait, selon l'usage, un mouchoir sur sa bouche. Je n'osais le regarder trop attentivement, sachant que les Orientaux craignent en ce cas le *mauvais oeil* ; mais je pris garde à tous les détails du cortège, que je n'avais jamais pu si bien distinguer au Caire, où ces processions des *mutahirs* diffèrent à peine de celles des mariages.

Il n'y avait pas à celle-là de bouffons nus, simulant des combats avec des lances et des boucliers ; mais quelques Nubiens, montés sur des échasses, se poursuivaient avec de longs bâtons : ceci était pour attirer la foule ; ensuite les musiciens ouvraient la marche[d] ; puis les enfants, vêtus [251] de leurs plus beaux costumes et guidés par cinq à six faquirs ou santons, qui chantaient des *moals*[1] religieux ; puis l'enfant à cheval entouré de ses parents, et enfin les femmes de la famille, au milieu desquelles marchaient les danseuses non voilées, qui, à chaque halte, recommençaient leurs trépignements voluptueux. On n'avait oublié ni les porteurs de cassolettes parfumées, ni les enfants qui secouent les kumkum[2], flacons d'eau de rose dont on asperge les spectateurs ; mais le personnage le plus important du cortège était sans nul doute le barbier, tenant en main l'instrument mystérieux (dont le pauvre enfant devait plus tard faire l'épreuve), tandis que son aide agitait au bout d'une lance une sorte d'enseigne chargée des attributs de son métier. Devant le *mutahir* était un de ses camarades portant, attachée à son col, la *tablette à écrire*, décorée par le maître d'école de chefs-d'œuvre calligraphiques. Derrière le cheval, une femme jetait continuellement du sel pour conjurer les mauvais esprits. La marche était fermée par les femmes gagées, qui servent de pleureuses aux enterrements et qui accompagnent les

---

1   « *Moals* » (arabe : *mawwal*) : chant nostalgique proche de l'élégie et de la romance. (*NPl*)
2   « *Kumkum* », est un mot turc (*Kumkuma*) qui désigne un flacon à long col terminé par un bouchon percé, et servant en particulier pour l'eau de rose. (*Ibid.*)

cérémonies de mariage et de circoncision avec le même *ouloulou* ! dont
la tradition se perd dans la plus haute antiquité[1].

[252]
Pendant que le cortège parcourait les rues peu nombreuses du
petit village de Choubrah, j'étais resté avec le grand-père du mutahir,
ayant eu toutes les peines du monde à empêcher l'esclave de suivre
les autres femmes. Il avait fallu employer le *mafisch* ! tout-puissant
chez les Égyptiens pour lui interdire ce qu'elle regardait comme un
devoir de politesse et de religion. Les Nègres préparaient des tables
et décoraient la salle de feuillages. Pendant ce temps, je cherchais à
tirer du vieillard quelques éclairs de souvenirs en faisant résonner à
ses oreilles, avec le peu que je savais d'arabe, les noms glorieux de
Kléber et de Menou[2]. Il ne se souvenait que du colonel Barthélemy[3],

1   « Antiquité. » Richer observe ici (en citant les passages) que Nerval fond deux passages
    de Lane : d'abord le chap. II du t. I des *Modern Egyptians* où est décrite la cérémonie de la
    circoncision et spécialement la procession qui la précède, ensuite un texte qui se trouve
    dans le chap. « Fêtes privées » du t. II. Voici ces extraits : « Un cheval, richement harna-
    ché, est emprunté pour le transporter et l'on place dans sa main un mouchoir brodé plié
    qu'il tient constamment devant sa bouche, de la main droite, pour dissimuler en partie
    son visage et se protéger ainsi du mauvais oeil. Il est précédé par un serviteur du barbier
    qui est l'opérateur et par deux ou trois musiciens dont les instruments sont ordinaire-
    ment un hautbois et des tambours. La plus importante personne de la procession est en
    général le serviteur du barbier, portant son *"heml"* qui est une boîte de bois, de forme
    semi-cylindrique avec quatre pieds courts, le devant (côté plat) est couvert de morceaux
    de miroirs et d'ornements de cuivre ; l'arrière, d'un rideau. C'est simplement l'enseigne
    du barbier. Le serviteur la porte comme sur la gravure insérée ci-contre. Les musiciens
    suivent (certains précèdent le *heml*) puis vient le garçon dont le cheval est conduit par
    un palefrenier. Derrière marchent ses parents et ses amis ». « [...] trois garçons [portent]
    chacun un flacon de parfum en argent (kumkum) plein d'eau de rose ou d'extrait de fleur
    d'oranger, dont ils aspergent de temps à autre les spectateurs [...] un garçon [portait] la
    tablette à écrire du mutahir attachée à son cou par un mouchoir et ornée pour l'occasion
    par le maître d'école [...] Les femmes suivent le mutahir, poussant leurs cris de joie aigus
    (le zagharit) et l'une d'entre elles s'emploie constamment à jeter du sel derrière lui, pour
    conjurer les effets possibles du mauvais oeil. » *Cf.* n. 1 de la page suivante.
2   « Menou », Jacques-François, baron de Boussay, né à Boussay le 3 septembre 1750 et
    décédé à Mestre (Venise) le 13 août 1810, est un général qui commandera l'armée d'Orient
    lors de la campagne d'Égypte. Très populaire, il avait épousé une musulmane et avait
    ajouté à son nom celui d'Abdallah. Il prit le commandement de l'armée après l'assassinat
    de Kléber. L'ultime bataille d'Aboukir contre les Anglais se solda, le 21 mars 1801, par
    une défaite. Il se retire alors à Alexandrie où il capitule le 30 août. Il sera gouverneur de
    Venise. (Voir *Carnet*, f° I v°).
3   « Barthélemy », indique Huré, fut en réalité un tortionnaire qui n'a sûrement pas laissé
    de souvenirs émus au peuple du Caire...

l'ancien chef de la police du Caire, qui a laissé de grands souvenirs dans le peuple, à cause de sa grande taille et du magnifique costume qu'il portait. Barthélemy a inspiré des chants d'amour dont les femmes n'ont pas seules gardé la mémoire :

> « Mon *bien-aimé* est coiffé d'un chapeau brodé ; – des nœuds et des rosettes ornent sa ceinture. »
>
> « J'ai voulu l'embrasser, il m'a dit : *Aspetta* (attends) ! Oh ! qu'il est doux son langage italien ! – Dieu garde celui dont les yeux sont des yeux de gazelle ! »
>
> « Que tu es donc beau, Fart-el-Roumy (Barthélemy), quand tu proclames la paix publique avec un firman à la main ! »

[253]

IV. – LE SIRAFEH[1]

À l'entrée du mutahir, tous les enfants vinrent s'asseoir quatre par quatre autour des tables rondes où le maître d'école, le barbier et les santons occupèrent les places d'honneur. Les autres grandes personnes attendirent la fin du repas pour y prendre part à leur tour. Les Nubiens s'assirent devant la porte et reçurent le reste des plats dont ils distribuèrent encore les derniers reliefs à de pauvres gens attirés par le bruit de la fête. Ce n'est qu'après avoir passé par deux ou trois séries d'invités inférieurs que les os parvenaient à un dernier cercle composé de chiens errants attirés par l'odeur des viandes. Rien ne se perd dans ces festins de patriarche, où, si pauvre que soit l'amphitryon, toute créature vivante peut réclamer sa part de fête. Il est vrai que les gens aisés ont l'usage de payer leur écot de petits présents, ce qui adoucit un peu la charge que s'imposent, dans ces occasions, les familles du peuple.

Cependant arrivait, pour le mutahir, l'instant douloureux qui devait clore la fête. On fit lever de nouveau les enfants, et ils entrèrent seuls dans la [254] salle où se tenaient les femmes. On chantait : « Ô toi, sa tante paternelle ! ô toi, sa tante maternelle ! viens préparer son *sirafeh* ! »

---

1   « LE SIRAFEH » : Offrande de pièces de monnaie. *Cf.* n. 1 de la page précédente, sur les détails de la cérémonie de la circoncision, p. 251. La scène du repas n'apparaît pas chez Lane.

À partir de ce moment, les détails m'ont été donnés par l'esclave présente à la cérémonie du sirafeh.

Les femmes remirent aux enfants un châle dont quatre d'entre eux tinrent les coins. La tablette à écrire fut placée au milieu, et le principal élève de l'école (*arif*[1]) se mit à psalmodier un chant dont chaque verset était ensuite répété en chœur par les enfants et par les femmes. On priait le Dieu qui sait tout, « qui connaît le pas de la fourmi noire et son travail dans les ténèbres[2] », d'accorder sa bénédiction à cet enfant qui déjà savait lire et pouvait comprendre le Coran. On remerciait en son nom le père, qui avait payé les leçons du maître, et la mère, qui dès le berceau lui avait enseigné la parole.

« Dieu m'accorde, disait l'enfant à sa mère, de te voir assise au paradis et saluée par Maryam (Marie), par Zeyneb, fille d'Ali, et par Fatime, fille du Prophète ! »

Le reste des versets était à la louange des faquirs[3] et du maître d'école, comme ayant expliqué et fait apprendre à l'enfant les divers chapitres du Coran.

---

1   « *(Arif)* » (du verbe '*arafa* : « connaître ») : celui qui connaît le chant du culte. (*NPl*)

2   « 'Les ténèbres' ». Il s'agit d'un propos du Prophète, qui n'appartient pas au Coran, et qui a été rapporté par l'imam Ibn Hanbal. Littéralement : « Dieu est au courant de la marche de la fourmi noire sur le rocher sourd dans une nuit noire. » (*Ibid.*)

3   « Faquirs » Confusion avec *faqi* : maîtres d'école. *Cf.* Auriant, « Les Chansons et les Traditions dans l'œuvre de G. de N. », art. cit., p. 307, n. 1. Voici ce qu'écrit Lane (traduction donnée par Auriant, art. cité par Richer, avec quelques légères retouches tout en conservant l'indication des chapitres du Coran ajoutée par Lane ; Richer adopte les titres de chapitres de la traduction Savary, 1782) : « Les jeunes garçons montent [au harem], les autres restent en bas. Les premiers, en montant, répètent : "Ô toi, sa tante paternelle ! Ô toi, sa tante maternelle ! Venez préparer son *sirafeh !*" En pénétrant dans le *cka-ah* – appartement principal du harem – on leur remet un châle de cachemire qu'ils tiennent tendu en cercle et on y dépose la tablette à écrire ornementée. L'*arif*, le principal élève de l'école qui, avec le moutahir et les femmes, se tient tout près, récite alors ce qu'on appelle *khout'bet es-sira'féh*. Ses camarades répètent après lui chaque strophe : [...] "Louanges à Dieu, le puissant Créateur ! l'Unique ! le Miséricordieux, le Conservateur ! Il connaît le présent et le passé ! et les choses voilées dans l'ombre. Il connaît le pas de la fourmi, son travail vigilant dans les ténèbres. Il a formé et élevé la voûte du ciel et étendu la terre par-dessus l'Océan salé – Qu'il accorde à ce garçon une longue vie et le bonheur – Afin qu'il lise avec soin le Koran – afin qu'il lise le Koran et les annales de l'histoire – les récits des temps anciens et modernes. Ce jeune garçon a appris à écrire et à lire, à épeler et à compter rapidement – Aussi son père ne devrait-il pas refuser une récompense en monnaie, or et argent. – De mon instruction, ô père, tu as payé le prix : que Dieu te donne une place au paradis – Et toi, ma mère, reçois mes remerciements – Pour les soins jaloux que nuit et jour tu eus pour moi ! Que Dieu m'accorde la grâce de te contempler

[255]

D'autres chants moins graves succédaient à ces litanies.

« Ô vous, jeunes filles, qui nous entourez, disait l'*arif*, je vous recommande aux soins de Dieu lorsque vous peignez vos yeux et que vous vous regardez au miroir !

« Et vous, femmes mariées ici rassemblées, par la vertu du chapitre 37 : la *fécondité*[1], soyez bénies ! – Mais s'il est ici des femmes qui aient vieilli dans le célibat, qu'elles soient à coups de savates chassées dehors ! »

Pendant cette cérémonie, les garçons promenaient autour de la salle le *sirafeh*, et chaque femme déposait sur la tablette des cadeaux de petite monnaie, après quoi on versait les pièces dans un mouchoir dont les enfants devaient faire don aux faquirs.

En revenant dans la chambre des hommes, le mutahir fut placé sur un siège élevé. Le barbier et son aide se tinrent debout des deux côtés avec leurs instruments. On plaça devant l'enfant un bassin de cuivre où

---

assise au paradis. Et saluée par Maryam et Zeynab et Fatiméh – Notre faquih nous a appris l'alphabet : qu'il reçoive toutes les expressions de gratitude. – Notre faquih nous a appris *La Grande Nouvelle* [78ᵉ ch. du Koran] – Dieu veuille qu'il ne perde jamais ses bienfaits – Notre faquih nous a appris [le Koran] jusqu'à *Le Royaume* [67ᵉ ch. du Koran] – qu'il soit toujours béni de la bonne opinion du monde – Notre faquih nous a enseigné [le Koran] jusqu'[au chapitre (55ᵉ)] du *Miséricordieux* – qu'il jouisse à jamais d'une récompense égale – Notre faquih nous a enseigné [le Koran] jusqu'au chapitre d'*I. S* (36ᵉ) – Que ses jours et ses ans soient toujours sereins – Notre faquih nous a enseigné le Koran jusqu'au chapitre de la *Caverne* (18ᵉ) – Qu'il garde à jamais les bienfaits de la Providence – Notre faquih nous a enseigné le Koran jusqu'au chapitre des *Troupeaux* (3ᵉ) – Puisse-t-il n'être jamais l'objet de cancans scandaleux – Notre faquih nous a enseigné le Koran jusqu'au chapitre (2ᵉ) de la *Vache* – Puisse-t-il toujours être honoré, dans les jours qui viendront et à présent. Notre faquih mérite amplement que tu lui donnes une étoffe verte, et un turban aussi. – Ô vous, jeunes filles vierges qui nous entourez – Je vous recommande à la grâce de Dieu par le fard des yeux et par le miroir – Ô vous, femmes mariées, ici rassemblées, je prie par le chapitre des *Ordres* [37ᵉ du Koran] que vous soyez protégées. – Ô vous, les vieilles que j'aperçois rôdant autour de nous – Vous devriez être battues à coups de savates et chassées d'ici ! – Aux vieilles, cependant, nous dirions plutôt : prenez le bassin et l'aiguière, lavez-vous et priez" Pendant que ces absurdités sont chantées, les femmes jettent sur la tablette à écrire dorée leur *nockhout*, qu'on recueille ensuite dans un mouchoir. Puis les garçons descendent dans la salle d'en bas et remettent le *nockhout* au Fiki. On place alors le moutahir sur un siège. Le barbier se tient à l'un de ses côtés, son aide, qui tient le *heml* [l'enseigne] de l'autre. [...] [Les invités dînent au harem] et puis quittent la maison ; les garçons dînent dans la salle d'en bas, et puis s'en vont chez eux. Les hommes aussi dînent, et le barbier et son aide prennent congé. Le barbier conduit alors le moutahir, qu'accompagnent un ou deux de ses parents mâles, à un appartement privé, et là pratique l'opération, qui, parfois, est reportée au lendemain. »

1   « La fécondité » n'est le titre d'aucune sourate.

chacun dut venir déposer son offrande, après quoi il fut amené par le barbier dans une pièce séparée où l'opération s'accomplit sous les yeux de deux de ses parents, pendant que les cymbales résonnaient pour couvrir ses plaintes.

L'assemblée, sans se préoccuper davantage de cet incident, passa encore la plus grande partie de [256] la nuit à boire des sorbets, du café, et une sorte de bierre épaisse (*bouza*[1]), boisson enivrante, dont les Noirs principalement faisaient usage, et qui est sans doute la même qu'Hérodote désigne sous le nom de vin d'orge[2].

V. – LA FORÊT DE PIERRE

Je ne savais trop que faire le lendemain matin pour attendre l'heure où le vent devait se lever. Le reïs et tout son monde se livraient au sommeil avec cette insouciance profonde du grand jour qu'ont peine à concevoir les gens du Nord. J'eus l'idée de laisser l'esclave pour toute la journée dans la cange, et d'aller me promener vers Héliopolis, éloigné d'à peine une lieue.

Tout à coup je me souvins d'une promesse que j'avais faite à un brave commissaire de marine qui m'avait prêté sa cabine pendant la traversée de Syra à Alexandrie. « Je ne vous demande qu'une chose, m'avait-il dit, lorsqu'à l'arrivée je lui fis mes remerciements, c'est de ramasser pour moi quelques fragments de la forêt pétrifiée qui se trouve dans le désert, à peu de distance du Caire. [257] Vous les remettrez, en passant à Smyrne, chez Madame Carton, rue des Roses. »

Ces sortes de commissions sont sacrées entre voyageurs ; la honte d'avoir oublié celle-là me fit résoudre immédiatement cette expédition facile. Du reste, je tenais aussi à voir cette forêt dont je ne m'expliquais pas la structure. Je réveillai l'esclave qui était de très mauvaise humeur, et qui demanda à rester avec la femme du reïs. J'avais l'idée dès lors

1 « (*Bouza*) ». *Cf.* n. 3, p. 140, et t. II, n. 2, p. 86.
2 « Orge ». Hérodote, II, LXXVII : « Ils boivent un vin d'orge : ce pays en effet ne connaît pas la vigne. » Nerval s'inspire ici de Lane (*cf. An account of the Manners and Customs of the Modern Egyptians*, t. I, p. 82-83 ; t. II, p. 278-282).

d'emmener le reïs ; une simple réflexion et l'expérience acquise des mœurs du pays me prouvèrent que, dans cette famille honorable, l'innocence de la pauvre Zeynab[e] ne courait aucun danger.

Ayant pris les dispositions nécessaires et averti le reïs qui me fit venir un ânier intelligent, je me dirigeai vers Héliopolis, laissant à gauche le canal[1] d'Adrien, creusé jadis du Nil à la mer Rouge, et dont le lit desséché devait plus tard tracer notre route au milieu des dunes de sable.

Tous les environs de Choubrah sont admirablement cultivés. Après un bois de sycomores qui s'étend autour des haras, on laisse à gauche une foule de jardins où l'oranger est cultivé dans l'intervalle des dattiers plantés en quinconces ; puis, en [258] traversant une branche du *Kalish*[2] ou canal du Caire, on gagne en peu de temps la lisière du désert, qui commence sur la limite des inondations du Nil. Là, s'arrête le damier fertile des plaines, si soigneusement arrosées par les rigoles qui coulent des *saquiès*[3] ou puits à roues ; là commence, avec l'impression de la tristesse et de la mort qui ont vaincu la nature elle-même, cet étrange faubourg de constructions sépulcrales[4] qui ne s'arrête qu'au Mokatam, et qu'on appelle de ce côté la *Vallée des Califes*. C'est là que Teyloun[5] et Bibars[6], Saladin[7] et Malek-Adel[8], et mille autres héros de l'islam, reposent non dans de simples tombes, mais dans de vastes palais brillants encore d'arabesques et de dorures, entremêlés de vastes mosquées. Il semble que les spectres, habitants de ces vastes demeures, aient voulu encore

---

1   « Le canal », ancien, mentionné par Hérodote, donc bien avant Hadrien, reliait le Nil à la mer Rouge. Son tracé avait été retrouvé en 1798. (Huré)

2   « *Kalisch* » : canal dérivé du bras droit du Caire. (Id.)

3   « Saquiès » : « Sorte de noria usitée en Égypte, mise en mouvement par des bœufs qui font tourner, au moyen d'un manège, une roue verticale garnie de vases qui s'emplissent au plus bas de leur course et se vident au sommet » (*GDU*).

4   « Constructions sépulcrales » édifiées par les sultans mamlouks, et qui s'étendent à l'est de la ville. (Huré. *Cf.* ici, n. 2, p. 172 (« Édifices »).

5   « Teyloun » : Ibn Touloûn (868-883), fondateur de la brève dynastie des Toûloûnides, devint gouverneur de l'Égypte en 872 et s'empara de la Syrie en 877 (Rouger). Huré indique qu'aucun tombeau ne porte son nom. *Cf.* ci-dessus, n. 3, p. 188.

6   « Bibars » : Baybars (1260-1277) fut le quatrième sultan de la dynastie des Mamelouks Baharytes. (Rouger.) Même remarque que précédemment de la part de Huré. *Cf.* n. 4, p. 188.

7   « Saladin ». *Cf.* n. 1, p. 94.

8   « Malek-Adel » est mort au Caire en 1218. Frère puîné de Saladin, il combat lors de la troisième croisade, puis il négocie la paix entre Saladin et Richard Cœur de Lion. Il devait épouser la veuve de Guillaume de Sicile pour régner à Jérusalem sur les musulmans et les chrétiens, mais il ne parvint pas à vaincre l'opposition des évêques.

des lieux de prière et d'assemblée, qui, si l'on en croit la tradition, se peuplent à certains jours d'une sorte de fantasmagorie historique.

En nous éloignant de cette triste cité dont l'aspect extérieur produit l'effet d'un brillant quartier du Caire, nous avions gagné la levée d'Héliopolis, construite jadis pour mettre cette ville à l'abri des plus hautes inondations. Toute la plaine qu'on aperçoit [259] au-delà est bosselée de petites collines formées d'amas de décombres. Ce sont principalement les ruines d'un village qui recouvrent là les restes perdus des constructions primitives. Rien n'est resté debout ; pas une pierre antique ne s'élève au-dessus du sol, excepté l'obélisque, autour duquel on a planté un vaste jardin.

L'obélisque forme le centre de quatre allées d'ébéniers qui divisent l'enclos ; des abeilles sauvages ont établi leurs alvéoles dans les anfractuosités de l'une des faces qui, comme on sait, est dégradée. Le jardinier, habitué aux visites des voyageurs, m'offrit des fleurs et des fruits. Je pus m'asseoir et songer un instant aux splendeurs décrites par Strabon[1], aux trois autres obélisques du temple du Soleil, dont deux sont à Rome et dont l'autre a été détruit ; à ces avenues de sphinx en marbre jaune du nombre desquels un seul se voyait encore au siècle dernier ; à cette ville enfin, berceau des sciences, où Hérodote et Platon[2] vinrent se faire initier aux mystères[.] Héliopolis a d'autres souvenirs encore au point de vue biblique. Ce fut là que Joseph donna ce bel exemple de chasteté que notre époque n'apprécie plus qu'avec un sourire ironique. Aux yeux des Arabes, cette légende a un tout [260] autre caractère : *Joseph* et *Zuleïka*[3] sont les types consacrés de l'amour pur, des sens vaincus par le devoir,

---

1   « Strabon », né vers 64 avant J.-C. s'est rendu en Égypte vers 25 ou 24. Selon Rouger, il est cité (*Géographie*, XVII) par Nerval d'après les *Lettres sur l'Égypte* de Savary (t. I, p. 119).

2   « Platon » séjourna, dit-on, à Héliopolis (appelée *On* par les Égyptiens et dans l'Écriture) pour s'initier aux doctrines des prêtres de la cité.

3   « *Zuleïka* » est le nom de la femme de Pharaon. Comme nous l'apprend Rouger, Nerval a emprunté à la *Bibliothèque orientale* de d'Herbelot, à l'entrée « Joussouf Ben Jacob » : « [...] ce qui fait de Joseph le plus célèbre de tous les patriarches hébreux, chez les musulmans, ce sont ses amours avec Zoleikha, fille de Pharaon, roi d'Égypte, et femme du [*sic*] Putiphar. Les musulmans ont été instruits de cette fable par un chapitre de l'Alcoran qui porte le nom de Joseph, et ils se servent de leurs noms et de leurs exemples pour élever le cœur des hommes à un amour plus excellent que celui du vulgaire, prétendant que ces deux amants ne sont que la figure de l'âme fidèle qui s'élève par amour jusques à Dieu, de même que les Livres sacrés employent les noms de l'époux et de l'épouse dans le Cantique des cantiques. » Emprunt aussi au *West-Östlische Diwan* de Goethe, ajoute Huré.

et triomphants d'une double tentation ; car le maître de Joseph était un
des eunuques de Pharaon. Dans la légende originale souvent traitée par
les poètes de l'Orient[1], la tendre Zuleïka n'est point sacrifiée comme
dans celle que nous connaissons. Mal jugée d'abord par les femmes de
Memphis, elle fut de toutes parts excusée dès que Joseph, sorti de sa
prison, eut fait admirer à la cour de Pharaon tout le charme de sa beauté.

Le sentiment d'amour platonique dont les poètes arabes supposent
que Joseph fut animé pour Zuleïka, et qui rend certes son sacrifice
d'autant plus beau, n'empêcha pas ce patriarche de s'unir plus tard
à la fille d'un prêtre d'Héliopolis, nommée *Azima*[2]. Ce fut un peu
plus loin, vers le nord, qu'il établit sa famille à un endroit nommé
Gessen[3], où l'on a cru de nos jours retrouver[f] les restes d'un temple
juif bâti par Onias[4].

Je n'ai pas tenu à visiter ce berceau de la postérité de Jacob ; mais
je ne laisserai pas échapper l'occasion de laver tout un peuple, dont
nous avons accepté les traditions patriarcales, d'un acte peu loyal que
les philosophes lui ont durement re-[261]proché. Je discutais un jour
au Caire sur la fuite d'Égypte du peuple de Dieu avec un *humoriste*[5] de
Berlin, qui faisait partie comme savant de l'expédition de M. Lepsius :

– Croyez-vous donc, me dit-il, que tant d'honnêtes Hébreux auraient
eu l'indélicatesse d'*emprunter* ainsi la vaisselle de gens qui, quoique
Égyptiens, avaient été évidemment leurs voisins ou leurs amis ?

– Cependant, observai-je, il faut croire cela ou nier l'Écriture.

– Il peut y avoir erreur dans la version ou interpolation dans le texte ;
mais faites attention à ce que je vais vous dire : les Hébreux ont eu de
tout temps le génie de la banque et de l'escompte. Dans cette époque

---

1   « Les poètes de l'Orient » peuvent faire penser par exemple à Firdawsi (935 ?-1026), selon
    Huré.
2   « Azima » est l'Asnath de la Genèse, XLI, 45 (Huré). Pharaon appela Joseph du nom de
    Sapnat-Panéaakh et lui donna pour femme Asenat, fille de Poti-Péra, prêtre d'On.
3   « Gessen ». La terre de Gosen, que Pharaon accorda pour demeure aux Hébreux, s'étendait,
    à l'est du Caire, de Péluse à Memphis. (Voir Genèse, XLVI, 28, 34, et XLVII.)
4   « Onias. » Le quatrième du nom (IIe siècle av. J.-C.), pontife juif, s'était retiré en Égypte
    et avait fait construire, avec l'aide de Philopator Ier, au nord d'Héliopolis, au nord-est du
    Caire, à *Tell el-Yehoûdiyé* (la colline des Juifs), un temple à l'image de celui de Jérusalem
    (IIe siècle av. J.-C.). (Rouger)
5   « *Humoriste* ». Ce mot d'origine anglaise et allemande oscillerait encore entre les sens de :
    « homme qui a ses humeurs » et « homme qui pratique l'humour ». *NPl* déclare que le
    mot signifie ici : « homme à paradoxes ».

encore naïve, on ne devait guère prêter que sur gages... et persuadez-vous bien que telle était déjà leur industrie principale.

– Mais les historiens les peignent occupés à mouler des briques pour les pyramides (lesquelles, il est vrai, sont en pierre), et la rétribution de ces travaux se faisait en oignons et autres légumes ?

– Eh bien ! s'ils ont pu amasser quelques oignons, croyez fermement qu'ils ont su les faire valoir et que cela leur en a rapporté beaucoup d'autres.

[262]

– Que faudrait-il en conclure ?

– Rien autre chose, sinon que l'argenterie qu'ils ont emportée formait probablement le gage exact des prêts qu'ils avaient pu faire dans Memphis. L'Égyptien est négligent ; il avait sans doute laissé s'accumuler les intérêts, et les frais, et la rente au taux légal...

– De sorte qu'il n'y avait pas même à réclamer un *boni ?*

– J'en suis sûr. Les Hébreux n'ont emporté que ce qui leur était acquis selon toutes les lois de l'équité naturelle et commerciale. Par cet acte, assurément légitime, ils ont fondé dès lors les vrais principes du crédit. Du reste, le Talmud dit en termes précis : « Ils ont pris seulement ce qui était à eux. »

Je donne pour ce qu'il vaut ce paradoxe berlinois. Il me tarde de retrouver à quelques pas d'Héliopolis des souvenirs plus grands de l'histoire biblique. Le jardinier qui veille à la conservation du dernier monument de cette cité illustre[,] appelée primitivement *Ainschems* ou l'Œil-du-Soleil[1], m'a donné un de ses fellahs pour me conduire à Matarée. Après quelques minutes de marche dans la poussière, j'ai retrouvé une oasis nouvelle, c'est-à-dire un [263] bois tout entier de sycomores et d'orangers ; une source coule à l'entrée de l'enclos, et c'est, dit-on, la seule source d'eau douce que laisse filtrer le terrain nitreux de l'Égypte. Les habitants attribuent cette qualité à une bénédiction divine. Pendant le séjour que la sainte famille fit à Matarée[2], c'est là, dit-on, que la Vierge venait blanchir le linge de l'Enfant-Dieu[3]. On suppose en outre que

---

1   « L'Œil-du-Soleil ». 'En chams', littéralement la source du soleil. (*NPI*)
2   « Matarée ». « Une ancienne tradition l'a rendue fameuse. Elle porte que la sainte famille fuyant la persécution d'Hérode, se retira en cet endroit, et que la sainte Vierge baignait l'enfant Jésus dans cette fontaine ». (Savary, t. I, p. 122. Et Maillet, *Description de l'Égypte*, p. 110.) (*NPI*) *Cf.* n. 1, p. 138.
3   « L'Enfant-Dieu. » Voir *Carnet*, f° 6 r°.

cette eau guérit la lèpre. De pauvres femmes qui se tiennent près de la source vous en offrent une tasse moyennant un léger bakchiz.

Il reste à voir encore dans le bois le sycomore touffu sous lequel se réfugia la sainte famille, poursuivie par la bande d'un brigand nommé Disma. Celui-ci qui, plus tard, devint le bon larron, finit par découvrir les fugitifs ; mais tout à coup la foi toucha son cœur, au point qu'il offrit l'hospitalité à Joseph et à Marie, dans une de ses maisons située sur l'emplacement du vieux Caire, qu'on appelait alors Babylone d'Égypte. Ce Disma, dont les occupations paraissaient lucratives, avait des propriétés partout. On m'avait fait voir déjà, au vieux Caire, dans un couvent cophte, un vieux caveau, voûté en brique, qui passe pour être un reste de l'hospitalière maison de Disma et l'endroit même où couchait la sainte famille.

[264]

Ceci appartient à la tradition cophte, mais l'arbre merveilleux de Matarée reçoit les hommages de toutes les communions chrétiennes. Sans penser que ce sycomore[1] remonte à la haute antiquité qu'on suppose, on peut admettre qu'il est le produit des rejetons de l'arbre ancien, et personne ne le visite depuis des siècles sans emporter un fragment du bois ou de l'écorce. Cependant il a toujours des dimensions énormes et semble un baobab[2] de l'Inde ; l'immense développement de ses branches et de ses surgeons disparaît sous les *ex-voto*, les chapelets, les légendes, les images saintes, qu'on y vient suspendre ou clouer de toutes parts.

En quittant Matarée, nous ne tardâmes pas à retrouver la trace du canal d'Adrien, qui sert de chemin quelque temps, et où les roues de fer des voitures de Suez laissent des ornières profondes. Le désert est beaucoup moins aride que l'on ne croit ; des touffes de plantes balsamiques, des mousses, des lichens et des cactus revêtent presque partout le sol, et de grands rochers garnis de broussailles se dessinent à l'horizon.

La chaîne du Mokatam fuyait à droite vers le sud ; le défilé, en se resserrant, ne tarda pas à en masquer la vue, et mon guide m'indiqua du doigt la [265] composition singulière des roches qui dominaient notre chemin : c'étaient des blocs d'huîtres et de coquillages de toute sorte. La mer du déluge, ou peut-être seulement la Méditerranée qui, selon les savants, couvrait autrefois toute cette vallée du Nil, a laissé ces marques

---

1   « Ce sycomore » aurait été planté en 1672, indique Huré.
2   « Un baobab » est un arbre d'Afrique, rappelle Huré.

incontestables. Que faut-il supposer de plus étrange maintenant ? La vallée s'ouvre ; un immense horizon s'étend à perte de vue. Plus de traces, plus de chemin ; le sol est rayé partout de longues colonnes rugueuses et grisâtres. Ô prodige ! ceci est la forêt pétrifiée[1].

Quel est le souffle effrayant qui a couché à terre au même instant ces troncs de palmiers gigantesques ? Pourquoi tous du même côté, avec leurs branches et leurs racines, et pourquoi la végétation s'est-elle glacée et durcie en laissant distincts les fibres du bois et les conduits de la sève ? Chaque vertèbre s'est brisée par une sorte de décollement ; mais toutes sont restées bout à bout comme les anneaux d'un reptile. Rien n'est plus étonnant au monde. Ce n'est pas une pétrification produite par l'action chimique de la terre ; tout est couché à fleur de sol. C'est ainsi que tomba la vengeance des dieux sur les compagnons de Phinée[2]. Serait-ce un terrain quitté par la mer ? Mais rien de pareil [266] ne signale l'action ordinaire des eaux. Est-ce un cataclysme subit, un courant des eaux du déluge ? Mais comment, dans ce cas, les arbres n'auraient-ils pas surnagé ? L'esprit s'y perd ; il vaut mieux n'y plus songer !

J'ai quitté enfin cette vallée étrange, et j'ai regagné rapidement Choubrah. Je remarquais à peine les creux de rochers qu'habitent les hyènes et les ossements blanchis des dromadaires qu'a semés abondamment le passage des caravanes ; j'emportais dans ma pensée une impression plus grande encore que celle dont on est frappé au premier aspect des pyramides : leurs quarante siècles sont bien petits devant les témoins irrécusables d'un monde primitif soudainement détruit !

VI. – UN DÉJEUNER EN QUARANTAINE

Nous voilà de nouveau sur le Nil. Jusqu'à Batuel-Bakarah, le *ventre de la vache*, où commence l'angle inférieur du Delta, je ne faisais que retrouver des rives connues. Les pointes des trois pyramides, teintes de

---

1   « Pétrifiée. » Il s'agit du Gébel (*Djebel*) el-khachab. Il faut parler de fossilisation et non de pétrification.

2   « Phinée » tenta d'enlever Andromède le jour des épousailles de celle-ci et de Persée. Mais ce dernier présenta à Phinée la tête de Méduse, et il fut pétrifié avec ses compagnons.

rose le matin et le soir, et que l'on admire si longtemps avant d'arriver au Caire, si longtemps encore après avoir quitté Boulac, [267] disparurent enfin tout à fait de l'horizon. Nous voguions désormais sur la branche orientale du Nil, c'est-à-dire sur le véritable lit du fleuve ; car la branche de Rosette, plus fréquentée des voyageurs d'Europe, n'est qu'une large saignée qui se perd à l'occident.

C'est de la branche de Damiette que partent les principaux canaux deltaïques ; c'est elle aussi qui présente le paysage le plus riche et le plus varié. Ce n'est plus cette rive monotone des autres branches, bordée de quelques palmiers grêles, avec des villages bâtis en briques crues, et çà et là[g] des tombeaux de santons égayés de minarets, des colombiers ornés de renflements bizarres, minces silhouettes panoramiques toujours découpées sur un horizon qui n'a pas de second plan ; la branche, ou si vous voulez, la *brame*[1] de Damiette, baigne des villes considérables, et traverse partout des campagnes fécondes ; les palmiers sont plus beaux et plus touffus ; les figuiers, les grenadiers et les tamarins présentent partout des nuances infinies de verdure. Les bords du fleuve, aux affluents des nombreux canaux d'irrigation, sont revêtus d'une végétation toute primitive ; du sein des roseaux qui jadis fournissaient le papyrus et des nénuphars [268] variés, parmi lesquels peut-être on retrouverait le lotus pourpré des anciens, on voit s'élancer des milliers d'oiseaux et d'insectes. Tout papillote, étincelle et bruit, sans tenir compte de l'homme, car il ne passe pas là dix Européens par année ; ce qui veut dire que les coups de fusil viennent rarement troubler ces solitudes populeuses. Le cygne sauvage, le pélican, le flamant rose, le héron blanc et la sarcelle se jouent autour des djermes et des canges ; mais des vols de colombes, plus facilement effrayées, s'égrènent çà et là en long chapelet dans l'azur du ciel.

Nous avions laissé à droite Charakhanieh situé sur l'emplacement de l'antique *Cercasorum* ; Dagoueh, vieille retraite des brigands du Nil qui suivaient, la nuit, les barques à la nage en cachant leur tête dans la cavité d'une courge creusée ; Atrib, qui couvre les ruines d'Atribis[2], et Methram, ville moderne fort peuplée, dont la mosquée, surmontée d'une tour carrée, fut, dit-on, une église chrétienne avant la conquête arabe.

---

1   « Brame » est le « Nom donné par les géographes et les orientalistes aux branches du Nil » (*GDU*, qui cite ce passage de Nerval).

2   « Atribis » (*Athribis*), à 45 kilomètres au nord du Caire, fondée sous les Pharaons, sera explorée en 1854. (Huré)

Sur la rive gauche on retrouve l'emplacement de Busiris[1] sous le nom de Bouzir[2], mais aucune ruine ne sort de la terre ; de l'autre côté du fleuve, Semenhoud, autrefois Sebennitus[3], fait jaillir du [269] sein de la verdure ses dômes et ses minarets. Les débris d'un temple immense[4], qui paraît être celui d'Isis, se rencontrent à deux lieues de là. Des têtes de femmes servaient de chapiteau à chaque colonne ; la plupart de ces dernières ont servi aux Arabes à fabriquer des meules de moulin[5].

Nous passâmes la nuit devant Mansourah, et je ne pus visiter les fours à poulets célèbres de cette ville, ni la maison de Ben-Lockman où vécut saint Louis prisonnier[6]. Une mauvaise nouvelle m'attendait à mon réveil ; le drapeau jaune de la peste était arboré sur Mansourah, et nous attendait encore à Damiette, de sorte qu'il était impossible de songer à faire des provisions autres que d'animaux vivants. C'était de quoi gâter assurément le plus beau paysage du monde ; malheureusement aussi les rives devenaient moins fertiles ; l'aspect des rizières inondées, l'odeur malsaine des marécages, dominaient décidément,

1   « Busiris », désigne la maison d'Osiris. Ce temple célèbre est mentionné par Hérodote. *Cf. NPl.* Huré constate, lui, que ce nom désigne un ensemble de pyramides au sud de Guizeh, et que Nerval se trouve dans la direction opposée.

2   « Bouzir » : Abousir. *Cf.* n. 5 ci-dessous.

3   « Sebennitus » (forme latinisée) : Sébennytos (en égyptien *Teb-Nouter*), qui est la forme hellénisée de Semenhoud (Samannoud).

4   « Un temple immense », que n'arrive pas à localiser Huré.

5   « Moulin. » Rouger remarque que ces deux paragraphes empruntent aux *Lettres sur l'Égypte* de Savary (nouv. éd., an VIII, 1798, 3 vol., t. I, p. 275-295) : « [...] on trouve le village de *Charakhanié*, au-dessus duquel le Nil se sépare pour embrasser le Delta. C'est l'endroit où Hérodote et Pomponius Méla placent l'ancienne ville de *Cercassorum*. [...]. Nos mariniers craignaient de passer la nuit devant le bourg de Dagoué, ancienne retraite de brigands. [...] nous découvrîmes sur la rive droite le village d'*Atrib*. [...]. Les chaumières qui le composent couvrent les ruines de l'ancienne *Atribis*. [...] nous abordâmes à *Mit rhamr*. [...] On y voit une mosquée surmontée d'une tour carrée, qui me paraît avoir servi d'église aux Chrétiens, avant la conquête des Arabes. [...]. Bientôt nous eûmes atteint le village de *Bouzir*. [Sa] situation s'accorde parfaitement avec celle qu'Hérodote et Strabon donnent à l'ancienne ville de *Busiris*. [...]. *Bouzir* ne conserve aucuns vestiges de son ancienne splendeur. [...] à gauche on découvre la ville de *Semennoud*, couronnée de hauts minarets. [...]. C'est l'ancienne *Sebennytus* [...]. À une lieue et demie de *Semennoud* [...] on trouve une grande levée de terre couverte de ruines. [...] ces débris sont ceux d'un grand temple [...]. Les colonnes avaient quatre pieds de diamètre. La tête d'Isis leur servait de chapiteau. [...]. Ces belles ruines sont abandonnées à la barbarie des Turcs, qui viennent chaque jour [...] scier des colonnes pour en faire des meules de moulin. » *Cf.* ci-dessus, n. 2.

6   « Prisonnier » en 1250, Saint Louis fut détenu – dit-on – dans la maison d'Ibn Loqman, à Mansourah. (*NPl*)

au-delà de Pharescour, l'impression des dernières beautés de la nature
égyptienne. Il fallut attendre jusqu'au soir pour rencontrer enfin le
magique spectacle du Nil élargi comme un golfe, des bois de palmiers
plus touffus que jamais, de Damiette, enfin, bordant les deux rives de
ses maisons italiennes et de ses terrasses [270] de verdure ; spectacle
qu'on ne peut comparer qu'à celui qu'offre l'entrée du grand canal de
Venise, et où de plus les mille aiguilles des mosquées se découpaient
dans la brume colorée du soir.

On amarra la cange au quai principal, devant un vaste bâtiment
décoré du pavillon de France ; mais il fallait attendre le lendemain pour
nous faire reconnaître et obtenir le droit de pénétrer avec notre belle
santé dans le sein d'une ville malade. Le drapeau jaune flottait sinis-
trement sur le bâtiment de la marine, et la consigne était toute dans
notre intérêt. Cependant nos provisions étaient épuisées, et cela ne nous
annonçait qu'un triste déjeuner pour le lendemain.

Au point du jour toutefois, notre pavillon avait été signalé, ce qui
prouvait l'utilité du conseil de Madame Bonhomme, et le janissaire du
consulat français venait nous offrir ses services. J'avais une lettre pour
le consul, et je demandai à le voir lui-même. Après[h] être allé l'avertir,
le janissaire vint me prendre et me dit de faire grande attention, afin
de ne toucher personne et de ne point être touché pendant la route. Il
marchait devant moi avec sa canne à pomme d'argent, et faisait écarter les curieux. Nous montons enfin dans un vaste bâtiment de [271]
pierre, fermé de portes énormes, et qui avait la physionomie d'un *okel*
ou caravansérail. C'était pourtant la demeure du consul ou plutôt de
l'agent consulaire de France qui est en même temps l'un des plus riches
négociants en riz de Damiette.

J'entre dans la chancellerie, le janissaire m'indique son maître, et
j'allais bonnement lui remettre ma lettre dans la main. – *Aspetta !* me
dit-il d'un air moins gracieux que celui du colonel Barthélemy quand
on voulait l'embrasser, et il m'écarte avec un bâton blanc qu'il tenait à
la main. Je comprends l'intention, et je présente simplement la lettre.
Le consul sort un instant sans rien dire, et revient tenant une paire de
pincettes ; il saisit ainsi la lettre, en met un coin sous son pied, déchire
très adroitement l'enveloppe avec le bout des pinces, et déploie ensuite
la feuille, qu'il tient à distance devant ses yeux en s'aidant du même
instrument.

Alors sa physionomie se déride un peu, il appelle son chancelier, qui seul parle français, et me fait inviter à déjeuner, mais en me prévenant que ce sera *en quarantaine*. Je ne savais trop ce que pouvait valoir une telle invitation, mais je pensai d'abord à mes compagnons de la cange, et je demandai ce que la ville pouvait leur fournir.

[272]

Le consul donna des ordres au janissaire, et je pus obtenir pour eux du pain, du vin et des poules, seuls objets de consommation qui soient supposés ne pouvoir transmettre la peste. La pauvre esclave se désolait dans la cabine ; je l'en fis sortir pour la présenter au consul.

En me voyant revenir avec elle, ce dernier fronça le sourcil :

— Est-ce que vous voulez emmener cette femme en France ? me dit le chancelier.

— Peut-être, si elle y consent et si je le puis ; en attendant, nous partons pour Beyrouth.

— Vous savez qu'une fois en France elle est libre ?

— Je la regarde comme libre dès à présent.

— Savez-vous aussi que si elle s'ennuie en France, vous serez obligé de la faire revenir en Égypte à vos frais ?

— J'ignorais ce détail.

— Vous ferez bien d'y songer. Il vaudrait mieux la revendre ici.

— Dans une ville où est la peste ? ce serait peu généreux !

— Enfin, c'est votre affaire.

Il expliqua le tout au consul, qui finit par sourire [273] et qui voulut présenter l'esclave à sa femme. En attendant, on nous fit passer dans la salle à manger, dont le centre était occupé par une grande table ronde. Ici commença une cérémonie nouvelle.

Le consul m'indiqua un bout de la table où je devais m'asseoir ; il prit place à l'autre bout avec son chancelier et un petit garçon, son fils sans doute, qu'il alla chercher dans la chambre des femmes. Le janissaire se tenait debout à droite de la table pour bien marquer la séparation.

Je pensais qu'on inviterait aussi la pauvre Zeynab[i], mais elle s'était assise, les jambes croisées, sur une natte, avec la plus parfaite indifférence, comme si elle se trouvait encore au bazar. Elle croyait peut-être au fond que je l'avais amenée là pour la revendre.

Le chancelier prit la parole et me dit que notre consul était un négociant catholique natif de Syrie, et que, l'usage n'étant pas, même chez les chrétiens, d'admettre les femmes à table, on allait faire paraître la *khanoun* (maîtresse de la maison) seulement pour me faire honneur.

En effet, la porte s'ouvrit ; une femme d'une trentaine d'années, et d'un embonpoint marqué, s'avança majestueusement dans la salle et prit place [274] en face du janissaire sur une chaise haute avec escabeau, adossée au mur. Elle portait sur la tête une immense coiffure conique drapée d'un cachemire jaune avec des ornements d'or. Ses cheveux nattés et sa poitrine découverte étincelaient de diamants. Elle avait l'air d'une madone, et son teint de lis pâle faisait ressortir l'éclat sombre de ses yeux dont les paupières et les sourcils étaient peints selon la coutume.

Des domestiques, placés de chaque côté de la salle, nous servaient des mets pareils dans des plats différents, et l'on m'expliqua que ceux de mon côté n'étaient pas en quarantaine et qu'il n'y avait rien à craindre si par hasard ils touchaient mes vêtements. Je comprenais difficilement comment, dans une ville pestiférée, il y avait des gens tout à fait isolés de la contagion. J'étais cependant moi-même un exemple de cette singularité.

Le déjeuner fini, la khanoun, qui nous avait regardés silencieusement sans prendre place à notre table, avertie par son mari de la présence de l'esclave amenée par moi, lui adressa la parole, lui fit des questions et ordonna qu'on lui servît à manger. On apporta une petite table ronde pareille à celles du pays, et le service en quarantaine s'effectua pour elle comme pour moi.
[275]
Le chancelier voulut bien ensuite m'accompagner pour me faire voir la ville. La magnifique rangée des maisons qui bordent le Nil n'est pour ainsi dire qu'une décoration de théâtre ; tout le reste est poudreux et triste ; la fièvre et la peste semblent transpirer des murailles. Le janissaire marchait devant nous en faisant écarter une foule livide vêtue de haillons bleus. Je ne vis de remarquable que le tombeau d'un santon célèbre honoré par les marins turcs, une vieille église bâtie par les croisés dans le style byzantin et une colline aux portes de la ville entièrement formée, dit-on, des ossements de l'armée de Saint Louis.

Je craignais d'être obligé de passer plusieurs jours dans cette ville désolée. Heureusement le janissaire m'apprit le soir même que la bombarde la *Santa-Barbara* allait appareiller au point du jour pour les côtes de Syrie. Le consul voulut bien y retenir mon passage et celui de l'esclave ;

le soir même nous quittions Damiette pour aller rejoindre en mer ce
bâtiment commandé par un capitaine grec[j].
[276]
[277]

LA SANTA-BARBARA[a]

I. – UN COMPAGNON

> Istambolda! Ah! Yélir firman!...
> Yélir, Yélir, Istambolda[1]!

C'était une voix grave et douce, une voix de jeune homme blond ou de jeune fille brune, d'un timbre frais et pénétrant, résonnant comme un chant de cigale altérée à travers la brume poudreuse d'une matinée d'Égypte. J'avais entrouvert, pour l'entendre mieux, une des fenêtres de la cange, dont le grillage doré se découpait, hélas! sur une côte aride ; nous étions loin déjà des plai-[278]nes cultivées et des riches palmeraies qui entourent Damiette. Partis de cette ville à l'entrée de [la] nuit, nous avions atteint en peu de temps le rivage d'Esbeh, qui est l'échelle maritime et l'emplacement primitif de la ville des croisades. Je m'éveillais à peine, étonné de ne plus être bercé par les vagues, et ce chant continuait à résonner par intervalle comme venant d'une personne assise sur la grève, mais cachée par l'élévation des berges. Et la voix reprenait encore avec une douceur mélancolique :

> Kaïkélir! Istambolda!...
> Yélir, Yélir, Istambolda[2]!

Je comprenais bien que ce chant célébrait Stamboul dans un langage nouveau pour moi, qui n'avait plus les rauques consonances de l'arabe ou du grec, dont mon oreille était fatiguée. Cette voix, c'était l'annonce

---

1   « 'Yélir' », *gelir* plutôt, selon Huré qui traduit : « D'Istambul! ah! le firman arrive – il arrive, il arrive d'Istambul. »
2   « "Istambolda!" » Il faudrait, selon Huré : « Kayik gelir! Istanbuldan!... Gelir, gelir, Istanbuldan (Le bateau vient, d'Istambul... Il vient, il vient d'Istambul!) ».

lointaine de nouvelles populations, de nouveaux rivages ; j'entrevoyais déjà, comme en un mirage, la reine du Bosphore parmi ses eaux bleues et sa sombre verdure, et, l'avouerai-je ? ce contraste avec la nature monotone et brûlée de l'Égypte m'attirait invinciblement. Quitte à pleurer les bord[s] du Nil plus tard sous les verts cyprès de Péra, j'appelais au secours de mes sens amollis par [279] l'été, l'air vivifiant de l'Asie. Heureusement la présence, sur le bateau, du janissaire que notre consul avait chargé de m'accompagner, m'assurait d'un départ prochain.

On attendait l'heure favorable pour passer le *boghaz*[1], c'est-à-dire la barre formée par les eaux de la mer luttant contre le cours du fleuve, et une djerme, chargée de riz qui appartenait au consul, devait nous transporter à bord de la *Santa-Barbara*, arrêtée à une lieue en mer.

Cependant la voix reprenait :

> Ah ! ah ! ah ! drommatina !
> Drommatina dieljédélim[2] !...

Qu'est-ce que cela peut signifier ? me disais-je, cela doit être du turc, et je demandai au janissaire s'il comprenait. – C'est un dialecte des provinces, répondit-il ; je ne comprends que le turc de Constantinople ; quant à la personne qui chante, ce n'est pas grand-chose de bon : un pauvre diable sans asile, un *banian !*

J'ai toujours remarqué avec peine le mépris constant de l'homme qui remplit des fonctions serviles à l'égard du pauvre qui cherche fortune ou qui vit dans l'indépendance. Nous étions sortis du bateau, et, du haut de la levée, j'apercevais un jeune [280] homme nonchalamment couché au milieu d'une touffe de roseaux secs. Tourné vers le soleil naissant qui perçait peu à peu la brume étendue sur les rizières, il continuait sa chanson, dont je recueillais aisément les paroles ramenées par de nombreux refrains :

> Déyouldoumou ! Bourouldoumou !
> Aly Osman yadjénamdah[3] !

---

1   « *Boghaz* » : barre, au sens maritime, semble-t-il. Ce mot turc, qui désigne le gosier, la gorge, le défilé, le goulot, le goulet, ne connaît pas cette acception. (*NPl*)

2   « 'Drommatina dieljédélim !...' » : « Drommatina, partons ».

3   « 'Yadjénamdah !' ». Huré tente, après Richer, une traduction (« L'a-t-on entendu ? L'a-t-on vu ? / Ali Osman a-t-il péri ? »), avant de remarquer que celle qui est donnée au chapitre suivant n'a aucun rapport avec ces deux vers. *Cf.* la note, p. 474 de son éd.

Il y a dans certaines langues méridionales[1] un charme syllabique, une grâce d'intonation qui convient aux voix des femmes et des jeunes gens, et qu'on écouterait volontiers des heures entières sans comprendre. Et puis ce chant langoureux, ces modulations chevrotantes qui rappelaient nos vieilles chansons de campagne, tout cela me charmait avec la puissance du contraste et de l'inattendu ; quelque chose de pastoral et d'amoureusement rêveur jaillissait pour moi de ces mots riches en voyelles et cadencés comme des chants d'oiseaux. C'est peut-être, me disais-je, quelque chant d'un pasteur de Trébisonde[2] ou de Marmarique[3]. Il[b] me semble entendre des colombes qui roucoulent sur la pointe des ifs ; cela doit se chanter dans des vallons bleuâtres où les eaux douces éclairent de reflets d'argent les sombres rameaux du mélèse [sic], où les roses [281] fleurissent sur de hautes charmilles, où les chèvres se suspendent aux rochers verdoyants comme[c] dans une idylle de Théocrite.

Cependant je m'étais rapproché du jeune homme qui m'aperçut enfin, et, se levant, me salua en disant : « Bonjour, Monsieur. »

C'était un beau garçon aux traits circassiens, à l'œil noir, avec un teint blanc et des cheveux blonds coupés de près, mais non pas rasés selon l'usage des Arabes. Une longue robe de soie rayée avec un pardessus de drap gris composait son ajustement, et un simple *tarbouch* de feutre rouge lui servait de coiffure ; seulement la forme plus ample et la houppe mieux fournie de soie bleue que celle des bonnets égyptiens, indiquaient le sujet immédiat d'Abdul-Medjid[4]. Sa ceinture, faite d'un aunage de cachemire à bas prix, portait, au lieu des collections de pistolets et de poignards dont tout homme libre ou tout serviteur gagé se hérisse en général la poitrine, une écritoire de cuivre d'un demi-pied de longueur. Le manche de cet instrument oriental contient l'encre, et le fourreau contient les roseaux qui servent de plumes (*calam*[5]). De loin, cela peut passer pour un poignard ; mais c'est l'insigne pacifique du simple lettré. [282]

---

1   « Méridionale » ne peut en aucun cas qualifier la langue turque, remarque Huré.
2   « Trébisonde » : Trébizonde, ancienne capitale byzantine, port au bord de la mer Noire, en Turquie d'Asie.
3   « Marmarique. » Région (qui doit son nom au peuple des Marmarides, selon Strabon) située entre la Méditerranée, la basse Égypte à l'Est, le désert de Libye au sud et la Cyrénaïque à l'ouest.
4   « Abdul-Medjid » devient sultan de Turquie en 1839.
5   « *(Calam)* ». Le calame (*calamus*) des Anciens.

Je me sentis tout d'un coup plein de bienveillance pour ce confrère, et j'avais quelque honte de l'attirail guerrier qui, au contraire, dissimulait ma profession. – Est-ce que vous habitez dans ce pays ? dis-je à l'inconnu.

– Non, monsieur, je suis venu avec vous de Damiette.

– Comment, avec moi ?

– Oui, les bateliers m'ont reçu dans la cange et m'ont amené jusqu'ici. J'aurais voulu me présenter à vous, mais vous étiez couché.

– C'est très bien, dis-je, et où allez-vous comme cela ?

– Je vais vous demander la permission de passer aussi sur la djerme, pour gagner le vaisseau où vous allez vous embarquer.

– Je n'y vois pas d'inconvénient, dis-je en me tournant du côté du janissaire ; mais ce dernier me prit à part.

– Je ne vous conseille pas, me dit-il, d'emmener ce garçon. Vous serez obligé de payer son passage, car il n'a rien que son écritoire ; c'est un de ces vagabonds qui écrivent des vers et autres sottises. Il s'est présenté au consul, qui n'en a pas pu tirer autre chose.

[283]

– Mon cher, dis-je à l'inconnu, je serais charmé de vous rendre service, mais j'ai à peine ce qu'il me faut pour arriver à Beyrouth et y attendre de l'argent.

– C'est bien, me dit-il, je puis vivre ici quelques jours chez les fellahs. J'attendrai qu'il passe un Anglais.

Ce mot me laissa un remords. Je m'étais éloigné avec le janissaire, qui me guidait à travers les terres inondées en me faisant suivre un chemin tracé çà et là sur les dunes de sable pour gagner les bords du lac Menzaleh. Le temps qu'il fallait pour charger la djerme des sacs de riz apportés par diverses barques, nous laissait tout le loisir nécessaire pour cette expédition.

II. – LE LAC MENZALEH[1]

Nous avions dépassé à droite le village d'Esbeh[2], bâti de briques crues, et où l'on distingue les restes d'une antique mosquée et aussi quelques débris d'arches et de tours appartenant à l'ancienne Damiette, détruite par les Arabes à l'époque de Saint Louis, comme trop exposée aux surprises. La mer baignait jadis les murs de cette ville, et en est main-[284]tenant éloignée d'une lieue. C'est l'espace que gagne à peu près la terre d'Égypte tous les six cents ans. Les caravanes qui traversent le désert pour passer en Syrie rencontrent sur divers points des lignes régulières où se voient, de distance en distance, des ruines antiques ensevelies dans le sable, mais dont le vent du désert se plaît quelquefois à faire revivre les contours. Ces spectres de villes dépouillées pour un temps de leur linceul poudreux effraient l'imagination des Arabes, qui attribuent leur construction aux génies. Les savants de l'Europe retrouvent en suivant ces traces une série de cités bâties au bord de la mer sous telle ou telle dynastie de rois pasteurs ou de conquérants thébains. C'est par le calcul de cette retraite des eaux de la mer aussi bien que par celui des diverses couches du Nil empreintes dans le limon, et dont on peut compter les marques en formant des excavations, qu'on est parvenu à faire remonter à quarante mille ans l'antiquité du sol de l'Égypte. Ceci s'arrange mal peut-être avec la Genèse ; cependant ces longs siècles consacrés à l'action mutuelle de la terre et des eaux ont pu constituer ce que le livre saint appelle « matière sans forme[3] », l'organisation des êtres étant le seul principe véritable de la création[d].

[285]

Nous avions atteint le bord oriental de la langue de terre où est bâtie Damiette ; le sable où nous marchions luisait par places, et il me

---

1   « LE LAC MENZALEH » a une superficie de 2500 à 2600 kilomètres carrés, il se trouve à l'est de Damiette.

2   « Esbeh ». Comme ensuite pour la description de lac Menzaleh, Nerval emprunte aux *Lettres sur l'Égypte* de Savary (éd. de 1798, t. I, p. 313), que Rouger cite : « On voit encore une grande mosquée au village d'Esbé… J'y ai remarqué les fondements des murs de l'ancienne Damiette, l'arceau d'une voûte de brique, […] une vieille tour démolie jusqu'à la moitié… Quant à l'intervalle d'une lieue qui se trouve depuis Esbé jusqu'à la mer, c'est la distance dont le Delta s'est prolongé dans l'espace de 600 ans. »

3   « 'Matière sans forme' » : Genèse, I, 2.

semblait voir des flaques d'eau congelées dont nos pieds écrasaient la surface vitreuse ; c'étaient des couches de sel marin. Un rideau de joncs élancés, de ceux peut-être qui fournissaient autrefois le papyrus, nous cachait encore les bords du lac ; nous arrivâmes enfin à un port établi pour les barques des pêcheurs, et de là je crus voir la mer elle-même dans un jour de calme. Seulement des îles lointaines, teintes de rose par le soleil levant, couronnées çà et là de dômes et de minarets, indiquaient un lieu plus paisible, et des barques à voiles latines circulaient par centaines sur la surface unie des eaux.

C'était le lac Menzaleh, l'ancien *Maréotis*[1], où Tanis ruinée occupe, encore l'île principale, et dont Péluse bornait l'extrémité voisine de la Syrie, Péluse, l'ancienne porte de l'Égypte, où passèrent tour à tour Cambyse, Alexandre et Pompée, ce dernier, comme on sait, pour y trouver la mort[2].

Je regrettais de ne pouvoir parcourir le riant archipel semé dans les eaux du lac et assister à quelqu'une de ces pêches magnifiques qui fournissent des poissons à l'Égypte entière. Des oiseaux [286] d'espèces variées planent sur cette mer intérieure, nagent près des bords ou se réfugient dans le feuillage des sycomores, des cassiers et des tamarins ; les ruisseaux et les canaux d'irrigation qui traversent partout les rizières offrent des variétés de végétation marécageuse, où les roseaux, les joncs, le nénuphar et sans doute aussi le *lotus* des anciens émaillent l'eau verdâtre et bruissent du vol d'une quantité d'insectes que poursuivent les oiseaux. Ainsi s'accomplit cet éternel mouvement de la nature primitive où luttent des esprits féconds et meurtriers[3].

Quand, après avoir traversé la plaine, nous remontâmes sur la jetée, j'entendis de nouveau la voix du jeune homme qui m'avait parlé, il continuait à répéter : « *Yélir, yélir, Istambolda !* » Je craignais d'avoir eu tort de refuser sa demande, et je voulus rentrer en conversation avec lui

---

1   « L'ancien *Maréotis* » : ce lac, au sud d'Alexandrie, n'a rien à voir avec le lac Menzaleh, indique Huré.

2   « La mort », en 48 avant J.-C.

3   « Meurtriers. » Rouger cite quelques exemples des lettres XXIII et XXIV de Savary qui ont inspiré Nerval dans sa description du lac : « Des îles, dont la tête éclairée par le soleil se découvre dans le lointain, des bateaux qui voguent... On voit à côté du sycomore et du triste tamarin, l'élégant cassier... Les ruisseaux qui entourent les champs de riz sont bordés de plusieurs espèces de roseaux... C'est encore là que le *lotus*, auquel les Arabes ont conservé le nom primitif de *nuphar*, élève sa tige [...] au-dessus des eaux ».

en l'interrogeant sur le sens de ce qu'il chantait. « C'est, me dit-il, une chanson qu'on a faite à l'époque du massacre des janissaires. J'ai été bercé avec cette chanson. »

Comment ! disais-je en moi-même, ces douces paroles, cet air langoureux renferment des idées de mort et de carnage ! ceci nous éloigne un peu de l'églogue.

[287]
La chanson voulait dire à peu près :

> Il vient de Stamboul, le firman (celui qui annonçait la destruction des janissaires) ! – Un vaisseau l'apporte, – Ali-Osman[1] l'attend ; – un vaisseau arrive, – mais le firman ne vient pas ; – tout le peuple est dans l'incertitude. – Un second vaisseau arrive, voilà enfin celui qu'attendait Ali-Osman. – Tous les musulmans revêtent leurs habits brodés – et s'en vont se divertir dans la campagne, – car il est certainement arrivé cette fois, le firman !

À quoi bon vouloir tout approfondir ? J'aurais mieux aimé ignorer désormais le sens de ces paroles. Au lieu d'un chant de pâtre ou du rêve d'un voyageur qui pense à Stamboul, je n'avais plus dans la mémoire qu'un[e] sotte chanson politique.

– Je ne demande pas mieux, dis-je tout bas au jeune homme, que de vous laisser entrer dans la djerme, mais votre chanson aura peut-être contrarié le janissaire, quoiqu'il ait eu l'air de ne pas la comprendre....

– Lui, un janissaire ? me dit-il. Il n'y en a plus dans tout l'empire[2] ! les consuls donnent encore ce nom, par habitude, à leurs *cavas ;* mais lui n'est qu'un Albanais, comme moi je suis un Arménien. Il m'en veut parce qu'étant à Damiette, je me suis offert à conduire des étrangers pour visiter la ville ; à présent, je vais à Beyrouth.

Je fis comprendre au janissaire que son res-[288]sentiment devenait sans motif. – Demandez-lui, me dit-il, s'il a de quoi payer son passage sur le vaisseau.

– Le capitaine Nicolas est mon ami, répondit l'Arménien.

Le janissaire secoua la tête, mais il ne fit plus aucune observation. Le jeune homme se leva lestement, ramassa un petit paquet qui paraissait à peine sous son bras et nous suivit. Tout mon bagage avait été déjà

---

1   « Osman » Pacha, amiral turc (1785-1860). (Jeanneret)
2   « L'empire ! » Les janissaires furent exterminés le 15 juin 1826 sur l'ordre du sultan Mahmoud (*Mahmut*) II ; ils s'étaient opposés à sa politique de réforme.

transporté sur la djerme, lourdement chargée. L'esclave javanaise, que le plaisir de changer de lieu rendait indifférente au souvenir de l'Égypte, frappait ses mains brunes avec joie en voyant que nous allions partir et veillait à l'emménagement des cages de poules et de pigeons. La crainte de manquer de nourriture agit fortement sur ces âmes naïves. L'état sanitaire de Damiette ne nous avait pas permis de réunir des provisions plus variées. Le riz ne manquant pas, du reste, nous étions voués pour toute la traversée au régime du pilau.

III. – LA BOMBARDE

Nous descendîmes le cours du Nil pendant une [289] lieue encore ; les rives plates et sablonneuses s'élargissaient à perte de vue, et le *boghaz* qui empêche les vaisseaux d'arriver jusqu'à Damiette ne présentait plus à cette heure-là qu'une barre presque insensible. Deux forts protègent cette entrée, souvent franchie au Moyen Âge, mais presque toujours fatale aux vaisseaux.

Les voyages sur mer sont aujourd'hui, grâce à la vapeur, tellement dépourvus de danger, que ce n'est pas sans quelque inquiétude qu'on se hasarde sur un bateau à voile. Là renaît la chance fatale qui donne aux poissons leur revanche de la voracité humaine, ou tout au moins la perspective d'errer dix ans sur des côtes inhospitalières, comme les héros de l'*Odyssée* et de l'*Énéide*. Or, si jamais vaisseau primitif et suspect de ces fantaisies sillonna les eaux bleues du golfe syrien, c'est la bombarde baptisée du nom de *Santa-Barbara* qui en réalise l'idéal le plus pur[1]. Du plus loin que j'aperçus cette sombre carcasse, pareille à un bateau de charbon, élevant sur un mât unique la longue vergue disposée pour une seule voile triangulaire, je compris que j'étais mal tombé, et j'eus l'idée un instant de refuser ce moyen de transport. Cependant comment faire ? Retourner dans une ville en proie à la peste

---

1   « Le plus pur. » « Il n'y a, pour cette destination, ni bateaux à vapeur, ni poste française… Je ne te parle pas de ma traversée de Damiette aux côtes de Syrie, sur la *Santa Barbara*, bateau grec fort incommode, où j'ai été fort ballotté pendant sept jours. » (Nerval à son père, de Constantinople, le 25 juillet 1843.)

[290] pour attendre le passage d'un brick européen, (car les bateaux à vapeur ne desservent pas cette ligne), ce n'était guère moins chanceux. Je regardai mes compagnons, qui n'avaient l'air ni mécontent ni surpris ; le janissaire paraissait convaincu d'avoir arrangé les choses pour le mieux ; nulle idée railleuse ne perçait sous le masque bronzé des rameurs de la djerme ; il semblait donc que ce navire n'avait rien de ridicule et d'impossible dans les habitudes du pays. Toutefois cet aspect de galéasse difforme, de sabot gigantesque enfoncé dans l'eau jusqu'au bord par le poids des sacs de riz, ne promettait pas une traversée rapide. Pour peu que les vents nous fussent contraires, nous risquions d'aller faire connaissance avec la patrie inhospitalière des Lestrigons[1] ou les rochers *porphyreux* des antiques Phéaciens[2]. Ô Ulysse ! Télémaque ! Énée ! étais-je destiné à vérifier par moi-même votre itinéraire fallacieux ?

Cependant la djerme accoste le navire, on nous jette une échelle de corde traversée de bâtons, et nous voilà hissés sur le bordage et initiés aux joies de l'intérieur. *Kalimèra* (bonjour), dit le capitaine, vêtu comme ses matelots, mais se faisant reconnaître par ce salut grec, et il se hâte de s'oc-[291]cuper de l'embarquement des marchandises, bien autrement important que le nôtre. Les sacs de riz formaient une montagne sur l'arrière, au-delà de laquelle une petite portion de la dunette était réservée au timonier et au capitaine ; il était donc impossible de se promener autrement que sur les sacs, le milieu du vaisseau étant occupé par la chaloupe et les deux côtés encombrés de cages de poules ; un seul espace assez étroit existait devant la cuisine, confiée aux soins d'un jeune mousse fort éveillé.

Aussitôt que ce dernier vit l'esclave, il s'écria : *Kokona, kalè, kalè* (une femme ! belle, belle) ! Ceci s'écartait de la réverve [*sic* réserve] arabe, qui ne permet pas que l'on paraisse remarquer soit une femme, soit un enfant. Le janissaire était monté avec nous et surveillait le chargement des marchandises qui appartenaient au consul. « Ah çà, lui dis-je, où va-t-on nous loger ? vous m'aviez dit qu'on nous donnerait la chambre du capitaine. – Soyez tranquille, répondit-il, on rangera tous ces sacs et

---

1   « Lestrigons ». Les Lestrygons sont ces géants anthropophages qui dévorent des compagnons d'Ulysse (*Odyssée*, chant I, x).

2   « Les antiques Phéaciens » habitaient Corfou (Corcyre), où Nausicaa, fille du roi Alcinoüs, accueille Ulysse.

ensuite vous serez très bien. » Sur quoi il nous fit ses adieux et descendit dans la djerme, qui ne tarda pas à s'éloigner.

Nous voilà donc, Dieu sait pour combien de [292] temps ! sur un de ces vaisseaux syriens que la moindre tempête brise à la côte comme des coques de noix. Il fallut attendre le vent d'ouest de trois heures pour mettre à la voile. Dans l'intervalle, on s'était occupé du déjeuner. Le capitaine Nicolas avait donné ses ordres, et son pilau cuisait sur l'unique fourneau de la cuisine ; notre tour ne devait arriver que plus tard.

Je cherchais cependant où pouvait être cette fameuse chambre du capitaine qui nous avait été promise, et je chargeai l'Arménien de s'en informer auprès de *son ami*, lequel ne paraissait nullement l'avoir reconnu jusque-là. Le capitaine se leva froidement et nous conduisit vers une espèce de soute située sous le tillac de l'avant où l'on ne pouvait entrer que plié en deux et dont les parois étaient littéralement couvertes de ces grillons rouges, longs comme le doigt, que l'on appelle *caravaces*, et qu'avait attirés sans doute un chargement précédent de sucre ou de cassonnade. Je reculai avec effroi et fis mine de me fâcher. – C'est là ma chambre, me fit dire le capitaine ; je ne vous conseille pas de l'habiter, à moins qu'il ne vienne à pleuvoir ; mais je vais vous faire voir un endroit beaucoup plus frais et beaucoup plus convenable.
[293]

Alors il me conduisit près de la grande chaloupe maintenue par des cordes entre le mât et l'avant, et me fit regarder dans l'intérieur : – Voilà, dit-il, où vous serez très bien couché ; vous avez des matelas de coton que vous étendrez d'un bout à l'autre, et je vais faire disposer là-dessus des toiles qui formeront une tente ; maintenant vous voilà logé commodément et grandement, n'est-ce pas ?

J'aurais eu mauvaise grâce à n'en pas convenir ; le bâtiment étant donné, c'était assurément le local le plus agréable, par une température d'Afrique, et le plus isolé qu'on y pût choisir.

IV. – *ANDARE SUL MARE*[1]

Nous partons, nous voyons s'amincir, descendre et disparaître enfin
sous le bleu niveau de la mer cette frange de sable qui encadre si tristement les splendeurs de la vieille Égypte ; le flamboiement poudreux
du désert reste seul à l'horizon ; les oiseaux du Nil nous accompagnent
quelque temps, puis nous quittent l'un après l'autre, comme pour aller
rejoindre le soleil qui descend vers Alexandrie. Cependant un astre
éclatant gravit peu à peu l'arc [294] du ciel et jette sur les eaux des
reflets enflammés. C'est l'étoile du soir, c'est Astarté[2], l'antique déesse
de Syrie ; elle brille d'un éclat incomparable sur ces mers sacrées qui la
reconnaissent toujours.

Sois-nous propice, ô divinité ! qui n'as pas la teinte blafarde de la
lune, mais qui scintilles dans ton éloignement et verses des rayons dorés
sur le monde comme un soleil de la nuit !

Après tout, une fois la première impression surmontée, l'aspect intérieur de la *Santa-Barbara* ne manquait pas de pittoresque. Dès le lendemain, nous nous étions acclimatés parfaitement, et les heures coulaient
pour nous comme pour l'équipage dans la plus parfaite indifférence de
l'avenir. Je crois bien que le bâtiment marchait à la manière de ceux des
anciens, toute la journée d'après le soleil, et la nuit d'après les étoiles. Le
capitaine me fit voir une boussole, mais elle était tout [*sic*] détraquée. Ce
brave homme avait une physionomie à la fois douce et résolue, empreinte
en outre d'une naïveté singulière qui me donnait plus de confiance en
lui-même qu'en son navire. Toutefois il m'avoua qu'il avait été quelque
peu forban, mais seulement à l'époque de l'indépendance hellénique[3].
C'était après m'avoir invité à prendre part à son dîner[4], qui se [295]
composait d'un pilau en pyramide où chacun plongeait à son tour une
petite cuiller de bois. Ceci était déjà un progrès sur la façon de manger
des Arabes, qui ne se servent que de leurs doigts.

---

1   « MARE. » Rouger fait le rapprochement avec Hoffmann (*Doge et Dogaresse, Contes des frères
     Sérapion*, II) : *Ah ! senza amare, / Andare sul mare…*
2   « Astarté » : étoile du matin, rectifie Huré. *Cf.* ci-dessous, t. II, n. 2, p. 146.
3   « L'indépendance hellénique », en 1829-1830.
4   « Dîner » : au sens ancien de « déjeuner ».

Une bouteille de terre, remplie de vin de Chypre, de celui qu'on appelle vin de Commanderie, défraya notre après-dînée, et le capitaine, devenu plus expansif, voulut bien, toujours par l'intermédiaire du jeune Arménien, me mettre au courant de ses affaires. M'ayant demandé si je savais lire le latin, il tira d'un étui une grande pancarte de parchemin qui contenait les titres les plus évidents de la moralité de sa bombarde. Il voulait savoir en quels termes était conçu ce document.

Je me mis à lire, et j'appris que « les secrétaires de la Terre-Sainte appelaient la bénédiction de la Vierge et des saints sur le navire, et certifiaient que le capitaine *Alexis*, Grec catholique, natif de Taraboulous (Tripoli de Syrie), avait toujours rempli ses devoirs religieux. »

On a mis Alexis, me fit observer le capitaine, mais c'est Nicolas qu'on aurait dû mettre ; ils se sont trompés en écrivant.

Je donnai mon assentiment, songeant en moi-même que, s'il n'avait pas de patente plus officielle, [296] il ferait bien d'éviter les parages européens. Les Turcs se contentent de peu : le cachet rouge et la croix de Jérusalem apposés à ce billet de confession devaient suffire, moyennant *bakchiz*ᵉ, à satisfaire aux besoins de la légalité musulmane.

Rien n'est plus gai qu'une après-dînée en mer par un beau temps ; la brise est tiède, le soleil tourne autour de la voile dont l'ombre fugitive nous oblige à changer de place de temps en temps ; cette ombre nous quitte enfin, et projette sur la mer sa fraîcheur inutile. Peut-être serait-il bon de tendre une simple toile pour protéger la dunette, mais personne n'y songe ; le soleil dore nos fronts comme des fruits mûrs. C'est là que triomphait surtout la beauté de l'esclave javanaise. Je n'avais pas songé un instant à lui faire garder son voile, par ce sentiment tout naturel qu'un Franc possédant une femme n'avait pas droit de la cacher. L'Arménien s'était assis près d'elle sur les sacs de riz, pendant que je regardais le capitaine jouer aux échecs avec le pilote, et il lui dit plusieurs fois avec un fausset enfantin : « *Qued ya sitti !* » ce qui, je pense, signifiait : « Eh bien donc, madame ! » Elle resta quelque temps sans répondre, avec cette fierté qui respirait dans son maintien habituel ; puis elle finit par se [297] tourner vers le jeune homme, et la conversation s'engagea.

De ce moment, je compris combien j'avais perdu à ne pas prononcer couramment l'arabe. Son front s'éclaircit, ses lèvres sourirent, et elle s'abandonna bientôt à ce caquetage ineffable qui, dans tous les pays, est, à ce qu'il semble, un besoin pour la plus belle portion de l'humanité.

J'étais heureux, du reste, de lui avoir procuré ce plaisir. L'Arménien paraissait très respectueux, et, se tournant de temps en temps vers moi, lui racontait sans doute comment je l'avais rencontré et accueilli. Il ne faut pas appliquer nos idées à ce qui se passe en Orient, et croire qu'entre homme et femme une conversation devienne tout de suite... criminelle. Il y a dans les caractères beaucoup plus de simplicité que chez nous ; j'étais persuadé qu'il ne s'agissait là que d'un bavardage dénué de sens. L'expression des physionomies et l'intelligence de quelques mots çà et là m'indiquaient suffisamment l'innocence de ce dialogue ; aussi restai-je comme absorbé dans l'observation du jeu d'échecs (et quels échecs) du capitaine et son pilote. Je me comparais mentalement à ces époux aimables qui, dans une soirée, s'asseyent aux tables de jeu, laissant causer ou [298] danser sans inquiétude les femmes et les jeunes gens.

Et d'ailleurs, qu'est-ce qu'un pauvre diable d'Arménien qu'on a ramassé dans les roseaux au bord du Nil auprès d'un Franc qui vient du Caire et qui y a mené l'existence d'un *mirliva*ᶠ (général), d'après l'estime des drogmans et de tout un quartier ? Si, pour une nonne, un jardinier est un homme, comme on disait en France au siècle dernier, il ne faut pas croire que le premier venu soit quelque chose pour une *cadine*[1] musulmane. Il y a dans les femmes élevées naturellement, comme dans les oiseaux magnifiques, un certain orgueil qui les défend tout d'abord contre la séduction vulgaire. Il me semblait du reste qu'en l'abandonnant à sa propre dignité, je m'assurais la confiance et le dévouement de cette pauvre esclave qu'au fond, ainsi que je l'ai dit déjà, je considérais comme libre du moment qu'elle avait quitté la terre d'Égypte et mis le pied sur un bâtiment chrétien.

Chrétien ! est-ce le terme juste ? La *Santa-Barbara* n'avait pour équipage que des matelots turcs : le capitaine seul et son mousse représentant l'église romaine, l'Arménien une hérésie quelconque, et moi-même... Mais qui sait ce que peut représen-[299]ter en Orient un Parisien nourri d'idées philosophiques, un fils de Voltaire, un impie, selon l'opinion de ces braves gens ! Chaque matin, au moment où le soleil sortait de la mer, chaque soir, à l'instant où son disque, envahi par la ligne sombre des eaux, s'éclipsait en une minute, laissant à l'horizon cette teinte rosée qui se fond délicieusement dans l'azur, les matelots se réunissaient sur un seul rang, tournés vers la Mecque lointaine, et l'un d'eux entonnait

---

1   « Une *cadine* ». *Cf.* n. 1, p. 217.

l'hymne de la prière, comme aurait pu faire le grave muezzin du haut des minarets. Je ne pouvais empêcher l'esclave de se joindre à cette religieuse effusion si touchante et si solennelle ; dès le premier jour, nous nous vîmes ainsi partagés en communions diverses. Le capitaine, de son côté, faisait des oraisons de temps en temps à une certaine image clouée au mât qui pouvait bien être la patronne du navire, *santa Barbara ;* l'Arménien, en se levant, après s'être lavé la tête et les pieds avec du savon, mâchonnait[g] des litanies à voix basse ; moi seul, incapable de feinte, je n'exécutais aucune génuflexion régulière, et j'avais pourtant quelque honte à paraître moins religieux que ces gens. Il y a chez les Orientaux une tolérance mutuelle pour les religions diverses, chacun se classant simplement [300] à un degré supérieur dans la hiérarchie spirituelle, mais admettant que les autres peuvent bien à la rigueur être dignes de lui servir[h] d'escabeau ; le simple philosophe dérange cette combinaison : où le placer ? Le Coran lui-même, qui maudit les idolâtres et les adorateurs du feu et des étoiles, n'a pas prévu le scepticisme de notre temps.

V. – IDYLLE

Vers le troisième jour de notre traversée, nous eussions dû apercevoir la côte de Syrie ; mais, pendant la matinée, nous changions à peine de place, et le vent, qui se levait à trois heures, enflait la voile par bouffées, puis la laissait peu après retomber le long du mât. Cela paraissait inquiéter peu le capitaine, qui partageait ses loisirs entre son jeu d'échecs et une sorte de guitare avec laquelle il accompagnait toujours le même chant. En Orient, chacun a son air favori, et le répète sans se lasser du matin au soir, jusqu'à ce qu'il en sache un autre plus nouveau. L'esclave aussi avait appris au Caire je ne sais quelle chanson de harem dont le refrain revenait toujours sur une mélopée traînante et so-[301]porifique. C'étaient, je m'en souviens trop, les deux vers suivants :

Ya kabibé ! sakel nô[i] !...
Ya makmouby ! ya sidi[1] !

---

1   « 'Ya sidi !' ». Huré ne voit là que du charabia.

J'en comprenais bien quelques mots, mais celui de *Kabibé* manquait à mon vocabulaire. J'en demandai le sens à l'Arménien, qui me répondit : Cela veut dire *un petit drôle*[1]. Je couchai ce substantif sur mes tablettes avec l'explication, ainsi qu'il convient quand on veut s'instruire.

Le soir, l'Arménien me dit qu'il était fâcheux que le vent ne fût pas meilleur et que cela l'inquiétait un peu.

— Pourquoi ? lui dis-je. Nous risquons de rester ici deux jours de plus, voilà tout, et décidément nous sommes très bien sur ce vaisseau.

— Ce n'est pas cela, me dit-il, mais c'est que nous pourrions bien manquer d'eau.

— Manquer d'eau !

— Sans doute ; vous n'avez pas d'idée de l'insouciance de ces gens-là. Pour avoir de l'eau, il aurait fallu envoyer une barque jusqu'à Damiette, car celle de l'embouchure du Nil est salée, et, comme la ville était en quarantaine, ils ont craint les for-[302]malités... du moins c'est là ce qu'ils disent, mais, au fond, ils n'y auront pas pensé.

— C'est étonnant, dis-je, le capitaine chante comme si notre situation était des plus simples ; et j'allai avec l'Arménien l'interroger sur ce sujet.

Il se leva et me fit voir sur le pont les tonnes à eau entièrement vides, sauf l'une d'elles qui pouvait encore contenir cinq à six bouteilles d'eau ; puis il s'en alla se rasseoir sur la dunette, et, reprenant sa guitare, il recommença son éternelle chanson en berçant sa tête en arrière contre le bordage.

Le lendemain matin, je me réveillai de bonne heure, et je montai sur le gaillard d'avant avec la pensée qu'il était possible d'apercevoir les côtes de la Palestine, mais j'eus beau nettoyer mon binocle, la ligne extrême de la mer était aussi nette que la lame courbe d'un damas. Il est même probable que nous n'avions guère changé de place depuis la veille. Je redescendis, et me dirigeai vers l'arrière. Tout le monde dormait avec sérénité ; le jeune mousse était seul debout et faisait sa toilette en se lavant abondamment le visage et les mains avec de l'eau qu'il puisait dans notre dernière tonne de liquide potable.

Je ne pus m'empêcher de manifester mon in-[303]dignation. Je lui dis ou je crus lui faire comprendre que l'eau de la mer était assez bonne

---

1   « *Un petit drôle.* » Non. « *Ya habibi !* » a le sens de : « ô chéri ! », « ô mon aimé ! » « Ya makmouby ! » (participe passé) a le même sens.

pour la toilette d'un *petit drôle* de son espèce, et voulant formuler cette dernière expression, je me servis du terme de *ya kabibé*, que j'avais noté. Le petit garçon me regarda en souriant et parut peu touché de la réprimande. Je crus avoir mal prononcé et je n'y pensai plus.

Quelques heures après, dans ce moment de l'après-dîner où le capitaine Nicolas faisait d'ordinaire apporter par le mousse une énorme cruche de vin de Chypre, à laquelle seuls nous étions invités à prendre part, l'Arménien et moi, en qualité de chrétiens, les matelots, par respect sans doute pour la loi de Mahomet, ne buvaient que de l'eau-de-vie, le capitaine, dis-je, se mit à parler bas à l'oreille de l'Arménien.

— Il veut, me dit ce dernier, vous faire une proposition.

— Qu'il parle.

— Il dit que c'est délicat et espère que vous ne lui en voudrez pas si cela vous déplaît.

— Pas du tout.

— Eh bien ! il vous demande si vous voulez faire l'échange de votre esclave contre le *ya ouled* (le petit garçon) qui lui appartient aussi.

[304]

Je fus au moment de partir d'un éclat de rire, mais le sérieux parfait des deux Levantins me déconcerta. Je crus voir là au fond une de ces mauvaises plaisanteries que les Orientaux ne se permettent guère que dans les situations où un Franc pourrait difficilement les en faire repentir. Je le dis à l'Arménien, qui me répondit avec quelque étonnement :

— Mais non, c'est bien sérieusement qu'il parle ; le petit garçon est très blanc et la femme basanée, et, ajouta-t-il avec un air d'appréciation consciencieuse, je vous conseille d'y réfléchir, le petit garçon vaut bien la femme.

Je ne suis pas habitué à m'étonner facilement ; du reste, ce serait peine perdue dans de tels pays. Je me bornai à répondre que ce marché ne me convenait pas. Ensuite, comme je montrais quelque humeur, le capitaine dit à l'Arménien qu'il était fâché de son indiscrétion, mais qu'il avait cru me faire plaisir. Je ne savais trop quelle était son idée, et je crus voir une sorte d'ironie percer dans sa conversation ; je le fis donc presser par l'Arménien de s'expliquer nettement sur ce point.

— Eh bien ! me dit ce dernier, il prétend que vous avez, ce matin, fait des compliments au *ya* [305] *ouled*, c'est du moins ce que celui-ci a rapporté.

– Moi ! m'écriai-je, je l'ai appelé petit drôle parce qu'il se lavait les mains avec notre eau à boire ; j'étais furieux contre lui, au contraire !

L'étonnement de l'Arménien me fit apercevoir qu'il y avait dans cette affaire un de ses absurdes quiproquos philologiques si communs entre les personnes qui savent médiocrement les langues. Le mot *kabibé*, si singulièrement traduit la veille par l'Arménien, avait au contraire la signification la plus charmante et la plus amoureuse du monde. Je ne sais pourquoi le terme de *drôle* lui avait paru rendre parfaitement cette idée en français.

Nous nous livrâmes à une traduction nouvelle et corrigée du refrain chanté par l'esclave, et qui, décidément signifiait à peu près :

Ô mon petit chéri, mon bien aimé, mon frère, mon maître !

C'est ainsi que commencent presque toutes les chansons d'amour arabes, susceptibles des interprétations les plus diverses, et qui rappellent aux commençants l'équivoque classique de l'églogue de Corydon[1].

VI. – JOURNAL DE BORD

L'humble vérité n'a pas les ressources immenses [306] des combinaisons dramatiques ou romanesques. Je recueille un à un des événements qui n'ont de mérite que par leur simplicité même, et je sais qu'il serait aisé pourtant, fût-ce dans la relation d'une traversée aussi vulgaire que celle du golfe de Syrie, de faire naître des péripéties vraiment dignes d'attention ; mais la réalité grimace à côté du mensonge, et il vaut mieux, ce me semble, dire naïvement, comme le bon capitaine Cook : « Tel jour, nous n'avons rien vu en mer qu'un morceau de bois qui flottait à l'aventure ; tel autre jour, qu'un goéland aux ailes grises… » jusqu'au moment trop rare où l'action se réchauffe et se complique d'un canot de sauvages qui viennent apporter des ignames et des cochons de lait rôtis.

Cependant, à défaut de la tempête obligée, un calme plat tout à fait digne de l'Océan Pacifique, et le manque d'eau douce sur un navire composé comme l'était le nôtre, pouvaient amener des scènes dignes d'une

---

1   « Corydon. » « Formosum pastor Corydon ardebat Alexim… » C'est la deuxième églogue
     ou bucolique de Virgile.

Odyssée moderne. Le destin m'a ôté cette chance d'intérêt en envoyant ce soir-là un léger zéphir de l'ouest qui nous fit marcher assez vite.

J'étais, après tout, joyeux de cet incident, et je me faisais répéter par le capitaine l'assurance que [307] le lendemain matin nous pourrions apercevoir à l'horizon les cimes bleuâtres du Carmel. Tout à coup des cris d'épouvante partent de la dunette. « *Farqha el bahr ! farqha el bahr*[1] ! » – Qu'est-ce donc ? – « Une poule à la mer ! » La circonstance me paraissait peu grave ; cependant l'un des matelots turcs auquel appartenait la poule se désolait de la manière la plus touchante, et ses compagnons le plaignaient très sérieusement. On le retenait pour l'empêcher de se jeter à l'eau, et la poule déjà éloignée faisait des signes de détresse dont on suivait les phases avec émotion. Enfin, le capitaine, après un moment de doute, donna l'ordre qu'on arrêtât le vaisseau.

Pour le coup, je trouvai un peu fort qu'après avoir perdu deux jours on s'arrêtât par un bon vent pour une poule noyée. Je donnai deux piastres au matelot, pensant que c'était là tout le joint de l'affaire, car un Arabe se ferait tuer pour beaucoup moins. Sa figure s'adoucit, mais il calcula sans doute immédiatement qu'il aurait un double avantage à ravoir la poule, et en un clin d'œil il se débarrassa de ses vêtements et se jeta à la mer.

La distance jusqu'où il nagea était prodigieuse. Il fallut attendre une demi-heure avec l'inquiétude [308] de sa situation et de la nuit qui venait ; notre homme nous rejoignit enfin exténué, et on dut le retirer de l'eau, car il n'avait plus la force de grimper le long du bordage.

Une fois en sûreté, cet homme s'occupait plus de sa poule que de lui-même ; il la réchauffait, la frottait, et ne fut content qu'en la voyant respirer à l'aise et sautiller sur le pont.

Le bâtiment s'était remis en route. – Le diable soit de la poule ! dis-je à l'Arménien ; nous avons perdu une heure.

– Eh quoi ! vouliez-vous donc qu'il la laissât se noyer ?

– Mais j'en ai aussi, des poules, et je lui en aurais donné plusieurs pour celle-là !

– Ce n'est pas la même chose.

– Comment donc ? mais je sacrifierais toutes les poules de la terre pour qu'on ne perdît pas une heure de bon vent, dans un bâtiment où nous risquons demain de mourir de soif.

---

1   « *Farqha el bahr* » veut dire : « une poule de mer » ; il aurait fallu : *farkha fi el bahr.* (*NPl*)

— Voyez-vous, dit l'Arménien, la poule s'est envolée à sa gauche, au moment où il s'apprêtait à lui couper le cou.

— J'admettrais volontiers, répondis-je, qu'il se fût dévoué comme musulman pour sauver une créa-[309]ture vivante, mais je sais que le respect des vrais croyants pour les animaux ne va point jusque-là, puisqu'ils les tuent pour leur nourriture.

— Sans doute, ils les tuent, mais avec des cérémonies, en prononçant des prières, et encore ne peuvent[-]ils leur couper la gorge qu'avec un couteau dont le manche soit percé de trois clous et dont la lame soit sans brèche. Si tout à l'heure la poule s'était noyée, le pauvre homme était certain de mourir d'ici à trois jours.

— C'est bien différent, dis-je à l'Arménien.

Ainsi, pour les Orientaux, c'est toujours une chose grave que de tuer un animal. Il n'est permis de le faire que pour sa nourriture expressément et dans des formes qui rappellent l'antique institution des sacrifices. On sait qu'il y a quelques chose de pareil chez les Israélites ; les bouchers sont obligés d'employer des sacrificateurs (*schocket*) qui appartiennent à l'ordre religieux, et ne tuent chaque bête qu'en employant des formules consacrées. Ce préjugé se trouve avec des nuances diverses dans la plupart des religions du Levant. La chasse même n'est tolérée que contre les bêtes féroces et en punition de dégâts causés par elles. La chasse au faucon était pourtant, à l'époque des califes, le [310] divertissement des grands, mais par une sorte d'interprétation qui rejetait sur l'oiseau de proie la responsabilité du sang versé. Au fond, sans adopter les idées de l'Inde, on peut convenir qu'il y a quelque chose de grand dans cette pensée de ne tuer aucun animal sans nécessité. Les formules recommandées pour le cas où on leur ôte la vie, par le besoin de s'en faire une nourriture, ont pour but sans doute d'empêcher que la souffrance se prolonge plus d'un instant, ce que les habitudes de la chasse rendent malheureusement impossible.

L'Arménien me raconta à ce sujet que, du temps de Mahmoud[1], Constantinople était tellement rempli de chiens[2], que les voitures avaient peine à circuler dans les rues ; ne pouvant les détruire, ni comme animaux féroces, ni comme propres à la nourriture, on imagina de les exposer dans des îlots déserts de l'entrée du Bosphore. Il fallut les embarquer

---

1   « Du temps de Mahmoud » : 1808-1839.

2   « Remplie de chiens », comme l'avait constaté Chateaubriand par exemple, dans son *Itinéraire de Paris à Jérusalem* (cf. « Voyage de l'Archipel, de l'Anatolie et de Constantinople »).

par milliers dans des caïques, et au moment où, ignorants de leur sort, ils prirent possession de leurs nouveaux domaines, un iman leur fit un discours, exposant que l'on avait cédé à une nécessité absolue, et que leurs âmes, à l'heure de la mort, ne devaient pas en vouloir aux fidèles croyants ; que, du reste, si la volonté du ciel était [311] qu'ils fussent sauvés, cela arriverait assurément. Il y avait beaucoup de lapins dans ces îles, et les chiens ne réclamèrent pas tout d'abord contre ce raisonnement jésuitique ; mais, quelques jours plus tard, tourmentés par la faim, ils poussèrent de tels gémissements, qu'on les entendait de Constantinople. Les dévots, émus de cette lamentable protestation, adressèrent de graves remontrances au sultan, déjà trop suspect de tendances européennes, de sorte qu'il fallut donner l'ordre de faire revenir les chiens, qui furent, en triomphe, réintégrés dans tous leurs droits civils.

VII. – CATASTROPHE

L'Arménien m'était de quelque ressource dans les ennuis d'une telle traversée, mais je voyais avec plaisir aussi que sa gaieté, son intar[r *sic*] issable bavardage, ses narrations, ses remarques, donnaient à la pauvre Zeynab l'occasion[i], si chère aux femmes de ces pays, d'exprimer ses idées avec cette volubilité de consonnes nasales et gutturales où il m'était si difficile de saisir non pas seulement le sens, mais le son même des paroles.

Avec la magnanimité d'un Européen, je souffrais [312] même sans difficulté que l'un ou l'autre des matelots qui pouvait se trouver assis près de nous, sur les sacs de riz, lui adressât quelques mots de conversation. En Orient, les gens du peuple sont généralement familiers, d'abord parce que le sentiment de l'égalité y est établi plus sincèrement que parmi nous, et puis parce qu'une sorte de politesse innée existe dans toutes les classes. Quant à l'éducation, elle est partout la même, très sommaire, mais universelle. C'est ce qui fait que l'homme d'un humble état devient sans transition le favori d'un grand et monte aux premiers rangs sans y paraître jamais déplacé.

Il y avait parmi nos matelots un certain Turc d'Anatolie, très basané, à la barbe grisonnante et qui causait avec l'esclave plus souvent et plus longuement que les autres ; je l'avais remarqué, et je demandai à l'Arménien ce qu'il pouvait dire ; il fit attention à quelques paroles, et me dit : « ils parlent ensemble de religion. » Cela me parut fort respectable, d'autant que c'était cet homme qui faisait pour les autres, en qualité de *hadji* ou pèlerin revenu de la Mecque, la prière du matin et du soir. Je n'avais songé un instant à gêner dans ses pratiques habituelles cette pauvre femme, dont [313] une fantaisie, hélas ! bien peu coûteuse, avait mis le sort dans mes mains. Seulement, au Caire, dans un moment où elle était un peu malade, j'avais essayé de la faire renoncer à l'habitude de tremper dans l'eau froide ses mains et ses pieds, tous les matins et tous les soirs, en faisant ses prières ; mais elle faisait peu de cas de mes préceptes d'hygiène et n'avait consenti qu'à s'abstenir de la teinture de henné qui, ne durant que cinq à six jours environ, oblige les femmes d'Orient à renouveler souvent une préparation fort disgracieuse pour qui la voit de près. Je ne suis pas ennemi de la teinture des sourcils et des paupières ; j'admets encore le carmin appliqué aux joues et aux lèvres ; mais à quoi bon colorer en jaune des mains déjà cuivrées qui, dès lors, passent au safran ? Je m'étais montré inflexible sur ce point.

Ses cheveux avaient repoussé sur le front ; ils allaient rejoindre des deux côtés des [*sic*] longues tresses mêlées de cordonnets de soie et frémissantes de sequins percés (de faux sequins hélas !) qui[k] flottent du col aux talons, selon la mode levantine. Le *tatikos*[l] festonné d'or s'inclinait avec grâce sur son oreille gauche, et ses bras portaient enfilés de lourds anneaux de cuivre argenté, grossièrement émaillés de [314] rouge et de bleu, parure tout égyptienne. D'autres encore résonnaient à ses chevilles, malgré la défense du Coran, qui ne veut pas qu'une femme fasse retentir les bijoux qui ornent ses pieds[l].

Je l'admirais ainsi, gracieuse dans sa robe à rayures de soie et drapée du *milayeh* bleu, avec ces airs de statue antique que les femmes d'Orient possèdent sans le moins du monde s'en douter. L'animation de son geste, une expression inaccoutumée de ses traits, me frappaient par moments, sans m'inspirer d'inquiétudes ; le matelot qui causait avec elle aurait pu être son grand-père, et il ne semblait pas craindre que ses paroles fussent entendues.

— Savez-vous ce qu'il y a ? me dit l'Arménien, qui, un peu plus tard, s'était approché des matelots causant entre eux ; ces gens-là disent que la femme qui est avec vous ne vous appartient pas.

---

1   « Pieds. » Dans la sourate XXIV, 31, il est recommandé aux femmes « qu'elles n'agitent point les pieds de manière à laisser apercevoir des charmes qui doivent être voilés. » (Traduction du Coran par Savary, 1783, t. II, p. III.) (Rouger)

– Ils se trompent, lui dis-je ; vous pouvez leur apprendre qu'elle m'a été vendue au Caire par Abdel-Kérim, moyennant cinq bourses. J'ai le reçu dans mon portefeuille. Et d'ailleurs cela ne les regarde pas.

– Ils disent que le marchand n'avait pas le droit de vendre une femme musulmane[m] à un chrétien.

[215 (*sic* 315)]

– Leur opinion m'est indifférente, et au Caire on en sait plus qu'eux là-dessus. Tous les Francs y ont des esclaves, soit chrétiens, soit musulmans.

– Mais ce ne sont que des Nègres ou des Abyssiniens ; ils ne peuvent avoir d'esclaves de la race blanche.

– Trouvez-vous que cette femme soit blanche ?

L'Arménien secoua la tête d'un air de doute.

– Écoutez, lui dis-je ; quant à mon droit, je ne puis en douter, ayant pris d'avance les informations nécessaires. Dites maintenant au capitaine qu'il ne convient pas que ses matelots causent avec elle.

– Le capitaine, me dit-il, après avoir parlé à ce dernier, répond que vous auriez pu le lui défendre à elle-même tout d'abord.

– Je ne voulais pas, répliquai-je, la priver du plaisir de parler sa langue, ni l'empêcher de se joindre aux prières ; d'ailleurs, la conformation du bâtiment obligeant tout le monde d'être ensemble, il était difficile d'empêcher l'échange de quelques paroles.

Le capitaine Nicolas n'avait pas l'air très bien disposé, ce que j'attribuais quelque peu au ressentiment d'avoir vu sa proposition d'échange re-[316] poussée. Cependant il fit venir le matelot *hadji* que j'avais désigné surtout comme malveillant, et lui parla. Quant à moi, je ne voulais rien dire à l'esclave, pour ne pas me donner le rôle odieux d'un maître exigeant.

Le matelot parut répondre d'un air très fier au capitaine, qui me fit dire par l'Arménien de ne plus me préoccuper de cela, que c'était un homme exalté, une espèce[n] de saint que ses camarades respectaient à cause de sa piété ; que ce qu'il disait n'avait nulle importance d'ailleurs.

Cet homme, en effet, ne parla plus à l'esclave, mais il causait très haut devant elle avec ses camarades, et je comprenais bien qu'il s'agissait de la *muslim* (musulmane) et du *Roumi* (Romain). Il fallait en finir, et je ne voyais aucun moyen d'éviter ce système d'insinuation. Je me décidai à faire venir l'esclave près de nous, et, avec l'aide de l'Arménien, nous eûmes à peu près la conversation suivante :

– Qu'est-ce que t'ont dit ces hommes tout à l'heure ?

– Que j'avais tort, étant *croyante*, de rester avec un infidèle.

– Mais ne savent-ils par que je t'ai achetée ?

[317]

    – Ils disent qu'on n'avait pas le droit de me vendre à toi.

– Et penses-tu que cela soit vrai ?

– Dieu le sait !

– Ces hommes se trompent, et tu ne dois plus leur parler.

– Ce sera ainsi, me dit-elle.

Je priai l'Arménien de la distraire un peu et de lui conter des histoires. Ce garçon m'était, après tout, devenu fort utile, il lui parlait toujours de ce ton flûté et gracieux qu'on emploie pour égayer les enfants, et commençait invariablement par « *Ked ya sitti ?....* » – Eh bien ! donc, madame !... qu'est-ce donc ? nous ne rions pas ? Voulez-vous savoir les aventures de la Tête cuite au four ? – Il lui racontait alors une vieille légende de Constantinople, où un tailleur, croyant recevoir un habit du sultan à réparer, emporte chez lui la tête coupée d'un aga qui lui a été remise par erreur, si bien que, ne sachant comment se débarrasser ensuite de ce triste dépôt, il l'envoie au four, dans un vase de terre, chez un pâtissier grec. Ce dernier en gratifie un barbier franc, en la substituant furtivement à sa tête à perruque ; le Franc la coiffe, puis, s'apercevant de sa méprise, la porte ailleurs ; enfin il en [318] résulte encore une foule de méprises plus ou moins comiques. Ceci est de la bouffonnerie turque du plus haut goût.

La prière du soir ramenait les cérémonies habituelles. Pour ne scandaliser personne, j'allai me promener sur le tillac de l'avant, épiant le lever des étoiles et faisant aussi, moi, ma prière, qui est celle des rêveurs et des poètes, c'est-à-dire l'admiration de la nature et l'enthousiasme des souvenirs. Oui, je les admirais dans cet air d'Orient si pur qu'il rapproche les cieux de l'homme, ces astres-dieux, formes diverses et sacrées, que la Divinité à [*sic* a] rejetées tour à tour comme les masques de l'éternelle Isis... Uranie, Astarté, Saturne, Jupiter ! vous me représentez encore les transformations des humbles croyances de nos aïeux. Ceux qui, par millions, ont sillonné ces mers, prenaient sans doute le rayonnement pour la flamme et le trône pour le dieu ; mais qui n'adorerait dans les astres du ciel les preuves mêmes de l'éternelle puissance, et dans leur marche régulière l'action vigilante d'un esprit caché[1] ?

[319]

---

1   « Esprit caché ? » Voir le dernier poème des « *Chimères* » : « *Vers dorés* ».

ILL. 3 – Célestin NANTEUIL (1813-1873), affiche pour les *Scènes de la vie orientale*, 1850. Lithographie en noir sur papier beige de 65 x 49,5 cm.
Musée de la publicité et de l'affiche (Inv. 8829).
Voir *Cahier Gérard de Nerval* n° 10, Bourg en Bresse,
société Gérard de Nerval, 1987, p. 99-100, *Exposition Nerval 1996*,
bibliothèque historique de la ville de Paris, n° 397, p. 121.
© Photo Les Arts décoratifs, Paris / Jean Tholance.

« Deux ou trois d'entre eux s'avancèrent en proférant des injures, et
machinalement j'avais saisi un des pistolets de ma ceinture [...]. »

VIII. – LA MENACE

En retournant vers le capitaine, je vis, dans une encoignure au pied de la chaloupe, l'esclave et le vieux matelot *hadji* qui avaient repris leur entretien religieux malgré ma défense.

Pour cette fois il n'y avait plus rien à ménager ; je tirai violemment l'esclave par le bras, et elle alla tomber, fort mollement il est vrai, sur un sac de riz.

– *Giaour !* s'écria-t-elle.

J'entendis parfaitement le mot. Il n'y avait pas à faiblir : « *Enté giaour !* » répliquai-je sans trop savoir si ce dernier mot se disait ainsi au féminin : – C'est toi qui es une infidèle ; et lui, ajoutai-je en montrant le *hadji*, est un chien (*kelb*).

Je ne sais si la colère qui m'agitait était plutôt de me voir mépriser comme chrétien ou de songer à l'ingratitude de cette femme que j'avais toujours traitée comme une égale. Le *hadji*, s'entendant traiter de chien, avait fait un signe de menace, mais s'était retourné vers ses compagnons avec la lâcheté habituelle des Turcs de basse classe, qui, après tout, n'oseraient seuls attaquer un Franc. Deux ou trois d'entre eux s'avancèrent en proférant des injures, et machinalement j'avais saisi un des [320] pistolets[1] de ma ceinture sans songer que ces armes à la crosse étincelante, achetées au Caire pour compléter mon costume, n'étaient fatales d'ordinaire qu'à la main qui veut s'en servir. J'avouerai de plus qu'elles n'étaient point chargées.

– Y songez-vous ? me dit l'Arménien en m'arrêtant le bras. C'est un fou, et pour ces gens-là c'est un saint ; laissez-les crier, le capitaine va leur parler.

L'esclave faisait mine de pleurer, r[*sic* c]omme si je lui avait[*sic* s] fait beaucoup de mal, et ne voulait pas bouger de la place où elle était. Le capitaine arriva, et dit avec son air indifférent : « Que voulez-vous ? ce sont des sauvages ! » et il leur adressa quelques paroles assez mollement. Ajoutez, dis-je à l'Arménien, qu'arrivé à terre j'irai trouver le pacha, et je leur ferai donner des coups de bâton.

---

1   « Pistolets ». L'affiche de 1850, de Célestin Nanteuil, illustre cet épisode. Cette illustration est reproduite ici, entre les chapitres « Catastrophe » et « La Menace », c'est-à-dire page précédente.

Je crois bien que l'Arménien leur traduisit cela par quelque compliment empreint de modération. Ils ne dirent plus rien, mais je sentais bien que ce silence me laissait une position trop douteuse. Je me souvins fort à propos d'une lettre de recommandation que j'avais dans mon portefeuille pour le pacha d'Acre, et qui m'avait été donnée par mon ami A. R[1]., qui[o] a été quelque temps membre du divan à [321] Constantinople. Je tirai mon portefeuille de ma veste, ce qui excita une inquiétude générale. Le pistolet n'aurait servi qu'à me faire assommer… surtout étant de fabrique arabe ; mais les gens du peuple en Orient croient toujours les Européens quelque peu magiciens et capables de tirer de leur poche, à un moment donné, de quoi détruire toute une armée. On se rassura en voyant que je n'avais extrait du portefeuille qu'une lettre, du reste fort proprement écrite en arabe et adressée à S. E. Méhmed-Réchid, Pacha d'Acre, qui[p] précédemment avait fait partie de l'ambassade turque à Paris.

Ce qu'il y avait de plus heureux dans mon idée et dans ma situation, c'est que nous nous trouvions justement à la hauteur de Saint-Jean-d'Acre, où il fallait relâcher pour prendre de l'eau. La ville n'était pas encore en vue, mais nous ne pouvions manquer, si le vent continuait, d'y arriver le lendemain. Quant à Méhmed-Réchid-Pacha, par[q] un autre hasard digne de s'appeler providence pour moi et fatalité pour mes adversaires, je l'avais rencontré à Paris dans plusieurs soirées. Il m'avait donné du tabac turc et fait beaucoup d'honnêtetés. La lettre dont je m'étais chargé lui rappelait ce souvenir, de peur que le temps et ses nouvelles gran-[322]deurs ne m'eussent effacé de sa mémoire ; mais il devenait clair néanmoins, par la lettre, que j'étais un personnage très puissamment recommandé.

La lecture de ce document produisit l'effet du *quos ego*[2] de Neptune. L'Arménien, après avoir mis la lettre sur sa tête en signe de respect, avait ôté l'enveloppe qui, comme il est d'usage pour les recommandations, n'était point fermée, et montrait le texte au capitaine à mesure qu'il le lisait. Dès lors les coups de bâton promis n'étaient plus une illusion

---

1   « A. R. » : Alphonse Royer (1803-1875) vraisemblablement. Après avoir séjourné quelques années en Turquie (il avait publié, en 1837, ses *Aventures de voyage, tableaux, récits et souvenirs du Levant*), il se consacra surtout au théâtre, comme auteur et comme directeur de l'Odéon, puis de l'Opéra.

2   « *Quos ego… !* » (« *Sed motos praestat componere fluctus* »), est l'expression de menace que Virgile fait prononcer à Neptune (*cf. Énéide*, I, 135).

pour le *hadji* et ses camarades. Ces garnements baissèrent la tête, et le capitaine m'expliqua sa propre conduite par la crainte de heurter leurs idées religieuses, n'étant lui-même qu'un pauvre sujet grec du sultan (*raya*), qui n'avait d'autorité qu'en raison du service. Quant à la femme, dit-il, si vous êtes l'ami de Méhmed-Pacha, elle[r] est bien à vous : qui oserait lutter contre la faveur des grands ?

L'esclave n'avait pas bougé, cependant elle avait fort bien entendu ce qui s'était dit. Elle ne pouvait avoir de doute sur sa position momentanée, car, en pays turc, une protection vaut mieux qu'un droit ; pourtant désormais je tenais à constater le mien aux yeux de tous.

[323]

— N'es-tu pas née, lui fis-je dire, dans un pays qui n'appartient pas au sultan des Turcs ?

— Cela est vrai, répond dit-elle ; je suis *Hindi* (Indienne).

— Dès lors tu peux être au service d'un Franc comme les Abyssiniennes (*Habesch*), qui sont, ainsi que toi, couleur de cuivre, et qui te valent bien.

— *Aioua* (oui) ! dit-elle comme convaincue, *ana mamlouk enté* : je suis ton esclave.

— Mais, ajoutai-je, te souviens-tu[s] qu'avant de quitter le Caire, je t'ai offert d'y rester libre ? Tu m'as dit que tu ne saurais où aller.

— C'est vrai, il valait mieux me revendre.

— Tu m'as donc suivi seulement pour changer de pays, et me quitter ensuite ? Eh bien ! puisque tu es si ingrate, tu demeureras esclave toujours, et tu ne seras pas une cadine, mais une servante. Dès à présent, tu garderas ton voile et tu resteras dans la chambre du capitaine... avec les grillons. Tu ne parleras plus à personne ici.

Elle prit son voile sans répondre, et s'en alla s'asseoir dans la petite chambre de l'avant.

J'avais peut-être un peu cédé au désir de faire de l'effet sur ces gens tour à tour insolents ou ser-[324]viles, toujours à la merci d'impressions vives et passagères, et qu'il faut connaître pour comprendre à quel point le despotisme est le gouvernement normal de l'Orient. Le voyageur le plus modeste se voit amené très vite, si une manière de vivre somptueuse ne lui concilie pas tout d'abord le respect, à poser théâtralement et à déployer, dans une foule de cas, des résolutions énergiques qui dès lors se manifestent sans danger. L'Arabe, c'est le chien qui mord si l'on recule, et qui vient lécher la main levée sur lui. En recevant un coup

de bâton, il ignore si, au fond, vous n'avez pas le droit de le lui donner.
Votre position lui a paru tout d'abord médiocre, mais faites le fier, et
vous devenez tout de suite un grand personnage qui affecte la simplicité.
L'Orient ne doute jamais de rien ; tout y est possible ; le simple calender
peut fort bien être un fils de roi, comme dans les *Mille et Une Nuits*[1].
D'ailleurs, n'y voit-on pas nos princes d'Europe voyager en frac noir et
en chapeau rond.

IX. – CÔTES DE PALESTINE

J'ai salué avec enivrement l'apparition tant souhaitée de la côte
d'Asie. Il y avait si longtemps que [325] je n'avais vu des montagnes[2] !
La fraîcheur brumeuse du paysage, l'éclat si vif des maisons peintes et
des kiosques turcs se mirant dans l'eau bleue, les zones diverses des
plateaux qui s'étagent si hardiment entre la mer et le ciel, le pic écrasé
du Carmel[3t], l'enceinte carrée et la haute coupole de son couvent célèbre
illuminées au loin de cette radieuse teinte cerise, qui rappelle toujours
la fraîche Aurore des chants d'Homère ; au pied de ces monts, Kaïffa,
déjà dépassée, faisant face à Saint-Jean-d'Acre, située à l'autre extrémité
de la baie et devant laquelle notre navire s'était arrêté : c'était un spectacle à la fois plein de grandeur et de grâce. La mer, à peine onduleuse,
s'étalant comme l'huile vers la grève où moussait la mince frange de la
vague, et luttant de teinte azurée avec l'éther qui vibrait déjà des feux
du soleil encore invisible… voilà ce que l'Égypte n'offre jamais avec ses
côtes basses et ses horizons souillés de poussière. Le soleil parut enfin,
il découpa nettement devant nous la ville d'Acre s'avançant dans la
mer sur son promontoire de sable, avec ses blanches coupoles, ses murs,
ses maisons à terrasses, et la tour[4] carrée aux créneaux festonnés, qui

1   « Les *Mille et Une Nuits* », « Histoire des trois calenders, fils de roi et de cinq dames de
     Bagdad ».
2   « Montagnes ». De Constantinople, Nerval écrit à son père (25 juillet 1843) : « Je suis un
     peu fatigué des montagnes… Cela est fort beau de loin, et très ennuyeux de près… »
3   « Carmel » désigne un promontoire rocheux haut de 500 mètres environ.
4   « Tour » au Trésor (Burj el-Khazne) qui domine la citadelle turque construite, à partir
     de 1785, sur les ruines du château fortifié des croisés. (Huré)

fut naguère la demeure du terrible Djezzar-Pacha, contre lequel lutta Napoléon[1].

[326]

Nous avions jeté l'ancre à peu de distance du rivage. Il fallait attendre la visite de *la Santé* avant que les barques pussent venir nous approvisionner d'eau fraîche et de fruits. Quant à débarquer, cela nous était interdit, à moins de vouloir nous arrêter dans la ville et y faire quarantaine.

Aussitôt que le bateau de la Santé fut venu constater que nous étions malades, comme arrivant de la côte d'Égypte, il fut permis aux barquettes[2] du port de nous apporter les rafraîchissements attendus, et de recevoir notre argent avec les précautions usitées. Aussi, contre les tonnes d'eau, les melons, les pastèques et les grenades qu'on nous faisait passer, il fallait verser nos ghazis[3], nos piastres et nos paras[4] dans des bassins d'eau vinaigrée qu'on plaçait à notre portée.

Ainsi ravitaillés, nous avions oublié nos querelles intérieures. Ne pouvant débarquer pour quelques heures, et renonçant à m'arrêter dans la ville, je ne jugeai pas à propos d'envoyer au pacha ma lettre, qui, du reste, pouvait encore m'être une recommandation sur tout autre point de l'antique côte de Phénicie soumise au pachalik[5] d'Acre. Cette ville, que les anciens appelaient Ako[6], ou l'*étroite*, que les Arabes nomment Akka, s'est appelée Ptolémaïs jusqu'à l'époque des croisades[7].

[327]

Nous remettons[u] à la voile, et désormais notre voyage est une fête ; nous rasons à un quart de lieue de distance les côtes de la Célé-Syrie[8],

---

1   « Napoléon. » À partir du 19 mars 1799, Bonaparte, avec l'aide de l'amiral anglais Sidney Smith et de l'émigré français Phélippeaux, n'a pas réussi à s'emparer de Saint-Jean-d'Acre défendu par le Bosniaque Ahmed (1755-1804), surnommé Djezzar (le Boucher), ancien mamelouk devenu pacha d'Acre, soutenu par les Anglais, qui s'imposa en Palestine par la terreur. Le siège fut levé le 10 mai. Kléber reçut l'ordre de dévaster la Palestine...

2   « Barquette » : étymologiquement, petite barque.

3   « Ghazis » : pièces d'or. *Cf.* p. 146.

4   « Paras » (s. m.) : Monnaie turque dont la valeur est variable suivant le pays. (*GDU* cite Nerval.)

5   « Pachalik » (s. m.) : « Étendue de pays soumise au gouvernement d'un pacha ; la province même » (Bescherelle) *Cf.* ci-dessous, t. II, n. 1, p. 188.

6   « Ako » : nom biblique.

7   « Croisades. » Le nom de Ptolémaïs a disparu au moment de la conquête arabe (VIIe siècle), et Accho est devenue Akka jusqu'au XIe siècle. (Huré)

8   « Célé-Syrie » : Célésyrie, ou « Syrie creuse, » qui s'étend entre les chaînes du Liban et de l'Anti-Liban.

et la mer, toujours claire et bleue, réfléchit comme un lac la gracieuse chaîne de montagnes qui va du Carmel au Liban. Six lieues plus haut que Saint-Jean-d'Acre apparaît Sour, autrefois Tyr, avec la jetée[1] d'Alexandre, unissant à la rive l'îlot où fut bâtie la ville antique qu'il lui fallut assiéger si longtemps.

Six lieues plus loin, c'est Saïda[2], l'ancienne Sidon[3], qui presse comme un troupeau son amas de blanches maisons au pied des montagnes habitées par les Druzes[v]. Ces bords célèbres n'ont que peu de ruines à montrer comme souvenir de la riche Phénicie ; mais que peuvent laisser des villes où a fleuri exclusivement le commerce ? Leur splendeur a passé comme l'ombre et comme la poussière, et la malédiction des livres bibliques[4] s'est entièrement réalisée, comme tout ce que rêvent les poètes, comme tout ce que nie la sagesse des nations !

Cependant, au moment d'atteindre le but, on se lasse de tout, même de ces beaux rivages et de ces flots azurés. Voici enfin le promontoire du Raz-Beyrouth et ses roches grises, dominées au loin par la cime neigeuse du Sannin[5]. La côté est aride ; les [328] moindres détails des rochers tapissées de mousses rougeâtres apparaissent sous les rayons d'un soleil ardent. Nous rasons la côte, nous tournons vers le golfe ; aussitôt tout change. Un paysage plein de fraîcheur, d'ombre et de silence, une vue des Alpes prise du sein d'un lac de Suisse, voilà Beyrouth, par un temps calme. C'est l'Europe et l'Asie se fondant en molles caresses ; c'est, pour tout pèlerin un peu lassé du soleil et de la poussière, une oasis maritime où l'on retrouve avec transport, au front des montagnes, cette chose si triste au nord, si gracieuse et si désirée au midi, des nuages !

Ô nuages bénis ! nuages de ma patrie ! j'avais oublié vos bienfaits ! Et le soleil d'Orient vous ajoute encore tant de charmes ! Le matin vous vous colorez si doucement, à demi roses, à demi bleuâtres, comme des nuages mythologiques, du sein desquels on s'attend toujours à voir

---

1	« La jetée » est cette chaussée que, lors du siège de Tyr (332 av. J.-C.), Alexandre fit construire pour relier l'île au continent, et parvenir aux murs de la ville qu'il détruisit presque complètement après avoir massacré ou déporté tous ses habitants. (Huré)

2	« Saïda » fut bombardée et détruite, en 1840, par les flottes européennes alliées. *Cf.* notes 1, p. 171, et t. II, 2, p. 28 et 2, p. 134.

3	« Sidon » fut l'une des villes les plus importantes de Phénicie. *Cf.* la note précédente et n. 1, p. 171, et t. II, notes 2, p. 28, et 2, p. 134.

4	« Livres bibliques » : Jérémie XXV, 22 ; XXVII, 3 ; XLVII, 4 ; Ézéchiel XXXII, 30 ; Isaïe XXIII, 2, 4, 12. Etc.

5	« Sannin » : Djebal Sannîn culmine à plus de 2 500 mètres d'altitude, indique Huré.

surgir de riantes divinités ; le soir, ce sont des embrasements merveilleux, des voûtes pourprées qui s'écroulent et se dégradent bientôt en
flocons violets, tandis que le ciel passe des teintes du saphir à celles de
l'émeraude, phénomène si rare dans les pays du Nord.

À mesure que nous avancions, la verdure écla-[329]tait de plus de
nuances, et la teinte foncée du sol et des constructions ajoutait encore à la
fraîcheur du paysage. La ville, au fond du golfe, semblait noyée dans les
feuillages, et au lieu de cet amas fatigant de maisons peintes à la chaux
qui constitue la plupart des cités arabes, je croyais voir une réunion de
villas charmantes semées sur un espace de deux lieues. Les constructions
s'aggloméraient, il est vrai, sur un point marqué d'où s'élançaient des
tours rondes et carrées ; mais cela ne paraissait être qu'un quartier du
centre signalé par de nombreux pavillons de toutes couleurs.

Toutefois, au lieu de nous rapprocher, comme je le pensais, de l'étroite
rade encombrée de petits navires, nous coupâmes en biais le golfe et nous
allâmes débarquer sur un îlot entouré de rochers, où quelques bâtisses
légères et un drapeau jaune représentaient le séjour de la quarantaine,
qui, pour le moment, nous était seul permis.

X. – LA QUARANTAINE

Le capitaine Nicolas et son équipage étaient devenus très aimables
et pleins de procédés à mon égard. Ils faisaient leur quarantaine à bord ;
mais [330] une barque, envoyée par la Santé, vint pour transporter les
passagers dans l'îlot, qui, à le voir de près, était plutôt une presqu'île. Une
anse étroite[w] parmi les rochers, ombragée d'arbres séculaires, aboutissait
à l'escalier d'une sorte de cloître dont les voûtes en ogive reposaient sur
des piliers de pierre et supportaient un toit de cèdre comme dans les
couvents romains. La mer se brisait tout à l'entour sur les grés tapissés
de fucus, et il ne manquait là qu'un chœur de moines et la tempête
pour rappeler le premier acte du *Bertram*[1] de Maturin.

---

1   « *Bertram* » *ou le château de Saint-Aldobrand* (1816), *tragédie en cinq actes, traduite librement
de l'anglais du Révérend irlandais [Ch]arles-[R]obert Maturin, par MM. Taylor et Ch. Nodier*
(Paris, Gide, Ladvocat, 1821). Une adaptation de ce mélodrame en prose rencontra le

Il fallut attendre là quelque temps la visite du *nazir*[1] ou directeur turc, qui voulut bien nous admettre enfin aux jouissances de son domaine. Des bâtiments de forme claustrale succédaient encore au premier, qui, seul ouvert de tous côtés, servait à l'assainissement des marchandises suspectes. Au bout du promontoire, un pavillon isolé, dominant la mer, nous fut indiqué pour demeure ; c'était le local affecté d'ordinaire aux Européens. Les galeries que nous avions laissées à notre droite contenaient les familles arabes campées pour ainsi dire dans de vastes salles qui servaient indifféremment d'étables et de logements. Là, frémissaient les chevaux captifs, les dromadaires passant entre les bar-[331]reaux leur cou tors et leur tête velue ; plus loin, des tribus, accroupies autour du feu de leur cuisine, se retournaient d'un air farouche en[x] nous voyant passer près des portes. Du reste, nous avions le droit de nous promener sur environ deux arpents de terrain semé d'orge et planté de mûriers, et de nous baigner même dans la mer sous la surveillance d'un gardien.

Une fois familiarisé avec ce lieu sauvage et maritime, j'en trouvai le séjour charmant. Il y avait là du repos, de l'ombre et une variété d'aspects à défrayer la plus sublime rêverie. D'un côté, les montagnes sombres du Liban, avec leurs croupes de teintes diverses, émaillées çà et là de blanc par les nombreux villages maronites et druses et les couvents étagés sur un horizon de huit lieues, de l'autre, en retour de cette chaîne au front neigeux qui se termine au cap Boutroun[2], tout l'amphithéâtre de Beyrouth, couronné d'un bois de sapins[3] planté par l'émir Fakardin[4] pour arrêter l'invasion des sables du désert. Des tours crénelées, des châteaux, des manoirs percés d'ogives, construits en pierre rougeâtre, donnent à ce pays un aspect féodal et en même temps européen qui

---

succès au Panorama-Dramatique à la fin de 1822, dans des décors de Gué et Cicéri. Le décor évoqué par Nerval est reproduit d'après une lithographie dans la thèse de Marie-Antoinette Allevy, *La Mise en scène en France dans la première moitié du dix-neuvième siècle* (Paris, Droz, 1938), pl. III (décor de Cicéri). (Rouger et *NPl.*) Hugo a emprunté à cette pièce les épigraphes de plusieurs chap. de *Han d'Islande.*

1   « *Nazir* » : « Celui qui surveille » (Huré). *Cf.* ci-dessus, n. 3, p. 115.

2   « Cap Boutroun » : Ras ech-Chekka plutôt.

3   « Bois de sapins » qui existait en réalité depuis le temps des Croisades, sous le nom de *Sapinoie de Barut. Cf.* Huré.

4   « Fakardin » : nom francisé de Fakhr-ed-Din (1595-1634) qui parvint à se créer au Liban, pendant le premier tiers du XVIIe siècle, un royaume presque indépendant et qui fut en relation avec le grand-duc de Toscane. Ayant détruit plusieurs ports, il fut jugé dangereux par les Turcs. Le pacha de Damas le vainquit. Sur les ordres d'Amurat, il fut livré par trahison, et étranglé à Constantinople. (Rouger)

rappelle les miniatures des manuscrits chevaleresques du Moyen Âge. Les [332] vaisseaux francs à l'ancre dans la rade et que ne peut contenir le port étroit de Beyrouth animent encore le tableau.

Cette quarantaine[y] de Beyrouth était donc fort supportable, et nos jours se passaient soit à rêver sous les épais ombrages des sycomores[z] et des figuiers, soit à grimper sur un rocher fort pittoresque qui entourait un bassin naturel où la mer venait briser ses flots adoucis. Ce lieu me faisait penser[aa] aux grottes rocailleuses des filles de Nérée[1]. Nous y restions tout le milieu[ab] du jour, isolés des autres habitants de la quarantaine, couchés sur les algues vertes ou luttant mollement contre la vague écumeuse. La nuit, on nous enfermait dans le pavillon, où[ac] les moustiques et autres insectes nous faisaient[ad] des loisirs moins doux. Les tuniques fermées à masque de gaze dont j'ai parlé déjà étaient[ae] alors d'un grand secours. Quant à la cuisine, elle consistait simplement en pain et fromage salé[af], fournis par la cantine ; il y faut ajouter des œufs et des poules apportés[ag] par les paysans de la montagne ; en outre[ah], tous les matins, on venait tuer devant la porte des moutons dont la viande nous était vendue à une piastre (25 centimes) la livre. De plus[ai], le vin de Chypre, à une demi-piastre environ la bou-[333]teille, nous faisait un régal digne des grandes tables européennes ; j'avouerai pourtant qu'on se lasse de ce vin liquoreux à le boire comme ordinaire, et je préférais le *vin d'or* du Liban, qui a[aj] quelque rapport avec le Madère par son goût sec et par sa force.

Un jour, le capitaine Nicolas vint nous rendre visite avec deux de ses matelots et son mousse. Nous étions[ak] redevenus très bons amis, et il avait amené le *hadji*, qui me serra la main avec une grande effusion, craignant peut-être que je ne me plaignisse de lui, une fois libre et rendu à Beyrouth. Je fus, de mon côté, plein de cordialité. Nous dînâmes ensemble, et le capitaine m'invita à venir demeurer chez lui, si j'allais à Taraboulous[2]. Après[al] le dîner, nous nous promenâmes sur le rivage ; il me prit à part et me fit tourner les yeux vers l'esclave et l'Arménien, qui causaient ensemble assis plus bas[am] que nous au bord de la mer. Quelques mots mêlés de franc et de grec me firent comprendre son idée[an], et je la repoussai avec une incrédulité marquée. Il secoua la tête et

---

1 « Les filles de Nérée ». *Cf.* n. 1, p. 53.
2 « Taraboulous » : Tripoli. *Cf.* n. 2, p. 171.

peu de temps après remonta dans sa chaloupe, prenant affectueusement congé de moi. Le capitaine[ao] Nicolas, me disais-je, a toujours sur le cœur mon refus [334] d'échanger l'esclave contre son mousse ! cependant le soupçon me resta dans l'esprit, attaquant[ap] tout au moins ma vanité.

On comprend bien qu'il était résulté de la scène violente qui s'était passée sur le bâtiment[aq] une sorte de froideur entre l'esclave et moi. Il s'était dit entre nous un de ces mots *irréparables* dont a parlé l'auteur d'*Adolphe*[1] ; *l'épithète de giaour* m'avait blessé profondément[ar]. Ainsi, me disais-je, on n'a pas eu de peine à lui persuader que je n'avais pas de droit sur elle ; de plus, soit conseil, soit réflexion, elle se sent humiliée d'appartenir à un homme d'une race inférieure selon les idées des musulmans[as]. La situation dégradée des populations chrétiennes en Orient rejaillit au fond sur l'Européen lui-même ; on le redoute sur les côtes à cause de cet appareil de puissance que constate le passage des vaisseaux[at] ; mais, dans les pays du centre où cette femme a vécu toujours, le préjugé vit tout entier.

Pourtant j'avais peine à admettre[au] la dissimulation dans cette âme naïve ; le sentiment religieux si prononcé en elle la devait même défendre de cette bassesse. Je ne pouvais, d'un autre côté, me dissimuler[av] les avantages de l'Arménien. Tout jeune[aw] [335] encore, et beau de cette beauté asiatique, aux traits fermes et purs, des races nées au berceau[ax] du monde, il donnait l'idée d'une fille charmante qui aurait eu la fantaisie d'un déguisement d'homme ; son costume même, à l'exception de la coiffure, n'ôtait qu'à demi cette illusion.

Me voilà comme Arnolphe, épiant de vaines apparences avec la conscience d'être doublement ridicule, car je suis de plus *un maître*. J'ai la chance d'être à la fois trompé et volé, et je me répète, comme un jaloux de comédie : Que la garde d'une femme est un pesant fardeau[ay] ! Du reste, me disais-je presque aussitôt, cela n'a rien d'étonnant ; il la distrait et l'amuse par ses contes, il lui dit mille gentillesses, tandis que moi, lorsque je parle dans sa langue, je dois produire un effet risible, comme un Anglais, un homme du Nord, froid et lourd, relativement à une femme de mon pays. Il y a chez les Levantins une expansion chaleureuse qui doit être séduisante en effet !

---

1   « *Adolphe* » de Benjamin Constant (1767-1830). Au chap. IV, on lit : « Nous nous embras-sâmes : mais un premier coup était porté, une première barrière était franchie. Nous avions prononcé tous deux des mots irréparables ; nous pouvions nous taire, mais non les oublier. »

De ce moment, l'avouerai-je[az] ? il me sembla remarquer des serrements de mains, des paroles tendres, que ne gênait même pas ma présence. J'y réfléchis quelque temps, puis je crus devoir prendre une forte résolution.

– Mon cher, dis-je à l'Arménien, qu'est-ce que vous faisiez en Égypte ?

[336]

– J'étais secrétaire de Toussoun-bey[1] ; je traduisais pour lui des journaux et des livres français, j'écrivais ses lettres aux fonctionnaires turcs. Il est mort tout d'un coup, et l'on m'a congédié, voilà ma position.

– Et maintenant, que comptez-vous faire ?

– J'espère entrer au service du pacha de Beyrouth. Je connais son trésorier, qui est de ma nation.

– Et ne songez-vous pas à vous marier ?

– Je n'ai pas d'argent à donner en douaire, et aucune famille ne m'accordera de femme autrement.

Allons, dis-je en moi-même après un silence, montrons-nous magnanime, faisons deux heureux.

Je me sentais grandi par cette pensée. Ainsi, j'aurais délivré une esclave et créé un mariage honnête. J'étais donc à la fois bienfaiteur et père ! Je pris les mains de l'Arménien et je lui dis : – Elle vous plaît... épousez-la, elle est à vous !

J'aurais voulu avoir le monde entier pour témoin de cette scène[ba] émouvante, de ce tableau patriarcal : l'Arménien étonné, confus de cette magnanimité ; l'esclave assise près de nous, encore ignorante du sujet de notre entretien, mais, à ce qu'il me semblait, déjà inquiète et rêveuse...

[337]

L'Arménien leva les bras au ciel, comme étourdi de ma proposition.

– Comment ! lui dis-je, malheureux, tu hésites !.. Tu séduis[bb] une femme qui est à un autre, tu la détournes de ses devoirs, et ensuite tu ne veux pas t'en charger quand on te la donne ?

Mais l'Arménien ne comprenait rien à ces reproches. Son étonnement s'exprima par une série de protestations énergiques. Jamais il n'avait eu la moindre idée des choses que je pensais. Il était si malheureux même d'une telle supposition, qu'il se hâta d'en instruire l'esclave et de lui faire donner témoignage de sa sincérité. Apprenant en même temps ce

---

1   « Toussoun-bey » : Tûsûn, deuxième fils de Muhammad 'Ali, père du futur khédive, 'Abbas Ier, qui régnera de 1848 à 1854. (Huré.)

que j'avais dit, elle en parut blessée et surtout de la supposition qu'elle eût pu faire attention à un simple *raya*, serviteur tantôt des Turcs, tantôt des Francs, une sorte de *yaoudi*[1bc].

Ainsi le capitaine Nicolas m'avait induit en toute sorte de suppositions ridicules. On reconnaît bien là l'esprit astucieux des Grecs[bd]!

XI – LE PÈRE PLANCHET

Quand nous sortîmes de la quarantaine, je louai pour un mois un logement dans une maison de chré-[338]tiens maronites, à une demi-lieue de la ville. La plupart de ces demeures, situées au milieu des jardins, étagées sur toute la côte le long des terrasses plantées de mûriers, ont l'air de petits manoirs féodaux bà[*sic* â]tis solidement en pierre brune, avec des ogives et des arceaux. Des escaliers extérieurs conduisent aux différents étages dont chacun a sa terrasse jusqu'à celle qui domine tout l'édifice, et où les familles se réunissent le soir pour jouir de la vue du golfe. Nos yeux rencontraient partout une verdure épaisse et lustrée, où les haies régulières des nopals marquent seules les divisions. Je m'abandonnai les premiers jours aux délices de cette fraîcheur et de cette ombre. Partout la vie et l'aisance autour de nous ; les femmes bien vêtues, belles et sans voiles, allant et venant, presque toujours avec de lourdes cruches qu'elles vont remplir aux citernes et portent gracieusement sur l'épaule. Notre hôtesse, coiffée d'une sorte de cône drapé en cachemire, qui, avec les tresses garnies de sequins de ses longs cheveux, lui donnait l'air d'une reine d'Assyrie, était tout simplement la femme d'un tailleur qui avait sa boutique au bazar de Beyrouth. Ses deux filles et les petits enfants se tenaient au premier étage ; nous occupions le second.
[339]
L'esclave s'était vite familiarisée avec cette famille, et, nonchalamment assise sur les nattes, elle se regardait comme entourée d'inférieures et se faisait servir, quoi que je pusse faire pour en empêcher ces pauvres gens. Toutefois je trouvais commode de pouvoir la laisser en sûreté

---

1   « *Yaoudi* » : juif.

dans cette maison lorsque j'allais à la ville. J'attendais des lettres[1] qui n'arrivaient pas, le service de la poste française se faisant si mal dans ces parages, que les journaux et les paquets sont toujours en arrière de deux mois[2]. Ces circonstances m'attristaient beaucoup et me faisaient faire des rêves sombres. Un matin, je m'éveillai assez tard, encore à moitié plongé dans les illusions du songe. Je vis à mon chevet un prêtre assis, qui me regardait avec une sorte de compassion.

— Comment vous sentez-vous, monsieur ? me dit-il d'un ton mélancolique.

— Mais, assez bien ; pardon, je m'éveille, et...

— Ne bougez pas ! soyez calme. Recueillez-vous. Songez que le moment est proche.

— Quel moment ?

— Cette heure suprême, si terrible pour qui n'est pas en paix avec Dieu !

— Oh ! oh ! qu'est-ce qu'il y a donc ?

[340]

— Vous me voyez prêt à recueillir vos volontés dernières.

— Ah ! pour le coup, m'écriai-je, cela est trop fort ! Et qui êtes vous ?

— Je m'appelle le père Planchet[a3].

— Le père Planchet !

— De la compagnie de Jésus[4].

— Je me connais pas ces gens-là[5] !

---

1   « Des lettres » de son père et de Théophile Gautier. *Cf.* ancienne éd. de la Pléiade, t. I, p. 931 et 934.

2   « Deux mois. » « Il faut au moins deux mois pour faire parvenir en France des nouvelles [de Syrie]. Pas de poste régulière et un service de bateau à voile tous les mois. » (À son père, de Constantinople, le 25 juillet 1843.)

3   « Le père Planchet », Benoît, est né à Gap le 21 juin 1802. Ce missionnaire est dans l'actuel Liban, en 1831. Le gouvernement général de l'Algérie lui refuse une charge à Constantine. Le père général Roothaan l'envoie, en 1839, dans l'actuelle Syrie. En 1850, il est nommé par le Saint-Siège vice-délégat de Mésopotamie, puis évêque. Le 21 septembre 1852, il meurt de ses blessures, reçues lors d'une insurrection kurde. Voir le répertoire de Sommervogel sur la Compagnie de Jésus, t. VI, col. 873 ; P. Delattre, *Les Établissements des Jésuites en France*, t. I, col. 159 et 1552 ; M. Jullien, *La Nouvelle Mission de la Compagnie de Jésus en Syrie* (1831-1895), t. I, Tours, 1898. La *NPl* précise qu'elle doit ses renseignements à André Boland, du centre culturel Les Fontaines, à Chantilly.

4   « La compagnie de Jésus » était présente au Liban dans le but de rallier à Rome les différents chrétiens d'Orient, et s'était installée à Antoura, dans la banlieue de Beyrouth, à la fin du XVIIe siècle. Ils y avaient fondé un collège.

5   « Ces gens-là ! » Outre que cette répulsion traduit un topos d'époque, on se souviendra que le jeune Nerval fut l'auteur d'un libelle : *Les hauts faits des jésuites et leurs droits à la*

– On est venu me dire au couvent qu'un jeune Américain, en péril de mort, m'attendait pour faire quelques legs à la communauté.

– Mais je ne suis pas Américain ! il y a erreur ! Et de plus je ne suis pas au lit de mort ; vous le voyez bien !

Et je me levai[b] brusquement… un peu avec le besoin de me convaincre moi-même de ma parfaite santé. Le père Planchet comprit enfin qu'on l'avait mal renseigné. Il s'informa dans la maison et apprit que l'Américain demeurait un peu[c] plus loin. Il me salua en riant de sa méprise[d], et me promit de venir me voir en repassant, enchanté qu'il était d'avoir fait ma connaissance, grâce à ce hasard singulier.

Quand il revint[e], l'esclave était dans la chambre, et je lui appris son histoire. Comment, me dit-il, [341] vous êtes-vous mis ce poids sur la conscience !… Vous avez dérangé la vie de cette femme, et désormais vous êtes[f] responsable de tout ce qui peut lui arriver. Puisque vous ne pouvez l'emmener en France et que vous ne voulez pas sans doute l'épouser, que deviendra t-elle ?

– Je lui donnerai la liberté ; c'est le bien le plus grand que puisse réclamer une créature raisonnable.

– Il valait mieux la laisser où elle était ; elle aurait peut-être trouvé un bon maître, un mari… Maintenant savez-vous dans quel abîme d'inconduite elle peut tomber, une fois laissée à elle-même ? Elle ne sait rien faire, elle ne veut pas servir… Pensez donc à tout cela.

Je n'y avais jamais en effet songé sérieusement. Je demandai[g] conseil au père Planchet, qui me dit :

– Il n'est pas impossible que je lui trouve une condition et un avenir. Il y a, ajouta-t-il, des dames très pieuses dans la ville, qui se chargeraient de son sort[h].

Je le prévins de l'extrême dévotion qu'elle avait pour la foi musulmane. Il secoua la tête et se mit à lui parler très longtemps.

Au fond, cette femme avait[i] le sentiment religieux développé plutôt par nature et d'une manière gé-[342]nérale que dans le sens d'une croyance spéciale[j]. De plus, l'aspect des populations maronites parmi lesquelles nous vivions, et des couvents dont on entendait sonner les cloches dans la montagne, le passage fréquent des émirs chrétiens et druses, qui venaient à Beyrouth, magnifiquement montés et pourvus

---

reconnaissance des Français.

d'armes brillantes, avec des suites nombreuses de cavaliers et des Noirs portant derrière eux leurs étendards roulés autour des lances : tout cet appareil féodal, qui m'étonnait moi-même comme un tableau des croisades, apprenait à la pauvre esclave qu'il y avait, même en pays turc, de la pompe et de la puissance en dehors du principe musulman.

L'effet extérieur séduit partout les femmes, surtout les femmes ignorantes et simples, et devient souvent la principale raison de leurs sympathies ou de leurs convictions. Lorsque nous nous rendions à Beyrouth et qu'elle traversait la foule composée de femmes sans voiles, qui portaient sur la tête le *tantour*[1], *corne d'argent*[k] ciselée et dorée qui balance un voile de gaze derrière leur tête, autre mode conservée du Moyen Âge, d'hommes fiers et richement armés, dont pourtant le turban rouge ou bariolé indiquaient des croyances en dehors de l'is-[343]lamisme, elle s'écriait : Que de *giaours !...* et cela adoucissait un peu mon ressentiment d'avoir été injurié avec ce mot.

Il s'agissait pourtant de prendre un parti. Les Maronites, nos hôtes, qui aimaient peu ses manières, et qui la jugeaient du reste, au point de vue de l'intolérance catholique, me disaient : Vendez-la ! Ils me proposaient même d'amener un Turc qui ferait l'affaire. On comprend quel cas je faisais de ce conseil peu évangélique.

J'allai voir le père Planchet à son couvent, situé presque aux portes de Beyrouth. Il y avait là des classes d'enfants chrétiens, dont il dirigeait l'éducation. Nous causâmes[l] longtemps de M. de Lamartine[2], qu'il avait connu, et dont il admirait beaucoup les poésies. Il se plaignit de la peine qu'il avait à obtenir du gouvernement turc l'autorisation d'agrandir le couvent. Cependant les constructions interrompues révélaient un plan grandiose, et un escalier magnifique en marbre de Chypre conduisait à des étages encore inachevés. Les couvents catholiques sont très libres dans la montagne, mais aux portes de Beyrouth on ne leur permet pas de constructions trop importantes, et il était même défendu aux jésuites d'avoir une cloche[m]. Ils y avaient suppléé [344] par un énorme grelot, qui, modifié de temps en temps, prenait des airs de cloche peu à peu.

---

1   « *Tantour* ». La définition du *GDU* vient de ce passage. *Cf.* ci-dessous, t. II, p. 25, n. 1, p. 42.
2   « Lamartine » séjourna à Beyrouth en 1832-1833. Richer a rappelé que le père Planchet est cité dans le *Voyage en Orient* de Delaroière, compagnon du poète en 1836. Nerval n'a pu rencontrer le père Planchet au Liban (où il se trouve en 1831), puisqu'il est en Syrie à partir de 1839.

Les bâtiments aussi s'agrandissaient presque insensiblement sous l'œil peu vigilant des Turcs.

— Il faut un peu louvoyer! me disait le père Planchet; avec de la patience, nous arriverons.

Il me reparla de l'esclave avec une sincère bienveillance. Pourtant je luttais[n] avec mes propres incertitudes. Les lettres[o] que j'attendais pouvaient arriver d'un jour à l'autre et changer mes résolutions. Je craignais que le père Planchet, se faisant illusion par piété, n'eût en vue principalement l'honneur pour son couvent d'une conversion musulmane, et qu'après tout le sort de la pauvre fille ne devînt[p] fort triste plus tard.

Un matin, elle[q] entra dans ma chambre en frappant des mains et s'écriant tout effrayée : – *Durzi ! Durzi ! bandouguillah*[1] *(les Druzes ! les Druzes ! des coups de fusil) !*

En effet, la fusillade retentissait au loin[r] ; mais c'était seulement une *fantasia* d'Albanais qui allaient partir[s] pour la montagne. Je m'informai, et j'appris que les Druzes avaient brûlé un village appelé Bethmérie[t2], situé à quatre lieues environ. On envoyait des troupes turques[u], non pas contre eux, [345] mais pour surveiller les mouvements des deux partis luttant[v] encore sur ce point.

J'étais allé à Beyrouth, où j'avais appris[w] ces nouvelles. Je revins très tard, et l'on me dit qu'un *émir*[x] ou prince chrétien d'un district du Liban était venu loger dans la maison. Apprenant qu'il s'y trouvait aussi un Franc d'Europe, il avait[y] désiré me voir et m'avait attendu longtemps dans ma chambre, où il avait laissé ses armes comme signe de confiance et de fraternité[z]. Le lendemain, le bruit que faisait sa suite m'éveilla de bonne heure ; il y avait avec lui six hommes bien armés et de magnifiques chevaux. Nous ne tardâmes pas à faire connaissance, et le prince me proposa d'aller habiter quelques jours chez lui dans la montagne. J'acceptai bien vite une occasion si belle d'étudier les scènes qui s'y passaient et les mœurs de ces populations singulières[3].

Il fallait[aa], pendant ce temps, placer convenablement l'esclave, que je ne pouvais songer à emmener. On m'indiqua dans Beyrouth une école de jeunes filles dirigée par une dame de Marseille, nommée madame Carlès.

---

1 « *Bandouguillah* » : fusil. Le mot résulterait de la prononciation de *bunduqiyyat* en Haute-Égypte, ayant pour origine *iveneticus*, car les fusils provenaient surtout de Venise. (*NPl*)

2 « Bethmérie » : Beït Meri, à quelques kilomètres de Beyrouth. *Cf.* t. II, n. 1, p. 39.

3 « Singulières. » « J'ai vécu un mois au milieu des Maronites. » (À son père, lettre citée.)

C'était la seule où l'on enseignât le français. Madame Carlès était une très bonne femme, qui ne me demanda que trois piastres turques par jour[ab] pour l'entretien, la nourriture [346] et l'instruction de l'esclave. Je partis pour la montagne trois jours après[ac] l'avoir placée dans cette maison ; déjà elle s'y était fort bien habituée et était charmée de causer avec les petites filles, que ses idées et ses récits amusaient beaucoup.

Madame Carlès me prit à part et me dit qu'elle ne désespérait pas d'amener sa conversion. – Tenez, ajoutait-elle avec son accent[ad] provençal, voilà, moi, comment je m'y prends. Je lui dis : Vois-tu, ma fille, tous les bons dieux de chaque pays, c'est toujours le bon Dieu. Mahomet est un homme qui avait bien du mérite… mais Jésus-Christ, est bien bon aussi !

Cette façon tolérante et douce d'opérer une conversion me parut fort acceptable. – Il ne faut la forcer en rien, lui dis-je.

– Soyez tranquille, reprit madame Carlès, elle m'a déjà promis d'elle-même de venir à la messe avec moi dimanche prochain.

On comprend que je ne pouvais la laisser en de meilleures mains pour apprendre les principes de la religion chrétienne et le français… de Marseille[ae].

[347]

APPENDICE[a]

On a cru longtemps que l'Islamisme plaçait la femme dans une position très inférieure à celle de l'homme, et en faisait pour ainsi dire l'esclave de son mari. C'est une idée qui ne résiste pas à l'examen sérieux des mœurs de l'Orient. Il faudrait dire plutôt que Mahomet a rendu la condition des femmes beaucoup meilleure qu'elle ne l'était avant lui…

Moïse établissait que l'impureté de la femme qui met au jour une fille et apporte au monde une nouvelle cause de péché, doit être plus longue que celle de la mère d'un enfant mâle. Le Talmud excluait les femmes des cérémonies religieuses et leur défendait l'entrée du temple. Mahomet, au contraire, déclare que la femme est *la gloire* de l'homme ; il lui permet l'entrée des mosquées, et lui donne pour modèles Asia, femme de Pharaon, Marie, mère de Jésus, et sa propre fille Fatime. Que croire aussi[b] du préjugé euro-[348]péen qui présente les musulmans comme ne croyant pas à l'âme des femmes ? Il est une autre opinion plus répandue encore[c], qui consiste à penser que les Turcs rêvent un ciel peuplé de houris, toujours jeunes et nouvelles : c'est une erreur ; les houris seront simplement leurs épouses rajeunies et transfigurées, car Mahomet prie le Seigneur d'ouvrir l'Éden aux vrais croyants, ainsi qu'à leurs parents, à leurs épouses et à leurs enfants, qui auront pratiqué la vertu : « Entrez dans le paradis, s'écrie-t-il ; vous *et vos compagnes*, réjouissez-vous ! » Après une telle citation et[d] bien d'autres qu'on pourrait faire, on se demande d'où est né le préjugé si commun encore parmi nous. Il faut peut-être n'en pas chercher d'autre motif que celui qu'indique un de nos vieux auteurs. « Cette tradition fut fondée sur une plaisanterie de Mahomet à une vieille femme qui se plaignait à lui de son sort sur le sujet du Paradis ; car il lui dit que les vieilles femmes n'y entreraient pas, et, sur ce qu'il la voyait inconsolable, il ajouta que toutes les vieilles seraient rajeunies avant d'y entrer[1]. »

---

1   « Entrer. » Rouger a localisé cette citation dans les *Observations historiques et critiques sur le Mahométisme* (Genève, Barrillot, 1751), traduction du *Preliminary Discourse* placé par George Sale en tête de sa version anglaise du Coran (1734). Outre ce que ces développements doivent à Sokolnicki, ils sont dans la veine du chap. « La Femme selon le droit musulman » qu'A. Royer donne dans ses *Aventures de voyage, tableaux, récits et souvenirs du Levant*, Dumont, 1837, 2 vol.

Du reste, si Mahomet, comme saint Paul[1], accorde à l'homme une autorité sur la femme, il a soin de faire remarquer que c'est en ce sens qu'il est forcé de la nourrir et de lui constituer un douaire. Au contraire, l'Européen exige une dot de la femme qu'il épouse.

Quant aux femmes veuves ou libres à un titre quelconque, elles ont les mêmes droits que les hommes; elles peuvent acquérir, vendre, hériter; il est vrai que l'héritage d'une fille n'est que le tiers de celui du fils, mais, avant Mahomet, les biens du père étaient partagés entre les seuls enfants capables de porter les armes. Les principes de l'islamisme s'opposent si peu même à la domination de la femme, que l'on peut citer dans l'histoire des Sarrasins un grand nombre de sultanes souveraines absolues, sans [349] parler de la domination réelle qu'exercent du fond du sérail les sultanes mères et les favorites.

Toutes[e] les femmes européennes qui ont pénétré dans les harems s'accordent à vanter le bonheur des femmes musulmanes : « Je suis persuadée, dit lady Montague, que les femmes seules sont libres en Turquie[2]. » Elle plaint même un peu le sort des maris, forcés, en général, pour cacher une infidélité, de prendre plus de précautions encore que chez nous. Ce dernier point n'est exact peut-être qu'à l'égard des Turcs qui ont épousé une femme de grande famille. Lady Montague remarque très justement que la polygamie, *tolérée* seulement par Mahomet, est beaucoup plus rare en Orient qu'en Europe[f], où elle existe sous d'autres noms. Il faut donc renoncer tout à fait à l'idée de ces harems dépeints par l'auteur des *Lettres persanes*, où les femmes n'ayant jamais vu d'hommes, étaient bien forcées de trouver aimable le terrible et galant Usbek. Tous les voyageurs ont rencontré bien des fois, dans les rues de Constantinople, les femmes des sérails, non pas, il est vrai, circulant à pied comme la plupart des autres femmes, mais en voiture ou à cheval, comme il convient à des dames de qualité, et parfaitement libres de tout voir et de causer avec les marchands. La liberté était plus grande encore dans le siècle dernier, où les sultanes pouvaient entrer dans les boutiques des Grecs et des Francs (les boutiques des Turcs ne sont que des étalages). Il y eut une sœur du sultan qui renouvela, dit-on, les mystères de la Tour de Nesle. Elle ordonnait qu'on lui portât des marchandises après les avoir choisies, et les malheureux jeunes gens qu'on chargeait de ces commissions disparaissaient généralement sans que personne osât parler d'eux. Tous les palais bâtis sur le Bosphore ont des salles basses sous lesquelles la mer pénètre. Des trappes recouvrent

---

1   « Saint Paul ». *Cf. Épître aux Éphésiens*, V, 22-24.
2   « Turquie ». » Ce passage n'apparaît pas sous cette leçon dans *Lettres de Milady Montague*, 2e éd., Paris, 1805. (Traduction Anson.) Lady Mary Montague séjourna à Constantinople de 1716 à 1718; son mari était ambassadeur. Elle mourut en 1762. Ses lettres furent publiées en 1763.

les espaces destinés aux bains de mer des [350] femmes. On suppose que les favoris passagers de la dame prenaient ce chemin. La sultane fut simplement punie d'une réclusion perpétuelle. Les jeunes gens de Péra parlent encore avec terreur de ces mystérieuses disparitions.

Ceci nous amène à parler de la punition des femmes adultères. On croit généralement que tout mari a le droit de se faire justice et de jeter sa femme à la mer dans un sac de cuir avec un serpent et un chat^g. Et d'abord, si ce supplice a eu lieu quelquefois, il n'a pu être ordonné que par des sultans ou des pachas assez puissants pour en prendre la responsabilité. Nous avons vu de pareilles vengeances pendant le Moyen Âge chrétien. Reconnaissons que, si un homme tue sa femme surprise en flagrant délit, il est rarement puni, à moins qu'elle ne soit de grande famille ; mais c'est à peu près comme chez nous, où les juges acquittent généralement le meurtrier en pareil cas. Autrement il faut pouvoir produire quatre témoins, qui, s'ils se trompent ou accusent à faux, risquent chacun de recevoir quatre-vingts coups de fouet. Quant à la femme et à son complice, dûment convaincus du crime, ils reçoivent cent coups de fouet chacun en présence d'un certain nombre de croyants. Il faut remarquer que les esclaves mariées ne sont passibles que de cinquante coups, en vertu de cette belle pensée du législateur que les esclaves doivent être punis moitié moins que les personnes libres, l'esclavage ne leur laissant que la moitié des biens de la vie.

Tout ceci est dans le Coran ; il est vrai qu'il y a bien des choses, dans le Coran comme dans l'Évangile, que les puissants expliquent et modifient selon leur volonté. L'Évangile ne s'est pas prononcé sur l'esclavage, et, sans parler des colonies européennes, les peuples chrétiens ont des esclaves en Orient, comme les Turcs. Le bey de Tunis vient, du reste, de supprimer l'esclavage dans ses [351] états, sans contrevenir à la loi mahométane. Cela n'est donc qu'une question de temps. Mais quel est le voyageur qui ne s'est étonné de la douceur de l'esclavage oriental ? L'esclave est presque un enfant adoptif et fait partie de la famille. Il devient souvent l'héritier du maître ; on l'affranchit presque toujours à sa mort en lui assurant des moyens de subsistance. Il ne faut voir dans l'esclavage des pays musulmans qu'un moyen d'assimilation qu'une société qui a foi dans sa force tente sur les peuples barbares.

Il est impossible de méconnaître le caractère féodal et militaire du Coran. Le vrai croyant est l'homme pur et fort qui doit dominer par le courage ainsi que par la vertu ; plus libéral que le noble du Moyen Âge, il fait part de ses privilèges à quiconque embrasse sa foi ; plus tolérant que l'Hébreu de la Bible, qui, non seulement n'admettait pas les conversions, mais exterminait les nations vaincues, le musulman laisse à chacun sa religion et ses mœurs, et ne réclame qu'une suprématie politique. La polygamie et l'esclavage sont pour lui seulement des moyens d'éviter de plus grands maux, tandis que la prostitution, cette autre forme de l'esclavage, dévore comme une lèpre la société européenne, en attaquant la dignité humaine et en repoussant du sein de la religion, ainsi que des catégories établies par la morale, de pauvres créatures, victimes souvent de l'avidité des parents ou de la misère. Veut-on se demander en outre quelle position notre société fait aux bâtards, qui constituent environ le dixième de la population ? La loi civile les punit des fautes de leurs pères en les repoussant de la famille et de l'héritage. Tous les enfants d'un musulman, au contraire, naissent légitimes ; la succession se partage également entre eux.

Quant au voile que les femmes gardent, on sait que c'est une coutume de l'antiquité, que suivent également, en Orient, les [352] femmes chrétiennes, juives ou druses, et[h] qui n'est obligatoire que dans les grandes villes. Les femmes de la campagne et des tribus n'y sont point soumises ; aussi les poèmes qui célèbrent les amours de Keïs et Leila, de Khosrou et Schiraï, de Gemil et Schamba[1] et autres ne font-ils aucune mention des voiles ni de la réclusion des femmes arabes. Ces fidèles amours ressemblent, dans la plupart des détails de la vie, à ces belles analyses de sentiment qui ont fait battre tous les cœurs jeunes depuis Daphnis et Chloé jusqu'à Paul et Virginie.

Il faut conclure de tout cela que l'islamisme ne repousse aucun des sentiments élevés attribués généralement à la société chrétienne. Les différences ont existé jusqu'ici beaucoup plus dans la forme que dans le fond des idées ; les musulmans ne constituent en réalité[i] qu'une sorte de *secte chrétienne*, beaucoup d'hérésies protestantes ne sont pas plus éloignées qu'eux des principes[j] de l'Évangile. Cela est si vrai, que rien n'oblige une chrétienne qui épouse un Turc à changer de religion. Le Coran ne défend aux fidèles que de s'unir à des femmes idolâtres, et convient que, dans toutes les religions fondées sur l'unité de Dieu, il est possible de faire son salut.

C'est en nous pénétrant[k] de ces justes observations et en nous dépouillant des préjugés qui nous restent encore, que nous ferons tomber peu à peu ceux qui ont rendu jusqu'ici douteuses pour nous l'alliance ou la soumission des populations musulmanes.

---

1   « Gemil et Schamba » : « GEMIL et Schambah. C'est le nom d'un de ces couples d'amants, dont les Orientaux célèbrent dans leurs histoires, et dans leurs poésies, la constance, et la fidélité. Les plus fameux sont Joseph et Zoleikhah, Megenoun et Leilah, Khosrou et Schirin. » (D'Herbelot, *Bibliothèque orientale*.)

VARIANTES

Tome 1

L'appel littéral est en général suivi de quelques mots en italique correspondant à la leçon des *Scènes de la vie orientale*. La suite en romain représente
la variante elle-même qui doit retomber sur la leçon des *SVO*.

INTRODUCTION

I. – L'ARCHIPEL
Var. de *L'Artiste* du 30 juin 1844.

a. *dès trois heures,* Ainsi débute l'article de *L'Artiste* du 30 juin 1844. VOYAGE À
   CYTHÈRE. / Faut-il l'avouer ? l'aspect de ces îles réduites à leurs seuls rochers,
   dépouillés par des vents terribles du peu de terre sablonneuse qui leur restât depuis
   des siècles, ne répond guère à l'idée que j'en avais encore hier en m'éveillant. J'étais
   sur le pont dès cinq heures,
b. *épiant* absente depuis deux jours, épiant *A*
c. *lointain comme* sombre, qui tourne à l'entour du navire sous une autre roue d'un bleu plus
   clair, – mer et ciel, image et miroir de l'infini ; attendant la vue de ce noble rivage comme *A*
d. *encore, mais* car nous sommes en plein hiver, mais *A*
e. *pays, la* Et ne me parlez plus des aurores de la France, la *A*
f. *eaux, partir* déshérités. Imaginez, – mais que vais-je vous dire ? – rêvez toute la pourpre
   du monde éclatant dans un coin du ciel ; puis, de cette ligne [...] eaux, voyez partir *A*
g. *empourprées qui* pourprées qui *A*
h. *l'antique Cythère aux* l'antique Cythère, Cythère aux *A*
i. *Pour rentrer* envolés. / « Je t'apprendrai la vérité sur les oracles de Delphes et de
   Claros[1], disait Apollon à son prêtre. Autrefois, il sortit du sein de la terre et des bois
   une infinité d'oracles et des exhalaisons qui inspiraient des fureurs divines. Mais la
   terre, par les changements continuels que le temps amène, a repris et fait rentrer en
   elle fontaines et exhalaisons et oracles... » / Voilà ce qu'a rapporté Porphire[2], selon

---

1 « Claros » (grec ancien Κλάρος, latin *clarus*), sur le territoire de la cité de Colophon en
   Ionie (Asie Mineure) était un important sanctuaire oraculaire dédié à Apollon.
2 Porphyre de Tyr (en Phénicie, l'actuel Liban) y est né en 234, et est mort à Rome vers
   305. C'est un philosophe néoplatonicien, connu pour avoir été le disciple de Platon et

Eusèbe[1]. / Ainsi les dieux s'éteignent eux-mêmes, ou quittent la terre, vers qui l'amour des hommes ne les appelle plus ! Leurs bocages ont été coupés, leurs sources taries, leurs sanctuaires profanés ; par où leur serait-il possible de se manifester encore ? Ô Vénus Uranie ! reine de cette île et de cette montagne, d'où tes traits menaçaient le monde ; Vénus armée ! qui régnas depuis au Capitole, où j'ai salué (dans le musée) ta statue encore debout, pourquoi n'ai-je pas le courage de croire en toi et de t'invoquer, déesse ! comme l'ont fait si longtemps nos pères, avec ferveur et simplicité ? N'es-tu pas la source de tout amour et toute noble ambition, la seconde des mères saintes qui trônent au centre du monde gardant et protégeant les types éternels des formes créées contre le double effort de la mort qui les change, ou du néant qui les attire ?... Mais vous êtes là toutes encore, sur vos astres étincelants ; l'homme est forcé de vous reconnaître au ciel, et la science de vous nommer. Ô vous les trois grandes déesses, pardonnerez-vous à la terre ingrate d'avoir oublié vos autels[2] ?/ Pour rentrer *A*

j.   *tristes à voir que* tristes à l'œil que *A*
k.   *les néréides avaient* les naïades avaient *A*
l.   *changeant... je n'ai aperçu qu'un gentleman* changeant ; je n'ai rencontré qu'un gentleman *A*
m.   *cherchant peut-être à l'horizon* cherchant à l'horizon *A*
n.   Léonidas *en italique dans A*
o.   *port St-Nicolo* Saint-Nicolas *A*

II. – LA MESSE DE VÉNUS
Var. de *L'Artiste* du 30 juin 1844.

a.   *d'Ilion* / *L'Hypnerotomachie* Ilion / Qui cependant reconnaîtrait, dans la statue cosmo-gonique que nous venons de décrire, la Vénus frivole des poètes, la mère des Amours, l'épouse légère du boiteux Vulcain ? / On l'appelait la prévoyante, la victorieuse, la dominatrice des mers, – Euplœa[3], Pontia[4] ; – Apostrophia, qui détourne des passions

---

pour avoir édité les écrits de ce dernier.

1   Rouger note que la citation d'Eusèbe (*Contre le néo-platonicien Porphyre*) est empruntée à l'*Histoire des oracles* de Fontenelle (« Seconde dissertation », chapitre ɪ). Eusèbe de Pamphile de Césarée, en grec ancien Εὐσέβιος, en latin Eusebius Pamphili (vers 265–vers 340), évêque de Césarée, en Palestine, est un écrivain, théologien et apologète chrétien.

2   Qui sont ces « mères saintes » et ces « trois grandes déesses » ? D'habitude, ces dernières sont Athéna, Aphrodite et Héra. Mais ici, « la seconde des mères saintes » s'identifie à Vénus ; La première serait la « primitive » Isis, la troisième la Vierge Marie. En outre, Vénus est une figure trinitaire : Vénus chauve, Vénus terrestre, Vénus souterraine. Nerval évoque la « troisième Vénus », « l'aînée des Parques, l'antique reine du mystérieux Hadès ». À la fin du récit de voyage à Cythère, il invoque encore Vénus, « souveraine de la nuit », disposant du secret de la création.

3   En tant que déesse de la navigation heureuse.

4   Selon Stéphane Michaud (*cf. Muse et Madone. Visage de la femme de la Révolution française aux apparitions de Lourdes*, Éd. du Seuil, 1985, 242 p), ces épithètes proviennent du chap. « Aphrodite ou Vénus » des *Religions de l'antiquité, considérées principalement dans leurs formes symboliques et mythologiques* (10 vol., 1825-1851) de J. D. Guigniaut (qui adapte la *Symbolik* de Friedrich Creuzer). Pour Aphrodite, voir t. II, seconde partie, 1834, livre VI, chap. v, « Aphrodite ou Vénus ». « Aphrodite *Melœnis* ou Noire » figure p. 655 de l'ouvrage, et voir p. 663.

criminelles ; et encore, l'Aînée des Parques, sombre idéalisation. Aux deux côtés de
l'idole peinte et dorée se tenaient les deux amours Éros et Antéros, consacrant à leur
mère des pavots et des grenades. Le symbole qui la distinguait des autres déesses était
le croissant surmonté d'une étoile à huit rayons ; ce signe, brodé sur la pourpre, règne
encore sur l'Orient, mais c'est bien chez ceux qui l'arborent que Vénus a toujours le
voile sur [la] tête et les chaînes aux pieds. / Voici quelle était l'austère déesse adorée à
Sparte, à Corinthe et dans une partie de Cythère aux âpres rochers ; celle-là était bien
la fille des mers fécondées par le sang divin d'Uranus, et se dégageant froide encore
des flancs engourdis de la nature et du chaos. / L'autre Vénus, – car beaucoup de
poètes et de philosophes grecs, particulièrement Platon, reconnaissaient deux Vénus
différentes, – était la fille de Jupiter et de Dionée ; on l'appelait Vénus populaire, et
elle avait dans une autre partie de l'île de Cythère des autels et des sectateurs tout
différents de ceux de Vénus Uranie. Les poètes ont pu s'occuper librement de celle-là,
qui n'était point comme l'autre protégée par les lois d'une théogonie sévère, et ils lui
prêtèrent toutes leurs fantaisies galantes, qui nous ont transmis une très fausse image
du culte sérieux des païens[1]. Que dirait-on dans l'avenir des mystères du catholicisme,
si l'on était réduit à les juger au travers des interprétations ironiques de Voltaire ou
de Parny ? Lucien, Ovide, Apulée appartiennent à des époques non moins sceptiques,
et ont seuls influé sur nos esprits superficiels, peu curieux d'étudier les vieux poèmes
cosmogoniques dérivés des sources chaldéennes ou syriaques. / *L'Hypnerotomachie A*

b. *Vénus céleste dans l'île de Cythère,* Vénus vulgaire dans l'île Cythérée, *A*

c. le *cécespité* le cecespité *A*

d. *se consumait.* se consommait. *A, qui ajoute deux paragraphes :* / Je viens de résumer, à l'intention
des artistes, les principaux détails de cette sorte de messe de Vénus. / Nous verrons quelles
autres cérémonies se faisaient à Cythère même, dans ce royaume de la maîtresse du monde,
– ΚΥΡΟΙΑ /sic/ ΚΥΘΗΡΕΙΩΝ ΚΑΙ ΠΑΝΤΟΥ ΚΟΣΜΟΥ[2], – aujourd'hui possédé par cette
autre dominatrice charmante, la reine Victoria. *[Fin de l'article du 30 juin 1844.]*

III. – LE SONGE DE POLYPHILE
Var. de *L'Artiste* du 11 août 1844.

a. *Je suis loin [...] mais cela n'empêche pas Le début du chap., publié dans A le 11 août 1844, est le
suivant :* Quelques savants ont pu sourire en me voyant citer Polyphile comme une autorité dans le détail que j'ai donné de la Messe de Vénus ; Polyphile, c'est-à-dire Francesco
Colonna, était plus poète que savant sans doute, ce qui n'empêche pas *A*

b. *triomphait du vieil Aristote, et la théologie féodale s'ouvrait* triomphait d'Aristote, et la froide
théologie s'ouvrait *A*

c. *rêver son bonheur [...] que lui révélaient* rêver leur bonheur [...] que leur révélaient *A*

d. *Pas de note (infrapaginale) en A*

e. *peramavit[4]. » A ajoute :* Que sont les amours d'Abailard et d'Héloïse auprès de cela ? / *Puis,
une nouvelle section sans titre, numérotée IV*

1   Mizuno remarque : « L'auteur des articles de voyage superpose, pour ainsi dire, le culte
    de la Vénus populaire sur celui consacré à Vénus Uranie, afin de faire ressortir la même
    pureté chez les adeptes de la déesse terrestre de l'Amour que chez les fidèles d'Uranie. »
    L'Écriture du voyage. L'expression de la réalité dans les premières publications du Voyage en
    Orient *et de* Lorely. Souvenirs d'Allemagne, *op. cit.,* p. 129.
2   Maîtresse des Cythéréens et du monde entier.

IV. – SAN-NICOLO
Var. de *L'Artiste* du 11 août 1844.

a.   *San-Nicolo* Santo-Nicolo *A*
b.   *la terre.* / *Le port* terre ; là, peut-être, on retrouverait quelques monuments de la troisième Vénus, l'aînée des Parques, l'antique reine du mystérieux Hadès. / Car il faut bien remarquer, pour sortir du dédale où nous ont plongés les derniers poètes latins et les mythologues modernes, que chacun des grands dieux avait trois corps et était adoré sous les trois formes du ciel, de la terre et des enfers ; cette triplicité ne peut avoir d'ailleurs rien de trop bizarre au jugement des esprits chrétiens qui admettent trois personnes en Dieu. / Le port *A*
c.   *du côté de la Grèce.* / *Je n'ai plus songé dès lors* du côté de la Grèce. Personne du moins ne vint au moment où nous débarquions nous demander nos papiers ; les îles anglaises n'abusent pas des lois de police, et si leur législation aboutit encore à un fouet par en bas et par en haut à un gibet, les étrangers du moins n'ont rien à craindre de ces modes de répression. / J'étais avide de goûter les vins de la Grèce, au lieu de l'épais et sombre vin de Malte qu'on nous servait depuis deux jours à bord du bateau à vapeur. Je ne dédaignai donc pas d'entrer dans l'humble taverne qui servait de rendez-vous commun à d'autres heures aux gardes-côtes anglais et aux mariniers grecs. La devanture peinte étalait comme à Malte des noms de bières et de liqueurs anglaises inscrits en or. Me voyant vêtu d'un mackintosh acheté à Livourne, l'hôte se hâta d'aller me chercher un verre de whiskey ; je tâchai quant à moi de me souvenir du nom que les Grecs donnaient au vin et je le prononçai si bien qu'on ne me comprit nullement. – À quoi donc me sert-il d'avoir été reçu bachelier par MM. Villemain, Cousin et Guizot réunis, et d'avoir dérobé à la France vingt minutes de leur existence pour faire constater tout mon savoir ? Le collège a fait de moi un si grand helléniste, que me voilà dans un cabaret de Cérigo à demander du vin, et aussitôt, remportant le whiskey refusé, l'hôte vient me servir un pot de porter. Alors je parviens à réunir trois mots d'italien, et comme personne ne m'a jamais appris cette langue, je réussis facilement à me faire apporter une bouteille empaillée du liquide cythéréen. / C'était un bon petit vin rouge sentant un peu l'outre où il avait séjourné et un peu aussi le goudron, mais plein de chaleur et rappelant assez le goût du vin asciutto d'Italie ; – O généreux sang de la grappe !… comme t'appelait George Sand[1], à peine es-tu en moi que je ne suis plus le même ; n'es-tu pas vraiment le sang d'un dieu ? et peut-être, comme le disait l'évêque de Cloyne[2] [Irlande], le sang des esprits rebelles qui luttèrent aux anciens temps sur la terre, et qui, vaincus, anéantis sous leur forme première, reviennent dans le vin nous agiter de leurs passions, de leurs colères et de leurs étranges ambitions !… / Mais non, celui qui sort des veines saintes de cette île, de la terre *porphyreuse* et longtemps bénie où régnait la Vénus céleste, ne peut inspirer que de bonnes et douces pensées. Aussi n'ai-je songé à rien dès lors *A*
d.   *possession anglaise.* / *Le but* anglaise… / Mais n'admirez-vous pas tout ce beau détail fait en style d'itinéraire ? C'est que la Cythère moderne n'étant pas sur le passage habituel des voyageurs, n'a jamais été longuement décrite et j'aurai du moins le mérite d'en avoir dit même plus que les touristes anglais. / Le but *A*
e.   *la colline d'Aplunori* la montagne d'Aplunori *A*

---

1   La citation vient des *Lettres d'un voyageur*, x.
2   La pensée du philosophe Berkeley (George, 1685-1753) figure dans les notes d'un carnet de Nerval.

V. – APLUNORI
Var. de *L'Artiste* du 1ᵉʳ juin 1845.

a.   *APLUNORI. Chap. publié dans A le 1ᵉʳ juin 1845 sous le titre :* Les Trois Vénus.
b.   *guérison des cœurs. / La colline [...] Article de A du 11 août 1844.*
c.   *la destruction des forêts sacrées* la destruction des bois consacrés aux divinités. / On trouve *A*

V [*SIC* VI] – PALŒOCASTRO
Var. de *L'Artiste* du 1ᵉʳ juin 1845.

a.   *PALŒOCASTRO. Chap. publié dans A le 1ᵉʳ juin 1845, et numéroté ici* V *au lieu de* VI.

V [*SIC* VII] – LES TROIS VÉNUS
Var. de *L'Artiste* du 1ᵉʳ juin 1845.

a.   *LES TROIS VÉNUS. Chap. publié dans A le 1ᵉʳ juin 1845. Ici, il est numéroté* V *pour* VII ; *il n'y a pas de subdivision marquée dans A.*
b.   *la Vénus souterraine, celle que les Latins appelaient* Libitina ? *celle qu'on représentait* la Vénus souterraine, la Vénus du sommeil et de la mort ? celle qu'on représentait *A*
c.   *de la nuit !* » *L'article de A du 1ᵉʳ juin 1845 se termine ici.*

VIII. – LES CYCLADES
Var. de *L'Artiste* du 11 février 1844.

a.   *LES CYCLADES. / Cérigo et Cérigotto [...] ce bon peuple* Dans *A, le 11 février 1844, le début est :* Ami, je n'ai pas voulu négliger de t'écrire du milieu de l'Archipel, que je traverse depuis trois jours. Ce n'est guère le chemin de l'Égypte ; et pourtant j'y vais, malgré les bruits de peste répandus depuis Malte et qui ne sont pas encourageants. J'ai failli tout à fait m'arrêter chez ce bon peuple
b.   *d'une construction pyramidale, se montre* d'une construction babylonienne, se montre *A*

IX. – SAINT-GEORGES
Var. de *L'Artiste* du 11 février 1844.

a.   *masures, des jeunes filles se voilant à la hâte tout effarées de voir* masures, de grandes belles filles tout effarées de voir *A*
b.   *possession de la voie publique, refluant* possession du pavé, refluant *A*
c.   *lui, le compagnon* lui, le pauvre père *A*
d.   *terre ! il est mort, lui, par qui tout avait coutume de vivre ! mort sans lutte* terre ; mort sans lutte *A*
e.   *naïve correspondant à* naïve répondant à *A*
f.   *celui des banquiers ? / Mon itinéraire* celui des marchands ? / Mon itinéraire *A*
g.   *leurs habitudes d'usuriers et* leurs habitudes de banquiers et *A*
h.   *la colère d'Apollon ! / D'autant plus,* la colère d'Apollon ! je n'exposerai pas à l'ombre mon corps tout échauffé des feux divins qui ont survécu à sa gloire... Arrière, souffle du tombeau ! D'autant plus, *A*
i.   *douteur, n'ai-je pas bien fait d'hésiter à franchir le seuil,* douteur, qui n'ose même me prononcer comme ce narrateur, entre de si grands dieux, n'ai-je pas bien fait d'hésiter à franchir ce seuil, *A*

j.   *l'île d'Apollon !…* Ici se termine l'article de A *(11 février 1844) suivi de la signature* Gérard de Nerval.

X. – LES MOULINS DE SYRA
Var. de *L'Artiste-Revue de Paris* du 21 novembre 1847.

a.   *Chap. publié dans* A *(21 novembre 1847) avec cette note :* Voyez le voyage à Cythère (Cérigo) et Une journée en Grèce *(articles des 30 juin et 11 août 1844, 1ᵉʳ juin 1845, 11 février 1844). Nerval est obligé d'ajouter quelques lignes d'introduction :* Je n'ai plus à te parler beaucoup de la Grèce. Encore un seul mot. Je t'avais entraîné avec moi sur le sommet de cette montagne en pain de sucre couronnée de maisons, que je comparais à la ville suspendue en l'air de Laputa ; il faut bien t'en faire redescendre, autrement ton esprit resterait perché pour toujours sur la terrasse de l'église du grand saint Georges, qui domine la vieille ville de Syra. Je ne connais rien de plus triste qu'un voyage inachevé. – J'ai souffert plus que personne de la mort du pauvre Jacquemont[1], qui m'a laissé un pied en l'air sur je ne sais quelle cime de l'Himalaya, et cela me contrarie fortement toutes les fois que je pense à l'Inde. Le bon Yorick[2] lui-même n'a pas craint de nous condamner volontairement à l'éternelle et douloureuse curiosité de savoir ce qui s'est passé entre le révérend et la dame piémontaise dans cette fameuse chambre à deux lits que l'on sait. Cela est au nombre des petites misères si grosses de la vie humaine : – il semble que l'on ait affaire à ces enchanteurs malencontreux qui vous prennent dans une conjuration magique dont ils ne savent plus vous tirer et qui vous laissent, transformés – en quoi ? –, en point d'interrogation. / Ce qui m'arrêtait, il faut bien le dire, c'était le désir de raconter – et la crainte de ne pouvoir énoncer convenablement une certaine aventure qui m'est arrivée en descendant la montagne, – *dans un de ces moulins à huit ailes*
b.   *à l'ombre de ces moulins* à l'ombre d'un de ces moulins A
c.   *qui sent le goudron et le cuir. Une vieille* qui sent la mélasse et le goudron. Une vieille A
d.   Κοκονίτζα*! καλή!… Tu sais déjà* Κοκόνα! καλή! καλή! – Tu sais déjà A
e.   *force, mais je voyais bien par le second mot* force, cependant je comprenais par le second mot A
f.   Κοκονίτζα κοκόνα A
g.   *me montrer quelque ruine,* me conduire à quelque ruine, A
h.   *curiosité. Peut-être est-elle chargée d'un galant message, car nous sommes dans le Levant, pays d'aventures. Comme* Curiosité. Comme A
i.   *ville. Des filles de la campagne […] ! Il s'agissait d'une sorte* ville. Des gens de la campagne passaient de temps en temps, revenant sans doute de leurs travaux. Tout à coup la vieille se mit à siffler ; une jeune fille s'arrêta et passa précipitamment par une des ouvertures de la haie. Je compris tout de suite la signification du mot κοκόνα, qui remplace dans le grec moderne celui de γυνή, femme. Il s'agissait donc d'une sorte A
j.   *bleu de la paysanne. Je* bleu de la jeune fille. Je A

---

1   Venceslas Victor Jacquemont, né à Paris le 8 août 1801 et mort à Bombay le 8 décembre 1832 fut un naturaliste et explorateur français. En 1828, il alla en Inde mandaté par le Muséum, il mourut sur le chemin du retour. Un choix de ses lettres parut chez Fournier en 1833 (*Correspondance*, 2 vol.). On l'y voit passant les cols de l'Himalaya, pour atteindre le Tibet, à des altitudes de quelque 6000 mètres. (*NPl*)
2   Allusion au dernier chap. du *Voyage sentimental* de Sterne, « Le Cas de délicatesse », qui laisse l'action en suspens, et où l'on voit Yorick obligé de partager avec une dame la même chambre d'une auberge.

k. *en disant : O αδροσ[1] μου! O αδροσ μου! (mon mari! mon mari.) La misère*, en disant : My
    marido, my marydo (mon mari!) La misère *A*

l. *dans le sentier. / [...] En redescendant* dans le sentier. / Triste spectacle que celui de cette
    corruption des pays orientaux où un faux esprit de morale a supprimé la courtisane joyeuse
    et insouciante des poètes et des philosophes. – Ici, c'est la passion de Corydon qui succède
    à celle d'Alcibiade ; – là, c'est le sexe entier qu'on déprave pour éviter un moindre mal
    peut-être ; la tache s'élargit sans s'effacer ; la misère réalise un gain furtif qui la corrompt
    sans l'enrichir. Ce n'est plus même la pâle image de l'amour, ce n'en est que le spectre
    fatal et douloureux. – Tu vas voir jusqu'où s'étend le préjugé social si maladroit et si
    impuissant à la fois. Les Grecs aiment le théâtre comme jadis ; on trouve des salles de
    spectacle dans les plus petites villes. Seulement tous les rôles de femmes sont joués par
    des hommes. En redescendant *A*

m. *étrangères à la localité. J'attendais* étrangères au pays. J'attendais *A*

n. *comme un* y, *ainsi de suite.* comme un *v*, ainsi de suite. *A*

o. *Moustaï-Pacha, [...] renouvelant,* Moustaï-Pacha, flanqué d'un confident comme le héros
    grec ; – il paraissait aussi Turc que le farouche Acomat, représenté par Saint-Aulaire. Je
    finis par comprendre peu à peu que Marco-Bodjari n'était qu'un Léonidas renouvelant, *A*

p. *comme dirait un anglais. L'article de A du 21 novembre 1847 se termine ici.*

---

1   Ces deux mots devraient porter un esprit sur la voyelle initiale et, pour le second, être
    accentué. Le σ en fin de mot se note ς. La leçon de *VO* sera, elle, correcte.

LES MARIAGES COPHTES
Var. de la *Revue des Deux Mondes* du 1er mai 1846

a. *Cette section est publiée dans la* RDM *le 1er mai 1846.*

b. *LE MASQUE ET LE VOILE.* Les Femmes voilées. *RDM*

c. *Le Caire est [...] conviendra jamais. / La patience [...] antiques. On possède un fragment manuscrit (vente Jules Marsan, n° 4 ; collection Daniel Sickles) de ce premier paragraphe et de la première phrase du suivant ; cf. var. ci-dessous.*

d. *laisse quelquefois deviner [...], qui, se consacrant* laisse souvent deviner les traits des belles musulmanes et il faut des édits rigoureux pour les amener de temps en temps à épaissir ce [*frêle biffé*] tissu frêle ; – ce sont des nonnes [pleines *biffé*] gracieuses et coquettes, [d'aimables recluses... *biffé*] qui se consacrant *ms*

e. *monde. Mais l'Égypte, grave et pieuse,* monde. / Mais l'Égypte [a [?] tou<jours> *biffé*] grave et pieuse *ms*

f. *de voiles et de bandelettes, [...] l'Européen frivole.* de [bandelettes *biffé*] voiles et de [voiles *non biffé*] [bandelettes *addition interlinéaire*], [et l'étranger conçoit tout d'abord de cette [*un mot illisible] biffé*] [et tout cela ne touche que *biffé*] et [ce *corrigé en* cette] morne [aspect *biffé*] attitude décourage [en peu de jours *biffé*] aisément [le touriste vulgaire *biffé*] [l'européen *corrigé en* le voyageur] frivole. *ms*

g. *la science, et dont il ne conviendra jamais. / La patience était la plus grande vertu* la science, et [qu'il n'avoue jamais d'avoir subies. *corrigé en* dont il ne convient jamais !]. – C'est que là comme [place pour un mot non écrit] la plus grande [difficulté [?]] de l'initiation c'est la patience. *ms*

h. *quoiqu*[sic]*'il arrivât, poursuivre le cortège* quoi qu'il arrivât, poursuivre le cortège *RDM*

i. *manteaux de poil de chameau nommés* machlah nommés *machallah RDM*[1].

j. *qui font des quêtes dans sa foule* qui se font payer par la foule. *RDM*

k. *Le corps du meuble* Le bois du meuble *RDM*

l. *il faut tenir compte.* il faut bien tenir compte. *RDM*

m. *c'est l'usage ici.* c'est l'usage dans ce quartier-ci. *RDM*

n. *au cheik pour le prier d'attendre* au cheik que je priais d'attendre *RDM*

o. *figure, qui rappelait beaucoup* figure, rappelant beaucoup *RDM*

p. *conducteur de chameaux.* un gardeur de chameaux. *RDM*

q. *les viandes fumées et* les viandes conservées et *RDM*

r. *très régulière* très irrégulière *RDM*

s. *possessions. On sait que toute la ville* possessions. On sait déjà que toute la ville *RDM*

t. *VIII. – LE WÉKIL.* VIII. Les Mariages à la cophte. *RDM*

u. *un myrliva (général).* un myrlivoix (général). *RDM*

v. *les maisons À partir de ce mot un feuillet ms (LOV, D. 741, f° 53 r°) offre une leçon présentant des var.*

w. *jeune homme amène, [...] leurs voiles. [...]. Après* jeune homme amène près de moi et qui se dévoilent. C'étaient [la mère et la fille *corrigé en* sa mère et sa sœur.] *[Début de phrase illisible.]* Leur maison donnait justement sur la promenade. Après *ms*

x. *La petite fille [...] fort peu clair.* La petite fille ne parlait pas, sans doute par réserve, je lui adresse quelques mots en italien, elle répond avec grâce, mais la différence de l'accent rendait l'entretien fort peu clair. *ms*

---

1 Ce mot n'a pas cette signification.

y. *d'exprimer ce qu'il y avait de singulier dans la ressemblance* d'exprimer ce que je trouvais de charmant dans la ressemblance *ms*

z. *de l'autre. Les traits vagues encore de l'enfant se dessinaient mieux* de l'autre en effet ; les traits vagues encore de la fille se [complétaient *corrigé en* dessinaient] *mieux ms*

aa. *de voir fleurir Le ms poursuit ainsi :* Ô hyménée ! [ne seras-tu cette fois *biffé*] [tu ne peux *biffé*] pourquoi ne peux-tu être cette fois que le frère aîné de l'amour ? / [Plus je regardais cet enfant, plus je *[un mot barré] biffé*] [Aimant la fille *biffé*] Il y a quoi qu'on fasse *ms Cf. pour ces dernier mots le début du premier paragraphe de la page 135.*

ab. *Il y a, quoi qu'on fasse, [...]. [...], c'est une grave responsabilité morale assurément. Comme je m'abandonnais.* Il y a quoi qu'on fasse un certain préjugé religieux qui saisit l'Européen en Orient et le domine – au moins dans les circonstances graves. Épouser une toute jeune enfant, dont le choix ne peut être libre, et [l'épouser *biffé*] cela sans que le lien qui vous unit soit obligatoire pour vous-même, c'est une grave responsabilité morale. Cette entrevue me donna l'idée un instant d'un mariage plus sérieux que ce qu'on appelle au Caire *un mariage à la cophte.* Je ne comprenais pas la situation autrement. [Je me tournai vers le père et je lui fis dire par l'interprète que des affaires *biffé*] *ms. Comme je m'abandonnais.*

ac. *(cinq mille francs). / [...] au Bazar des esclaves. Un feuillet ms bleuté d'un papier à lettre (LOV, D. 741, f 54 r°) donne cette fin de chap.* – Pour ce prix-là vous auriez beaucoup de femmes au bazar... / – Comment donc, mais c'est vous qui [avez *biffé*] devez les payer ! – [– C'est moi qui dois apporter une dot ? *biffé*] – Ah ! c'est bien différent. [Il faut *biffé*] Ainsi il faut que j'apporte une dot [d'au moins vingt m*[ille]* piastres *biffé*] au lieu de la recevoir ? – Naturellement. Ignorez-vous que c'est l'usage ici ? / Le w[ékil] : Oui, mais la somme se paie toujours. [Les parents la gardent pour le cas de séparation. *biffé*] / Je comprenais [...] à mon avis que de payer pour avoir une épouse jeune et bien faite qu'on s'est donné la peine d'élever pour eux. C'est une négociant [*sic*] où le wékil et la katbé[1] jouent encore leur rôle comme représentants des deux p*[arties]*. Joignez à cela les frais de la noce et vous verrez qu'un mariage à la cophte devient encore une formalité assez coûteuse. L'opinion d'Abdallah est que pour le même prix on peut avoir tout un sérail au bazar des esclaves. C'est une chose *ms au Bazar des esclaves. Fin de RDM (1ᵉʳ mai 1846).*

---

1   *Cf.* p. 129.

LES ESCLAVES
Var. de la *Revue des Deux Mondes* du 1ᵉʳ juillet 1846

a. *LES ESCLAVES. Section publiée dans RDM du 1ᵉʳ juillet 1846.*

b. *l'éclat d'un bâton de palmier* l'éclat d'un lustre en bâton de palmier *RDM*

c. oualems. *Quant oualems,* ce qui peut bien avoir fourni le terme connu de goualeuses à cette vieille langue argotique puisée aux sources de l'Égypte et de la Bohême. Quant *RDM*

d. *repris-je embarrassé* repris-je très embarrassé *RDM*

e. *jamais vu en Europe un domestique* jamais vu chez nous autres un domestique *RDM*

f. *là-dessus. D'un autre côté* là-dessus. Du reste *RDM*

g. *– Du reste, ajouta M. Jean,* Du reste, me dit encore M. Jean, *RDM*

h. *n'était plus juste [...] un ancien dieu (page 159-160). Un feuillet ms (LOV, D. 741, f⁰ 56, numéroté 29, et portant le prénom d'un ouvrier typographe du nom d' « Alexandre ») correspond à ce passage.*

i. *de canards ; [...] coqs* de canards ; des bédouins apportent au quartier franc des [gibiers de toute <sorte ?> *biffé*] coqs *ms*

j. *les fruits énormes de* les fruits monstrueux de *ms*

k. *impossible d'avoir des volailles grasses ;* impossible d'en [trouver *biffé*] avoir de grasses ; *ms*

l. *maïs. Abdallah me conseilla* maïs ; [chose coûteuse, nous en achetâmes quelques cages *biffé*] Abdallah me conseilla *ms*

m. *les autres, se disposa,* les autres, [s'apprêta *biffé*] se disposa *ms*

n. *Le pauvre oiseau [...] sous son plumage* Le pauvre oiseau [étalait sur *biffé*] [cachait sa maigreur. Un brillant *biffé*] payait de bonne mine et il y avait peu de chose sous son plumage *ms*

o. *et le laissa ensuite* et le laissa [chanceler *biffé*] ensuite *ms*

p. *jusqu'à ce qu'il s'arrêtât, raidît ses pattes* jusqu'à ce qu'il [raidît *biffé*] s'arrêtât, raidît *ms*

q. *je ne pouvais* mais je ne pouvais *ms*

r. *de crainte d'offenser un ancien dieu.* de crainte d'offenser un Dieu. *ms*

s. *une série de petites chambres dont* une série de petites salles dont *RDM*

t. *vers la première chambre. /* Là vers la première salle. / Là, *RDM*

u. *volumineuses ; [...] ; elles portaient* volumineuses ; elles portaient *RDM*

v. *les lèvres pour que l'on vît les dents,* les lèvres pour faire voir les dents, *RDM*

w. *nous passions entre* nous nous engageâmes entre *RDM*

x. *bakchis ! bakchis !* batchis ! batchis ! *RDM*

y. *ce serait plus cher.* ce serait bien plus cher. *RDM*

z. bakchis ! *batchis ! RDM*

aa. *Les Juives mariées, ne pouvant, selon les prescriptions rabbiniques, laisser voir* Les Juives mariées, ne pouvant laisser voir *RDM*

ab. *Elles ont la veste turque échancrée sur la poitrine,* Elles ont toujours le gilet échancré sur la poitrine, *RDM*

ac. *la ceinture, le caleçon* (chetyan)*, qui* la ceinture, le pantalon *(cheytan),* qui *RDM*

ad. *à droite, c'est toujours la longue cité des tombeaux musulmans,* à droite, c'est toujours la longue ville des tombeaux arabes, *RDM*

ae. *zikr* zicr *RDM*

af. *Z' n' b' ! Z' t' n' b' ! RDM*

ag. *de trois consonnes* de quatre consonnes *RDM*

ah. *Zeynab.* Zetnëby. *RDM*

ai. *Heine, de regarder dans les manches* Heine, de jeter un coup d'œil sceptique dans les manches *RDM*

aj. *Les musulmans n'admettent* Les Turcs n'admettent *RDM*

ak. *délicat. Fin de la livraison de RDM, 1ᵉʳ juillet 1846.*

LE HAREM
Var. de la *Revue des Deux Mondes* du 15 septembre 1846

a. *LE HAREM. Section publiée dans RDM du 15 septembre 1846.*

b. *dans une langue que la postérité commence à comprendre, mérite* dans une langue – qu'elle comprendra peut-être un jour, – mérite *RDM*

c. *où le baigneur subit diverses sortes de cuisson ;* où bien des voyageurs se sont exagéré le supplice de la cuisson ; *RDM*

d. *le premier regard jeté sur elle* le premier coup d'œil échangé avec elle *RDM*

e. *avec des Turcs ! / – Vous* avec des Turcs ? / Vous *RDM*

f. *bienveillantes. Il est vrai que j'avais surpris chez quelques naturels, un mot et un geste négatifs. Si* bienveillantes. Il y avait bien un mot et un geste négatifs que j'avais surpris chez quelques naturels. Si *RDM*

g. *Akliman* Acliman *RDM*

h. *Kater* Cater *RDM*

i. *défend aux hommes ainsi qu'aux femmes de* défend à tout homme comme à toute femme de *RDM*

j. *sont rares* sont fort rares, *RDM*

k. *Chacun de ces cippes est surmonté soit d'un turban, soit d'une coiffure de femme, ce qui donne* Chacun porte, soit un turban, soit une coiffure de femme, peints et dorés, ce qui donne *RDM*

l. *siti sitti RDM*

m. *(toi et moi, partons ensemble)* (partons tous les deux !) *RDM*

n. *passé. Le feuilleton se termine ici dans RDM du 15 septembre 1846.*

LA CANGE
Var. de la *Revue des Deux Mondes* du 15 décembre 1846

a. *LA CANGE. Section publiée dans RDM du 15 décembre 1846 (sous le titre :* La Cange du Nil*).*
b. *MUTAHIR.* mutahil *RDM*
c. *peu de vers* [appel de note pour vers]. *Cependant RDM.* Les vers figurent en notes.
d. *les musiciens ouvraient la marche ;* les musiciens ouvrirent la marche ; *RDM*
e. *Zeynab* Zeynëby *RDM*
f. *où l'on a cru de nos jours retrouver* où l'on a cru retrouver *RDM*
g. *et çà et là* et tout au plus çà et là *RDM*
h. *je demandai à le voir lui-même. Après* je demandai à lui être présenté. Après *RDM*
i. *Zeynab* Zeynëby *RDM*
j. *grec. L'article de RDM du 15 décembre 1846 se termine ici.*

LA SANTA-BARBARA
Var. de la *Revue des Deux Mondes* du 15 février 1847

a. *LA SANTA-BARBARA. Section publiée dans RDM du 15 février 1847.*

b. *ou de Marmarique. Il* ou de Cyrénaïque. Il *RDM*

c. *où les chèvres se suspendent aux rochers verdoyants comme* où les chèvres s'égarent au loin comme *RDM*

d. *de la création.* de la création divine. *RDM*

e. *bakchiz* batchis *RDM*

f. *mirliva* mirlivois *RDM*

g. *en se levant, après s'être lavé la tête et les pieds avec du savon, mâchonnait* en se levant, se lavait les mains et les pieds avec du savon, et mâchonnait *RDM*

h. *de lui servir* de leur servir *RDM*

i. *nô* nôh *RDM*

j. *à la pauvre Zeynab l'occasion*, à la pauvre Zeynèby (c'est en français le même nom que Zénobie) l'occasion *RDM*

k. *(de faux sequins hélas !) qui* (de faux sequins), qui *RDM*

l. *tatikos* taktikos *RDM*

m. *une femme musulmane* une femme de religion musulmane *RDM*

n. *un homme exalté, une espèce* un homme exalté *(medjoun)*, une espèce *RDM*

o. *par mon ami A. R., qui* par un de mes amis, qui *RDM*

p. *et adressée à S. E. Méhmed-Rachid, Pacha d'Acre, qui* et adressée au terrible Ahmed-Pacha, qui *RDM*

q. *Quant à Mehmed-Réchid-Pacha, par* Quant à Ahmed-Pacha, par *RDM*

r. *l'ami de Méhmed-Pacha, elle* l'ami d'Ahmed-Pacha, elle *RDM*

s. *—Mais, ajoutai-je, te souviens-tu* Eh bien ! dis-je, te souviens-tu *RDM*

t. *le ciel, le pic écrasé du Carmel,* le ciel, la cime du Carmel *RDM*

u. *s'est appelée Ptolémaïs […] jusqu'à l'époque des croisades. / Nous remettons* s'est appelée Ptolémaïs. Quant à la ville de Kaiffa, située en face, au pied de ce pic écrasé et rocailleux d'où le prophète Élie fut enlevé au ciel dans un char de feu, je crois bien que ce fut aussi le lieu où Persée délivra Andromède ; – mais il faudrait avoir toute une bibliothèque avec soi pour vérifier ces détails. Nous remettons *RDM*

v. *des montagnes habitées par les Druses.* des montagnes occupées par les Druses. *RDM*

w. *une presqu'île. Une anse étroite* une presqu'île. La mer ne l'isolait de terre que dans les mauvais temps. Une anse *RDM*

x. *d'un air farouche en* d'un air sauvage en *RDM*

y. *Ici commence le manuscrit LOV, D. 741, sorte de petit cahier dont seuls les fⁱ 58 (numéroté 48-49 par Nerval) et 59 (50) sont écrits, au recto.* [On nous avait *biffé*] Cette quarantaine de Beyrouth [est fort agréable *biffé*] était donc *ms*

z. sous [les *corrigé* l']épais ombrage des sycomores *ms*

aa. Ce lieu [rappelait *biffé*] me faisait penser *ms*

ab. Nérée ; [je m'y éloignais *biffé*] nous [pouvions *biffé*] y restions [des journées entières *biffé*] tout le milieu *ms*

ac. dans un pavillon isolé, où *ms*

ad. insectes [réclamait l'usage [?] des *biffé*] nous faisaient *ms* ae. dont j'ai parlé déjà étaient *ms*

af. en pain [et *biffé*] fromage [et vin de Chypre fourni *biffé*] salé *ms*

ag. cantine. Il y faut ajouter des œufs et des poules [; et en <outre> *biffé*] apportés *ms*

ah. montagne, et en outre *ms*

ai. à [deu<x> *biffé*] une piastre [(25 cent.) *add. inter.*] la livre [environ *biffé*]. De plus *ms*

aj. le vin d'or dont le prix est plus élevé et qui a *ms*

ak. mousse. [Il dîna *biffé*] Nous étions *ms*

al. Taraboulous. / Après *ms*

am. assis [sur des grès *biffé*] plus bas *ms*

an. me mirent au courant de son idée, *ms*

ao. moi. / Le capitaine *ms*

ap. l'esprit [et *biffé*] attaquant *ms*

aq. scène [citée plus haut *biffé*] qui s'était passée sur le bâtiment *ms*

ar. m'avait surtout blessé profondément. / Ainsi *ms*

as. l'homme d'une race inférieure aux yeux des musulmans. *ms*

at. le [passage *en surcharge sur* présence] des vaisseaux *ms*

au. Pourtant je ne pouvais admettre *ms*

av. bassesse. Toutefois je ne pouvais me dissimuler *ms*

aw. l'Arménien. [plus jeune que moi *biffé*] Tout jeune *ms*

ax. aux berceaux du *ms*

ay. *fardeau ! Le ms se termine ici.*

az. *De ce moment, l'avouerai-je ?* en effet ! – L'avouerai-je ? *RDM*

ba. *J'aurais voulu avoir le monde entier pour témoin de cette scène* J'aurais voulu avoir tous mes amis pour témoins de cette scène *RDM*

bb. *tu hésites !.. Tu séduis* tu hésites !… Ainsi tu séduis *RDM*

bc. *serviteur tantôt des Turcs, tantôt des Francs, une sorte de* yaoudi. serviteur soit des Turcs, soit des Francs, et presque l'égal d'un *yaoudi. RDM*

bd. *des Grecs ! RDM ajoute ce paragraphe qui termine le chap.* : Il n'y avait pas à s'y tromper. – En pénétrant au fond de ma conscience, je songeai avec amertume que mon beau sacrifice n'avait peut-être eu d'autre but que d'abdiquer la responsabilité gênante du sort d'une femme que je n'étais plus en position de garder.

XI – LE PÈRE PLANCHET
Var. de la *Revue des Deux mondes* du 15 mai 1847.

a. *Il existe un fragment manuscrit de ce passage (LOV, D. 741, f°62-63, numéroté 56 et 57 par Nerval) :* – Je m'appelle le père Planchet. On est venu me dire au couvent des Lazaristes qu'un jeune Américain *ms* – *Je m'appelle le père Planchet. […]* – *On est venu me dire au couvent qu'un jeune Américain* Je m'appelle le Père Planchet […] – On est venu me dire au couvent des lazaristes qu'un jeune Américain *RDM*

b. Et je me [hâtai de me lever *biffé*] levai *ms*

c. demeurait [dans *biffé*] un peu *ms*

d. en riant [com<me> *biffé*] de sa méprise *ms*

e. en repassant. / Quand il revint *ms*

f. et vous êtes *ms*

g. Je n'avais jamais songé sérieusement à tout cela. Je demandai *ms*

h. qui se chargeront de son sort *ms*

i. cette femme [était *biffé*] avait *ms*

j. que dans le sens [de la foi *biffé*] d'une croyance spéciale. *ms Dans le blanc qui suit :* Morgirand, *nom d'un typographe, a été inscrit par un prote.* / Je luttai quelque temps avec mes propres incertitudes.

k. *sur la tête le* tantour, corne d'argent sur la tête le *cors*[1] ou corne d'argent *RDM*

l. *le père Planchet à son couvent, situé [...] l'éducation. Nous causâmes* le père Planchet au couvent des lazaristes, situé [...] l'éducation. La plupart de ces communautés sont soumises en effet à l'inspection des Jésuites. – Nous causâmes *RDM*

m. *aux jésuites d'avoir une cloche.* aux lazaristes d'avoir une cloche. *RDM*

n. *bienveillance. Pourtant je luttais* bienveillance. Toutefois je luttais *RDM*

o. *Le fragment ms (f° 63) reprend :* Je luttai avec mes propres [incertitudes *en surcharge sur* hésitations.] Les lettres

p. résolutions. [Le père Planchet venait de temps *biffé*] Je craignais surtout que le père Planchet n'eût en vue seulement l'honneur pour la religion d'une conversion musulmane, et qu'[ensuite *biffé*] après tout le sort de la pauvre esclave ne devînt *ms*

q. Un [jour *biffé*] matin elle *ms*

r. En effet des coups de fusil retentissaient au loin *ms*

s. qui [partaient *biffé*] allaient partir *ms*

t. un village [maronite *biffé*] appelé Bethmerie *ms*

u. environ au-delà. On envoyait [contre eux *biffé*] des troupes [turques *biffé*] turques *ms*

v. les mouvements des Druses et des Maronites luttant *ms*

w. point. / [J'allais *biffé*] J'étais allé à Beyrouth [pour savoir des *[?]* <nouvelles ?> *biffé*] où j'avais appris *ms*

x. et l'on m'apprit qu'un *émir ms*

y. maison. [Il av<ait appris> *biffé*] Apprenant qu'il y avait aussi un Franc, il avait *ms maison. Apprenant qu'il s'y trouvait aussi un Franc d'Europe, il avait* maison. Apprenant qu'il y avait aussi un Franc d'Europe, il avait *RDM*

z. de confiance et de bon vouloir. *Là s'arrête le fragment ms.*

aa. *de ces populations singulières.* / *Il fallait,* de ces populations, parmi lesquelles vit encore le souvenir du savant Volney. / Il fallait, *RDM*

ab. *trois piastres turques par jour* trois piastres par jour *RDM*

ac. *et l'instruction de l'esclave. Je partis pour la montagne trois jours après* et l'instruction de la pauvre Zeynèby. Je ne partis que trois jours *RDM*

ad. *conversion. – Tenez, ajoutait-elle avec son accent* conversion. – Voyez-vous, me dit-elle avec son accent *RDM*

ae. *de Marseille. Ici s'achève l'article de RDM du 15 février 1847.*

---

1   Nerval pense-t-il aux cors d'un cerf ?

APPENDICE

Var. de la *Revue des Deux Mondes* du 1ᵉʳ mars 1847.

a. *Chap. publié dans RDM du 1ᵉʳ mars 1847 (avec le titre :* MAHOMET LÉGISLATEUR DES FEMMES, par M. de Sokolnicki[1]).
    Le début de RDM est différent : La période littéraire où nous vivons ressemble beaucoup à celle qui commença la seconde moitié du XVIIIᵉ siècle. Alors comme aujourd'hui on se jetait dans la curiosité, dans les recherches excentriques, dans le paradoxe en un mot. Si le paradoxe a perdu le XVIIIᵉ siècle, comme on l'a dit, que fera-t-il encore du nôtre ? N'y reconnaît-on pas le mélange plus incohérent d'opinions politiques, sociales et religieuses qui se soit vu depuis la décadence romaine ? Ce qui manque, c'est un génie multiple, capable de donner un centre à toutes ces fantaisies égarées. À défaut d'un Lucien ou d'un Voltaire, le public ne prendra qu'un intérêt médiocre à cet immense travail de décomposition où s'évertuent tant d'écrivains ingénieux. / Le XVIIIᵉ siècle a publié la *Défense du Mahométisme*[2], comme il avait tenté de ressusciter l'épicurisme et les théories des néo-platoniciens. Ne nous étonnons pas, après les travaux qui reparaissent dans ce dernier sens, de voir un écrivain lever parmi nous l'étendard du prophète. Cela n'est guère plus étrange que de voir se construire une mosquée à Paris, événement annoncé comme prochain. Après tout, cette fondation ne serait que juste, puisque les musulmans permettent chez eux nos églises, et que leurs princes nous visitent comme autrefois les rois de l'Orient visitaient Rome. Il peut résulter de grandes choses du frottement de ces deux civilisations longtemps ennemies, qui trouveront leurs points de contact en se débarrassant des préjugés qui les séparent encore. C'est à nous de faire les premiers pas et de rectifier beaucoup d'erreurs dans nos opinions sur les mœurs et les institutions sociales de l'Orient. Notre situation en Algérie nous en fait surtout un devoir. Il faut nous demander si nous avons quelque chose à gagner par la propagande religieuse, ou s'il convient de nous borner à influer sur l'Orient par les lumières de la civilisation et de la philosophie. Les deux moyens sont également dans nos mains ; il serait bon de savoir encore si nous n'aurions pas à puiser dans cette étude quelques enseignements pour nous-mêmes. / Lorsque l'armée française s'empara de l'Égypte, il ne manquait pas dans ses rangs de moralistes et de réformateurs décidés à faire briller le flambeau de la raison, comme on disait alors, sur ces sociétés barbares ; quelques mois plus tard, Napoléon lui-même invoquait dans ses proclamations le nom de Mahomet, et le successeur de Kléber embrassait la religion des vaincus ; beaucoup d'autres Français ont alors et depuis suivi cet exemple, et, en regard de quelques illustres personnages qui se sont faits musulmans, on aurait peine à citer beaucoup de musulmans qui se soient faits chrétiens. Ceci peut-être prouverait seulement que l'islamisme offre à l'homme certains avantages qui n'existent pas pour la femme. La polygamie a pu, en effet, tenter de loin quelques esprits superficiels ; mais, certes, ce motif n'a dû avoir aucune influence sur quiconque pouvait étudier de près les mœurs réelles de

---

1   Seconde édition, Paris, Comptoir des Imprimeurs-Unis, Comon et Cⁱᵉ, 1846.

2   Plusieurs auteurs ont défendu l'Islam, en particulier Bayle (*Dictionnaire*, article « Mahomet », sections G et I), Boulainvilliers (*Histoire des Arabes avec la vie de Mahomet*). – Nerval consacre son feuilleton du 19 août 1850 à la tragédie de Voltaire, *Mahomet ou le Fanatisme* (1742).

l'Orient. M. de Sokolnicki a réuni, dans un ouvrage un peu paradoxal peut-être, mais où l'on rencontre beaucoup d'observation et de science, tous les passages du Coran et de quelques autres livres orientaux qui ont rapport à la situation des femmes. Il n'a pas eu de peine à prouver que Mahomet n'avait établi en Orient ni la polygamie, ni la réclusion, ni l'esclavage ; cela ne peut plus même être un sujet de discussion : il s'est attaché seulement à faire valoir tous les efforts du législateur pour modérer et réduire le plus possible ces antiques institutions de la vie patriarcale, qui furent toujours en partie une question de race et de climat. / L'idée de la déchéance de la femme et la tradition qui la présente comme cause première des péchés et des malheurs de la race humaine remonte spécialement à la Bible, et ont dû par conséquent influer sur toutes les religions qui en dérivent. Cette idée n'est pas plus marquée dans le dogme mahométan que dans le dogme chrétien. Il y a bien une vieille légende arabe qui enchérit encore sur la tradition mosaïque ; toutefois, nous hésitons beaucoup à croire qu'elle ait jamais été prise entièrement au sérieux. / On sait que les Orientaux admettent Adam comme le premier homme dans l'acception matérielle du mot, mais que, selon eux, la terre avait été peuplée d'abord par les dives ou esprits élémentaires, créés précédemment par Dieu d'une matière élevée, subtile et lumineuse. / Après avoir laissé ces populations préadamites occuper le globe pendant soixante-douze mille ans et s'être fatigué du spectacle de leurs guerres, de leurs amours et des productions fragiles de leur génie, Dieu voulut créer une race nouvelle plus intimement unie à la terre en réalisant mieux l'hymen difficile de la matière et de l'esprit. C'est pourquoi il est dit dans le Coran : « Nous avons créé Adam en partie de terre sablonneuse et en partie de limon ; mais, pour les génies, nous les avions créés et formés d'un feu ardent. » / Dieu forma donc un moule composé principalement de ce sable fin dont la couleur devint le nom d'Adam (rouge), et, quand la figure fut séchée, il l'exposa à la vue des anges et des dives, afin que chacun pût en dire son avis. Éblis, autrement nommé Azazel, qui est le même que notre Satan, vint toucher le modèle, lui frappa sur le ventre et sur la poitrine, et s'aperçut qu'il était creux : « Cette créature vide, dit-il, sera exposée à se remplir ; la tentation a bien des voies pour pénétrer en elle. » Cependant Dieu souffla dans les narines de l'homme et lui donna pour compagne la fameuse Lilith, appartenant à la race des Dives, qui, d'après les conseils d'Éblis, devint plus tard infidèle, et eut la tête coupée. Ève ou Hava ne devait donc être que la seconde femme d'Adam. Le Seigneur, ayant compris qu'il avait eu tort d'associer deux natures différentes, résolut de tirer cette fois la femme de la substance même de l'homme. Il plongea celui-ci dans le sommeil, et se mit à extraire l'une de ses côtes, comme dans notre légende. Voici maintenant la nuance différente de la tradition arabe : pendant que Dieu, s'occupant à refermer la plaie, avait quitté des yeux la précieuse côte, déposée à terre près de lui, un singe (kerd), envoyé par Éblis, la ramassa bien vite et disparut dans l'épaisseur d'un bois voisin. Le Créateur, assez contrarié de ce tour, ordonna à un de ses anges de poursuivre l'animal. Ce dernier s'enfonçait parmi les branchages de plus en plus touffus. L'ange parvint enfin à le saisir par la queue ; mais cette queue lui resta dans la main, et ce fut tout ce qu'il put rapporter à son maître, aux grands éclats de rire de l'assemblée. Le Créateur regarda l'objet avec quelque désappointement : « Enfin, dit-il, puisque nous n'avons pas autre chose, nous allons tâcher d'opérer également » ; et, cédant peut-être légèrement à un amour-propre d'artiste, il transforma la queue du singe en une créature belle au-dehors, mais au-dedans pleine de malice et de perversité. / Faut-il voir ici seulement la naïveté d'une légende primitive ou la trace d'une sorte d'ironie voltairienne qui n'est pas étrangère à l'Orient ? Peut-être serait-il bon, pour le comprendre, de se reporter aux premières luttes des religions monothéistes, qui proclamaient la déchéance de la femme, en haine du polythéisme syrien, où le principe féminin dominait sous les noms d'Astarté, de Derceto[1] ou de Mylitta[2]. On faisait remonter plus haut qu'Ève elle-même la première source du mal et du péché ; à ceux qui refusaient de concevoir un dieu créateur éternellement solitaire, on parlait d'un crime si grand commis par l'antique épouse divine, qu'après une punition dont l'univers avait tremblé, il avait été défendu à tout ange ou créature terrestre de jamais prononcer son nom. Les solennelles obscurités des cosmogonies primitives ne contiennent rien d'aussi terrible que ce courroux de l'Éternel, anéantissant jusqu'au souvenir de la mère du monde. Hésiode, qui peint si longuement les enfantements monstrueux et les luttes des divinités-mères du cycle d'Uranus[3], n'a pas présenté de mythe plus sombre. Revenons aux conceptions plus claires de la Bible, qui s'adoucissent encore et s'humanisent dans le Coran. / *Moïse établissait*

b. *sa propre fille Fatime. Que croire aussi* sa fille Fatime. Que croire maintenant *RDM*

c. *Il est une autre opinion plus répandue encore,* Il est un autre préjugé, plus répandu encore, *RDM*

d. *Après une telle citation et* Après de telles citations et *RDM*

e. *et les favorites. / Toutes* et les favorites. De notre temps encore, les Arabes du Liban avaient conféré une sorte de souveraineté honorifique à la célèbre Lady Stanhope. Toutes *RDM*

f. *est beaucoup plus rare en Orient qu'en Europe,* est beaucoup plus rare qu'en Europe, *RDM*

g. *avec un serpent et un chat.* avec un chat *RDM*

h. *juives ou druzes, et* juives et autres, et *RDM*

i. *beaucoup plus dans la forme que dans le fond des idées ; les musulmans ne constituent en réalité* beaucoup plus dans le costume et dans certains détails de mœurs que dans le fond des idées. M. de Sockolnicki observe très justement que les musulmans ne forment en réalité *RDM*

j. *beaucoup d'hérésies protestantes ne sont pas plus éloignées qu'eux des principes* beaucoup d'hérésies protestantes se sont plus éloignées qu'eux des principes *RDM*

k. *salut. / C'est en nous pénétrant* salut. C'est en nous pénétrant *RDM La fin du paragraphe est suivie de la signature :* G. DE N.

---

1   Dans la mythologie grecque, fille d'Aphrodite, Dercéto ou Dercétis est une nymphe qui vivait dans un lac de Syrie proche d'Ascalon. Elle est aussi nommée Atargatis en araméen. Son histoire est rapportée par Diodore de Sicile (*Bibliothèque historique*, II, 4 et ss). Elle avait un corps de poisson. Aphrodite voulut se venger d'elle en lui inspirant une violente passion pour le dieu fleuve Caÿstros, dont elle eut une fille Sémiramis. Après la naissance de celle-ci, elle se réfugia au fond d'un lac non sans avoir auparavant tué Caÿstros, et abandonné son enfant. Elle avait un temple célèbre à Hiéropolis, à l'ouest de l'Euphrate.

2   Vénus Mylitta, chez les Assyriens, est la déesse de la fertilité et de l'amour physique. Selon Hérodote, il lui était rendu un culte sous forme de prostitution sacrée.

3   Voir la *Théogonie*.

TABLE DES ILLUSTRATIONS

TABLE DES MATIÈRES

Achevé d'imprimer par Corlet Numérique,
à Condé-sur-Noireau (Calvados), en septembre 2017
N° d'impression : 141622 – Dépôt légal : septembre 2017
Imprimé en France